Alte Rosen und Wildrosen

Anny Jacob, Hedi & Wernt Grimm
Bruno Müller

Alte Rosen und Wildrosen

86 Farbfotos
6 Schwarzweißfotos
33 Zeichnungen

VERLAG
EUGEN
ULMER

Abbildung Seite 2:
R.centifolia var. *crenata*, syn. *R.ulmifolia* (Vibert vor 1807).
Die Ulmenblättrige Rose ist eine der vielen
wieder verlorengegangenen Kultivare.
Aus Pierre Joseph Redouté: »Les Roses«,
Band II, Seite 65.

CIP-Titelaufnahme der Deutschen Bibliothek

Alte Rosen und Wildrosen
Anny Jacob... – Stuttgart: Ulmer, 1990
ISBN 3-8001-6334-9
NE: Jacob, Anny [Mitverf.]

© 1990 Eugen Ulmer GmbH & Co.
Wollgrasweg 41, 7000 Stuttgart 70 (Hohenheim)
Printed in Germany
Lektorat: Agnes Bartunek, Herstellung: Karl-Heinz Eitle
Einbandgestaltung: A. Krugmann, Freiberg am Neckar
Satz: Typobauer Filmsatz GmbH, Ostfildern 3
Reproduktionen: Willy Berger, Stuttgart
Druck und Bindung: Freiburger Graphische Betriebe, Freiburg

Vorwort

Was sind Alte Rosen, historische Rosen, klassische Rosen? – Wir halten eine zeitliche Begriffsbestimmung für unnötig! Im Verein Deutscher Rosenfreunde hat man 1965 versucht, den Begriff Alte Rosen zeitlich festzulegen. In der Zeitschrift des Vereins, »Der Rosenbogen«, wurde vorgeschlagen, alle vor 1850 in den Verkehr gebrachten Rosen als Alte Rosen zu bezeichnen, die von 1850 bis 1900 entstandenen Rosen sollten Klassische Rosen, die von 1900 bis etwa 1950 herausgebrachten Neuere Rosen heißen.

Oskar Scheerer, der damals die Schriftleitung dieser Zeitschrift innehatte, kommentierte diese Bestrebungen: »Ich meine, daß es nicht richtig ist, eine Zeiteinteilung für die Rosen zu schaffen oder den Begriff Alte Rosen so präzise abzugrenzen.« Diese Meinung des hervorragenden Rosenkenners und Präsidenten des Vereins Deutscher Rosenfreunde wurde damals anerkannt.

Die Amerikanische Rosengesellschaft erarbeitete 1966 folgende Definition: »Eine Rose ist eine Alte Rose, wenn sie zu einer Klasse gehört, die bereits vor 1867 (dem Jahr der Einführung der Sorte 'La France' als erste Teehybride) bestand.« Wir meinen, der ständige Wandel in der Rosenzucht verbietet eine zeitliche Festlegung des inzwischen weltweit benutzten Begriffes Alte Rosen.

Die Pflanzenzucht steht heute vor ganz neuen Entwicklungen. Aus der Erbmasse einer Pflanze werden sich in Zukunft Träger bestimmter Erbmerkmale isolieren und auswechseln lassen, so daß man bestimmte Eigenschaften leichter als in der bisherigen Züchtung kombinieren könnte. Sind diese neuen Zuchtrosen dann »postmoderne« Rosen?

Alte Rosen sind kein Zeit-, sondern ein Stilbegriff! Einzelne Züchter haben »Moderne Rosen in altem Stil« herausgebracht, um die Vorzüge der »Alten« mit denen der »Modernen« zu vereinen. Diese Rosen in altem Stil sind in unser Thema eingeschlossen. Zu den Alten Gartenrosen gehören nicht nur die »alten« Gartenrosen, worunter in der Regel die Arten *Rosa gallica*, *R. × damascena*, *R. centifolia* und *R. × alba* verstanden werden, sondern auch die Portland-, Noisette-, Bourbon-, Remontant-Rosen und Bengal-Hybriden.

Selbst die frühen Teehybriden wie 'La France' und frühe Polyantha-Rosen wird man nicht ausschließen können. Letzten Endes müssen alle Wildrosen und ihre Hybriden als Alte Rosen angesehen werden, die seit Jahrhunderten und Jahrtausenden in Europa, Asien, Nordamerika und Nordafrika wachsen.

Von den Alten Rosen erwartet man – zu Recht oder Unrecht – eine größere Frosthärte und Widerstandskraft gegen Pilzkrankheiten, weniger Pflegeaufwand und stärkeren Duft. Dafür ist man bereit, ihre Einmalblüte ebenso in Kauf zu nehmen wie die geringere Haltbarkeit der Schnittblumen und den größeren Platzbedarf des einzelnen Strauches. Auch muß etwa der doppelte Anschaffungspreis im Vergleich zu modernen Rosen angesetzt werden, weil die Nachfrage nach Alten Rosen wiederum nicht groß genug ist, um eine rentable Erzeugung bei einem normalen Preis zu ermöglichen.

Wie alle anderen Rosen auch benötigen die Alten Rosen zu einem guten Gedeihen einen Platz an der Sonne, das heißt normale Wachstumsbedingungen.

Die außerordentliche Vielfalt dieser Rosenklassen ist gleichbedeutend mit einer Vielfalt von Eigenschaften, einmalblühend oder öfterblühend, frosthart oder frostempfindlich, gesund oder anfällig gegen Pilzkrankheiten, pflegearm oder pflegeaufwendig, duftend oder nichtduftend, einfach- oder gefülltblühend, kleinwüchsig oder großwüchsig. Die Möglichkeiten ihrer Verwendung sind vielfältig, entscheidend ist der Zuschnitt des Gartens, der Geschmack sowie das Wissen und Können des Rosenfreundes. Wir möchten mit diesem Buch über die Alten Rosen dazu beitragen, daß diese Ihnen, lieber Leser, wirklich Freude bereiten!

Januar 1990
Anny Jacob
Hedi und Dr. Wernt Grimm
Bruno Müller (†)

Inhaltsverzeichnis

Die Entwicklungsgeschichte der Alten Rosen

Geheimnisvoll verbirgt sich uns heute die Entstehung der Gattung *Rosa*, denn noch nie fanden Paläobotaniker Blüten unter den Pflanzenresten in der Tertiärformation, weder in Europa, noch in Nordamerika, noch in Ostasien. Nur Laubblätter, bestachelte Zweiglein, eine einzelne Blütenknospe oder ein Kelch lassen vermuten, daß schon Rosen blühten, lange ehe der *Homo sapiens* die Erde bevölkerte. Und das ist mindestens zwölf Millionen Jahre her.

Wie die Gattung *Rosa* ursprünglich verteilt gewesen war, versucht die theoretische Chromosomen-Geographie darzustellen. Heute erstreckt sich das natürliche Verbreitungsgebiet der noch existenten Wildrosen über ganz Asien und Europa, ausgenommen sind jedoch die arktischen und tropischen Klimazonen. Nur drei kletternde Arten wagen sich in asiatische tropische Randgebiete. In Afrika gibt es in Marokko, Algerien und Tunesien einheimische Rosen, und im äthiopischen Hochland findet sich *Rosa moschata* var. *abyssinica*. Der ungemein stachlige, kräftige Strauch kommt bis auf 3000 m vor und klettert niemals. Auf dem amerikanischen Kontinent sind lediglich in Kanada und in den USA Wildrosen beheimatet. Von *Rosa montezumae*, die Humboldt in Mexiko fand, nimmt man heute an, daß sie im 16. Jahrhundert durch die Spanier importiert wurde (de la Roche 1978, Seite 251).

In Jahrmillionen hat sich die Gattung *Rosa* über diese weit voneinander entfernten Gebiete ausgebreitet, und es ist eine ungeheuere, kaum vorstellbare Vielfalt an Rosen entstanden. Die Botaniker haben sie nunmehr in eine Systematik eingeordnet, die 130 bis 150 Arten umfaßt, von denen jedoch relativ wenige gartenwürdig sind; diese werden in dem Kapitel »Wildrosen und Wildrosen-Abkömmlinge für Gärten« ausführlich von Hedi Grimm beschrieben.

Den Alten Rosen verdankt dieses Buch seine Entstehung, und so werden wir uns hier damit begnügen, nur deren Entwicklung zu verfolgen. Es ist der Versuch, neue Erkenntnisse zu vermitteln, aber auch altes, bisher ignoriertes Quellenmaterial zu erschließen. Die Rosen der antiken Schriftsteller Herodot, Theophrast, Dioskorides und Plinius der Ältere wurden ausgespart (Literatur: Krüssmann 1974, Seite 30 bis 35, und Testu 1984, Seite 13 bis 17).

Eine gute Übersicht über die alten europäischen Gartenrosen vermittelt uns die erste deutsche Gärtnerzeitung »Journal für die Gärtnerey, welches eigene Abhandlungen, Auszüge und Urtheile der neuesten Schriften, so vom Gartenwesen handeln, auch Erfahrungen und Nachrichten enthält«, 1786 herausgegeben von Johann Benedict Metzler. Von den Rosen wird darin folgendes berichtet: »Nach Linné gehört die Rose in die zwölfte Classe seines Pflanzen-Systems, und dessen fünfte Ordnung, mit vielen Staubwegen. Er theilet die Rosen in solche ein, die fast kugelrunde oder eyförmige Fruchtknoten haben (germinibus subglobosis & ovatis). Von jenen führt er zehen und von diesen sieben Arten an...

... Mit halbrunden Fruchtknoten: *Rosa eglanteria*, Weinrose, wegen dem Weingeruch der Blätter, hat gelbe Blüten. *Rosa rubiginosa*, rostfarbige Rose, wegen der rostfärbigen Unterseite der Blätter. *Rosa cinamommea*, Zimmetrose, weil ihre rötlichen Blumen einen Zimmetgeruch ausduften. *Rosa arvensis*, die Feldrose. *Rosa pimpinellifolia*, mit Pimpinellblättern. *Rosa spinosissima*, die dornichte Haberrose. *Rosa carolina*, ihr Vaterland ist Nord-Amerika. *Rosa villosa*, die große Hagebuttenrose. *Rosa sinica*, die Sinesische Rose. *Rosa semper virens*, die immergrüne mit Muskusgeruch.

Mit eyförmigen Fruchtknoten: *Rosa centifolia*, die hundertblättrige. *Rosa gallica*, die französische Rose. *Rosa alpina*, die Alpenrose, hat keine Dornen. *Rosa canina*, wilde Hundsrose. *Rosa indica*, die ostindische Rose, welche eine Frucht in der Größe einer Vogelbeere trägt. *Rosa pendulina* mit hängenden Früchten. *Rosa alba*, die weisse Rose...«

»... Doch diese 17 Rosenarten (Species) sind es nicht alle, die man in den Gärten antrifft«, schreibt der Autor. Es folgt eine interessante Liste von Rosensorten mit ihren wissenschaftlichen, französischen und englischen Bezeichnungen.

Das Zitat legt Zeugnis von den Versuchen ab, im Zeitgeist der Aufklärung dem praktischen Gärtner die Erkenntnisse der Wissenschaft zu vermitteln. Eingeordnet in das Linnésche System finden sich hier bereits mit *Rosa sinica* und *R. indica* (beide heute korrekt *R. chinensis*) die neuen, dauerblühenden Rosen aus dem Fernen Osten, die im Begriff waren, die Welt der europäischen, einmalblühenden Rosen zu revolutionieren. Doch davon im nächsten Kapitel. Im Anschluß wollen wir zunächst einmal die Entwicklungsgeschichte der für die Züchtung wesentlichen Klassen der europäischen Gartenrosen darstellen.

Die frühen europäischen Gartenrosen

Rosa gallica Linné
Die wichtigste und älteste Stammart unserer europäischen Gartenrosen ist heimisch in Süd- und Zentraleuropa, in Kleinasien, im Kaukasus und im Irak. Ihre duftenden, einfachen, rosafarbenen oder karminroten Blüten wurden schon früh zur Duftstoffgewinnung, aber auch für pharmazeutische Zwecke verwendet. Seit dem 13. Jahrhundert wurde *R. gallica* var. *officinalis*, die Apotheker-Rose, in Frankreich angebaut. Dort entstanden weitere Formen und Sorten, die aber anscheinend wieder verlorengingen. Der schöne rot und weiß gestreifte Sport *R. gallica* 'Versicolor' befindet sich seit 1583 in Kultur. Auch die sogenannten Samtrosen, *R. gallica* var. *holosericea*, sollen schon um 1600 bekannt gewesen sein, doch genau beschrieben hat sie erstmals C. G. Rößig (1799 und 1803). Alle einfachen, gefüllten und halbgefüllten Samtrosen sind *R. gallica*-Variationen mit dunklen, oft violetten Schattierungen. Eine zehnpetalige Form nannte Rößig *R. violacea*. Sie findet sich heute noch als Sorte 'Violacea' in unseren Gärten, doch in der Literatur wird sie häufig verwechselt mit der Sorte 'Violacée', einer stark gefüllten Moosrose (Soupert et Notting 1876). Die ersten *R. gallica*-Sorten (»Gallica-Rosen«) kamen um 1750 aus Holland. Es waren Sports oder Zufallssämlinge. Nach 1800 folgten die französischen Züchtungen von Descemet, Vibert und Laffay (siehe auch Seite 23f.).

R. gallica setzt leicht Samen an, der gut aufgeht. So ist es verständlich, daß Simon-Cochet 1906 insgesamt 1713 Sorten von *R. gallica* registrierte, allerdings als sogenannte Provins- oder Provence-Rosen. *R. × damascena* und die Portland-Rosen stammen von

Diese Rosen blühten um 1650 im Garten des Schlosses Idstein, und Johann Graf von Nassau ließ sie für ein Florilegium von J. Walther malen.

R. gallica ab, sogar die *R. chinensis*-Hybriden haben *R. gallica* im Stammbaum. (Literatur: de la Roche 1978, Seite 169 bis 185).

Rosa × damascena Miller
Damaszener-Rosen haben fast immer helle Farben. Ihre Herkunft und Abstammung sind unbekannt. Bean vermutet in *R. × damascena* eine mehr oder weniger fixierte Hybride, die von *R. gallica* und *R. moschata* abstammt (siehe Seite 53). Monardes nennt sie 1551 »Rosae Persicae« oder »Rosae Alexandrinae«. Vielleicht kam *R. × damascena* wirklich über die Zwischenstation Alexandria aus Persien nach Spanien. In Nordamerika nennt man sie heute noch 'Rose of Castile', denn spanische Mönche brachten sie dorthin. *R. × damascena* 'Versicolor' wurde erstmals 1601 von Clusius beschrieben, nach Informationen, die er von einem Kölner Gärt-

ner erhielt (Bean 1980, Seite 83). Die teilweise weiß und rosa gefärbte Sorte wird auch als 'York and Lancaster' geführt, Thomas bezeichnete sie als Sport von 'Trigintipetala'. Diese ist eine bulgarische Ölrose, die Dieck 1889 in den Handel gab. (Siehe auch Seite 53)

Rosa × damascena var. semperflorens
(Duhamel de Courset) Rowley

Die herbstblühende Damaszener-Rose wurde auch »le rosier des quatre saisons« (»Rose der vier Jahreszeiten«) genannt (siehe Seite 54). In alten deutschen Katalogen ist der Name »Monatsrose« gebräuchlich, Wrede (1814) vermerkt dazu: »... sie lassen sich in jedem Monat treiben«.

Diese Varietät besitzt die rezessiv vererbbare Anlage, bei entsprechender Kultur zwei- bis viermal in der Saison zu blühen. Blühende Rosen im November fand der französische Philosoph Montaigne († 1592) in einem Jesuitenkloster in Ferrara (Italien) im Jahr 1580. Hurst (1963) glaubte, Montaigne habe die erste R. chinensis in Europa gesehen. Schon seit 1929 war aber bekannt, daß der französische Philosoph bei den Jesuiten R. × damascena var. semperflorens begegnet war. Nach Wein (»Rosen-Zeitung« 1929, Seite 16 bis 21) verdanken wir die erste tatsächliche Kunde von R. × damascena in Italien dem Jesuiten G.B. Ferrari (»Flora seu de florum cultura libri IV«, Rom 1633, Seite 203). Die Darstellung deckt sich mit der der »Rosa omnium calendarum«, die 1623 im Garten von Jean Robin in Paris gedieh und als »Rosa italica flore carneo perpetua« in »Enchiridon isagogicum« (1623, Seite 60) erwähnt wird. Im Botanischen Garten von Messina wird sie 1640 als R. menstrua gezogen, und in Deutschland erschien sie zuerst 1646 in Altdorf bei Nürnberg als »R. mensalis dicta flore carneo«. Bei Caspar Bose in Leipzig wurde sie 1690 als R. menstrua kultiviert. Eine weiße Form wurde 1723 in Pisa gefunden.

Die remontierende R. × damascena bildete immer eine sehr kleine Art. Durch die nicht mehr korrekte Bezeichnung R. damascena var. bifera hort. für die Portland-Rosen entstehen jedoch oft falsche Zahlen. Wie klein die Art ist, zeigt die Aufstellung von Otto (1858, Seite 164), die nur 14 Sorten nennt, obwohl der Autor einen weißblütigen, bemoosten Sport, der 1835 bei Laffay entstand, und dessen sechs Abkömmlinge dazu zählte.

Die herbstblühende Damaszener-Rose ist an der Entstehung der Sorte 'Portlandica' und der ihr nahe verwandten 'Rose du Roi' beteiligt. Folgerichtig erscheinen beide Sorten auch im Stammbaum der Remontant-Hybriden und der Bourbon-Rosen.

'Portlandica' und ihre Nachkommen

Mit dem schlichten Namen 'Portlandica' und dem Synonym 'Scarlet four Seasons' bezeichnet Thomas seit 1980 die Stammform der Portland-Rosen. »Modern Roses 8« führt sie als 'Duchess of Portland' mit dem Einführungsjahr 1800. Nach Bean (1980, Seite 83) wurde die Sorte schon 1775 als 'Portlandica West' erstmals erwähnt. Der englische Gartenbaubetrieb Gordon and Dermer verbreitete 'Portlandica' vor 1783 (Ludwig 1783). Damit ist Hursts Theorie (1963, Seite 86), 'Portlandica' stamme von der 1792 in den Handel gekommenen 'Slater's Crimson China' ab, hinfällig. 'Portlandica' gilt nun als Hybride mit Abstammung von R. gallica und R. × damascena var. semperflorens (Bean 1980, Seite 75, 83 und 196).

Die meist öfterblühenden Portland-Rosen spielten eine wichtige Rolle in der Züchtung, aber auch in den Gärten, wie uns Ottos großes Sortiment zeigt. Er führte nämlich 160 Sorten im Jahr 1858 (Otto, Seite 165 bis 172). (Literatur: Testu 1984, Seite 61 bis 63 und 66; Krüssmann 1974, Seite 264 bis 265; de la Roche 1978, Seite 203 bis 211.)

Rosa × alba Linné

Nach Bean (1980, Seite 50) handelt es sich um eine alte europäische Gartenhybride, von der die Botaniker lange annahmen, es sei die gefüllte Form einer weißen Wildrose. Er ver-

R. centifolia, die Urform der Zentifolien, ist immer noch eine der schönsten dieser Klasse. Ihre Herkunft läßt sich heute nicht mehr feststellen.

weist auf Klastersky, der sie für eine komplexe Hybride hält, die von *R.gallica*, *R.arvensis*, und einigen weißblühenden Sorten aus der *R.canina*-Gruppe abstammen könnte (Klastersky, zit. nach Bean 1980). Die wilde, einfachblühende weiße Rose der klassischen Schriftsteller läßt sich nicht identifizieren. Trotzdem wird oft angenommen, daß *R. × alba* die weiße Rose der Griechen und Römer war. Die Sorte 'Semiplena' soll im Mittelalter weit verbreitet gewesen sein. Sehr alt scheint auch 'Maiden's Blush', die in Frankreich 'Cuisse de Nymphe' genannt wurde, bei uns hieß sie schlicht Jungfern- oder Perlrose. Simon-Cochet (1906) verzeichnet insgesamt 191 Sorten von *R. × alba*, davon blieben im Rosarium Sangerhausen in Thüringen zwei Dutzend erhalten (de la Roche 1978, Seite 219 bis 225).

Rosa centifolia Linné

Die mit bis zu hundert Petalen gefüllten Blüten gaben der Rose den Namen, ihre Herkunft ist jedoch ungeklärt. Die berühmten sechzigblättrigen Rosen des Königs Midas (Hurst 1963, Seite 100) erscheinen mir doch als allzu sagenhafte Gewächse. Nach Bean (1980, Seite 68) sah Bauhin 1595 eine *R.centifolia* in Pforzheim blühen, von der erzählt wurde, sie sei aus Delphi. Bean empört sich über dieses »Märchen«, ich glaube aber, daß hier schlichtweg das antike Delphi mit dem holländischen Delft verwechselt wurde. Hierfür spricht, daß Clusius der *R.centifolia* 1601 den Beinamen »batavica« gab. (Batavia war der lateinische Name für die Niederlande.) Parkinson wählte 1629 den Namen »Rosa provincialis sive Hollandica damascena«. Damals verstand das jedermann, denn die sieben nördlichen holländischen Provinzen hatten sich zur Republik der Vereinigten Niederlande zusammengeschlossen und kämpften um die Anerkennung ihrer Unabhängigkeit. So deutet vieles darauf hin, daß *R.centifolia* in Holland entstand.

Den Namen »Rosa provincialis« änderte Miller 1723 aus Unkenntnis in Provence-Rosen. Dies führte zu vielerlei Verwechslungen, so daß Döll 1850 klagte, es seien viele Irrtümer in unseren deutschen Katalogen entstanden, weil durch die Bezeichnung Provence-Rosen oft *R.gallica* mit *R.centifolia* verwechselt werde. Schon 30 Jahre vor dieser Klage hatte Lindley endgültig die Bezeichnung *R.centifolia* durchgesetzt.

Die meisten frühen Zentifolien dürften Mutationen sein. In Malmaison, der angeblich größten Sammlung um 1814, gab es nur 27 Zentifolien, wie Krüssmann (1974) berichtet. Durch ihre dichte Füllung waren die alten Zentifolien-Sorten nahezu steril, erst *R.centifolia* 'Simplex' von Thory war fertil. So konnte Otto im Jahre 1858 (Seite 138 bis 146) über 180 Zentifolien beschreiben. Damals gab es Miniaturformen, aber auch eine Anemonen-, eine Nelken-, eine Lattich- und sogar eine Sellerie-Rose. Erstaunlicherweise ist sogar eine zweimalblühende Zentifolie aus dieser Zeit bekannt, nämlich 'Lee perpetual'. Vielleicht ist dies die von Hedi und Wernt Grimm im Lippoldsberger Klostergarten gefundene remontierende Zentifolie, die nun in Kassel und Dortmund kultiviert wird und auch im Handel erhältlich ist.

Von 'Cristata', einer Mutation mit petersilienkrausen Kelchblättern, gibt es Neues aus der alten Literatur zu berichten. Nach »Modern Roses 8« wurde sie um 1820 bei Fribourg (Schweiz) gefunden und von Vibert 1828 in den Handel gegeben. Im »Verzeichnis von in- und ausländischen Pflanzen, welche sich in dem Großherzoglichen Orangengarten zu Belvedere bei Weimar befinden« von Jena 1816 ist jedoch auch 'Cristata' vertreten (»Rosenjahrbuch« 1938, Seite 107 bis 114). Guerrapain hatte die Sorte schon 1811 ausführlich und präzise als 'Impérial à plumet' beschrieben. Guerrapain vermerkt, die Rose stamme aus Holland und sei noch nicht im Handel erhältlich (Literatur: de la Roche 1978, Seite 185 bis 195; Testu 1984, Seite 13).

Rosa centifolia 'Muscosa'

Diese Sorte ist lediglich eine Mutation von *R.centifolia*. Mit ihren »bemoosten« (siehe Seite 56) Kelchen, Kelchblättern und Blütenstielen blühte sie bereits 1699 in dem damals hochberühmten Garten des Ratsherrn Caspar Bose zu Leipzig. Elias Pein (1699) hat sie als »Rosa Centifolia, fructu muscoso« in »Hortus Bosianus« erwähnt. Ob sie bei Bose als Mutation entstanden ist, läßt sich nicht klären, doch als ihr Ursprungsgebiet darf Mitteldeutschland angenommen werden. Über den botanischen Garten Leiden (1720) kam die Moosrose 1724 nach England. Die wissenschaftliche Benennung *Rosa muscosa* durch Miller erfolgte 1768. Wein setzte sich unter anderem mit der Geschichte der Moosrose auseinander. (»Rosen-Zeitung« 1930, Seite 109 bis 111). Zwei weiße Moosrosen-Sports entstanden 1788 und 1818 in England, doch erst die einfache *R.centifolia* 'Andrewsii' brachte Moosrosen-Sämlinge. Es folgten Moosrosen-Kreuzungen mit mehrmalsblühenden Damaszener-Rosen und mit *Rosa chinensis*-Hybriden.

Doch nicht nur an *R.centifolia* entstanden moosige Mutationen, sondern auch an *R. × damascena* var. *semperflorens*. Eine davon hat Andrews um 1810 abgebildet, sie ist identisch mit der 'Quatre Saisons Blancs Mousseux' (Laffay 1835). Deren Nachkommen und die von *R.centifolia* 'Muscosa' abstammenden Sorten sind heute vereint in der Klasse der Moosrosen. Von den über 220 Moosrosen-Sorten, die Otto 1858 beschrieb, verdanken wir viele Moreau-Robert und Laffay. Kreuzungen aus Moosrosen und Teehybriden gab es erst nach 1900, Sangerhausen hat noch etliche davon (de la Roche 1978, Seite 195 bis 201).

Rosa moschata Hermann

Die Herkunft von *R.moschata* ist nicht bekannt, de la Roche (1978) vermutet jedoch, daß sie von *R.brunonii* abstammt. Salomon Gessner fand sie 1565 in einem Augsburger Klostergarten und verbreitete sie in Deutschland. 1762 beschrieb sie Hermann, und nachdem sie Anfang des 19. Jahrhunderts noch von Pinhas und Redouté gemalt worden war, verschwand *R.moschata* um 1850 aus den Kulturen und wurde erst in unserer Zeit von Thomas wiederentdeckt (Thomas 1965, Seite 37 bis 38 und 52 bis 54).

R.moschata wurde häufig mit *R.brunonii* verwechselt (siehe Seite 74). So benutzte Hurst um 1930 für seine Chromosomenforschungen versehentlich statt *R.moschata* ausschließlich die sehr variable *R.brunonii* (Thomas, in: »The Rose Annual« 1983, Seite 134 bis 137). Diejenigen Forschungsergebnisse von Hurst, die *R.moschata* einschließen, müssen daher wohl als hinfällig betrachtet werden. Hurst wollte durch seine Forschungen die Theorie untermauern, *R.moschata* sei ein Vorfahr der Noisette-Rosen, der Teehybriden und der sogenannten Moschata-Hybriden. Nach de la Roche (1978, Seite 303) ist die winterharte, ausschließlich im Juni blühende 'Hispanica' ein Abkömmling der *Rosa moschata*, die jedoch kälteempfindlich ist und erst im Spätsommer blüht.

Die Rosen aus China

Alle chinesischen Gartenrosen, die an der Entwicklungsgeschichte der europäischen Rosen beteiligt sind, schmückten lange zuvor schon die Gärten des Reiches der Mitte. Ihre ursprüngliche Heimat liegt wahrscheinlich in Yunnan, der südlichen Provinz Chinas, wo spontan entstandene Formen der China-

rosen wild im Gebirge wuchsen. Yunnan ist ein Eldorado für botanische Entdeckungen. Die dauerblühende Sektion Chinensis scheint dort in allen möglichen Variationen vorzukommen. So fand man etwa die kletternde *R.gigantea* mit blaßrosafarbenen und zartgelben Blüten, sowie *R.chinensis* in dunkelroten Formen, aus denen wiederum verschiedene Hybriden hervorgingen. Auch *R. × odorata* und *R. × odorata* 'Ochroleuca' könnten gleichen Ursprung haben.

Bei den Sorten von *R.chinensis* handelt es sich um Hybriden, die in Kultur entstanden. Man kann sie als »Gartenrosen-Rassen« bezeichnen. Sie sind das Ergebnis von mehr als tausendjähriger Mutation, Kreuzung und Selektion in chinesischen Gärten. Im Laufe dieses Zeitraums wanderten die China-Rosen aus den Gebirgsregionen Yunnans bis in die weit entfernten Küstenstädte Kanton und Ningpo.

Kanton, Chinas Tor zur Welt, war schon um 800 ein Zentrum des Handels mit Arabien. Hier begann 1292 die China-Mission der Franziskaner, und 1516 kamen die ersten europäischen Seefahrer, die Portugiesen. Den Entdeckern folgten Anfang des 17. Jahrhunderts die Ostindischen Kompanien, deren den Seeweg sichernde Stützpunkte zu wichtigen Zwischenstationen der Rose auf ihrem Weg nach Europa wurden. So haben etwa der Stützpunkt Kalkutta für die Bengal-Rosen und der auf der Insel Bourbon für die Bourbon-Rosen namensgebend gewirkt. Die Europäer waren auf ihrem Weg nach Osten den Pfaden des Islam, sprich den wichtigen Handelsrouten der Araber gefolgt, und dies gibt uns den zeitlichen und geographischen Rahmen für die Wanderung der chinesischen Rosen nach Westen. Auf dem Landweg folgte diese Wanderung sicher den Routen der 2000jährigen Seidenstraße.

Ohne die kostbaren Pflanzenschätze, die aus China kamen, wären unsere Gärten arm. Die Vielfalt unserer heutigen Gartenrosen, ihre andauernde Blüte, den Farbenreichtum und die Fülle der Kletterrosen verdanken wir allein den fernöstlichen Rosen. Die Erbmasse einiger chinesischer Gartenrosen genügte, um diese Wende in der Entwicklungsgeschichte zu bewirken.

Rosa chinensis

Schon um 1700 hatten Europäer rosablühende *Rosa chinensis* in den Gärten Kantons gesehen, aber auch in den Botanischen Gärten von Singapur und Kalkutta. Durch den Linné-Schüler Peter Osbeck kam eine rosafarbene *Rosa chinensis* 1752 von Kanton aus nach Uppsala,

'William Lobb' ist eine wuchskräftige, fast kletternde Moosrose, deren karminrote Blüten sich violett verfärben.

und von dort noch vor 1759 nach Kew in England, wo sie anscheinend 'Old Blush' genannt wurde. Über die Holländische Ostindienkompanie kam 1781 eine rosablühende *R. chinensis* in die Botanischen Gärten von Haarlem und Leiden. Von dort brachte sie Sir Joseph Banks 1789 nach England, wo sie 1795 unter den Namen 'Parsons' Pink China' in den Handel kam. De la Roche (1978, Seite 311) ist der Meinung, daß diese Sorte mit der uns heute als 'Old Blush' bekannten identisch ist, und auch Bean (1980, Seite 74) und Thomas (1980, Seite 193) halten dies für möglich.

Nach einer verbreiteten, aber unbestätigten Theorie ist 'Old Blush' wiederum Vorfahr der Noisette-, aber auch der Bourbon-Rosen und könnte damit als Ahne unserer modernen Gartenrosen gelten. Es kann jedoch ebensogut eine andere rosablühende *R. chinensis* gewesen sein, die so früh wie eben *R. laevigata* (vor 1759) direkt von China nach Amerika bzw. auf die Insel Bourbon (heute Réunion) kam (Bean 1980, Seite 74 bis 75).

Rosa chinensis 'Semperflorens'
R. chinensis var. *semperflorens* (Curtis) Koehne
Rosa chinensis 'Semperflorens' kam um 1791 durch die Englische Ostindienkompanie von Kalkutta nach Großbritannien und 1793 als 'Slater's Crimson China' in den Handel. In Deutschland muß *R. chinensis* 'Semperflorens' vor 1803 eingeführt worden sein, denn schon Rößig beschrieb sie im Jahr 1803 und nannte sie »die stets blühende dunkle Rose«.

Sie entstand vermutlich durch Mutationen und Hybridisationen aus der einmalblühenden, halbkletternden *R. chinensis* var. *spontanea*, die 1983 in Sichuan wiederentdeckt wurde. (»Royal Horticultural Society Journal« 1987, Seite 120 bis 124). In Hursts Abstammungstheorie ist diese mit Miss Willmott's 'Crimson China' verwechselt (»The Rose Annual« 1960, Seite 31 bis 34).

1798 erreichte die tiefrote Rose aus Bengalen das züchterisch kreative Frankreich, und schon 1811 kultivierte Guerrapain sechs verschiedene »Rosa diversifolia semperflorens, Bengalensis et Sinensis«. Die bekannteste davon war 'Bengale rose', die die Engländer 'Old Blush' genannt hatten. Die interessanteste Geschichte aber hat 'Bengale Bichonne', denn sie ist die erste bekannte Rosenzüchtung einer Frau. Guerrapain war entzückt von dem Zögling Mme Gauchers, und Laffay brachte ihn 1810 als 'Bichonne' in den Handel. Unter diesem Namen können wir ihn heute noch in Redoutés Werk bewundern.

»Die dunkle und die blasse immerblühende Rose«, die neuen Rosen aus China, in Bertuchs »Bilderbuch für Kinder«.

'Général Kléber', die zartrosafarbene Moosrose, im Dortmunder Rosarium.

Die erste in Deutschland kultivierte China-Rose dürfte die im Park des Schlosses Weißenstein bei Kassel gezogene »*Rosa sinica*« gewesen sein. 1785 berichtete Prof. Mönch, »die junge Pflanze wird in Scherben im kalten Gewächshaus gehalten und hat noch nicht geblühet«. Zum erstenmal in Deutschland abgebildet finden sich China-Rosen 1802 in einem Bilderbuch für Kinder, das *R. chinensis* wie folgt vorstellt: »Die dunkle und blasse immerblühende Rose (Rosa semperflorens). Das Vaterland dieser überaus lieblichen Rose ist China, woher sie erst vor wenigen Jahren nach England kam; daher sie auch bis jetzt noch nicht an rauheres Klima gewöhnt ist, und unsere Winter nicht im freien Lande aushält, sondern in Töpfen, in Zimmern und Gewächshäusern erhalten

werden muß... Diese schöne Rosenart bringt das ganze Jahr hindurch Blumen und hat eben davon ihren Namen. Sie trägt zuweilen auch reifen Samen« (Bertuch 1802). Ein handkolorierter Kupferstich zeigt die beiden Rosen mit der Notiz: »So will ich... hier meine Rosensammlung dem Bilderbuche einverleiben.« Der, der auf diese Weise insgesamt 32 Sorten seiner Rosensammlung verewigte, war Friedrich Justin Bertuch, in dessen »Allgemeines Teutsches Gartenmagazin« Artikel zur »Kultur der Rosa semperflorens pallida« (1804, Seite 229) und über die »Rosentreiberei« (1809, Seite 46) erschienen. Aus letzterem Beitrag erfahren wir auch, daß damals im Dezember eine blühende »Monatsrose« in Dresden »zum Preis von zwei Reichsthalern« gehandelt wurde.

Teerosen

Rosa × odorata (Andrews) Sweet

Die Arthybride vereinigt chinesische Gartenformen, die wahrscheinlich Abkömmlinge der Kreuzung *R.chinensis × R.gigantea* sind. Sie variieren extrem in bezug auf Blütenfüllung und -farbe. Meist sind sie hellrosafarben mit weißem oder gelblichem Schimmer. Der Grundtyp dieser Gruppe ist dargestellt als »Rosa indica fragrans Thory« in Redouté (I, Seite 61). Diese Rose wurde 1752 durch Osbeck von Kanton nach Uppsala importiert und war seit 1759 in Kew (England) in Kultur. Später geriet sie in Vergessenheit; vor 1809 wurde sie nochmals aus Kanton nach England importiert und kam als 'Hume's Blush Tea-scented China' erneut in den Handel. Rößig hat sie als 'Odoratissima' abgebildet (Tafel 55). Nach Jäger (1960) befand sich 'Odorata' 1936 noch in Sangerhausen, und er vermerkt als Herkunft »Sweet 1789«! Die alten rosa Teerosen stammen von *R. × odorata* ab, und damit ist sie auch Stammmutter der meisten modernen Teehybriden. Die erste Teehybride war nach Young (1971, Seite 85 bis 86) ein Sämling von 'Hume's Blush Tea-scented China'.

Rosa × odorata 'Ochroleuca'
(syn *R. × odorata* var. *ochroleuca* Lindley)

1824 kam sie unter dem Namen 'Parks' Yellow Tea-scented China' in den Handel. Sie stammt ebenfalls aus der heute noch bestehenden Gärtnerei Fa-Ti in Kanton und ihr leuchtendes Blaßgelb und ihr »Teerosenduft« fehlten fortan in keinem Rosenbuch. Ihr »delikater Teeduft« ist unübertrefflich beschrieben von Thomas (1965, Seite 94; siehe auch die amüsante Polemik von Bean 1980, Seite 78). Dem Phänomen des Teerosenduftes begegnen wir in Deutschland erstmals im Verkaufskatalog des Stuttgarter Gärtners Gumpper. Er bot 1828 an: »Rosa indica thea, nach grünem Tee riechend« (Reprint »Rosen-Zeitung« 1895, Seite 86). Dieses Angebot bezog sich auf eine uns heute unbekannte »nankingfarbene« Teerose. Gumpper führte aber damals auch schon »Rosa Lutea, die neue gelbgefüllte Teerose«, obwohl 'Parks' Yellow', wie Bean sie heute nennt, erst 1825 zu Hardy nach Paris gekommen war. (Siehe auch Seite 123)

Die von Andrews (Tafel 86) als 'Indica Sulphurea' gemalte Rose ist nach Bean ein Sämling von 'Odorata'. Auch Redouté (III, 1829) soll Bean zufolge nicht die echte gelbe Teerose gemalt haben.

R. × odorata 'Ochroleuca' vererbte an ihre Nachkommen, die historischen gelben Tee- und Noisette-Rosen, nicht nur die gelblichen Farbtöne und die Dauerblüte, sondern auch die mangelnde Winterhärte und teilweise den kletternden Wuchs, der auf *R.gigantea* zurückgeht.

Wieviel die Züchter mit Teerosen experimentieren, zeigt uns Simon-Cochet (1906, Seite IX), der in seinem Rosenverzeichnis (»Nomenclature de tous les noms des roses«) bereits 1434 Sorten aufführt. Die Kultur von Teerosen bereitet in dem rauhen deutschen Klima große Mühe, und so scheint es verwunderlich, daß sie in Deutschland so beliebt waren. Noch im Jahr 1900 bestand die »Liste von 300 der besten Rosen aller Klassen geeignet zur Anpflanzung in unsere Gärten« des Vereins Deutscher Rosenfreunde zu mehr als einem Drittel aus Teerosen!

(Literatur: Hurst 1963, Seite 73 bis 80 und 84 bis 85; Krüssmann 1974, Seite 65, 78f., 82f., 294f.; Bean 1980, Seite 72f.; Allen, T., in: »The Rose Annual« 1973, Seite 27; Harvey in: »The Rose Annual« 1976, Seite 91f.; Allen, E. F., in: »The Rose Annual« 1983, Seite 144f.).

Kolonial-Rosen

Nicht in Europa, sondern in den Kolonien entstanden die ersten Bastarde (Hybriden), die von China-Rosen und alten europäischen Gartenrosen abstammen. Eigentlich sind es Hybriden, die in Kultur entstanden, doch die europäischen Botaniker haben sie zunächst zu eigenständigen Arten erhoben. Die Urform der Noisette-Rosen entstand als Zufallssämling am Anfang des 19. Jahrhunderts in Amerika und die der Bourbon-Rosen einige Zeit später wahrscheinlich auf einer auf dem Seeweg nach Indien gelegenen Insel. Früher wurde angenommen, daß auch die chinesischen Eltern der Kolonial-Rosen von Europa aus nach Amerika und Bourbon gelangt waren. Mit Bean (1980, Seite 75) neige ich der Ansicht zu, daß es sich um Direktimporte aus dem Fernen Osten handelte.

Rosa × borboniana Desportes

»R.perpetuelle de Île de Bourbon wurde von Bréon, dem Direktor der königlichen Gärten auf der Insel Bourbon 1817 unter einer Anzahl Sämlinge verschiedener Sorten, die zur Hecke gezogen waren, entdeckt. Seitdem hat man von ihr eine große Menge Varietäten und Hybriden gezogen. Man nimmt an, daß sie von *R.chinensis* und *R.damascena semperflorens* stammt.« So schreibt Otto (1858, Seite 229), der eine Vorliebe für Bourbon-Rosen hatte und uns im Jahre 1858 nicht weniger als 448 Sorten beschreiben konnte.

Auch »Modern Roses 8« gibt als Einführungsjahr 1817 an, doch schon in der Rosenliteratur des 19. Jahrhunderts gilt die Entstehungsgeschichte der Bourbon-Rosen als äußerst umstritten. Meines Erachtens ist es nicht unwahrscheinlich, daß die Entwicklung mehrgleisig und schrittweise verlief und daß sich die verschiedenen Versionen deshalb nicht unbedingt ausschließen. Thory glaubte, *R. × borboniana* sei auf Bourbon heimisch, weil behauptet worden war, sie wachse dort wild auf nicht kultiviertem Land. Nach Guerrapain (1811, Seite 121) befand sich »Rose Bourbon« schon vor 1811 in Kultur, und seine Beschreibung läßt keineswegs auf eine *R. gallica*-Sorte schließen, wie de la Roche annimmt. Eine 'Rose Edwards', die bereits die Merkmale der Klasse zeigte, soll schon lange vor Bréons Entdeckung in Kalkutta, aber auch auf Mauritius und Bourbon (heute Réunion) bekannt gewesen sein.

1819 sandte Bréon Samen der Neuheit an den Hofgärtner Jacques in Neuilly, und dieser erzielte daraus die erste französische Bourbon-Rose. Sie kam 1823 als 'Rosier de l'Île Bourbon' in den Handel. In Redouté III finden wir sie auf Seite 105 als »Rosa canina burboniana« abgebildet.

Ganz unbemerkt blieb bisher, daß Hardy (Paris) schon 1822 eine blaßrosa Bourbon-Rose in den Handel gab, die er 'De l'Île de France' nannte. Die Sorte sollte also von der Île de France, der Schwesterinsel Bourbons, stammen, die einst portugiesischer, dann holländischer und anschließend fast hundert Jahre lang französischer Besitz war. Als die Briten 1810 die Insel eroberten, die fortan Mauritius genannt wurde, waren schon mehrere *R. chinensis*-Sorten in den Gärten heimisch (Bean 1980, Seite 74). Neuerdings hat sich auch Thomas (1980, Seite 161) der Meinung angeschlossen, daß die Bourbon-Rosen »from the Autumn Damask and a Pink China« abstammen, also von einer im Sinne von irgendeiner rosablühenden *R. chinensis*. Es muß also nicht mehr 'Parsons' Pink China' als Stammutter gelten.

Die Bourbon-Rosen wurden vielfach mit *R. × odorata* gekreuzt und ergaben so die schönen, dauerblühenden rosafarbenen Teerosen, doch auch an der Entstehung der Remontant-Hybriden sind sie maßgeblich beteiligt. Aufschlüsse gibt die von Döll (1855) verwendete Dreiteilung des Bourbon-Sortiments. Da gibt es die einmalblühenden Bourbon-Hybriden, die auch von Zentifolien und *R. gallica* abstammen, die

'Reine Victoria', eine der beliebtesten Bourbon-Rosen, hat tiefrosa, halbkugelige Blüten.

mehrmals blühenden Bourbon-Hybriden und schließlich solche Bourbon-Rosen, die sowohl die Eigenschaften von *R. chinensis* als auch von Noisette-Hybriden zeigen. Nützlich ist bei Döll der Hinweis auf die gut Samen tragenden Sorten (Seite 283 bis 288, 340 bis 343, 366 bis 383).

(Literatur: Krüssmann 1974, Seite 46, 81, 166 und 297; Hurst 1963, Seite 82 ff.; sehr interessant: Geschwind 1900, Reprint in: »Rosen-Almanach 1979–1980«, Seite 105).

Noisette-Rosen
syn. *R. × noisettiana* Thory

Leonie Bell (1983, in: »The Rose Annual«, Seite 167) hat 41 verschiedene Versionen über die Entstehung der sogenannten Noisette-Rosen gezählt. Eine alte kontinentale Darstellung finden wir im Katalog der Baumschule Gebrüder Ketten aus

Luxemburg (1911/12, Seite 65): »Das Vaterland dieser Rose ist Amerika. John Champney von Charleston (Süd-Carolina) erhielt durch Befruchtung der weißen 'Rosa Moschata' mit einer hellrosigen Bengalrose eine Sorte genannt: 'Champney's pink cluster'. Einige Jahre später säte Philippe Noisette Samen davon, welcher die fleischfarbige und öfterblühende Sorte hervorbrachte, die er 1814 seinem Bruder Louis Noisette, Gärtner zu Paris, unter dem Namen »Noisette-Rose« sandte...« Aber nicht nur die Entstehungsgeschichte von 'Champney's Pink Cluster' ist umstritten, de la Roche (1978, Seite 319) bezweifelt auch, daß sie die erste remontierende Kletterrose war: »'Champney's Pink Cluster', diese F_1-Hybride war diploid wie die Elternspezies. ... eine kletternde, nicht remontierende Pflanze, die schnell aus den Kulturen verschwand.« Diese Äußerung überrascht, denn seit Bunyard (1936, Seite 133f.), der den Bericht von Prince aus dem Jahr 1846 nachdruckte, war bekannt, daß 'Champney's Pink Cluster' remontierte, gut fruchtete und viele Nachkommen brachte. Prévost (1829), Rivers, Buist und Nickels kultivierten 'Champney's Pink Cluster' und bemerkten, daß sie die ganze Saison über blühte. Metz hatte noch 1895 eine 'Champney' in seinem Garten und berichtete in der »Rosen-Zeitung« (1895, Seite 107) über die »reich und unaufhörlich blühende« Amerikanerin, die somit wohl doch als F_2-Hybride und als Begründerin der ersten Klasse remontierender Kletterrosen gelten muß. Die Klasse müßte nicht Noisette-, sondern Champney-Rosen heißen.

In der Bibliothèque Nationale in Paris befindet sich ein Verzeichnis der über 1000 von Louis Noisette in Paris kultivierten Rosensorten. Darunter finden sich 16 vor 1824 gezüchtete Noisette-Rosen und acht Noisette-Züchtungen, die Laffay in den Jahren 1824/25 erzielte. Unter den frühen Sorten findet sich neben der umstrittenen 'Noisette carnée' auch 'Alba grandiflora'. Dieser weiße Sämling von *R. sempervirens* war die erste Noisette-Hybride und gilt als Vorfahr von 'Aimée Vibert' (Vibert 1828). Aus dieser wiederum entstand der Typ der winterharten, spätblühenden, »wahren« Noisette-Rosen (Döll 1855, Seite 385). 'Blanche à cœur jaune', die 1825 in Rouen entstand, dürfte die erste sein, die im Aufblühen gelb war. Die frühen Züchtungen zeigten jedoch nicht nur unterschiedliche Farbtöne, sondern sie differierten auch schon im Wuchs. Wie groß diese Differenzen waren, erkennt man bereits an der Bezeichnung 'Alba sarmentosa' für eine weiße Kletterrose und 'Pumila' als Synonym für die niedrig bleibende

'Nana', die wiederum gegenüber 'Alba grandiflora' in allen Teilen kleiner war.

Eine Erweiterung der Farbpalette der Noisette-Rosen ermöglichte die Teerose *R.* × *odorata* 'Ochroleuca', die 1824 als erste gelbe dauerblühende Sorte eingeführt worden war. Die 'Ochroleuca'-Kreuzung 'Lamarque' (Maréchal 1830) zeigte nur im Aufblühen einen zitronengelben Schimmer, aber 1843 brachte ein Sämling dieser Sorte die ersehnte wirklich gelbe Färbung, 'Chromatella' von Coquereau. Ihr folgte 1863 'Maréchal Niel'. Damit war das Ideal der »Tea-Noisette« erreicht, nämlich vollkommene Blütenform und intensiver Duft, der leider aber mit der von den Teerosen ererbten Frostempfindlichkeit verbunden war.

Neben den aus Teerosen-Kreuzungen entstandenen Noisette-Rosen unterscheidet die alte deutsche Rosenliteratur die Noisette-Hybrid-Rosen, auch Noisette-Bourbon-Hybriden genannt. Es sind die winterharten, weißen bis zartrosafarbenen Noisette-Hybriden wie 'Louise Darzens', 'Emilie Plantier' und 'Mme Alfred Carrière', die alle »Bourbonblut« in sich tragen. Die einmalblühenden Sorten, die wie 'Mme Plantier' von Gallica-Rosen und Zentifolien abstammen, wurden von Döll (1855, Seite 281) und Otto (1858, Seite 260) als Noisette-Hybriden bezeichnet.

Beachtenswert, aber noch komplizierter ist die Einteilung der Noisette-Rosen in Frankreich um 1912. Nach Thomas werden die Moschata-Hybriden dort auch heute noch zu den Noisette-Rosen gerechnet, weil ihr Urahne 'Rêve d'Or' eine Noisette-Rose war. Von ihr stammt 'Trier', die erste wiederholt blühende Strauchrose, ab. Diese wiederum ist die Stammutter der englischen, »Hybrid Musk« genannten Pemberton-Züchtungen. Die heutigen, wirklich dauerblühenden Strauchrosen sind durch ihre Abstammung von den Noisette-Hybriden also ganz entfernt mit 'Champney's Pink Cluster' verwandt.

Remontant-Hybriden

»Hybride incertaine remontante« nennt 1855 Hofgärtner Wilhelm Döll (1855, Seite 315) diese Klasse und berichtet: »Ihre Entstehung ist verschieden, ohne Zweifel in vieler Hinsicht nicht gekannt. Der größere Teil ist von Laffay von der Bourbon-, der chinesischen Hybride, und der mehrmals blühenden Damascener-Rose gezogen worden. Die erste auffallende Varietät war 'Princesse Hélène' 1837.« Otto (1858, Seite 172) bemerkt dazu: »Sie sind eine durch Cultur und künstliche Befruchtung erzeugte Abart der Damascener-Perpetuelle-Rose. Ihr Charakter läßt sich sehr schwer bestimmen.« Lebl (1895, Seite 176) sah den Ausgangspunkt dieser Klasse in 'Rose du Roi'. Von den Nachfahren dieser Rose habe man die Abteilung der »Rosomenen« abgezweigt, die 1825 durch Viberts 'Gloire des Rosomènes' begründet wurde. 'Gloire des Rosomènes' ist die älteste noch lebende strauchartige Rose, die dunkel-purpurrot blüht und remontiert.

Die Bildung der Abteilung der Rosomenen beruht auf dem im 19. Jahrhundert begonnenen Versuch, die Klasse der Remontant-Hybriden in Sektionen zu unterteilen. Angesichts der Tatsache, daß die meisten Remontant-Hybriden Zufallssämlinge mit kaum bekannter Abstammung waren, scheint uns dieser Versuch aus heutiger Sicht von vornherein wenig sinnvoll.

Die 1900 vom Verein Deutscher Rosenfreunde erstellte Liste der 300 besten Rosen aller Klassen enthält 72 Remontant-Rosen, also fast ein Viertel der zur Anpflanzung in unseren Gärten geeigneten Rosen. Obwohl noch immer unsicher remontierend, hatten sich die winterharten weiß, rosafarben und rot blühenden Remontant-Sorten die Gärten erobert. Da sie gut fruchteten, gab es bis 1906 mehr als 2791 Sorten, wie Simon-Cochet zeigt (Seite IX). Zu dieser Zeit waren schon fast 500 Teehybriden bekannt, Kreuzungen von Teerosen mit Remontant-Hybriden. Eine neue dauerblühende Klasse war somit erschienen und beendete das Zeitalter der Alten Rosen.

(Literatur: von Rathlef 1937; Wein 1929; Wylie in »Rosen-Almanach 1979–80«, Seite 30 bis 38)

Die Geschichte der Züchtung Alter Rosen

Der Beginn der Rosenzüchtung in Europa

Heute stellt eine neue Rosensorte in aller Regel das Ergebnis einer gezielten künstlichen Befruchtung dar, für die der Züchter eigens Eltern mit wünschenswerten Eigenschaften auswählt. Wenn die Neuheit dann in den Handel kommt, wird sie bei der internationalen Registerstelle (International Registration Authority for Roses, IRA) eingetragen und neben ihrem Namen mit einem Codewort bezeichnet, das jederzeit eine eindeutige Identifikation der Sorte und ihres Züchters erlaubt. Ganz anders war dies in den Anfängen der Rosenzüchtung, als fast alle Rosenzüchtungen Zufallssämlinge waren, von denen oft nicht einmal der Züchter, geschweige denn Vater- oder Mutterrose bekannt waren. Auf entsprechend unsicherem Terrain bewegt sich auch der vorliegende Versuch, die Anfänge der Rosenzüchtung darzustellen. Eine wirkliche Geschichte der frühen Rosenzüchtung muß erst noch geschrieben werden, denn zu viele alte Quellen sind bisher nicht erschlossen. Der Ehrenpräsident der »Société française des Roses«, Armand Souzy, sammelt seit Jahrzehnten Material für eine Geschichte der französischen Rosenzüchtung, die hoffentlich bald erscheinen wird. Keith Stock hat mit seiner Rosenbibliographie (1984) geholfen, grundlegende Literatur aufzuspüren und aus dem Archiv von Servais Lejeune (Hamburg) ist manches zu diesem Thema schon als Reprint erschienen. Dort findet sich auch Viberts »Essai sur les Roses« von 1824, der uns ein wichtiges Zeugnis aus der Zeit des Beginns der Rosenzüchtung gibt, das nachfolgend auszugsweise bzw. sinngemäß wiedergegeben ist.

Demnach waren Vilmorin senior und Dupont die ersten, die anfingen, Rosensorten zu sammeln. Um 1800 bekam Vibert aus Hessen eine ziemlich große Anzahl von Rosen, und viele davon befanden sich 1824 unter anderem Namen noch in den Vibertschen Sammlungen. Die Zahl der Rosen, die in Frankreich damals kultiviert wurden, betrug kaum mehr als hundert Arten und Sorten. Darunter befinden sich viele wenig bedeutende Sorten, die man später hat fallen lassen. Im Jahre 1810 besaß Descemet die größte Sammlung. Von dieser Zeit an gab es in Frankreich Aussaaten von einiger Bedeutung. Viberts erste Aussaat datiert erst aus dem Jahre 1812. Die ganze Sammlung von Descemet, die sich auf etwa 250 Arten und Varietäten belief, übernahm er in den Jahren 1814 und 1815. Außerdem waren ungefähr 10000 Sämlinge vorhanden, von denen fast die Hälfte aus den letzten Jahren 1810 bis 1814 stammte. Fast alle diese Rosen blühten in den Jahren 1816, 1817 und 1818. Der Erfolg übertraf die Erwartungen. Vibert verdankte diesen Sämlingen eine große Anzahl wertvoller Rosen, deren Erfolg bedeutende Konsequenzen für die französische Rosenkultur hatte.

Bislang hatte Holland den ersten Platz der Rosenzucht-Nationen behauptet, obwohl die Provins-Rosen (Sorten der *R. gallica* var. *officinalis*) ungefähr die einzigen waren, die man dort kultivierte. Vibert erkennt zu Recht an, daß die Holländer lange vor den Franzosen Rosen ausgesät hatten und man ihnen somit einige hundert schöner Rosen in dunklen Farben verdanke – Zentifolien und Damaszener-Rosen, die mit den Provins-Rosen fast die einzigen Klassen waren, die in Holland kultiviert wurden. Vibert konstatiert aber auch, daß die wenigen anderen in Holland kultivierten Arten größtenteils aus Frankreich stammten.

Zur Rosenkultur in Großbritannien meint Vibert: Weil die Samen im englischen Klima schlecht ausreifen, liefere England dem Handel nur wenige Rosen, davon einige dort einheimische, aber auch eine ziemlich große Anzahl exotischer Arten, die größtenteils Beachtung verdienen aufgrund ihrer Belaubung und der Vielfalt ihrer Eigenschaften. Einige gute Pimpinellifolia-Rosen und fast alle der damaligen Moosrosen kamen aus Großbritannien.

»Mag auch die Eigenliebe der Briten darunter leiden, uns verdanken sie derzeit die schönsten Varitäten, die sie besitzen – und von diesen stammen die meisten von mir«, so Vibert. Dagegen waren die meisten Rosen, die aus Italien nach Frankreich kamen, Bengal-Rosen, wenn es auch zahlenmäßig insgesamt nur wenige waren.

Vibert: »Meine Beziehungen zum Ausland zeigen mir, daß wir nicht die einzigen sind, die sich für die Rose interessieren. England, Holland, Italien, Polen, sogar Rußland besitzen fähige Rosenamateure und erfahrene Fachleute, die sich eifrig und mit Erfolg damit befassen. Die so interessante Klasse der Alba, mit der ich mich eingehend beschäftigt habe, zählt jetzt bei mir über 70 Varietäten. Das gleiche gilt für die Damaszener-Rosen und die Zentifolien ... aber besonders die Moosrosen, die remontierenden und die Bengal-Rosen wurden bevorzugt.«

Der besseren Übersicht wegen wollen wir uns im folgenden an die von Vibert gewählte Einteilung nach Nationalitäten halten.

Deutschland

Die Rosenzüchtung zeigte in Deutschland nur bescheidene Anfänge, über die zudem wenig Literatur existiert. Die von Vibert erwähnten hessischen Rosen stammten von Kassel-Wilhelmshöhe, wo 1773 die heute noch vorhandene 'Perle von Weißenstein' gezüchtet wurde (Seite 35). Hofgärtner Daniel August Schwarzkopf versuchte sich damals bereits mit Aussaaten, und die alte Literatur nennt etwa ein Dutzend der von ihm erzielten Neuheiten. Seine *R. holoserica* 'Regalis' findet sich bei Rößig abgebildet (1802 bis 1820, Tafel 49), und Vibert brachte die von Schwarzkopf gezogene *R. papaverina* 'Major' in Paris unter dem Namen 'Le grand Triomphe' in den Handel (de la Roche 1978, Seite 179, 181). Die »Hessoise« bezeichneten *R. rubiginosa*-Hybriden finden sich 1823 im Katalog des Duisburger Gärtners Erben (Näheres dazu siehe Seite 67 und 68). Es scheint, als habe noch eine von ihnen überlebt, denn 1981 kehrte eine rosablühende 'Petite Hessoise' aus Kalifornien nach Kassel zurück.

Trotz der vielversprechenden Anfänge in Hessen blieb die deutsche Rosenzüchtung jedoch recht unbedeutend. Einzig der Schotte James Booth erzielte in seiner Baumschule in Hamburg-Flottbeck 1816 einen schönen Sämling von 'Maiden's Blush' und widmete ihn 1826 der Königin von Dänemark. 1820 kam eine *R. × alba*, diesmal dem König gewidmet,

'Maiden's Blush', eine liebliche, aber sehr ausdauernde Alba-Hybride, wurde schon vor 1629 kultiviert.

dazu, doch diese ist nurmehr im Rosenlexikon vermerkt, während sich die Rose der Königin bis in unsere Tage unverminderter Beliebtheit erfreut (siehe Titelbild). Die Baumschule Baumann in Bollweiler im Elsaß profitierte möglicherweise von der rasanten Entwicklung der Rosenzüchtung in Frankreich. Schon 1838 umfaßte das Rosensortiment in Bollweiler 490 Sorten, zu denen auch die vor 1829 entstandene 'Bengal Triomphe de Bollwiler' zählte. Die Gattin des Potsdamer Hofgärtners Fintelmann ehrte der Elsässer Züchter 1853 durch seine Remontant-Hybride 'Mme Gustave Fintelmann'. 'Marie Baumann' von 1863 wird heute noch gehandelt.

Nur regionale Bedeutung erreichte wohl die Baumschule Arnz und van Baerle, die 1835 zwar 1000 verschiedene Sorten kultivierte, die aber ausschließlich Sämlingen von *R. gallica* in den Handel brachte, deren Namen uns nur durch Döll (1855, Seite 265 bis 266) erhalten geblieben sind.

Karl August Freundlich war einer der hervorragendsten deutschen Gärtner. Seit 1848 war er Hofgärtner in Zarskoje-Selo, dem Sommersitz des Zaren bei St. Petersburg, und von 1853 an widmete er sich besonders den Rosen. Er führte die Winterveredelung auf *R. canina* ein und machte Aussaaten von *R. pimpinellifolia*. Regel beschrieb 1862 in der Zeitschrift »Gartenflora« elf Sorten dieser außerordentlich winterharten Rosen, zu denen auch die pfirsichfarbene 'Schöne von Zarskoje' gehörte. Internationale Bedeutung erreichte aber auch Freundlich mit seinen Züchtungen nicht.

Niederlande und Belgien

Die Holländer als traditions- und kenntnisreiche Gärtner hatten schon sehr früh begonnen, besonders die Samen der gut fruchtenden *R. gallica* auszusäen und die erhaltenswert scheinenden Sorten zu vermehren. Die für den Handel interessanten Sorten blieben dabei nicht im Lande, sondern sie wurden über die erprobten Handelsbeziehungen der Holländer weithin verbreitet. So finden wir im Katalog von Desportes aus dem Jahr 1829 eine nicht unbedeutende Anzahl holländischer Rosen, und schon 1756 boten reisende niederländische Handelsblumisten in der Schweiz Rosen zum Verkauf an (»Rosa Helvetica« 1987, Seite 17 bis 18). Die französischen Gärtner vereinnahmten die meist namenlosen Importe oftmals für sich und gaben ihnen klangvolle französische Namen wie etwa 'Beauté Insurmontable', 'Enfant de France' oder 'Belle Parade'. Deutlich erkennbar blieb die Herkunft von 'Grande Pivoine des Hollandais' und 'Rosier van de Eeden' (1810), doch werden die Verdienste der Niederlande um die Rosenzüchtung selten genug gewürdigt.

Gleiches gilt für Belgien, das damals noch zu den Niederlanden gehörte. Insbesondere aus der Baumschule Parmentier kamen schon zu jener Zeit sehr schöne Züchtungen wie 'Félicité Parmentier' und 'Belle Isis', die heute noch unsere Gärten schmücken. Etliche Namen von Parmentiers Züchtungen ehren seine Heimatstadt Enghien bei Brüssel. Leider blieb uns jedoch nur ein Bruchteil seiner Züchtungen erhalten.

Großbritannien

Die Briten hatten um 1800 fast ein Monopol für die Einfuhr »exotischer Spezies«, wie Vibert sie nennt. Gemeint sind die Rosen aus dem Fernen Osten, wie etwa *R. bracteata* (1792), *R. banksiae* (1807), *R. × odorata* (1809), *R. multiflora* 'Carnea' (1814), *R. multiflora* var. *platyphylla* (1817) und *R. × odorata* 'Ochroleuca' (1824). Die von Vibert ebenfalls erwähnten, »Scotch Roses« genannten britischen Pimpinellifolia-Sorten waren zu jener Zeit sehr zahlreich. *R. pimpinellifolia* war damals die einzige Art, die im britischen Klima leicht fruchtete und dementsprechend häufig in Blütenform und -farbe abweichende Zufallssämlinge

brachte. Die Sorten unterschieden sich untereinander jedoch nur sehr geringfügig, und kaum ein Dutzend von ihnen ist bis heute erhalten geblieben. Auch die ehemals in Großbritannien so gelobten Ayrshire-Rosen sind fast ausgestorben.

Die Lieblinge der britischen Gärtner scheinen jedoch die Moosrosen gewesen zu sein, denn alle frühen Moosrosen-Sorten stammen aus Großbritannien. Wie die meisten Neuheiten in jener Zeit waren sie jedoch nicht das Ergebnis gezielter Züchtung. Es handelt sich bei ihnen um Mutationen, die von den aufmerksamen britischen Gärtnern entdeckt und vermehrt wurden.

Den ersten Anfang zu einer gezielten Züchtung in Großbritannien machte 1832 Thomas Rivers, indem er seine Landsleute ermunterte, Sorten mit wünschenswert erscheinenden Eigenschaften nebeneinander zu pflanzen, um entsprechend ausgestattete Zufallssämlinge zu erzielen. Auf diese Weise erhielt er unter anderem 'River's Musk' und 'Ayreshire Queen'. William Paul gab dann ganz präzise Anleitungen zur Rosenzüchtung und legte so den Grundstein zu den aufsehenerregenden Zuchterfolgen, die Henry Bennett in der Zeit von 1870 bis zu seinem Tode im Jahr 1893 gelangen.

Italien

Italien hatte damals trotz seines günstigen Klimas anscheinend nur wenig Sinn für die Rosenkultur und -züchtung. Lediglich die 50 Sorten von *R. chinensis* (damals *R. indica*), die Villaresi, der kaiserliche Gärtner zu Monza, erzielt hat, werden immer wieder in der alten Literatur erwähnt. Dabei handelte es sich um Zufallsbefruchtungen von *R. chinensis*, die durch Zusammenbinden der Zweige verschiedener Sorten entstanden (Zander und Teschner 1939, Seite 53) und die zum Teil in dem Katalog von Desportes aus dem Jahre 1829 genannt werden.

Frankreich

Die französischen Gärtner wandten sich erst relativ spät der Rosenzüchtung zu, dann aber mit dem ihnen eigenen Elan. Begünstigt durch das milde Klima und durch die Protektion der Kaiserin Joséphine nahmen die französischen Gärtner bald eine beherrschende Stellung in der Rosenzüchtung ein. Die bedeutendsten unter ihnen seien deshalb nachfolgend vorgestellt.

»Andres Vilmorin, jardinier fleuriste, der unseren teutschen Botanisten schon lange auf das Rühmlichste bekannt ist«, so pries das »Allgemeine Teutsche Gartenmagazin« (1807, Seite 3 bis 7) den Besitzer einer vorzüglichen französischen Rosensammlung. Das Weimarer Blatt widmete Philippe Lévêque de Vilmorin (1746 bis 1804) einen eigenen Beitrag und der von ihm entdeckten 'Rosier Vilmorin' einen ganzseitigen kolorierten Kupferstich. Die später von Redouté porträtierte Zentifolie wurde vor 1910 von Gravereaux wiedergefunden (Krüssmann 1974, Seite 103), ging dann aber erneut verloren. Das berühmte Handelshaus Vilmorin-Andrieux, das Pflanzen und Samen aus fremden Ländern einführte und verbreitete, gab seit 1755 das Jahrbuch »Le bon Jardinier« heraus. Jeder Jahrgang enthielt ein Rosenkapitel, das von 1813 war der Kaiserin Joséphine gewidmet (Seite 772 bis 785).

André Dupont (1756 bis 1817), ein gebürtiger Pfälzer, war einer der ersten in Frankreich, der Aussaaten machte (Gravereaux 1912, Seite 25). Er war zuerst Direktor des Jardin du Luxembourg und später erster Gärtner in Malmaison (de la Roche 1978, Seite 116, 175). Von den 25 Dupont-Rosenzüchtungen, die Simon-Cochet (1906) noch nennt, hat Redouté die Gallica-Sorte 'La Macule' und die schon 1796 eingeführte, einfache Zentifolie 'La Louise' porträtiert. Eine der berühmtesten Rosen, die auch oft gemalt wurde, war 'Pimprenelle aux Cent Ecus', die eigentlich 'La Belle Laure' hieß. 'Dupontii' hat duftende, weiße Blüten und ist heute noch eine erstklassige Strauchrose. Die Rosensammlung Dupont umfaßte 218 Sorten. 1813 wurde sie von der Regierung aufgekauft und in das berühmte Carré des Palais du Luxembourg verpflanzt. Die von Dupont 1813 kultivierten Rosen finden sich verzeichnet bei Thory (1819, Seite 13 bis 19).

Descemet legte nach Krüssmann um 1800 ein Rosarium in St. Dénis an und war der erste Franzose, der in großem Maßstab Rosenzüchtung betrieb. Aus dem Jahre 1810 stammt seine Gallica-Sorte 'Elisa', aber auch 'Ma Pivoine du Roi'. 'Jeune Henry' (1815), eine der ersten Portland-Rosen aus Frankreich, verdient auch heute noch einen Platz in unseren Gärten. Unter Descemets 80 Züchtungen finden sich außerdem Zentifolien und sogenannte Bengal-Rosen mit schönen schlichten Namen wie 'Beau Carmin', 'Brunette' und 'Belle Hébé'. 1814/15 ging die ganze Descemet-Kollektion zusammen mit 10000 Sämlingen an Vibert über. Es mag vielleicht mit dem Sturz Napoleons zusammenhängen, daß Descemet die Früchte seines Züchterfleißes aufgab und nach Odessa ging, um Direktor des dortigen kaiserlichen botanischen Gartens zu werden.

Jean Pierre Vibert vermerkte in seinem Katalog von 1846: »Mein im Jahr 1815 gegründetes Etablissement, wo nur Rosen für den Handel gezogen werden, ist das erste dieser Art, welches in Frankreich existiert hat.« In seiner Rosenschule beschäftigte sich Vibert insbesondere mit der Züchtung von Gallica-Sorten, Moos-, Portland- und Noisette-Rosen. Der Zahl seiner Züchtungen nach wurde er der mit Abstand erfolgreichste Züchter des 19. Jahrhunderts. 600 Sorten verzeichnet Simon-Cochet (1906), und noch ein halbes Dutzend seiner Rosen findet sich in unserem Buch. Viberts Ruhm begründete 1825 die dunkelpurpur blühende, remontierende 'Gloire des Rosomanes', die als Vorläufer der Remontant-Hybriden gilt. Seine zahlreichen Beiträge in französischen Gartenzeitschriften und seine oft zitierten Kataloge trugen seinen Ruf über die Grenzen Frankreichs hinaus. 1850 übergab er die Rosenschule seinem Mitarbeiter Robert, und nur die 1867 von Moreau et Robert eingeführte, samtig-dunkelrote Moosrose 'Souvenir de Pierre Vibert' gibt uns Zeugnis von seinem Tod.

A. Jacques diente als Gartendirektor dem Herzog von Orléans, der 1830 der letzte Bourbonenkönig Frankreichs wurde. In den Gärten des Schlosses Neuilly erblühten 1821 die ersten sogenannten Bourbon-Rosen aus den Samen, die Bréon von der Insel Bourbon gesandt hatte. Man nimmt an, daß die neue Klasse aus der fernöstlichen *R. chinensis* und der europäischen *R. × damascena* var. *semperflorens* entstanden war. Von 1824 bis 1832 züchtete Jacques mehrere *R. sempervirens*-Hybriden, die vielleicht auch aus Kreuzungen mit *R. chinensis* entstanden. 'Adelaide d'Orléans' und die den Töchtern Jacques' gewidmete 'Félicité et Perpétue' sind heute noch beliebte, einmalblühende Kletterrosen. 1830 gab Jacques eine großblumige und sehr reich blühende, kirschrote Bourbon-Rose mit dem Namen 'Athalin' in den Handel. Sie setzte gern Hagebutten an und wurde so zur Mutter vieler mehrmals blühender Hybriden (Döll 1855, Seite 284).

Louis Noisette (1772 bis 1842) verhalf der von seinem Bruder Philippe in den USA gezüchteten 'Noisette Carnée' zum Start in Europa und trug auf diese Weise zur Benennung der durch Champney begründeten Klasse von Rosen bei. Seine Technik der Rosenzüchtung findet sich in seinem »Vollständigen Handbuch der Gartenkunst« (1828) wie folgt niedergelegt: »Durch Aussaat werden die schönsten Varietäten (= Sorten) erhalten. Man sammelt den Samen von gefüllten oder wenigstens halb gefüllten Blüten und säet ihn...« (Seite 215). Sein Katalog von 1825 nennt bereits die Namen von 16 Noisette-Rosen, liefert aber leider keinerlei Beschreibungen und Züchterangaben. Die eigenen Züchtungen von Louis Noisette gehören größtenteils leicht fruchtenden Klassen an, was sich durch seine oben dargestellte, wenig fortschrittliche Methode erklärt. Simon-Cochet (1906) zählt 95 Züchtungen, von denen jedoch keine größere Bedeutung erlangte.

Alexandre Jules Hardy (1786 bis 1876) war Direktor der Gärten des Palais du Luxembourg in Paris. Unter seiner Leitung entwickelte sich die dortige Rosensammlung zum berühmtesten Rosengarten Europas, der 1855 noch von Döll (Seite 43 bis 47) beschrieben und abgebildet wurde. Einige der insgesamt 85 Züchtungen von Hardy erinnern uns durch ihre Namen an die Stätte seines Wirkens, so zum Beispiel 'Beau Carmin du Luxembourg', eine R. chinensis-Sorte, die er noch vor 1820 erzielte. Hardys Züchtungen geben gute Beispiele für die unterschiedlichen Zuchtrichtungen der damaligen Zeit. Die aus dem Jahr 1820 stammende Teerose 'Gloire de Hardy' erschien zur gleichen Zeit wie 'Hybride du Luxembourg', der Jäger (1960) sogar den Status einer Remontant-Hybride zubilligen möchte.

Im weiteren Verlauf zeigte sich die Vielseitigkeit Hardys an der lilarosafarbenen Noisette-Rose 'Du Luxembourg' (1829) ebenso wie an einer purpurnen Moosrose gleichen Namens aus dem Jahr 1845, die dem Geschmack der Zeit sehr entgegenkam. 1832 widmete Hardy seiner Frau 'Mme Hardy', eine der schönsten weißen Rosen, die es je gab und die Thomas (Bean 1980, Seite 188) als »Damask-Zentifolia« bezeichnete.

Große Aufregung in der Fachwelt erregte R. × hardii 'Cels' (Hulthemia persica × R. clinophylla?). Sie entstammt den Treibhäusern des Jardin du Luxembourg und wurde 1836 von Cels zum Preis von 25 Gold-Francs auf den Markt gebracht. Mit Hinblick auf ihre Abstammung wird sie neuerdings von manchen Hulthemosa hardii genannt. Wie einmalig diese Züchtung ist, mag die Tatsache zeigen, daß erst 140 Jahre später Jack Harkness wieder einen Sämling von Hulthemia persica erzielte (Harkness 1978, Seite 29 bis 32).

Jean Laffay, geboren 1795, hatte bereits im Alter von 20 Jahren seinen ersten uns bekannten Züchtungserfolg. Als Obergärtner bei Ternaux in Auteuil erzielte er eine große Zahl weiterer neuer Sorten (siehe Katalog von Noisette 1825). Die Tatsache, daß es sich bei der Mehrzahl dieser Neuheiten um Bengal-Rosen handelte, zeigt, daß er sich damals bereits auf die Züchtung öfterblühender Klassen konzen-

trierte. Er hatte sich auch sehr früh mit den Noisette-Rosen befaßt, denn 1823 kam seine 'Pourpre' in den Handel. 'Trioumphe de Laffay', eine ganz zart rosafarbene, mittelhohe Bengal-Hybride, stammt aus dem Jahr 1830. Sie entstand bereits in des Züchters eigener Baumschule in Bellville-Meudon. Wenig später waren die Züchtungen Laffays nicht nur in Frankreich außerordentlich geschätzt, sondern auch in England. Laffay trug dieser Beliebtheit Rechnung, indem er einige seiner neuen Sorten Engländern widmete. Die 1832 entstandene 'Rivers', eine karminrote, remontierende Sorte, bezeichnet Thomas Rivers (1846, Reprint 1979, Seite 145) selbst bereits als »Hybrid perpetual«, während bei uns die fünf Jahre spätere Laffay-Züchtung 'Princesse Hélène' als erste der neuen, großblumigen Remontant-Hybriden gilt.

Laffay betrieb Züchtung in ganz großem Stil, beschränkte sich in seiner Methode jedoch auf die Selektion von Zufallssämlingen. Wie aufwendig dieses System war, mag ein Brief von Laffay an William Paul verdeutlichen: »... Ich beabsichtige eine Aussaat von mehreren Tausenden von Samen dieser Varietäten (Moosrosen-Hybriden) zu machen...« (Döll 1855, Seite 18). Während seines langen Züchterlebens gab Laffay 388 Sorten in den Handel, von denen verhältnismäßig viele noch in Sangerhausen erhalten sind. Dort blüht auch 'Souvenir de Laffay' (1878), die der Welt verkündete, daß sich das Leben eines Pioniers der Rosenzucht vollendet hatte.

Als Laffay starb, war das Zeitalter der modernen Rosen bereits angebrochen. Jean Baptiste Guillot hatte 1867 mit 'La France' die Klasse der Teehybriden begründet und so die Ära der Alten, von der Gründergeneration der Rosenzüchter gezogenen Rosen beendet. Eine Wende in der Technik der Rosenzüchtung leitete jedoch erst der Brite Henry Bennett ein. Von Haus aus als Viehzüchter mit den Gesetzen der Vererbung vertraut, wunderte er sich über die antiquierten Methoden der Rosenzüchter: »1870 besuchte ich die Rosenschulen in Lyon... Ich sah, daß die neue Sämlingszucht in Frankreich der Rindviehzucht auf den Prärien Mexikos glich, es war alles sich selbst überlassen, und nur das beste Naturprodukt wurde ausgewählt.« (»Rosen-Zeitung« 1886, Seite 5 bis 6). Bennett führte die künstliche Befruchtung unter Verwendung ausgewählter Elternsorten durch und erbrachte für seine Neuheiten jeweils Abstammungs-Nachweise. Die Übernahme dieser Neuerungen durch die anderen Züchter bildete die Grundlage der systematischen Rosenzüchtung, die heute mit modernsten Mitteln bis hin zur Genmanipulation betrieben wird.

Die Väter der deutschen Rosenzüchtung

Nach den oben geschilderten, wenig bedeutenden Anfängen der Rosenzüchtung in Deutschland traten gegen Ende der Ära der Alten Rosen einige Rosenzüchter auf, die der deutschen Rosenzüchtung zu ihrer bis heute anhaltenden Weltgeltung verhalfen. Schon seit 1860 hatte es Rosengärtner und -liebhaber gegeben, die die Rückständigkeit der deutschen Züchtung beklagten und sich zur Behebung dieses Mangels im Jahre 1883 im Verein Deutscher Rosenfreunde zusammenschlossen. Einige von ihnen begannen, selbst Rosen zu züchten, doch nur wenige beschritten neue Wege. Zu diesen zielbewußten, schöpferischen Männern gehörten Rudolf Geschwind, Dr. med. Hermann Müller, Dr. med. Gustav Krüger und Peter Lambert. Wegen ihrer Bedeutung für die deutsche Rosenzüchtung werden sie nachfolgend näher vorgestellt.

Rudolf Geschwind (1829 bis 1910)

1864 erschien in Wien »Die Hybridation und Sämlingszucht der Rosen, ihre Botanik, Klassifikation und Cultur nach den Anforderungen der Neuzeit. Praktische Anweisung zur Erziehung neuer Rosenvarietäten und Hybriden aus Samen sowohl im Freilande als auch in Glashäusern und Fensterbeeten« von Rudolf Geschwind, einem kaiserlich-königlichen Förster. Es war das erste Buch in deutscher Sprache, das alles Wissenswerte über die Neuheitenzucht verbreitete, und es wurde zum Fundament für die sich nun langsam entwickelnde Rosenzüchtung im deutschsprachigen Raum.

Geschwind war nicht nur Theoretiker, sondern auch ein erfolgreicher Praktiker der Rosenzüchtung. Die erste Neuheit, die er in den Handel gab, war 'Premier Essai' (1860 oder 1866), doch Lorbeeren brachten ihm erst die »Ungarischen Kletterrosen« bei der Pariser Weltausstellung 1889. Er war seit 1872 Forstmeister in der freien königlichen Stadt Karpona, die sich einst Karpfen nannte, und widmete sich dort der Rosenzucht. Diese war ihm sogar wichtiger als der ihm von der deutschen Universität in Prag angebotene Lehrstuhl für Botanik. Gärtner und Rosenliebhaber wollte dieser fortschrittliche Züchter belehren mit all seinen deutschsprachigen Beiträgen für österreichische, ungarische und deutsche Zeitschriften. Er plädierte für die Winterhärte, Gesundheit und Reichblütigkeit seiner Wildro-

Rudolf Geschwind (1829 bis 1910)

sen-Abkömmlinge, doch die konservativen Zeitgenossen bevorzugten immer noch die empfindlichen Teerosen.

Für die damals so beliebten formalen Gärten mit ihren abgezirkelten Beeten waren Geschwinds üppige Parkrosen wenig geeignet. Kritische Rosenkenner der Zeit wie Metz, Steffen und Lambert schrieben über Rudolf Geschwinds bahnbrechende und vielseitige Züchtungsarbeit und halfen dem Amateur auch bei der Verbreitung seiner Neuheiten. Die nach Frankreich und Amerika verkauften Züchtungen liefen jedoch unter fremdem Namen. Noch heute wird sein 'Zigeunerknabe' in manchen Katalogen nur als 'Gipsy Boy' geführt.

Mit »Erfolge und Sorgen unserer Rosenzüchter« ist ein Brief Geschwinds an die Gartenzeitschrift »Der praktische Ratgeber« überschrieben. Er beklagt, daß die Gärtner die Tragweite seiner Nordland-Rosenzucht nicht verstünden. Wie sehr sich diese Rosen jedoch bewähren, zeigt seit mehr als einem halben Jahrhundert die samtigrote 'Trompeter von Säckingen' (1890) in Sangerhausen. Sie wetteifert dort mit 30 anderen von Geschwinds Züchtungen. Die Gesamtliste der von Geschwind in den Handel gegebenen Sorten finden wir im »Rosen-

Almanach 1979–80«. Der heute recht aktuelle Beitrag »Harte Rosen« und vieles mehr aus Geschwinds Feder ist dort nachzulesen.

Mit 77 Jahren ließ Geschwind sich pensionieren, doch Rosen züchtete er bis an das Ende seines Lebens. Am 2. Juli 1910 trug er noch in sein Tagebuch ein: »Die Hybridation mit Gottes Hilfe heute beendet.« Am 1. September wurde er zu Grabe getragen. Seine Gönnerin Gräfin Marie Henriette Chotek erwarb die Rosensammlung von Karpfen. Es waren um die 2000 Rosenstöcke, davon viele eigene Züchtungen Geschwinds, die Gräfin Chotek in ihr Rosar in Dolna Krupa verpflanzen ließ. Wenige Jahre später brach der Erste Weltkrieg aus, und die alte Donaumonarchie zerfiel. So gab die Gräfin 'Geschwinds Nordlandrose' erst 1929 heraus. Es ist ein winterharter, kraftvoller Strauch, der mit lieblichen, hermosarosa Blüten erfreut. 'Geschwinds Schönste' und 'Geschwinds Unermüdliche', ein Schwestersämling von 'Gruß an Teplitz', folgten. In ihrem umfangreichen Katalog von 1929 rühmte Gräfin Chotek den königlichen Forstmeister als einen der verdienstvollsten Veteranen der Rosenzucht, doch die Rosenwelt vergaß ihn.

Hermann Müller (1828 bis 1914)

In seiner Heimatstadt Zweibrücken lernte Hermann Müller bereits als Gymnasiast, Rosen zu veredeln. Nachdem er Landarzt in Weingarten geworden war, begann Dr. med. Müller 1882 mit der »Rosenhybridisation«, wie man es damals nannte. Winterharte, krankheitsfreie, angenehm duftende und reichblühende Rosen wünschte sich Müller, und so wählte er als Ausgangspunkt seiner Züchtungen *R. rugosa*. Um darüber hinaus neuartige Blütenfarben zu erzielen, schien ihm die harte, gelbblühende 'Persian Yellow' geeignet, die heute *R. foetida* 'Persiana' heißt. Seinen Ausspruch »Rosen ersten Ranges werden stets seltene Vögel bleiben, aber weniger seltene bei künstlicher Befruchtung und der Auswahl der Eltern, als bei Aussaat von Zufallssamen« hat er konsequent befolgt.

Als Stammütter züchtete er sich gut fruchtende Sämlinge heran, die das von ihm gewünschte Erbgut mitbrachten. Sie wichen in ihrer Erscheinung völlig von dem bis jetzt Dagewesenen ab. Die spätere 'Thusnelda' war eine Kreuzung zwischen einer edlen Teerose und einer *R. rugosa*. Von jener japanischen Wildrose war damals nur eine Hybride bekannt, 'Mme Georges Bruant', die erst im Herbst 1888 in den Handel kam. Ein weiterer von Müller vorgestell-

Hermann Müller (1828 bis 1914)

ter Sämling zeigte das Holz einer Remontant-Rose, aber das Blattwerk der 'Persian Yellow' zusammen mit einer fleischfarbenen Blüte (»Rosen-Zeitung« 1888, Seite 69). Zu dieser Zeit gab es nicht eine einzige Sorte, die von 'Persian Yellow' abstammte.

Es war wirklich ein neuer Weg, den Müller beschritten hatte, und den er auch beschrieb in seinem Beitrag »Die künstliche Befruchtung und Anzucht neuer Rosen« (»Rosen-Zeitung« 1889, Seite 17 bis 19). Er hatte die edle Noisette-Rose 'Gloire de Dijon' mit der japanischen Wildrose *R. rugosa* 'Alba' befruchtet und dann mit Remontant-Rosen weiter gekreuzt. Sämlinge, die von 'Mme Bérard' × 'Maréchal Niel' stammten, sollten mehr Winterhärte und leuchtendere Farben erhalten durch das Einkreuzen von 'Persian Yellow' und *R. foetida* (syn. *R. lutea*) 'Bicolor'. In seinem Beitrag »Rosa rugosa« schildert Müller die Anfangsschwierigkeiten mit dieser widerborstigen Rosenart (»Rosen-Zeitung« 1890, Seite 27 bis 28).

Mit seinen aufsehenerregenden Neuheiten gewann Hermann Müller auf den einschlägigen Ausstellungen eine so große Anzahl von Preisen, daß er 1891 die Verleihung der nur bronzenen Staatsmedaille als Beleidigung ansah und die Auszeichnung ablehnte. Die Bewertung mag wirklich ungerecht gewesen sein,

denn damals sah man es zur Beurteilung einer Neuheit als ausreichend an, wenn drei Zweige mit Blüten
und Knospen eingereicht wurden. Um diesem Miß-
stand zu begegnen, pflanzte Müller später bei den
Rosenschauen in Görlitz und Frankfurt »fast seine
ganze Zucht« aus, wie die Fachleute kritisch ver-
merkten (»Rosen-Zeitung« 1894, Seite 36, 65, 71).

Im Anschluß an ihre Erfolge auf Ausstellungen
erfreuten sich Hermann Müllers Neuheiten auch im
Ausland steigender Wertschätzung. Die Züricher
Baumschule Fröbel brachte 1899 die *R. rugosa*-Hy-
bride 'Conrad Ferdinand Meyer' in den Handel. Des
Dichters Rose bildet bis heute eine einmalige Erscheinung. Stephan Olbrich hat dieses Juwel 1897 in
Weingarten entdeckt, zusammen mit einer 'Persian
Yellow'-Kreuzung von 1894. Da sich letztere anfangs
schlecht vermehren ließ, kam sie erst 1902 als 'Gottfried Keller' in den Handel. Fröbel bezeichnete sie als
R. eglanteria (syn. *R. rubiginosa*), obwohl die Abstammung, ('Mme Bérard' × 'Persian Yellow') × ('Pierre
Notting' × 'Mme Bérard') × 'Persian Yellow', bekannt war. 'Gottfried Keller' zeigt die gleiche auffallende gelbrosa Farbkombination wie 'Soleil d'Or',
remontiert auch gut, aber weniger stark gefüllt. Es
war gewiß eine attraktive Neuheit, aber sie kam zu
spät auf den Markt, und auch das schöne Farbbild in
der »Rosen-Zeitung« von 1907 erschien viel zu spät.

Durch Jules Gravereaux, den Besitzer des damals
schon weltberühmten Rosariums L'Haÿ, fanden die
Züchtungen Müllers auch in Frankreich Verbreitung. Gravereaux suchte 1900 *R. rugosa*-Kreuzungen
und seltene Sorten für die Pariser Ausstellung von
1902. Hermann Müller sandte 32 seiner Züchtungen
nach L'Haÿ, und Gravereaux brachte sie als französische Sorten in den Handel. (»Rosen-Zeitung« 1900,
Seite 71; 1905, Seite 45; 1906, Seite 99; 1914 und
1929, Seite 73; 1929 Seite 70). Wohl die bekannteste
dieser Rosen ist die heute wieder begehrte 'Les Rosati'. Sie gehörte 1912 in Frankreich zu den 200
schönsten Rosen, wobei die Franzosen sie freilich als
Pernetiana-Rose klassifizierten und als Züchtung des
Rosariums in L'Haÿ. Die deutschen Zeitgenossen
wußten, daß Müller dafür einen Sämling (Remontant-Rose × Teerose) mit 'Persian Yellow' befruchtet
hatte, und sie kannten die außerordentlich farbenprächtige und gesunde Sorte als Nr. 8 der Müller-
Kollektion, die seit 1902 im neu entstandenen Rosarium Sangerhausen angepflanzt war (»Rosen-Zeitung« 1911, Seite 122, und 1906, Seite 99).

Einige der farbenfrohen und gesunden 'Persian
Yellow'-Abkömmlinge haben die Wirren der Zeit in
Sangerhausen überlebt, und die Liebhaber entdek-

Gustav Krüger (um 1850 bis 1926)

ken für ihre Gärten wieder 'Schmetterling' (1905),
'Dr. Müller' (1905) und 'Apotheker Franz Hahne'
(1919). Unbekannter Abstammung ist 'Dr. Müllers
Rote', eine strauchig wachsende, purpurrote Teehy-
bride(?) mit köstlichem Duft. Auch in L'Haÿ sind
heute noch verborgene Schönheiten aus Weingarten
zu finden. Man erkennt sie an ihrer Abstammung,
ihrem Jahrgang und ihrer Erscheinung.

Hermann Müller züchtete nur aus Liebhaberei,
doch es sind 193 Sorten von ihm bekannt. Ihm verdanken wir die ersten *R. rugosa*-Hybriden mit Edelro-
sen-ähnlichen Blüten, und er erzielte die ersten 'Persian Yellow'-Sämlinge. Die leuchtenden, farbkräfti-
gen Pernetiana-Sorten erweiterten die Farbpalette
unserer Gartenrosen und vermehrten den Ruhm
des Franzosen Pernet-Ducher. Die Pionierarbeit
Dr. Hermann Müllers aber wurde vergessen.

Gustav Krüger (um 1850 bis 1926)

Der gebürtige Mecklenburger praktizierte bis 1886
als Arzt in Glarus (Schweiz) und übersiedelte dann
nach Freiburg im Breisgau. 1897 lernte er die prächtigen Züchtungserfolge Hermann Müllers kennen
und ließ sich von seinem Arzt-Kollegen in Weingar-

ten in die Raffinessen der Rosenzüchtung einweihen. 1901 erzielte er selbst 350 Kreuzungen und begann die Aufzeichnungen für die »Sommerstudie 1901 über Befruchtungen«, die 1903 in der deutschen »Rosen-Zeitung« erschien. Mit diesem Werk begann Dr. med. Gustav Krüger seine schriftstellerische Aufklärungsarbeit über die biologischen Grundlagen der Rosenzüchtung, der er sich mit wissenschaftlicher Akribie bis 1915 widmete und bei der ihn seine Frau nach besten Kräften unterstützte. Ihr verdanken wir die deutsche Übersetzung der preisgekrönten Arbeit von Walter Easlea, die unter dem Titel »Die Hybridisation der Rosen« in der »Rosen-Zeitung« von 1902 abgedruckt wurde. Krüger versah die Arbeit mit einem ausführlichen Kommentar über »Gregor Mendels Hybridisations-Gesetze« (Seite 58 bis 64). Mit diesem Beitrag zog sich Krüger die Kritik des Pfarrers Schultze zu, der die Ausdrücke »Vater«, »Mutter«, »erzeugen« und »männliche und weibliche Organe« bei Rosen doch sehr unangebracht fand. Krüger konterte, man könne eben nicht von einem »Roserich« und einer »Rosalie« sprechen.

1908 stellte der Naturwissenschaftler präzise den Weg des Pollenschlauches von der Spitze des Integumentes zur Eianlage bei *R. canina* in 600facher Vergrößerung dar (Krüssmann 1974). Er war noch einmal zum Studenten im Pharmacognostischen Institut der Universität Freiburg geworden und konnte durch langjährige (von 1901 bis 1907 dauernde) subtile Untersuchungen und mikroskopische Zeichnungen nachweisen, daß beispielsweise 'Souvenir de la Malmaison' nur verkümmerte Staubfäden hat und deshalb nicht zu einer Selbstbefruchtung fähig ist. Die Ergebnisse dieser Arbeit erschienen ab 1907 in der »Rosen-Zeitung« unter dem Titel »Die Entwicklung von Blüte und Frucht bei der Gattung Rosa, mit besonderer Berücksichtigung der Edelrosen«. (1909 erschienen die gesammelten Beiträge.)

Den Abschluß der biologisch orientierten Veröffentlichungen bildet die »Rosenstudie 1912« (»Rosen-Zeitung« 1915, Seite 2). Gustav Krüger schließt diese Beitragsserie mit dem Hinweis, sein 1906 erschienenes »Stammbuch der Edelrosen« sei zwar schon eine Hilfe bei der Rosenkreuzung, in Zukunft werde man aber den ganzen Stammbaum einer Rose ausarbeiten müssen. Dieser Aufgabe widmete sich zuerst Dr. Harald von Rathlef, der 1927 mit der Veröffentlichung von Rosenstammbäumen begann und als Leiter der Zentralstelle für Rosenforschung in Sangerhausen die Arbeit Krügers durch sein 1937 erschienenes Buch »Die Rose als Objekt der Züchtung« fortsetzte.

Krüger begnügte sich jedoch nicht mit der Theorie der Rosenzüchtung, er war auch ein begeisterter praktischer Gärtner. Sein schönes Rosarium ist beschrieben und abgebildet in dem 1903 bei Eugen Ulmer veröffentlichten Buch »Der Rose Zucht und Pflege« von Stephan Olbrich. Die Krüger-Züchtung 'Sonnenlicht' (1913) erlebt derzeit eine weltweite Renaissance, ebenso wie die feine, 'La France'-ähnliche 'Freiburg II' (1917), die immer noch beliebt ist. An die Schönheit der rosa Teehybriden von Gustav Krüger erinnern das Sangerhausener Sortiment und die Farbbilder in der »Rosen-Zeitung«.

Als 1926 der Begründer der wissenschaftlichen Rosenzüchtung in Deutschland starb, waren seine Erkenntnisse bereits Allgemeingut geworden. Wilhelm Kordes bekannte noch 1953: »Die überragende Arbeit Dr. Krügers hat in mir den Keim gelegt zu meiner späteren Arbeit als Rosenzüchter« (»Rosenjahrbuch 1953«, Band VII, Seite 14).

Peter Lambert (1859 bis 1939)

Peter Lambert gehörte zur dritten Generation einer außerordentlich tüchtigen Trierer Gärtnerfamilie. Nach seiner Lehrzeit in der mustergültigen Baum- und Rosenschule von Lambert & Reiter besuchte er die Höhere Gärtner-Lehranstalt Potsdam-Wildpark, die damalige Eliteschule des deutschen Gartenbaus. Seine Gehilfenjahre verbrachte Lambert im Ausland, um die französischen und englischen Methoden der Rosenkultur kennenzulernen. Er schloß seine Ausbildung mit dem königlichen Obergärtner-Examen in Potsdam ab. Danach leitete Peter Lambert die Rosenkultur und den Vertrieb in der Baumschule seines Vaters, die damals 100000 Rosen pro Jahr anzog und bis in die USA und nach Rußland exportierte.

1889 gaben Lambert und Reiter die ersten Züchtungen des Juniors in den Handel: Die blutrote *Rosa chinensis*-Sorte 'Moselblümchen' und die gelbe Teerose 'Rheingold'. (Ein Farbbild von 'Moselblümchen' erschien 1889 in der »Rosen-Zeitung«, Seite 91.) Eine weitere Neuzüchtung stellte die väterliche Firma 1890 in Berlin aus. Die duftende, rahmweiße Teehybride fand das Wohlgefallen der deutschen Kaiserin, und als 'Kaiserin Auguste Viktoria' war sie 1891 die am meisten bewunderte Neuheit der von Peter Lambert glänzend inszenierten Rosenschau in Trier. Auch international errang die 'Kaiserin' hohe Anerkennung, und Großbritannien holte den erfolgreichen jungen Rosenzüchter 1892 als Preisrichter zur Internationalen Gartenschau nach London.

Peter Lambert (1859 bis 1939)

Noch im Jahr 1891 hatte Peter Lambert die Redaktion der Zeitschrift des Vereins Deutscher Rosenfreunde übernommen. Mit seiner profunden Sachkenntnis und seinen internationalen Verbindungen verwandelte er das bis dahin eher provinzielle Blatt in ein vielseitiges Informationszentrum für die deutschsprachigen Rosengärtner und -liebhaber in aller Welt. Ebenfalls 1891 gründete Lambert jun. eine eigene Baumschule in Trier-St. Marien und brachte schon fünf Jahre später seine Neuheiten selbst in den Handel. Basis seiner Züchtungen wurden drei einmalblühende Kletterrosen, die er 1894 von J.B. Schmitt in Bischweiler erworben hatte und die er die »drei Grazien« nannte. Die elsässischen *R. multiflora*-Abkömmlinge 'Thalia', 'Euphrosyne' und 'Aglaia' waren winterhart und blühfreudig und kamen damit Lamberts Absicht, unkomplizierte und doch dekorative Rosen zu züchten, entgegen. Insbesondere mit der hellgelben 'Aglaia' erzielte Lambert neue Farben bei den Polyantha-Rosen: Aus den niedlichen, kupferfarbenen Knöspchen der 'Eugenie Lamesch' (1899) entwickeln sich rundliche gelbe Röschen, und die leuchtend-lackroten Blüten von 'Leonie Lamesch' werden von einer dottergelben Mitte erhellt. Auch den guten Duft haben beide Sorten von

'Aglaia' geerbt. Der Züchter vermerkt stolz, daß die reizende 'Leonie' nach seiner jugendlichen Braut benannt ist.

Ebenfalls aus der einmalblühenden 'Aglaia' erzielte Lambert die öfterblühende, cremeweiße Strauchrose 'Trier'. Diese wahrscheinlich durch Selbstung entstandene Sorte wurde zur Stammmutter einer neuen Zuchtrichtung von öfterblühenden Strauchrosen, die in Deutschland Lambertiana-Sorten genannt wurden.

Reverend Joseph H. Pemberton, der 1908 Vizepräsident der National Rose Society war, stellte 'Trier' als »Climber Polyantha«, kletternde Polyantha-Rose und erste einer neuen Rasse vor, die bald in jedermanns Garten sein würde (»The Rose Annual« 1908, Seite 86). Er selbst begann mit der Sorte zu züchten und bekam für zwei der von 'Trier' abstammenden Neuheiten die Silver-Gilt Medal der National Rose Society. Diese beiden Neuheiten wurden bei ihrer Besprechung im »Rose Annual« 1913 als Teehybriden bezeichnet (Seite 154 und 167), obwohl 'Danaë' und 'Moonlight' unstreitig direkte Nachkommen der Strauchrose 'Trier' sind. Später wurden diese und viele nachfolgende englische 'Trier'-Abkömmlinge als »Hybrid Musks«, Moschata-Hybriden, bezeichnet. Ihr Züchter Pemberton schrieb kurz vor seinem Tode im Jahr 1926: »They all carry the musk perfume . . . and can best be described as 'Shrub Roses'«. Für Pemberton war musk perfume »the true old genuin British Rose scent«, wie ihn *R. arvensis* hat (»The Rose Annual« 1926, Seite 77 und 1917, Seite 54 bis 60). Viele Pemberton-Züchtungen zeichnen sich durch einen angenehmen Duft aus, der jedoch nicht dem von Moschusparfum gleicht, und keine der »Hybrid Musk« genannten Rosen ist eine Hybride von *R. moschata*.

Mit 'Trier' hatte Pemberton einst begonnen, und auch eine seiner letzten Züchtungen, 'Robin Hood', ist nach Sieber (»Rosenjahrbuch« 1983, Seite 99) ein Enkel von 'Trier'. Lambert wiederum zog aus 'Robin Hood' seine letzte Strauchrose, die überreich blühende 'Mozart'. Die berühmteste aller 'Trier'-Nachkommen hat Reimer Kordes gezüchtet. Als 'Fée des Neiges' oder 'Iceberg' kennt man sie in der ganzen Welt, und bei uns heißt sie 'Schneewittchen' ('Robin Hood' × 'Virgo'). Auch unter ihren Nachfahren finden sich Strauchrosen, die bis zum Frost duftende Blüten hervorbringen, eine Eigenschaft, die sie von ihrer Urahne 'Trier' geerbt haben.

Die Entwicklung der von Lambert so stark geförderten Strauchrosen-Züchtung läßt sich im Rosarium Sangerhausen gut studieren, denn die Trierer

Lambertiana-Sorten sind in einer gesonderten Abteilung aufgepflanzt, ebenso die Moschata-Hybriden von J.H.P. Pemberton und seinem Nachfolger J.A. Bentall. Nach der neuen Klassifikation sind sie nun mitsamt ihren Nachkommen alle in der Klasse der öfterblühenden Strauchrosen vereint.

Den Weltruhm Peter Lamberts begründeten aber nicht die nach ihm benannten Lambertiana-Sorten, sondern die Remontant-Hybride 'Frau Karl Druschki'. 1896 befruchtete er 'Merveille de Lyon' mit 'Madame Caroline Testout' und der einzige, aber starkwüchsige Sämling daraus blühte erst 1899 befriedigend. Der Flor kam gerade rechtzeitig zur Stuttgarter Rosenausstellung, auf der Lambert mit der neuen Sorte den Preis für die beste deutsche Neuheit, ein halbes Dutzend silberne Löffel, gewann. Die preisgekrönte Rose bestach durch riesige schneeweiße Blüten, wegen derer sie vom Publikum 'Schneekönigin' genannt wurde. Später widmete Lambert sie der Frau des damaligen Präsidenten des Vereins Deutscher Rosenfreunde (VDR). Die nunmehr 'Frau Karl Druschki' genannte Sorte wurde 1901 mit dem Wertzeugnis des VDR ausgezeichnet und erhielt 1902 in London den Award of Merit der Royal Horticultural Society. Als »öfterblühende Hybrid Remontant« hatte der Züchter sie vorgestellt und sie als winterharten Solitärstrauch und Pyramidenrose empfohlen. Bei den Pariser Marktgärtnern hieß die bewährte Schnittrose bald 'Frau Karl', und in den USA wurde sie sogar als 'White American Beauty' angeboten. Die National Rose Society verlieh der vorzüglichen Ausstellungs- und Gartenrose 1907 und 1908 die allerhöchste Auszeichnung, den Nickerson Silver Cup, und brachte im »The Rose Annual«

»the full story« von 'Frau Karl Druschki' (»The Rose Annual« 1908, Seite 42 bis 43, und 1909, Seite 100 bis 105). Erst auf Antrag von Pfitzer wurde der Lambertschen Züchtung nachträglich die Vereinsmedaille des Vereins Deutscher Rosenfreunde zuerkannt (»Rosen-Zeitung« 1909, Seite 67). 'Frau Karl Druschki' wurde von Anfang an gern zur Züchtung genutzt und gab ihre hervorragenden Eigenschaften an eine große Zahl von Nachkommen weiter. Schon 1929 zählte die F_1-Generation 120 Abkömmlinge.

Frankreich ehrte Peter Lambert nach seinen großen Zuchterfolgen 1910 mit der Ernennung zum Chevalier du Mérite agricole, und 1912 vertrat er bei der »International Conference of the Modern Rose Development« die deutsche Rosenzüchtung. Konferenzteilnehmer aus aller Welt diskutierten über ihre Erfahrungen und Ziele in der Rosenzüchtung, und Peter Lambert betonte, man brauche in Deutschland winterharte und längerblühende Gartenrosen, zu deren Züchtung mehr als bisher Wildrosen zu verwenden seien. An dieses Prinzip hielt er sich auch im weiteren Verlauf seiner Züchterkarriere, und die Rosen, die er erzielte, waren so hart und ausdauernd, daß viele von ihnen in der von Lambert initiierten Rosensammlung Sangerhausen bis in unsere Tage überdauerten. Es wäre uns möglich, einen abwechslungsreichen Garten allein aus den erhalten gebliebenen Lambert-Züchtungen zu gestalten. Praktische Anleitungen zur Verwendung der einzelnen Rosenklassen in einem Garten, der auch heute noch modern wäre, könnten wir in der großen Zahl seiner vielseitigen Veröffentlichungen finden.

(Literatur: Lejeune 1983, Seite 56 bis 57; Lambert-Kataloge 1895 bis 1939.)

Rosenkultur in Deutschland

Die Gartengeschichtsschreibung hat sich mit einem gewissen Recht vor allem der Rosenkultur in Frankreich angenommen. Schließlich verdanken wir der dortigen Rosenliebe und in der Folge den französischen Züchtern des vorigen Jahrunderts erhebliche Beiträge zur Entwicklung der Farbenpracht, Schönheit und der anhaltenden Blütendauer unserer heutigen Zuchtrosen. Aber auch andere Länder in Europa, Nordamerika und Asien haben zur heutigen Vielfalt der »Königin der Blumen« beigetragen.

Jeder Rosenfreund weiß in Verbindung mit der Rose die Kaiserin Joséphine, die in Malmaison lebte, und den Maler Redouté zu nennen, weiß aber wenig über englische oder deutsche Rosenmaler, Züchter und Rosenforscher zu sagen. Am Beispiel der Geschichte der Rosenkultur im Raum Kassel wollen wir die Entwicklung der Rose in der deutschen Gartenkunst zeigen. Für Berlin, Dresden, Hannover, München, Weimar, Wien, Zweibrücken und andere Städte könnte man ebenso eine Rosengeschichte schreiben.

Die Rosenanlagen im Raum Kassel

Heimische Wildrosen stehen am Anfang

In Nordhessen, im Raum Kassel, gab es nach verschiedenen Schilderungen einen reichen und vielseitigen Wildrosenbestand, der heute auf wenige Standorte zurückgedrängt ist. In seiner »Flora von Nordhessen« gibt Grimme 1958 die von ihm beobachteten Wildrosen an. Am häufigsten kommt noch *R. canina* auf allen Böden in Nordhessen vor, es finden sich zerstreut *R. corymbifera* (syn. *R. dumetorum*), *R. caesia* (syn. *R. coriifolia*) und *R. tomentella* (syn. *R. obtusifolia*). Eine Rose der nordhessischen Kalkdriften ist *R. elliptica* (syn. *R. inodora*). Gleichfalls vorzugsweise auf Kalkböden ist die Weinrose, *R. rubiginosa*, anzutreffen, erkennbar an ihrem nach Äpfeln duftendem Laub.

Die ihr verwandte *R. micrantha* kommt nur vereinzelt an trockenen warmen Hängen vor. An sonnigen Waldrändern wächst die Filzrose, *R. tomentosa*. *R. jundzillii* (syn. *R. marginata*) wurde wahrscheinlich wegen ihres reichen, langanhaltenden Hagebuttenbehanges früh in Gärten geholt und ist dann wieder verwildert, so daß das Ausmaß ihrer natürlichen Verbreitung nicht mehr sicher ist. Von *R. glauca* (syn. *R. rubrifolia*) ist gleichfalls nicht bekannt, ob sie an ihren Fundstellen in Nordhessen von Menschenhand zugewandert ist; sie zählt zu den Rosen der Europäischen Gebirge. *R. arvensis*, die einzige europäische Kletterrose, findet man an Waldrändern und in lichten Wäldern. Für *R. pimpinellifolia*, die Bibernell-Rose, gilt das gleiche wie für *R. glauca*, sie wurde in ihren Gebirgs- und Küstenformen früh aus ihren ursprünglichen Standorten verschleppt und ist dann wieder verwildert. *R. villosa* (syn. *R. pomifera*), die Apfelrose, wurde wegen ihrer großen Hagebutten schon im Mittelalter als Heilpflanze in die Gärten übernommen und hat sich dann an einigen Wildstandorten wieder angesiedelt. *R. gallica*, die im Weinklima vorkommende Gallische Rose, hat Grimme in Nordhessen nicht festgestellt, obgleich auch sie nachweislich bereits früh in den Gärten Nordhessens gehalten wurde. Dagegen fand er *R. × francofurtana* (syn. *R. turbinata*) und *R. majalis* (syn. *R. cinnamomea*) an Naturstandorten.

Leider vermindert sich in einer seit mehr als hundert Jahren andauernden Entwicklung der Bestand an heimischen Wildrosen zunehmend. Einige Arten können bereits als gefährdet gelten. Die Hecken und Raine in der Feldmark als Standort von heimischen Wildrosen wurden wegen der fortschreitenden Mechanisierung in der Ackerwirtschaft weitgehend entfernt. Da die vorhandenen Hecken nicht mehr der Holznutzung unterliegen, wird der Rosenbestand durch Gehölze überwachsen. Die seit 150 Jahren eingeführte erwerbsorientierte Waldwirtschaft forstete die lichten, mit Wildrosen bestandenen Hutungswälder der deutschen Mittelgebirge auf. Die Wildrosen wurden auf die ackerbaulich oder forstwirtschaftlich nicht zu nutzenden Grenzböden zurückgedrängt. Auch hier haben sie wegen des Rückgangs der Schafhaltung gegen den ungehinderten Aufwuchs der Konkurrenzpflanzen zu kämpfen.

Die Verluste ließen sich durch eine bewußte Wiederaufpflanzung in »Feldholzinseln«, Vogelschutzgehölzen, Waldrandbepflanzungen und an Straßenböschungen ausgleichen, aber dies ist gerade bei unseren Wildrosen problematisch. Auf Flächen, die infolge der Flächenstillegung innerhalb der Europäischen Gemeinschaft frei werden, bietet sich die Anpflanzung von Wildrosen geradezu an. In den Feldholzinseln wären sie ökologisch von Bedeutung. Trotzdem sind Wiederanpflanzungen stark umstritten. Bei den heimischen Wildrosen-Arten haben sich regional Unterarten herausgebildet, deren artreine örtliche Anpflanzung wohl kaum gelingen würde. Man befürchtet durch Neuanpflanzungen eine Verfälschung der heimischen Rosenflora. Die Frage bleibt offen, ob man diese nicht hinnehmen müßte, um den Wildrosenbestand regional in seiner ökologischen Bedeutung zu sichern.

Rosen als Offizinalpflanzen in den Klostergärten

Die heimischen Rosen sind, wenn auch regionale schriftliche Hinweise fehlen, als Heilpflanzen in den Klostergärten in und um Kassel aufgepflanzt worden. Im Mittelalter kamen aus dem Mittelmeerraum und aus Frankreich Gartenformen von *R. gallica*, *R. × alba* und vielleicht auch schon von *R. × damascena* hinzu. In den Berichten über die Gärten und die Kasseler Offizin, wie die Landgräfliche Apotheke genannt wurde, sind die Rosen nicht ausdrücklich erwähnt. Der Heilpflanzengarten des Augustinerklosters Weißenstein, an dessen Stelle am Anfang des 17. Jahrhunderts Schloß und Park Weißenstein-Wilhelmshöhe gebaut wurden, enthielt sicher die damals bekannten Rosen.

Das Rosenwunder der Heiligen Elisabeth

Aus dem Mittelalter stammt die schöne Legende der Landgräfin Elisabeth von Thüringen und Hessen (1207 bis 1231), die wegen ihrer Wohltaten für die Armen und Kranken schon vier Jahre nach ihrem frühen Tode in Marburg heilig gesprochen wurde. Das Rosenwunder wird in sehr unterschiedlichen Formen dargestellt. Die verbreitetste Lesart ist: »Der Gemahl Elisabeths, Landgraf Ludwig, erfreute sich, im Gegensatz zu seiner Mutter, an ihrem wohltäti-

Die Rosen am Westportal der Elisabethkirche in Marburg sind *R. gallica* var. *officinalis* nachempfunden.

gen Wirken, dennoch soll er ihr aus mancherlei Sorge heraus verboten haben, allzuhäufig Nahrungsmittel zu den Armen zu bringen. Unverhofft früh heimgekehrt, traf er einst Elisabeth auf ihrem Wege und fragte sie, was sie hinwegtrage. Sie verbarg Brot in einem Korb unter ihrem Mantel. Als der argwöhnische Gemahl befahl, den Mantel zurückzuschlagen, leuchteten ihm Rosen entgegen!« Die Rose spielt darum in den Darstellungen der Heiligen eine wichtige Rolle.

Von 1253 bis 1283 wurde ihr zu Ehren in Marburg die Elisabethkirche errichtet. Das Westportal ziert ein Bogenfeld mit »doppelten Rosen«, die *R. gallica* var. *officinalis* nachempfunden sind (vergleiche obige Abbildung).

Der Rosengarten des Erbmarschalls von Riedesel

Die ersten schriftlichen Nachrichten über Rosen und Rosenanlagen im Kasseler Raum finden wir bei dem

Botaniker Clusius (Charles de Lecluse), einem weit-gereisten Wissenschaftler, der von 1587 bis 1593 in Frankfurt lebte und vom hessischen Landgrafen ein Jahrgeld erhielt. Clusius berichtet in seinem Werk »Rariorum plantarum historia« (Antwerpen 1601), daß der Erbmarschall in Hessen, Georg von Ried-esel-Eisenbach, auf seinem Besitz bei Kassel eine der größten Rosensammlungen jener Zeit hatte. Leider fehlen nähere Angaben über den Bestand an Arten und Sorten dieses Rosengartens. Er lag bei der Burg Ludwigseck im heutigen Kreis Hersfeld-Rotenburg und nicht, wie in der Literatur verschiedentlich an-gegeben, bei Eisenach. In dem »Kräuterbuch« von Pier Andrea Matthioli, herausgegeben von dem Bo-taniker Camerarius (Frankfurt 1586), steht auf Seite 283: »... derowegen ich mich über den Fleiss des Edlen gestrengen und Ehrenwertesten Georg Rittese-len, Erbmarschalk in Hessen, eines Liebhabers studii Herbarii, auch mein und anderer zu solchen Werken sonderer beförderer, nicht wenig verwundert hab, der zu Ludwigseck im Lande Hessen dieses Gewächs (es geht hier um den Blumenkohl) zu den zeitigen Samen in seinem wolerbauten Garten gebracht hat.«

In Ludwigseck im Wald des Knüllgebirges, 450 m hoch gelegen, ist von den Rosen des 16. Jahrhunderts nichts erhalten geblieben.

Der erste Kasseler Botanische Garten mit einer Rosensammlung

Wilhelm IV. (1567 bis 1592), genannt der Weise, war nicht nur ein anerkannter Astronom und Mathema-tiker seiner Zeit, sondern auch ein eifriger Botaniker, unterstützt von seiner Frau, Sabine von Württem-berg, die starkes medizinisches und pharmazeutisches Interesse zeigte – ein rechtes Fürstenpaar der Renais-sance also. Ihr Lustgarten in der Fuldaaue unterhalb des Kasseler Stadtschlosses wurde 1568 angelegt und galt als einer der frühen botanischen Gärten Deutschlands. Durch die zum Teil erhaltene Kor-respondenz des Landgrafen wissen wir auch etwas über den Pflanzenbestand dieses Gartens.

So schickte ihm seine Schwägerin Hedwig von Hessen-Marburg »etliche hundert Stöcke der dop-pelten Rosen (*R. gallica* 'Officinalis') und der weißen Rosen« (wahrscheinlich *R. × alba*). Im Jahr 1590 bezog Wilhelm IV. vom Grafen Neuenaar 13 ver-schiedene Rosenarten. Mit anderen Sammlern tauschte er »Muskat-Rosen« (darunter verstand man zu dieser Zeit nach Ellen Willmott die Damas-zener-Rosen). In der Korrespondenz des Landgrafen mit den Botanikern Camerarius und Clusius ist ver-schiedentlich von Rosen die Rede. Clusius verdanken wir die Einfuhr von *R. foetida* und *R. hemisphaerica*, der einzigen gefüllten gelben Rose, die es zu dieser Zeit gab, aus der Türkei. Beide Rosen dürften auch im Botanischen Garten des Landgrafen Wilhelm IV. ge-standen haben.

Das Barock erwähnt keine Rosen

Nach der Zeit Wilhelms IV. finden wir in der regio-nalen Literatur 150 Jahre lang keine Rosen erwähnt. Landgraf Moritz (1592 bis 1627), der das botanische Interesse von seinem Vater geerbt hatte, wandelte 1606 das frühere Kloster Weißenstein, am Habichts-wald oberhalb Kassels gelegen, in eine Sommerresi-denz mit Schloß und Park um. In den Gärten, die das Schloß umgaben, standen sicher Rosen, obwohl sie nirgendwo Erwähnung fanden.

In dem großartigen barocken Park Weißenstein des Landgrafen Carl (1670 bis 1730), dem Enkel von Moritz, gab es wahrscheinlich keine Rosen. Man be-schränkte sich in der Barockzeit bei der Gartengestal-tung auf die architektonische Wirkung und somit auf Pflanzen, die man durch Schnitt in festen architekto-nischen Formen halten konnte.

Die Rosensammlung im Landschaftsgarten

Landgraf Friedrich II. (1760 bis 1785) regierte in der Zeit der Aufklärung und des Merkantilismus. Er gab nicht nur seiner Residenzstadt Kassel ein völlig neues Gesicht, sondern wandelte den barocken Park Weißenstein am Abhang des Habichtswaldes in einen »englischen« Landschaftsgarten um.

Zur Parkerneuerung suchte sich Friedrich II. 1765 einen Gartenmeister, der die englische Gartenkunst beherrschte. Der größte Baumschuler der Zeit, Fried-rich August von Veltheim aus Harbke bei Helmstedt, empfahl dem Landgrafen den Gärtner Daniel Au-gust Schwarzkopf, der bei ihm und dem bekannten englischen Gartenmeister Philip Miller ausgebildet worden war. Schwarzkopf, der als Gestalter des »englischen« Landschaftsparks Weißenstein-Wil-helmshöhe gelten kann, wies bei seiner Anstellung – die Papiere sind im Staatsarchiv Marburg erhalten – auf die Wichtigkeit einer Verkaufsbaumschule zur Erhaltung eines Landschaftsparks hin. Dieser Vor-schlag kam den merkantilen Vorstellungen des Land-grafen entgegen. Es erwies sich in der Zukunft, daß Schwarzkopf mit seinem Vorschlag recht hatte. Die Verkaufsbaumschule von Weißenstein-Wilhelmshöhe entwickelte sich im 18. und 19. Jahrhundert zu einer der größten in Deutschland. Ohne sie wäre die Vielgestaltigkeit der Parkbepflanzung auf Dauer nicht zu erhalten gewesen.

Gleich nach der Anstellung Schwarzkopfs bezog man aus Harbke, von der Münchhausenschen Baumschule in Schwöbber bei Hameln und aus England Sortimente von Pflanzen, darunter auch Rosen. Die Rosen wurden in der Baumschule und im Park angepflanzt, außerdem entstand unterhalb des Schlosses, neben einem schon früher angelegten Rosenlaubengang, ein großes Rosenboskett, von dem uns eine Handzeichnung noch überliefert ist. Innerhalb eines dicht mit Strauchrosen bepflanzten Parkraums ergoß sich aus einem Teich in Kaskaden ein kleiner Wasserfall in einen Springbrunnen, der auf einem ovalen Platz, flankiert von zwei Vogelvolieren, inmitten der Rosen angelegt war. Ausgehend von einem anschließenden, von einem Zelt überdachten Sitzplatz führten vier Stichwege, die in Rondellen endeten, in das Rosenboskett, damit sich der Besucher an den Rosen erfreuen und den Duft genießen konnte. Leider wurde diese noch ganz im Stil des Rokoko gehaltene Anlage schon 1785 nach dem Regierungsantritt Wilhelms IX., dem Sohn Landgraf Friedrichs, weil für den englischen Gartenstil nicht passend, wieder abgeräumt.

Von den in der Baumschule befindlichen Rosen muß es vor 1781 einen Verkaufskatalog gegeben haben, auf den sich Listen der Verkaufsgehölze in dem »Taschenbuch für Gartenfreunde« von Becker und in »Hirschfelds Gartenkalender« von 1783 beziehen. Leider werden die Rosen in beiden Veröffentlichungen nicht einzeln aufgeführt, es heißt hier lediglich: »Außer diesen Bäumen und Sträuchern besitzt Herr Schwarzkopf eine der reichsten und ausgesuchtesten Sammlungen von Rosen.«

In den »Briefen eines Reisenden über den gegenwärtigen Zustand von Cassel« schreibt 1781 von Günderode über den Park Weißenstein: »Rosen hat man auch in großer Menge und von den vielfältigen Arten, als man sie vielleicht nirgends versammelt antreffen wird und was auch noch ungewöhnlich, nehmlich Rosen ohne Stacheln. Bei dem dasigen geschickten und besonders auch in der Baumzucht sehr erfahrenen Hofgärtner Herrn Schwarzkopf sind viele Gattungen dieser Bäume und Rosen um einen sehr billigen Preis zu haben, wie aus dem gedruckten Verzeichnis zu ersehen ist«.

Rosen im Landschaftsgarten galten zu dieser Zeit als eine absolute Besonderheit. Es läßt sich nicht mehr ergründen, von wem die Anregung für die Rosenvorliebe herrührt, ob vom Landgrafen, seiner englischen Frau, oder auch vom Hofgärtner. Waren es der frühere Rosenbestand in dem Botanischen Garten Wilhelms IV. oder der Einfluß der Lehrherren von Schwarzkopf, Miller und von Veltheim, oder irgendwelche Gärten in England, die das Beispiel gaben? Dr. Christoph Heinrich Böttger, Prorektor des Carolineums, Mediziner und Botaniker der damaligen Casseler Hochschule, gab 1777 ein »Verzeichnis derjenigen fremden und einheimischen Bäume und Stauden, welche in den englischen Parks und Gärten des Fürstl. Lustschloßes Weißenstein befindlich sind« heraus. Er beschreibt dort neben Bäumen und Sträuchern 33 Rosenarten und erklärt zum Schluß der Rosenbeschreibung: »Ich würde meine Absicht« (der Beschränkung auf die botanischen Arten) »weit verfehlen, wenn ich mehrere Rosen anführen wollte. Doch kann ich nicht übergehen, daß Serenissimus schon hier unter anderen besonderen Rosenpflanzschulen auch Rosengärten haben anlegen lassen, wo der Fleiß des Hofgärtners nebst den vielen Arten mit inbegriff ihrer Spielarten über 100 bauet.« Böttger führt als Parkbestand die schon genannten heimischen Wildrosen auf, dazu *R. pendulina*, *R. cinnamomea* (heute *R. majalis*), *R. gallica*, *R. × alba*, *R. × damascena*, *R. centifolia* und Abkömmlinge dieser Rosen. Zu *R. sempervirens* bemerkt er: »Ist in Deutschland zu Hause, dennoch will sie hier nicht recht fort.« Auch einige amerikanische Wildrosen werden erwähnt.

Der Nachfolger von Böttger am Carolineum, der Botaniker Conrad Mönch, veröffentlichte 1785 ein neues »Verzeichnis ausländischer Bäume und Stauden des Lustschlosses Weißenstein bey Cassel«. Er schreibt in seiner Vorrede: »... der jetzige Hofgärtner Herr Schwarzkopf ist der erste, der die Fremdlinge hier angezogen... Diese Gartenmode stiftete indessen vielen Nutzen. Europa hat seit der Römer Zeiten nicht so viele neue und allgemein nutzbare Pflanzen erhalten, wie durch diesen veränderten Gartengeschmack.« Unter Mönchs Beschreibung der Rosen im Park – er spricht von 150 verschiedenen Sorten aus 49 verschiedenen Arten – heißt es: »Ein sehr veränderliches Pflanzengeschlecht, zu dessen Berichtigung noch vieles fehlt, um bestimmte Kennzeichen von den wirklichen Arten und Abarten anzugeben, und zu welchem Geschlecht diese Abarten gehören. Seit 12 Jahren hat Herr Schwarzkopf jährlich von allen hier befindlichen Arten ausgesäet, und davon manche merkliche neue Abart erhalten. Einige von diesem Geschlecht bleiben immer die nehmlichen, die Blume ist einfach, und die Gestalt des ganzen Wuchses nicht verändert; als die pimpinellblätterichte, die gelbe, die hängende, die türkische, die stachellichte Rose. Andere hingegen, als die Centifolie, die Damascener und französische Rose liefern fast jährlich neue Abarten.« Leider beschränkt sich Mönch, genau wie Böttger, nur auf die Nennung und Beschreibung der nach seiner Meinung botanischen Arten, weil »der Botanist (die erzielten Sorten) nicht als Species annehmen kann«. Am Schluß seiner Beschreibung der Rosen sagt Mönch: »Mehrere übergehe ich, sonst müßte ich wenigstens ein Hundert Namen hersetzen. Die vorzüglichsten und schönsten habe ich aber alle angeführt... Das Sähen wird hier folgendermaßen angestellt. Der reife Samen wird in Wasser 14 Tage, auch wohl 3 Wochen eingeweicht, und in Scherben, Kasten oder ins freie Land gesät. Er liegt mindestens 1 Jahr, ehe er aufkeimt, und 3 Jahre Zeit erfordert die Pflanze wenigstens, ehe sie blühet...«

Schwarzkopf erzielte durch die konzentrierte Anpflanzung verschiedenartiger Rosen, durch die Bestäubertätigkeit der Insekten sowie durch Aussaat geernteter Samen und Auslese der Sämlinge eine ganze Reihe von Sorten, die, wie Baumschulkataloge der Zeit zeigen, weit verbreitet waren. Schwarzkopf kann darum als einer der frühen deutschen Rosenzüchter gelten. Es sind mindestens zwölf von ihm erzielte Sorten bekannt.

Interessanterweise nennt und beschreibt Mönch in seiner Bestandsaufnahme der Rosen von Weißenstein schon *R. sinica* (heute *R. chinensis*), die chinesische Rose. Mönch gibt auch die Herkunft der Rosen an, eben Harbke, Schwöbber, Karlsruhe und England.

Als Landgraf Wilhelm IX. (ab 1803 Kurfürst Wilhelm I.) 1785 an die Regierung kam, wurde der Park Weißenstein, nach dem Entfernen der Rokokoreste, streng nach dem Buch Hirschfelds »Theorie der Gartenkunst« endgültig in einen Landschaftspark umgestaltet, und an Stelle des Schlosses Weißenstein wurde ab 1798 das nach dem Landgrafen benannte Schloß Wilhelmshöhe gebaut.

Die Rosensammlung im Park blieb dank der Baumschule nicht nur erhalten, sondern wurde erweitert. Mit dem Schutt des abgerissenen alten Schlosses wurden die aus Klosterzeiten noch vorhandenen Fischteiche zu einem kleinen See, dem »Lac«, aufgestaut und an seinem oberen Ende eine Insel aufgeschüttet, auf die in langen Reihen die Rosen gepflanzt wurden, wie eine Gouache des Schweizer Landschaftsmalers Johann Heinrich Bleuler zu Beginn des 19. Jahrhunderts zeigt. Seit 1795 heißt diese Insel Roseninsel, sie steht auch heute wieder im Mittelpunkt der erneuerten Rosenpflanzung.

Die 'Perle von Weißenstein', die erste deutsche Zuchtrose

Der Botaniker Gerd Krüssmann stellt in seinem 1974 erschienenen Werk »Rosen, Rosen, Rosen« aufgrund verschiedener Quellenhinweise fest: »Der erste, der in Deutschland eine Rose benannte und offenbar auch »gezüchtet« hatte, war der Hofgärtner des Landgrafen Friedrich II. von Hessen, Schwarzkopf, auf Schloß Weißenstein bei Kassel. Seine Rose hieß auch 'Perle von Weißenstein'.« Den Hinweisen von Mönch zufolge muß die Zeit ihrer Entstehung um das Jahr 1773 liegen. Die Rose erscheint jedoch erst ab 1808 in verschiedenen deutschen und französischen Registern bzw. Verkaufskatalogen. Französische Register verballhornen den Namen in 'Perle de Vaseingtein'. Unter diesem Namen hat sie auch Jäger in sein »Rosenlexicon« (1960) übernommen. In dem bekannten Werk von Redouté und Thory (1817 bis 1824) wird sie als »R. provins perle de Veisseuslein« erwähnt. Nickels macht sogar eine Rose 'Wasington' daraus. Diese Rose hat im Park Wilhelmshöhe die Zeiten überdauert. Nach ihrem Wuchs – aufrecht und starkwüchsig – ist anzunehmen, daß es sich um eine Kreuzung von *Rosa gallica* mit *R. × damascena* handeln kann. Die rosaroten Blüten mit purpurroter Mitte sind sehr stark gefüllt und haben ausgesprochen feinblättrige Petalen, die bei feuchtem Wetter verkleben, so daß dann die schönen, stark duftenden Blüten nicht aufgehen. Die Rose remontiert nicht. In dem 1846 in New York erschienenen »Manual of Roses« von Prince steht sie unter den auszumusternden und vom Verkauf abzusetzenden Rosen (siehe Abbildung Seite 36).

Schwarzkopf erzielte im letzten Viertel des 18. Jahrhunderts noch eine ganze Reihe weiterer Sorten, die, den damaligen Katalogen nach zu urteilen, weit verbreitet waren, aber wieder verschwunden oder in anderen Sorten aufgegangen sind. Nach den Aquarellen von Salomon Pinhas dürften auch die Sorten 'Belle de Weißenstein', 'Pourprée de Weißenstein', 'Petite Hessoise', 'Centifolie de Hesse' von Schwarzkopf gezogene Züchtungen sein. Mönch führt noch acht weitere in Weißenstein erzielte Rosen an. In dem 1802 bis 1820 von Carl Gottlieb Rößig herausgegebenen Bildwerk über die damaligen Rosen sind zwei der von Mönch genannten Rosen abgebildet, *Rosa holoserica* 'Regalis' und die 'Große Mohnkopfrose'. Rößig schreibt zur ersteren: »Diese Sorte ist, soviel mir bekannt, zuerst in »Napleonshöhe« (so hieß Wilhelmshöhe zur Zeit von Jérôme 1807 bis 1814) von dem Gartendirektor Schwarzkopf aus

Die 'Perle von Weißenstein' gilt als die älteste deutsche Zuchtrose. Daniel August Schwarzkopf erzielte sie um 1773 in Weißenstein-Wilhelmshöhe. Linkes Bild: Aquarell von Salomon Pinhas (1806), dem Kasseler Hofminiaturmaler.

Samen erzogen worden.« Zur zweiten Sorte stellt er fest, daß Schwarzkopf sie aus *Rosa gallica* zog. Der französische Züchter Jean Pierre Vibert schreibt 1824 in einem »Essai sur les roses« (übersetzt): »Zu einer Zeit die ich nicht genau festlegen kann, die aber mehr als zwanzig Jahre zurückliegen muß, bekamen wir aus Hessen–Kassel eine ziemlich große Anzahl von Rosen für die Zeit. Die Aufstellung liegt vor mir und viele davon befinden sich unter anderen Namen heute noch in unseren Sammlungen.«.

Die 134 Rosenaquarelle des Salomon Pinhas

Bei der Suche nach alten Plänen des Rosengartens entdeckten Kasseler Rosenfreunde in der nicht öffentlichen Schloßbibliothek Wilhelmshöhe eine gebundene Sammlung von 133 Rosenaquarellen. Das Titelbild trägt die Aufschrift »Rosensammlung zu Wilhelmshöhe«. Nach der Natur gemalt von Salomon Pinhas, Kurfürstlich hessischer Hofminiaturmaler, 1815«. Diese Aquarelle sind trotz ihrer farbigen Klarheit, ihrer anmutigen Schönheit und botanischen Exaktheit bisher fast unbekannt geblieben. Als

sensationell kann dieser Fund gelten, denn es gibt nur wenige Rosenmaler, die ein solch umfangreiches Werk geschaffen haben, und außerdem kennt man sonst keine bildliche Darstellung der Einzelrosen einer geschlossenen Rosensammlung der Zeit. Die frühe Rosensammlung in Wilhelmshöhe hatte ihren Maler gefunden, der von 1806 bis 1815 nach dem im Band aufgeführten Register 150 der Rosen aus dem Park malte, 17 der gemalten Rosenporträts fehlen.

Salomon Pinhas, geboren im Februar 1759 in Bayreuth, stammte aus einer jüdischen Malerfamilie. Er war seit 1788 beim Landgrafen und späteren Kurfürsten Wilhelm I. in Kassel als Hofminiaturmaler beschäftigt, malte Miniaturporträts von Mitgliedern des Hofes und von Kasseler Bürgern und kopierte Bilder der Kasseler Gemäldesammlung. Die Idee, die Rosensammlung in Wilhelmshöhe malen zu lassen, stammt wohl vom Fürsten selbst. Nach einem im Staatsarchiv Marburg liegenden Gesuch bittet Pinhas den Kurfürsten 1806, »am Rosenbuch beschäftigt«, um die Gewährung von weiterem Gehalt, damit ihm die zukünftige Existenz in Kassel ermöglicht würde. Im gleichen Jahr mußte der Kurfürst vor Napoleon aus Kassel fliehen. Der Bruder Napoleons, Jérôme, zog als König von Westfalen im Januar 1807 in Kassel und Wilhelmshöhe ein, wo er bis Oktober 1913 blieb. Unter Jérôme setzte Pinhas seine Arbeit an den Rosenaquarellen fort. Nach seiner Rückkehr auf den Thron ließ der Kurfürst 1815 die Aquarelle binden.

Interessant erscheint ein Vergleich der Rosenaquarelle von Pinhas mit den Rosenbildern von Redouté. Beide Maler sind gleich alt, Redoutés Werk »Les Roses« mit den Beschreibungen des Botanikers Claude Antoine Thory erschien in Paris in den Jahren 1817 bis 1820. Die beiden Maler haben wahrscheinlich nichts voneinander gewußt, während es möglich ist, daß Jérôme die früher veröffentlichten »Lilien« und einzelne Rosenblätter von Redouté gekannt hat.

Der Druck, also die vervielfältigte Veröffentlichung von Aquarellen, war zu dieser Zeit technisch noch nicht möglich. Sie mußten vorher in Stiche umgewandelt werden. Dies war in Kassel mit den Aquarellen von Pinhas nicht geschehen, daher blieb das Werk Pinhas' und damit auch die Rosensammlung von Wilhelmshöhe weitgehend unbekannt.

Wilhelmshöher Rosen in Malmaison

Napoleon hatte 1798 für seine Frau Joséphine das Schloß Malmaison gekauft. Gravereaux, der zu Beginn unseres Jahrhunderts versuchte, die Rosen der Kaiserin in seinem Rosengarten in L'Haÿ bei Paris wieder zu sammeln, schreibt in seinem Buch » Les Roses de l'Impératrice Joséphine«: »Comme toutes les femmes de son temps, davantage même, Joséphine aima les fleurs; elle les aima avec passion.« (Wie alle Frauen ihrer Zeit – und sogar noch mehr – liebte sie die Blumen. Sie liebte sie mit Leidenschaft.) Sie begann 1804 mit ihrer Passion, in ganz Europa Rosen zu sammeln. Bei ihrem Tode sollen in Malmaison 250 Rosensorten, darunter 168 Gallica-Rosen, 27 Zentifolien, 3 Moosrosen-Sorten, neun verschiedene Damaszener-Rosen, 22 Bengal-Rosen (*R.chinensis*), Sorten von *R.pimpinellifolia*, acht Alba-Rosen, drei Sorten von *R.foetida* und die Arten *R.moschata*, *R.pendulina*, *R.banksiae*, *R.laevigata*, *R.glauca* (syn. *R.rubrifolia*), *R.rugosa*, *R.sempervirens* und *R.setigera* gestanden haben.

Vergleichen wir diese Rosen mit den nach Pinhas und dem Wilhelmshöher Baumschulkatalog aus dem Jahr 1811 angeführten Sorten, so ergibt sich für den Park Wilhelmshöhe folgender Bestand: Etwa 150 Rosensorten, von denen 25 nach der heutigen Nomenklatur noch nicht bestimmt werden konnten, aber zum Teil wohl unter die Gallica-Kreuzungen fallen, 38 Gallica-Rosen, 19 Zentifolien, eine Moosrose, 13 Damaszener-Rosen, sechs Alba-Rosen, *R.foetida* und *R.foetida* 'Bicolor', *R.hemisphaerica*, *R.moschata*, sechs amerikanische Wildrosen (dank des Auftrages an die hessischen Soldaten, im amerikanischen Unabhängigkeitskrieg für den Park Weißenstein Samen und Pflanzen nach Kassel zu schicken), zwei *R.rubiginosa*-Varietäten, fünf Varietäten· von *R.pimpinellifolia*, drei Varietäten von *R.villosa*, zwei Varietäten von *R.arvensis*, drei Sorten von *R.pendulina*, zwei Sorten von *R.majalis*.

Die Handschriften-Abteilung der Kasseler Bibliothek erwarb 1983 einen Brief von Catharina, Königin von Westfalen, an ihre Schwägerin Joséphine, Kaiserin von Frankreich, vom 5. November 1809, der sich auf eine Rosensendung nach Malmaison bezieht. Es heißt hier, übersetzt aus dem Französischen: »Der König, meine liebe Schwester, konnte die Rosen nicht mitnehmen, weil die Eile der Abreise, den Aussagen der Gärtner nach, den Pflanzen geschadet hätte. Ich lasse sie heute an die Anschrift von Monsieur de la Valette senden, der sie Ihnen übergeben wird. Der König ist gestern Abend abgereist. Sie kennen mich genügend, meine liebe Schwester, um zu fühlen, wie sehr ich heute traurig und bedrückt bin, um so mehr als diese Reise, die den König mit Ihnen zusammenführt, für mich doppelt angenehm gewesen wäre. Denken Sie wenigstens an mich, sprechen Sie von mir, von meinen Gefühlen und meiner Ergebenheit für den Kaiser, und seien Sie überzeugt, meine liebe Schwester, daß niemand Sie zärtlicher lieben kann als Ihre sehr ergebene Schwester Catharina.«

Da anzunehmen ist, daß dies nicht die einzige Rosensendung war, scheint zwischen der Rosensammlung Wilhelmshöhe und der Rosensammlung der Kaiserin ein Austausch stattgefunden zu haben. Dies erklärt auch das namensgleiche Vorkommen von Rosen in Malmaison und Wilhelmshöhe. Unter den von Gravereaux in L'Haÿ-les-Roses wieder aufgepflanzten Rosen aus Malmaison befinden sich auch einige, die Salomon Pinhas gemalt hat, wie 'Beauté Touchante', 'Belle Parade', 'Belle sans Flatterie', 'Couleur de Chair', 'Feu Amoureux', 'Illustre', 'Incomparable', 'Nouvelle Blanche', 'Nouvelle Gagnée'.

10000 Rosen für den Park Wilhelmshöhe

Kurfürst Wilhelm II. stellte 60 Jahre nach der Erstanlage der Rosensammlung fest, daß sie einer Erneuerung bedürfe. Er verfügte 1826, daß sämtliche

Hofgärtnereien im Kurstaate insgesamt 10000 Rosenstöcke für den Park Wilhelmshöhe heranzuziehen hätten. Dieser Verfügung war kein voller Erfolg beschieden. Im Staatsarchiv Marburg befindet sich eine dicke Akte, in der alle diesbezüglichen Verfügungen gesammelt wurden. Jede der 14 Hofgärtnereien fand immer neue Erklärungen, warum sie die auferlegten Lieferverpflichtungen nicht erfüllen konnte. In dieser Zeit waren die Rosenstämmchen in Mode gekommen; es wurden darum vermutlich in der Hauptsache Stämmchen nachgefragt. Der kurhessische Forst hatte dazu die Unterlagen zu liefern.

Bei der Ablieferung der Rosenstöcke an die Gärtnerei in Wilhelmshöhe verschwieg der Hofgärtner Schmidtmann aus der Karlsaue in Kassel 300 Rosenpflanzen, um seinen eigenen Bereich nicht völlig zu entblößen. Zum Unglück von Schmidtmann wurde dies angezeigt. In einem Gerichtsbescheid vom 9. 5. 1827 heißt es: »Seine königliche Hoheit der Kurfürst haben soeben allerhöchst befohlen, daß der Hofgärtner Schmidtmann sofort auf unbestimmte Zeit bei Wasser und Brot in Hofarrest gesetzt werde, weil er 300 Rosenstöcke, welche er in seinen Gärtnereien gehabt, nicht angegeben habe...« Von diesen Stammrosen ist in Wilhelmshöhe nichts übrig geblieben (siehe Abbildung auf Seite 40).

Ein Kasseler »Gartencenter« im 19. Jahrhundert

Die Rosen Schwarzkopfs wurden auch in der Schelhaseschen Kunst- und Handelsgärtnerei verkauft. Für die Kasseler Bevölkerung war der große Schaugarten von August Schelhase vor dem Frankfurter Tor eine vielbesuchte Promenade. Man konnte dort Pflanzen, Schnittblumen, Gartengeräte, Gartenmöbel bis hin zu Lauben, Springbrunnen und Steinfiguren kaufen und durch den großen Verkaufsgarten schlendern. Ein Zeitgenosse, G.A. Lobe, schreibt 1837 in seinen »Wanderungen durch Cassel und seine Umgebung«: »... der Schelhasische Kunstgarten, eines der lieblichsten plastischen Landschaftsgemälde in Miniatur, was nur je dem Auge eines Freundes solcher Natur-Kunst-Schönheiten geboten werden kann.« Es folgt dann eine längere Beschreibung der Gärten und ihres Pflanzenbestandes: »Viele Arten und Varietäten der neusten Rhododendron, Magnolia, Strelitzia, Bannsia, Erika, Dracaena, ferner gegen 400 Arten und Varietäten Cacteen, gegen 300 Arten und Varietäten Camelien, gegen 250 Arten und Varietäten Acalien, gegen 400 Arten und Varietäten Pelargonium, gegen 400 Varietäten Georginen und gegen 700 Arten und Varietäten Topf- und Landrosen.«

Kataloge dieser Gärtnerei von 1808, 1825 und 1831 wurden inzwischen wieder aufgefunden. Der Katalog von 1851 nennt 352 Rosensorten. Diese Rosen decken sich weitgehend mit dem Angebot der Wilhelmshöher Verkaufsbaumschule, von der ein letzter Katalog aus dem Jahre 1851 vorliegt.

Die Auflösung der Wilhelmshöher Rosensammlung

Der Verfall der Rosensammlung begann wohl um die Mitte des 19. Jahrhunderts. Im Jahre 1866 wurde Hessen-Kassel von Preußen besetzt und in den Preußischen Staat eingegliedert. Das Wilhelmshöher Schloß wurde in der Folge Sommerresidenz der Hohenzollern. Die Wilhelmshöher Baumschule wurde um 1870 aufgelöst, damit entfiel die ständige Erneuerung der Rosenbestände im Park.

Zeugnisse von der Bedeutung der Wilhelmshöher Rosensammlung und Rosenbaumschule geben noch einmal Döll und Nietner in ihren bekannten Rosenbüchern des vorigen Jahrhunderts. Wilhelm Döll schreibt 1855 in seiner Übersetzung von William Pauls »The Rose-Garden«, Deutschland sei in Pauls Geschichte der Rosen ganz unerwähnt geblieben. Wohl zu Unrecht, schließlich seien die Sammlungen in Kassel einmal berühmt gewesen und mancher ältere Rosenfreund werde sich noch an die 'Perle von Weißenstein' und an manche andere dort entstandene Sorte erinnern.

Theodor Nietner, königlicher Hofgärtner in Potsdam, berichtet in seinem 1880 erschienenen »Rosenbuch«: »Wir mußten uns (bei der Anlage des Rosengartens vor dem Orangeriehaus in Sanssouci) sagen, daß 800 Stämme jetzt im Frühjahr wohl kaum noch in einem Etablissement in genügender Qualität zu haben sein werden, weshalb wir unsere Bestellungen in gleicher Weise in Hamburg, Abtnaundorf, Tetschen und Cassel machten; bei Herren die uns persönlich bekannt und von denen wir wußten, daß wir nur gute Ware trotz der fortgerückten Jahreszeit bekommen würden.«

Der Gartenmeister Franz Vetter, ab 1864 Hofgärtner in Wilhelmshöhe, bemühte sich noch einmal um die Rosensammlung. Er legte 1869 Versuchsgärten für neue, öfterblühende Rosensortimente an, um »moderne« Rosen in die Sammlung einzufügen.

In der »Rosen-Zeitung« von 1898 steht als Mitteilung: »Auf Schloß Wilhelmshöhe werden jetzt unter der Leitung des Hofgärtners E. Virchow neue Rosenpflanzungen vorgenommen. Es ist bei der Auswahl der Sorten darauf Rücksicht genommen worden, daß die Gruppen besonders in den Monaten Juli bis Ende August ihren besten Flor entwickeln.« Der wahrscheinliche Grund hierzu war, daß sich zu dieser Zeit die kaiserliche Familie in Wilhelmshöhe aufhielt. Die Vielfalt der alten Rosensammlung mit den Rosen im Landschaftsgarten war jedoch geschwunden.

Der »Rosenhang« in der Karlsaue während der Bundesgartenschau 1955

Ein herausragendes Beispiel neuer Vorstellungen von der Gestaltung der Gartenräume mit Rosen bot der 1954 von Hermann Mattern auf dem Trümmerschutt der zerbombten Stadt Kassel angelegte Auehang. Mattern, Schüler des herausragenden Staudenfachmannes Karl Foerster, hatte dessen Gedanken der Vergesellschaftung von Rosen mit Bäumen, Sträuchern, Stauden und Gräsern weiterentwickelt.

Die Trümmer der Stadt Kassel hatte man nach dem Krieg zum Teil an den Hang der Karlsaue, dem alten und berühmten barocken Park unterhalb des früheren Stadtschlosses, abgekippt. Die Bundesgartenschau 1955 diente dazu, diesen Park wieder herzurichten. Mattern pflanzte an den Steilhang eine Vielfalt von Rosen zwischen Eiben, Tamarisken, Cotoneaster, Schmetterlingssträuchern *(Buddleja)*, Gräsern, Rittersporn, Eisenhut, Lavendel, Lupinen, Phlox, Diptam und vielen weiteren Stauden. Besucher der Gartenschau und die Fachwelt äußerten sich begeistert über die gelungene Harmonie. Mit großem Interesse wurde die Entwicklung dieser Pflanzung in den folgenden Jahren beobachtet. Der trockene Steilhang und die für Maschinen nicht befahrbaren Treppen und Zugangswege erschwerten die Bearbeitung sehr. Hinzu kamen noch bürokratische Schwierigkeiten.

Alexander Bothmann, der damalige Leiter der Gartenverwaltung in Wilhelmshöhe, schrieb in der Zeitschrift »Pflanze und Garten« im Juli 1961 über »die ersten sieben Rosenjahre auf dem Aue-Hang von Kassel« etwa wie folgt: Die einzeln und in kleineren Gruppen gepflanzten *Taxus*-Büsche, *Acer ginnala*, *Rhus typhina*, *Tamarix*, *Pyracantha*, *Buddleja* und hohen *Cotoneaster* haben jetzt die richtige Größe von 2 bis 3 m und mehr erreicht, um den Halt und den Hintergrund für die kleineren Gartenräume zu geben. Ebensolche Ausmaße erreichten verschiedene Parkrosen, die mit Tausenden von Blüten überwältigende Erlebnisse vermitteln. Schon im Mai wird der Reigen

von den »Frühlings«-Hybriden der *R. spinosissima* (heute *R. pimpinellifolia*) eröffnet, allen voran in Größe und strotzender Gesundheit die unverwüstliche 'Frühlingsgold'. Ebensolche Dimensionen erreichten *R. rubrifolia* und einige *R. rugosa*-Büsche von Weiß bis Purpurrot, die einfach und gefüllt blühen. Selten sah ich die gute alte 'Conrad Ferdinand Meyer' so überladen mit Blüten. Wer einmal ihren herrlichen Duft entdeckt hat, möchte sie nicht mehr in seinem Garten entbehren, obwohl es schönere Sorten gibt, was die Blütenform betrifft. Die *R. rugosa*-Hybriden 'Pink Grootendorst' und 'F.J. Grootendorst' werden nur halb so hoch, die kleineren, gefüllten Blüten erscheinen aber den ganzen Sommer hindurch in verschwenderischer Fülle. Von den Kletterrosen haben sich 'Golden Glow' und 'New Dawn' am besten bewährt. 'Golden Glow' wächst sehr aufrecht, während die hellrosa 'New Dawn' in Kaskaden über die Stützmauer fällt. Die Teehybriden verlangen wohl doch eine sorgfältigere Pflege, als sie ihnen hier geboten werden kann. Nur wenige Ausnahmen wie zum Beispiel 'Gloria Dei', 'Präsident Herbert Hoover' und 'Étoile de Holland' lassen sich nicht unterkriegen. Empfindlichere Sorten treten zugunsten der robusteren Polyantha-Rosen zurück, was jedoch dem Gesamteindruck gar nicht schadet. Im Zusammenspiel mit den Kleingehölzen und Stauden geben die schlichteren Blütenformen und Farben der Polyantha-Rosen doch einen harmonischeren Klang.

Zwanzig Jahre später, vor der Bundesgartenschau Kassel 1981, war der Hang ziemlich verwachsen. Die Bäume und Sträucher waren sehr in die Höhe und Breite gewachsen, nur einzelne Parkrosen hatten sich durchgesetzt, Edel- und Beetrosen waren so gut wie verschwunden. Man entschloß sich, den Hang zur Erinnerung an Hermann Mattern neu zu bepflanzen, wobei es darauf ankam, bei der Vergesellschaftung von Rosen mit Kleingehölzen, Sträuchern, Stauden und Gräsern solche Pflanzen zu nehmen, die bei geringstem Pflegeaufwand einen langjährigen Fortbestand der Bepflanzung sicherten. Man arbeitete dabei auch mit Wildrosen und hier vor allem mit *R. nitida*. Der viel bewunderte Glanz der Matternschen Pflanzung des Jahres 1954 wurde jedoch nicht wieder erreicht.

Mattern hatte mit seinem Rosenhang in Kassel gezeigt, wie gut sich Wildrosen, Wildrosen-Kreuzungen, alte Gartenrosen und Strauchrosen im Landschaftsbau und bei der Gartengestaltung einsetzen lassen. Er verwendete Rosen, vergesellschaftet mit Kleingehölzen, Sträuchern, Stauden und Gräsern, nicht nur dort, sondern in vielen seiner Gartenent-

Roseninsel im Park Weißenstein. Gouache von Johann Heinrich Bleuler aus dem Jahre 1816.

würfe, und regte so in der ganzen Welt neue Anwendungsformen der Rose im Garten und in der Landschaft an.

Die neue Strauchrosen-Sammlung im Park Wilhelmshöhe

Wer die wechselvolle Geschichte der Kasseler Rosen gelesen hat und den landschaftlich reizvollen Rahmen des Parkes Wilhelmshöhe kennt, wird verstehen, daß den Kasseler Rosenfreunden die Wiedererweckung der Rosentradition ein Anliegen wurde. Anstöße gab auch der Wunsch, für die Bundesgartenschau 1981 anläßlich des Rosenkongresses des Vereins Deutscher Rosenfreunde einen Beitrag zu leisten.

Die Rosenfreunde stellten sich 1977 die Aufgabe, die alten Rosen des 18. Jahrhunderts, die einmal hier standen und noch auffindbar sind, wieder zu sammeln. Zugleich wollten sie das Werk des Malers Salomon Pinhas bekannt machen und versuchen, anknüpfend an den historischen Rosenbestand die Entwicklung der Strauchrosen-Zucht durch Bepflan-

zungsbeispiele mit Wildrosen, ihren Kreuzungen und alten Gartenrosen sowie neueren Parkrosen nachzuvollziehen.

Es war nicht einfach, diese Vorstellungen in die Tat umzusetzen. Die Verwaltung der Staatlichen Schlösser und Gärten in Bad Homburg mußte von der Bedeutung der Aufgabe und der Ernsthaftigkeit der Rosenfreunde überzeugt werden. Der Park Wilhelmshöhe stellt ein historisches Denkmal dar, das in seinem Stil erhalten werden sollte. Die Kunst des »englischen« Gartens unterlag sehr festen Stilregeln. Im 18. Jahrhundert hatte man mit Hilfe von Militäreinsätzen und Hand- und Spanndiensten heute kaum mehr vorstellbare Erdbewegungen durchgeführt und Baumgruppen gepflanzt, um dem Stilwillen der Zeit entsprechende Gartenräume zu schaffen. Zusätzlich wurden Wasserspiele angelegt, um auf kleinem Raum – verbunden mit einer romantisch anmutenden Architektur – die Schönheiten der Natur einzufangen. Die Gartenräume mit dem vielfältigen dendrologischen Pflanzenbestand sollten den Besucher mit immer neuen An- und Ausblicken gefangen nehmen. Rosen gehörten in den englischen Vorbildern für den Landschaftsgarten ursprünglich nicht zum Stilkonzept. Sie stellten aber nachweisbar eine Wilhelmshöher Besonderheit dar. Die Gestaltung eines »englischen« Landschaftsparkes gelang in Weißenstein-Wilhelmshöhe unter Nutzung der Landschaft und der vorherigen barocken Anlage so gut, daß der heutige Besucher die Parklandschaft nicht als künstlich modelliert empfindet.

Die Staatliche Verwaltung, der die originale Wahrung des geschichtlichen Kulturerbes unterliegt, war zunächst mißtrauisch. Es gelang aber, anhand der historischen Unterlagen die Verantwortlichen von der in der »englischen« Landschaftsarchitektur einmaligen Bedeutung der Rosen im dendrologischen Bestand des Landschaftsparkes Weißenstein-Wilhelmshöhe zu überzeugen. Um einen Gestattungsvertrag abschließen zu können, mußte der Freundeskreis Kassel des Vereins Deutscher Rosenfreunde als Vertragspartner für die Verwaltung im Jahr 1977 einen Verein Roseninsel Park Wilhelmshöhe gründen. In diesem Vertrag wurde vereinbart, daß die Vereinsmitglieder in den von der Verwaltung festgelegten Bereichen auf der »Roseninsel« und um diese herum »im Sinne des Vorhabens und des Gartenstiles« Strauchrosen pflanzen durften. Es sollte kein Rosarium oder geschlossener Rosengarten entstehen, sondern die Parkrosen sollten sich, wie die Rosensammlung im 18. Jahrhundert, dem einzigartigen Charakter des Landschaftsparkes anpassen. Gemeinsam mit der Gartenverwaltung und deren Leiter Hermann Mielke wurde ein Pflanzplan entworfen. Im Frühjahr 1978 pflanzten die Vereinsmitglieder die ersten Rosen.

Bis zum Jahr 1989 waren 1600 Strauchrosen von mehr als 900 verschiedenen Arten bzw. Sorten gepflanzt. Die Rosen verteilen sich in die bei der Anlage des Landschaftsgartens entstandenen Gartenräume um die Roseninsel in 19 Quartiere. Die Standorte an den Teichen und Wasserläufen, die meist Baumdruck von unten und oben erfahren, und die sehr unterschiedlichen Bodenverhältnissen erweisen sich als nicht gerade rosengünstig. Die Rosen passen sich aber sehr gut in die Parklandschaft ein.

Insgesamt entstanden stattliche Sammlungen von europäischen, asiatischen und amerikanischen Wildrosen mit ihren Hybriden. Reichlich vertreten sind die Pimpinellifolien-Rosen mit den aus ihnen entwickelten Gartenformen der Burnet-Rosen und der Kordesschen »Frühlingsrosen«, die *R. rubiginosa*- und *R. rugosa*-Hybriden, die Alten Gartenrosen und die öfterblühenden Lambertiana-Rosen. Gesammelt

Die Rosensammlung in Wilhelmshöhe wurde von einem Verein ab 1978 erneuert. Es stehen dort jetzt wieder 900 verschiedene Arten und Sorten von Strauchrosen.

wurden Züchtungen des österreich-ungarischen Rosenliebhabers Rudolf Geschwind. Auf der Roseninsel selbst stehen vor allem die Strauchrosen der heutigen Züchter. Der Verein gab eine Begleitschrift über Geschichte, Botanik und Bestand der aufgepflanzten Rosen heraus, deren dritte Auflage 1987 erschien. Die Mitglieder des Vereins sind bestrebt, mit Unterstützung der Verwaltung der Staatlichen Schlösser und Gärten in Hessen und ihrer örtlichen Gartenverwaltung die in ganz Europa gesammelten Rosen im Bestand weiter zu erhalten und zu pflegen.

Rosen im Botanischen Garten Kassel am Park Schönfeld

Eine Ergänzung der Strauchrosen-Sammlung bildet eine 1983 entstandene Pflanzung widerstandsfähiger Edel- und Beetrosen, die sich im Kasseler Raum bewährt haben und im Handel überall erhältlich sind. Die von einem Förderkreis Botanischer Garten und der Stadtgartenverwaltung gepflanzten 1000 Rosen von 100 verschiedenen Sorten sollen die Kasseler Bürger dazu anregen, Rosen in ihre Gärten zu pflanzen. Der Botanische Garten zeigt außerdem schöne Exemplare von Wildrosen.

Ein Rosengarten für Blinde in Marburg

Wir erzählten bereits vom Rosenwunder der Heiligen Elisabeth und der Marburger Elisabethkirche mit den frühen Rosendarstellungen (Seite 32). Auch in Marburg wurde die Rosentradition bis in die heutige Zeit fortgesetzt.

Im Jahre 1965 begann der recht großzügige Aufbau eines neuen Botanischen Gartens der Universität auf den Lahnbergen. Der Wildrosen-Bestand in den einzelnen Erdteil- und Länderquartieren soll nun ausgebaut werden.

Kassel war es im 18. Jahrhundert nicht gelungen, die Hochschule, das Carolineum, zu erhalten; sie wurde nach Marburg verlegt. Der früher erwähnte Prof. Conrad Mönch übersiedelte im Jahre 1786 nach Marburg und pflanzte den Bestand des Kasseler Botanischen Gartens mitten in der Stadt Marburg an. Es entstand der Alte Botanische Garten Marburg. Hier legten 1982 Mitglieder des Marburger Freundeskreises des Vereins Deutscher Rosenfreunde im Rahmen eines von der Stadt geplanten Blindengartens einen Rosen-Duft- und Tastgarten mit 260 Rosen in 60 Duftvarianten an. Dieses Kleinod der nordhessischen Rosentradition schließt vorläufig den Kreis der nordhessischen Rosenanlagen. Mögen die regional neu entstandenen Rosensammlungen Anregung sein, diese Tradition weiter zu pflegen und auch unserer Landschaft ihre Wildrosen-Vielfalt zu sichern.

Wildrosen und Wildrosen-Abkömmlinge für Gärten

Europäische und außereuropäische Wildrosen sind schon immer im Landschaftsbau verwendet worden, aber die Möglichkeiten, die die über hundert verschiedenen Wildrosen-Arten bieten, sind züchterisch und erst recht gärtnerisch noch kaum genutzt. Wildrosen waren bisher im wesentlichen für den Botaniker oder Sammler interessant. Nur wenige Liebhaber haben Wildrosen und Wildrosen-Abkömmlinge bei der Gestaltung von Gärten verwendet. Gärten sind aber der Mode, dem Zeitgeist unterworfen, sie wechseln ihr Gesicht mit dem Geschmack und den Kenntnissen der Menschen, die sie planen, gestalten, besitzen, nutzen und bearbeiten. In unserer Zeit der starken Umweltgefährdung, aber auch des wachsenden Umweltbewußtseins neigen die Menschen zu sogenannten naturnahen Gärten. Sie hoffen, mit solchen Gärten für sich ein Stück Natur zu retten oder auch nur einen Garten zu bekommen, der sich ohne viel Aufwand und Pflege selbst erhält.

Möglicherweise werden daher in zukünftigen Gärten Wildrosen-Arten mehr und mehr Eingang finden wegen ihrer großen Vielfalt und ihrer besonderen Schönheit, ihrer Anspruchslosigkeit, Härte und Widerstandskraft. Wildrosen könnten dazu beitragen, unsere ökologischen Bedingungen zu bereichern, vielleicht manchmal sogar zu verbessern. Wenn Wildrosen, im Gegensatz zu den Beetrosen und öfterblühenden Strauchrosen, in der Regel nur einmal im Sommer blühen, so können sie doch oft durch eine Blütenfülle oder geradezu einen Blütenüberschwang entschädigen, wie er eben nur bei der Einmalblüte möglich ist. Die ganze Pflanzenkraft scheint sich dann zu verausgaben.

Viele Wildrosen und vor allem auch Wildrosen-Hybriden verdienten es, in unsere Gärten gepflanzt zu werden, als Solitärsträucher, als Gruppen im Rasen oder in Staudenrabatten, als natürlich geformte Hecken, als Hintergrundpflanzungen oder auch zur Auflockerung von Beetrosen-Anlagen. Bedauerlicherweise sind die alten einmalblühenden Kletterrosen, die meist unmittelbar von den Wildrosen-Arten *R. multiflora* oder *R. wichuraiana* abstammen, nahezu vergessen. Gerade für sie gibt es Verwendungsmöglichkeiten, bei denen sie überwältigende Wirkungen hervorbringen können. Man braucht sich nur von der Vorstellung zu lösen, diese Rosen müßten an einem Spalier, womöglich noch vor einer heißen Hauswand, gezogen werden. Dabei muß man in Kauf nehmen, daß sie in ungünstigen Wintern bis zum Boden zurückfrieren können.

Die Rosenkataloge führen Wildrosen, wenn überhaupt, meist unter der Rubrik »Parkrosen«. Diese Einteilung verleitet leicht zu der Meinung, man müßte einen Park oder doch zumindest einen größeren Garten besitzen, um sie verwenden zu können. Wildrosen haben aber auch in kleineren Gärten ihre Berechtigung. Man muß nur die richtigen Arten für den entsprechenden Standort auswählen. Man sollte die Arten und Sorten kennen und ihre endgültige Gestalt vor Augen haben, um zu wissen, wo sie hingehören. Es gibt unter den Wildrosen Zwerge und Riesen, es gibt ausgesprochene »Einzelgänger«, und es gibt wiederum Arten, die durch Ausläufer zur Kolonienbildung neigen, also »gesellig« sind; diese können in Gärten nur mit Vorsicht eingesetzt werden.

Wildrosen sollte man nicht im Katalog ihrem wohlklingenden oder interessanten Namen nach aussuchen. Man sollte sie sich, ehe man sie in seinen Garten holt, vorher ausgewachsen in natura ansehen, womöglich noch zu verschiedenen Jahreszeiten – im Austrieb, in der Blüte, mit Fruchtbehang, in der Herbstfärbung, in ihrem winterlichen Erscheinungsbild. »In natura« heißt nicht, daß man die Naturstandorte aufsuchen muß, auch wenn dies für die Kenntnis der Wachstumsbedingungen sicher aufschlußreich wäre. Man kann die Wildrosen-Arten in vielen Rosenanlagen und Rosarien, wo reichhaltige Wildrosen-Sortimente aufgepflanzt sind, kennenlernen, beispielsweise auf der Insel Mainau, in Zweibrücken, in Dortmund, in Berlin, und nicht zuletzt auch in Kassel-Wilhelmshöhe. Auf dem Kasseler Bestand beruht dieser Bericht.

Ein bißchen Botanik

Die Botanik und vor allem die Systematik scheinen für die gärtnerische Verwendung der Wildrosen letzten Endes ohne Belang zu sein. Schließlich wirken trotz aller wissenschaftlichen Bemühungen der Systematiker die Zusammenfassungen von Arten, die zueinander gehören, etwas gewaltsam, zumal sie in der freien Natur oft in den unterschiedlichsten Gebieten beheimatet sind. Allerdings darf die Systematik auch aus gärtnerischer Sicht nicht ganz übergangen werden. Sie ist notwendig als »Gerippe«, ähnlich, wie die Grammatik eine manchmal wenig beliebte, aber doch unentbehrliche Grundlage für die vollkommene Beherrschung einer Sprache darstellt.

Die Rosenzüchtung der letzten 150 Jahre hat viele Tausende von Rosensorten hervorgebracht, eine schöner und vollkommener als die andere. Wer vermag sich vorzustellen, daß alle gegenwärtig vorhandenen Rosen aus nur wenigen Wildrosen-Arten entstanden sind, ähnlich wie sich in der Musik unendlich viele Melodien aus wenigen Tönen aufbauen?

Wildrosen, im Volksmund etwas geringschätzig »Heckenrosen« genannt, sind Rosen, die ohne menschlichen Einfluß in der freien Natur entstanden sind und wachsen. Interessanterweise sind sie nur auf der nördlichen Erdhalbkugel heimisch. Die Rosen, die heute südlich des Äquators wachsen, wurden erst durch Menschen dort angesiedelt. Wildrosen kommen in Asien, Europa, Nordamerika und Nordafrika vor, meist in den gemäßigten Zonen, aber auch in subtropischen Gebieten und bis hinauf zum Polarkreis. Es gibt manche Theorie über den Ursprung der Rosen, ihre Entwicklung und ihre Verbreitung. Neuere Forschungen versuchen, zwischen der territorialen Verbreitung und den genetischen Verhältnissen der Wildrosen Zusammenhänge zu finden. Die Wildrosen-Arten weisen keine einheitliche Chromosomenzahl auf. Ihr Chromosomensatz ist ein Septett, das arttypisch in zwei- bis achtfacher Form auftritt.

Systematik

In ihrer äußeren Erscheinung, der Morphologie, zeigen die Rosen eine ungeheure Vielfalt. Dazu kommt eine erhebliche Variationsbreite innerhalb der einzelnen Arten in Abhängigkeit von den Umweltbedingungen. Diese Variationsfreudigkeit erschwert die systematische Erfassung der Wildrosen-Arten so, daß sich die Wissenschaftler über deren tatsächliche Anzahl nicht einig sind, zumal sich viele Arten untereinander willig zu Arthybriden kreuzen.

Der schwedische Botaniker Linné ordnete im 18. Jahrhundert die ihm bekannten Rosenarten in sein Pflanzensystem ein. Linné hat für alle Pflanzen eine doppelte Namensgebung eingeführt. An erster Stelle steht der Gattungsname, in unserem Falle *Rosa*, abgekürzt *R.*, an zweiter Stelle die Bezeichnung für die Art, beispielsweise *canina* oder *gallica*, so daß der Artname dann *Rosa canina* oder *R. gallica* heißt. Der Artname setzt sich somit stets aus zwei Worten zusammen. Hinter dem Namen steht häufig abgekürzt der Name des Autors, der die Art zuerst benannt hat, wie bei *R. canina* L. (= Linné) als Beispiel. Abweichungen von Arten, die durch veränderte Umweltbedingungen hervorgegangen sind, werden als Varietäten und Formen gekennzeichnet. Bei Arthybriden wird heute zwischen Gattungs- und Artname das Kreuzungszeichen × gesetzt, z.B. bei *R. × hibernica*, deren Eltern *R. canina* und *R. pimpinellifolia* nebeneinander in der Natur vorkommen, oder *R. × alba* oder *R. × damascena*, die sich aus Naturkreuzungen vor langer Zeit entwickelt haben, wie zytologische Untersuchungen ergaben.

Immer wieder haben Systematiker versucht, die Artenvielfalt der Rosen aufzuschlüsseln und zu bestimmen. Im Jahr 1949 hatte der aus Deutschland stammende, im Arnold-Arboretum in Nordamerika tätige Wissenschaftler Alfred Rehder das zur Zeit gültige System der Gattung *Rosa* aufgestellt mit 130 Arten (nach Angaben von Krüssmann). Das Rehdersche System umfaßt vier Untergattungen,

I	Hulthemia	mit	1 Art
II	Eurosa	mit	126 Arten
III	Platyrhodon	mit	1 Art
IV	Hesperhodos	mit	2 Arten.

Der größte Artenreichtum findet sich in der Untergattung Eurosa, die wenigen Arten der drei anderen Untergattungen zeigen in ihren äußeren Merkmalen auffallende Unterschiede zu den Arten der Untergattung Eurosa. Rehder hat die umfangreiche Untergattung Eurosa in zehn Sektionen gegliedert. An der Entstehung unserer Gartenrosen-Sorten waren überwiegend die Sektionen Gallicanae und Chinenses beteiligt. Die meisten unserer Kletterrosen gehen auf die Sektion Synstylae zurück, sofern sie nicht als Mutationen, »Sport« genannt, entstanden sind. Bei der Züchtung der einmal- und der öfterblühenden Strauchrosen spielen auch die Sektionen Pimpinellifoliae, Caninae, Carolinae und Cinnamomeae eine

Rolle. Die Sektionen Banksianae, Laevigatae und Bracteatae sind in unseren Breiten nicht winterhart.

Die Rehdersche Klassifikation berücksichtigt die morphologischen Merkmale der Rosen, also Stamm, Trieb, Stacheln, Blätter, Nebenblätter, Hochblätter, die Blüte mit Kelch- und Blütenblättern, Griffel und Staubgefäßen, den Blütenstand und die Frucht. Zusätzlich sind als genetische Daten die Anzahl der Chromosomen-Septette angegeben.

Morphologie

Wachstumsverhalten

Die Rosen sind Sträucher, sie besitzen keinen einzelnen Stamm, sondern es wachsen mehrere Triebe nebeneinander aus der Basis heraus. Die einzelnen Arten erreichen recht unterschiedliche Wuchshöhen. Manche werden kaum einen halben Meter hoch, andere erreichen freistehend bis zu vier oder fünf Meter Höhe. Kletternde Arten können zehn Meter hoch und höher in Baumkronen hinaufwachsen oder auf dem Boden entlangkriechen. Viele, aber nicht alle Wildrosen treiben, wenn sie auf eigener Wurzel stehen und nicht auf einen anderen Wurzelstock veredelt sind, unterirdische Ausläufer. Je nach der Verwendungsart der Wildrose kann diese unterirdische Ausläuferbildung erwünscht oder auch unerwünscht sein. Auf einer mit *R.nitida* bepflanzten Böschung mag die Ausläuferbildung sehr erwünscht, in einem Staudenbeet kann sie bei einer wurzelechten *R.gallica* oder *R.pimpinellifolia* sehr unerwünscht und lästig sein. Die aus einer Veredlungs-Unterlage wachsenden Wildtriebe – auch Wildrosen-Arten werden nicht immer wurzelecht, sondern vielfach als veredelte Pflanzen gehandelt – sind immer unerwünscht und können für eine Rose lebensgefährlich werden, wenn sie nicht rechtzeitig und gründlich entfernt werden. Abgesehen vom Höhen- und Breitenwachstum zeigt jede Wildrosen-Art ihre typische Gestalt, sofern sie Platz genug für eine ungehinderte Entwicklung hat. Die eine wächst als gedrungener, dichter Busch wie zum Beispiel 'Mariae-Graebnerae', die andere wächst staksig in die Höhe wie *R.moyesii* und *R.setipoda*. Die dritte wiederum wächst sparrig in die Breite und in die Höhe wie *R.multibracteata* und ihre Hybride 'Cerise Bouquet'. *R.canina* hat bogig überhängende Triebe, bei *R.tomentosa* wachsen die Triebe in einem leicht angedeuteten Zickzack.

Stacheln

Ungeachtet aller Poesie und entgegen allem Sprachgebrauch haben Rosen keine Dornen, sondern Stacheln. Dornen werden aus dem Holz, Stacheln aus der Rinde gebildet. Stacheln kann man – ohne die Rinde zu verletzen – abknipsen, Dornen dagegen nicht. Das Sprichwort »Keine Rose ohne Dornen« ist im doppeltem Sinne falsch: es gibt auch stachellose Wildrosen, sei es, daß sie nur an jungen Trieben Stacheln tragen, die mit dem Altern verschwinden wie bei *R.blanda*, sei es, daß es sich um stachellose Formen von an sich bestachelten Arten handelt (wie es bei *R.multiflora* und *R.pendulina* der Fall sein kann).

Die meisten Rosen sind in unterschiedlicher Weise mehr oder weniger stark bestachelt. Die Stacheln können bei einer Art völlig gleichförmig sein, es können aber auch an ein und derselben Rosenart verschiedenartige Stacheln vorkommen. Es gibt Nadelstacheln, die starr, stielrund und nur an der Basis etwas verbreitert sind. Es kommen weiche und biegsame Stachelborsten vor, ebenso wie mehr oder weniger stark gekrümmte Stacheln. Es gibt gerade und es gibt flügelartig verbreiterte Stacheln. Sie können entlang des Triebes gleichmäßig oder ungleichmäßig verteilt sitzen, sie können aber auch paarweise unterhalb der Blattansätze angeordnet sein wie bei der Sektion Carolinae. Es können sogar unterhalb der Blattspreiten längs der Rippen kleine Stacheln sitzen wie bei *R.sweginzowii*, *R.rugosa*, *R.rubiginosa*.

Blätter

Abgesehen von der Art *R.persica* aus der Untergattung I Hulthemia besitzen alle Rosen unpaarig gefiederte Blätter. Die Anzahl der Fiederblättchen schwankt zwischen drei bei *R.stellata* (Untergattung IV Hesperhodos) und fünfzehn bis siebzehn bei *R.roxburghii* (Untergattung II Platyrhodon). In der Untergattung II Eurosa weisen die meisten Arten fünf bis dreizehn Fiederblättchen auf. Abgesehen von der Anzahl der Fiederblättchen unterscheiden sich die Rosenblätter nach der Form, Größe, Zahnung, Behaarung, Farbe und Bestachelung der Mittelrippen auf der Blattunterseite. Oft verrät schon das Aussehen der Blätter die Herkunft einer Rosenart. Arten aus feuchten Gebieten haben glatte, große, glänzende Blätter, manchmal mit ausgezogener Spitze wie beispielsweise *R.longicuspis*, während umgekehrt behaarte, drüsige und kleine Blätter auf eine Herkunft aus Trockengebieten oder hohen Gebirgslagen mit kargen Böden schließen lassen wie bei *R.glutinosa* und *R.sericea*. Besonders kleine Blättchen hat die Sektion Pimpinellifoliae. Die Blätter ähneln denen der Pimpernelle, daher auch der Name. Die größten Blätter besitzt eine Kletterrose aus Südchina, *R.sinowilsonii*, deren Fiederblatt bis zu 7 cm und das ganze

Morphologie der Rose.

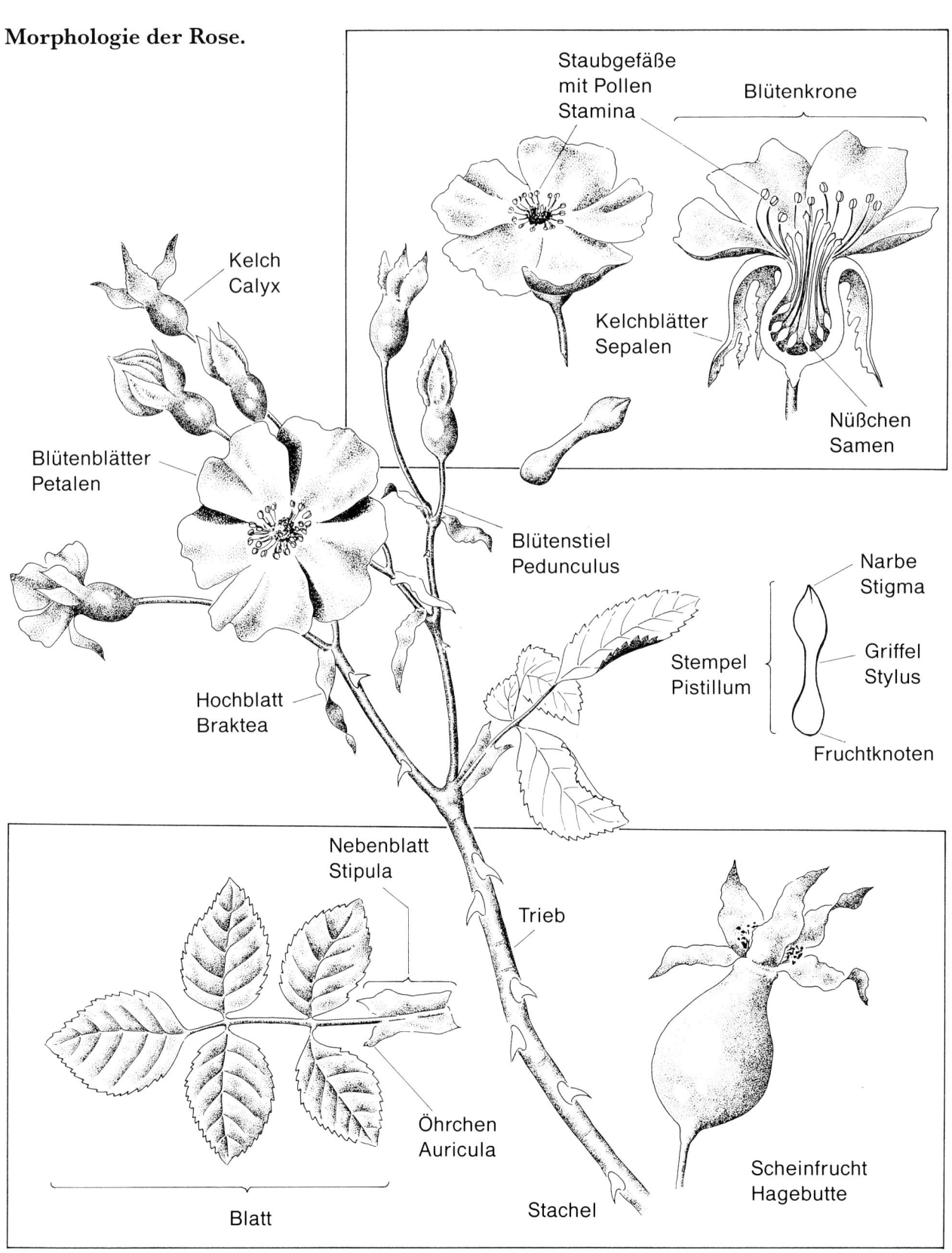

Staubgefäße
mit Pollen
Stamina

Blütenkrone

Kelch
Calyx

Kelchblätter
Sepalen

Nüßchen
Samen

Blütenblätter
Petalen

Blütenstiel
Pedunculus

Narbe
Stigma

Stempel
Pistillum

Griffel
Stylus

Fruchtknoten

Hochblatt
Braktea

Nebenblatt
Stipula

Trieb

Öhrchen
Auricula

Blatt

Stachel

Scheinfrucht
Hagebutte

Blatt bis zu 30 cm lang sein kann. Diese Art ist bei uns nicht winterhart.

Das Grün der Blätter ist vielfältig schattiert. Das Blatt ist hell- bis dunkelgrün, graugrün bei *R. × alba*, fast hellgrau bei *R. fedtschenkoana*, hellgraugrün bei 'Dupontii' und *R. soulieana*, bläuchlichgrün bis rotgrün bei *R. glauca* und *R. macrophylla* 'Glaucescens' und gelblichgrün bei *R. foliolosa*. Dazu kommt eine ganz unterschiedliche Laubfärbung im Herbst. Die Wildarten bieten daher allein mit ihrem Laub schon eine wesentliche Schmuckwirkung. Einige Arten haben einen deutlich wahrnehmbaren Laubduft, der durch Drüsen am Blattrand hervorgerufen wird. So duften *R. rubiginosa* und *R. setipoda* nach reifen Äpfeln, *R. primula* nach Weihrauch, und der Duft von *R. glutinosa* erinnert an Pinienharz.

Als Nebenblätter (Siculae) bezeichnet man die kleinen blattartigen Gebilde am Grund des Blattstiels. Ihre Ausbildung ist typisch für verschiedene Arten. Mit Ausnahme von *R. banksiae* sind sie bei allen Rosen mehr oder weniger dem Blattstiel angewachsen. Sie können stumpf sein oder sich in unterschiedlich geformte Spitzen (Öhrchen) verlängern, sie können glattrandig oder eingekerbt oder tief eingeschlitzt sowie bewimpert sein. Bewimperte Nebenblätter haben vor allem *R. multiflora* und ihre Abkömmlinge.

Die Hochblätter (Brakteen) kommen nur im Blütenstand vor, sie sind immer glattrandig und tragen in ihren Achseln Blüten oder Blütenstand. Bei den Pimpinellifolien fehlen sie ganz, bei anderen Arten treten sie gehäuft auf, beispielsweise bei *R. multibracteata*, wie der Name schon besagt.

Blüten

Die Blüten der Wildrosen sind gewöhnlich einfach mit fünf Blütenblättern (Petalen). Keine Regel ohne Ausnahme: *R. sericea* hat nur vier Blütenblätter. In fast allen Sektionen kommen auch Wildarten-Formen mit mehr oder weniger gefüllten Blüten vor. Die Vermehrung der Blütenblattzahl geschieht über eine Umwandlung von Staubgefäßen zu Blütenblättern. Bei manchen Rosen, vor allem bei den »alten« Gartenrosen, läßt sich in den Blüten der Übergang von Staubgefäßen zu Blütenblättern oft noch deutlich beobachten.

Als Blütenfarben kommen Weiß, Gelb, Rosa, Violettrosa oder Rot in vielen Abstufungen vor. Das reine Dunkelrot der Gartensorten brachte *R. chinensis* 'Semperflorens' ein. Bei den Gartenrosen, die vor der Einführung und Einkreuzung von *R. chinensis* 'Semperflorens' vorhanden waren, gab es dieses Rot somit

nicht. Das tiefste Rot der Wildrosen-Arten hat die erst in unserem Jahrhundert aus China eingeführte *R. moyesii*. Noch dunkler, fast braunrot, wirkt die *R. moyesii*-Hybride *R. × pruhoniciana*.

Die Blütengröße reicht von gerade daumennagelgroß bei *R. elegantula* f. *persetosa* bis zu einem Durchmesser von 6 bis 8 cm bei *R. jundzillii* und anderen. Der Blütezeitbeginn liegt je nach Art von Ende Mai bis Anfang August. Am frühesten blühen die Sorten der gelben *R. foetida* und der *R. sericea* aus der Sektion Pimpinellifoliae, am spätesten die eigentliche *R. moschata* und einige Wildrosen amerikanischer Herkunft, besonders *R. foliolosa*.

Die Kelchblätter (Sepalen) stellen ein charakteristisches Artmerkmal dar. Sie können glattrandig und gleichförmig sein wie bei den Pimpinellifolien, oder teils glatt, teils fiederspaltig wie bei den Sektionen Gallicanae oder Caninae. Von diesen heißt es: »Fünf Brüder, zu gleicher Zeit geboren, zwei davon mit Bärten, zweien ist der Bart geschoren, einer hat ihn halb verloren!« Wiederum mit der Ausnahme von *R. sericea*, die entsprechend den vier Blütenblättern auch nur vier Kelchblätter hat, besitzen alle Rosen fünf Kelchblätter. Bei einigen Arten sind die Kelchblätter besonders lang und ragen über die Blütenblätter hinaus, so bei *R. glauca* und *R. foliolosa*. Einige Arten haben »geschwänzte« Kelchblätter wie *R. setipoda* oder Kelchblätter mit einer fadenförmigen Spitze wie *R. fedtschenkoana* und *R. caudata*. Eine blattartige Erweiterung der Kelchblattspitze kommt zum Beispiel bei *R. banksiopsis* vor. Drüsige, moosartige Borsten an den Kelchblättern sind am stärksten ausgeprägt bei *R. centifolia* 'Muscosa', der Moosrose. Die Kelchblätter können artverschieden aufrecht, waagerecht oder abwärts gerichtet sein. Sie bleiben bei Arten der Sektionen Pimpinellifoliae und Cinnamomeae nach der Reife an der Frucht haften, während sie bei Arten aus den Sektionen Gallicanae, Carolinae, Synstylae und Chinenses vor der Reife abfallen.

Bei den einmalblühenden Wildrosen-Arten sitzen in der Regel die Blüten einzeln oder zu mehreren in kleinen Büscheln an den kurzen Seitentrieben, die sich entlang der Vorjahrestriebe bilden. Die Blüten wirken dann oft wie eine an den Zweigen aufgereihte Perlenkette, zumal wenn die Triebe bogig überhängen. Einige Arten, besonders die kletternden Rosen aus der Sektion Synstylae, blühen büschelförmig oder in großen Doldenrispen. Abkömmlinge der *R. multiflora* können, ihrem Namen entsprechend, Doldenrispen mit 30 und noch weit mehr Einzelblüten hervorbringen. Im Gegensatz zu den übrigen Arten blüht *R. chinensis* in ein- bis mehrblütigen Stän-

Hagebutten der *R. virginiana*.

Hagebutten der *R. × pteragonis* (*R. hugonis × R. sericea*).

Braunschwarze Hagebutten der *R. pimpinellifolia*.

'Fenja' (*R. davidii × R. pimpinellifolia*).

den an der Spitze jedes neuen Triebes, wie er laufend während der Vegetationsperiode entsteht. Diese Besonderheit machte sie als Züchtungspartner so wertvoll. Sie bildete die genetische Grundlage für das Öfterblühen der modernen Gartenrosen.

Früchte

Die Hagebutte ist eine Scheinfrucht. Sie ist der fleischige, krugartig erweiterte Blütenboden, der die eigentlichen Früchtchen, die Nüßchen, umschließt. In einer Hagebutte können je nach der Art unterschiedlich große und verschieden viele Nüßchen enthalten sein. Für die Bestimmung von Rosenarten hat das Aussehen der Hagebutten Bedeutung. Entscheidend sind nicht nur Form, Größe und Farbe, sondern

auch, ob die Frucht glatt ist oder Drüsenborsten, Stieldrüsen oder sogar kurze kräftige Stacheln trägt. Die auch im reifen Zustand grünen Hagebutten von *R. roxburghii* f. *normalis* weisen solche Stacheln auf und wirken wie kleine Kastanienfrüchte. Bei einigen Arten der Sektion Pimpinellifoliae nehmen die Hagebutten eine braunschwarze Farbe an, bei *R. sericea* f. *chrysocarpa* bleiben sie gelb, meist aber herrschen Rottöne vor.

Die Hagebutten reifen zu sehr verschiedenen Zeiten aus. Manche besitzen eine matte Oberfläche, andere wirken hochglänzend wie poliert. Es gibt Arten mit sehr harten Hagebutten, die viele Monate – bis in den nächsten Sommer hinein – ausdauern. Bei anderen Arten werden die Früchte schnell weich und mürbe, fallen ab oder werden von den Vögeln gefressen. Was Form und Größe betrifft, sind die Hagebutten außerordentlich vielfältig – schmal oder dick, hängend oder stehend, erbsenartig, flachkugelig, eiförmig, kreiselförmig oder mit einem Halsansatz auch birnen- oder flaschenförmig. Größen von einem halben bis zu 7 cm(!) kommen vor.

In einer gut hundert Jahre alten »Schulnaturgeschichte« von 1884 steht unter dem Stichwort »Rose«: »Meist stachelige, im Juni oder Juli blühende Sträucher. Eine schwierige Gattung (wegen Ähnlichkeit und Veränderlichkeit der Charaktere) mit gegen 20 deutschen Arten.« Trotz allem wissenschaftlichen Fortschritt erscheint uns heute die »Schwierigkeit« der Gattung *Rosa* noch unverändert, denn in dem »Kritischen Band der Exkursionsflora für die Gebiete der DDR und BRD« von Rothmaler (1976) ist unter dem Stichwort »Rose« zu lesen: »Die Artbildung bei *Rosa* ist vor allem bedingt durch Polyploidie und Bastardierung... Die Neukombinationen bleiben meist konstant und spalten nicht auf, woraus sich die große Formenmannigfaltigkeit erklärt.«

Sorten und Formen der Alten Gartenrosen

Rosa gallica

Die Gallische Rose kann als die Urmutter der Europäischen Gartenrosen angesehen werden. Chromosomen-Untersuchunen zufolge soll *R. gallica* als Vorfahre bei der Entwicklung von *R. damascena*, *R. × alba* und *R. centifolia* beteiligt gewesen sein. *R. gallica* ist in Mittel- und Südeuropa sowie Kleinasien heimisch, wobei Kleinasien als das Ausgangsland gelten muß. Ihre aufrechten Stämme und die jungen grünen Triebe haben wenig Stacheln, aber viele dichte, unterschiedlich große Borsten, die sich mit der Hand leicht abstreifen lassen. Die derben, etwas rauhen elliptisch-spitzen Blätter stehen gerade, nie hängend von den Zweigen ab. Der ganze Busch macht einen geschlossenen, aufrechten Eindruck. Die eigentliche Art wird nur etwa einen halben, die verschiedenen Formen dieser Art 1 bis 1,5 m hoch. Die Blüten stehen frei auf festen Stielen und sind gut über den ganzen Strauch verteilt. Als Blütenfarben kommen Rosa, Rosarot und Rotviolett vor, kein reines Weiß. Nur *R. gallica* 'Versicolor' hat weißlich-rote Streifen in ihren Blütenblättern.

Die Hauptblütezeit dauert von Mitte Juni bis Mitte Juli. Die Hagebutten sind kugelig rund. *R. gallica* und ihre Abkömmlinge stellen keinen besonderen Anspruch an den Boden. Sie wachsen willig auch in weniger günstigen Lagen und sind äußerst winterhart. Auf eigener Wurzel stehend treiben sie gern Ausläufer in weitem Umkreis und haben dadurch die Möglichkeit, dort, wo sie einmal angepflanzt sind, auch bei völliger Vernachlässigung noch zu überleben, wie die Funde von Gerda Nissen in den Dithmarschen beweisen. Auf Gartenbeeten, wo die Ausläuferbildung lästig werden kann, muß man auf die regelmäßige Entfernung der Ausläufertriebe achten. Solange sie jung sind, lassen sie sich leicht aus dem Boden herausreißen. Die Rosenschulen bieten in der Regel nur veredelte (okulierte) Pflanzen an. Sitzen veredelte Pflanzen mit ihrer Veredlungsstelle tiefer als 10 cm unter der Erdoberfläche, werden sie in den meisten Fällen oberhalb der Veredlungsstelle Wurzeln bilden und sich allmählich zu wurzelechten Pflanzen entwickeln.

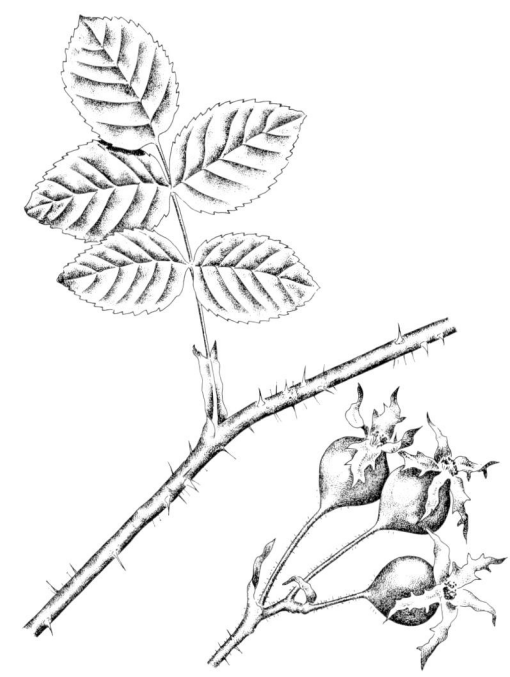

R. gallica, in Kleinasien, aber auch in Süd- und Mitteleuropa heimisch, ist eine Urmutter der Gartenrosen.

Die eigentliche Art **R. gallica** wird wahrscheinlich nur für botanisch interessierte Liebhaber oder für Apothekergärten von Interesse sein. Sie kommt in der Natur noch vereinzelt in Mittel- und Südeuropa

R.gallica var. *officinalis* wurde seit dem frühen Mittelalter als Medizinalpflanze verwendet. Man nennt sie daher auch »Apothekerrose«.

vor. Im Park Wilhelmshöhe steht ein etwas schwachwüchsiger Strauch, richtiger ein Sträuchlein, dessen Heimat die Schwäbische Alb ist.

R.gallica **'Pumila'** wächst nur 20 bis 30 cm hoch und etwas kriechend. Es stehen aber hiervon in Wilhelmshöhe drei veredelte, also okulierte Pflanzen, bei denen die Unterlagen ein wesentlich höheres Wachstum verursacht haben. Die Pflanzen sind in ihrem Wuchs verfremdet. (Das gleiche kann man immer wieder bei Miniaturrosen beobachten, wenn sie nicht aus Stecklingen gezogen sind.) *R.gallica* und *R.gallica* 'Pumila' haben beide einfache, fünfteilige Blüten in einem reinen Rosarot. Bei *R.gallica* 'Pumila' legen sich die Blütenblätter nach dem Aufblühen ganz charakteristisch leicht nach innen, wie es Pinhas (siehe Seite 36) naturgetreu gemalt hat.

R.gallica var. officinalis, die Apotheker-Rose oder Provins-Rose hat bis zu zehn Blütenblätter in hellem Karminrot. Die strahlendgelben Staubgefäße stehen wie ein Krönchen in der Blütenmitte. *R.gallica* var. *officinalis* bedeutet während ihrer Blütezeit ein Schmuckstück für jeden Garten und entspricht mit ihrem Wuchs und ihren Blättern voll der Vorstellung, die wir von Gallischen Rosen haben: Ein gesunder, aufrechter, geschlossener Busch mit festem, dunkelgrünem Laub. Gesund soll hier nicht gleichbedeutend mit vollkommen krankheitsfrei sein. Auch diese

Rosen fangen Mehltau auf wie ein sonst gesunder Mensch einen Schnupfen. Beides ist nicht lebensgefährlich. Meist wird der Mehltau auch erst nach Beendigung der Blütezeit sichtbar, und nach der Blüte stehen diese Büsche so oder so etwas unansehnlich und unbeachtet im Garten. *R.gallica* var. *officinalis* wurde nachweislich schon im 14. Jahrhundert in Provins als Apothekerrose für Heilzwecke großflächig angebaut, daher rühren ihre Namen. Auf mittelalterlichen Darstellungen gibt sie sich mit ihrer offenen Blüte und der doppelten Reihe von Blütenblättern einwandfrei zu erkennen.

R.gallica **'Versicolor'** oder »Rosa Mundi« ist ein etwas unregelmäßig rot und weißlich-rot gestreifter Sport von *R.gallica* var. *officinalis*, der sie in allen anderen Eigenschaften gleicht. Auch sie steht seit langer Zeit in Kultur. 1583 erwähnt Clusius sie als »Rosa gallica variegeta« (siehe Abbildung auf Seite 54).

Zu den alten Formen von *R.gallica* muß man auch die Sorte **'Tuscany'** zählen, die Gerard 1596 als 'Velvetrose', also Samtrose, bezeichnet. Ähnlich, wenn auch vielleicht ein bißchen schwächer im Wuchs, kann sie ein guter Gefährte für *R.gallica* var. *officinalis* und *R.gallica* 'Versicolor' sein. Ihre Blüten sind ebenfalls offen, mit den gerade noch sichtbaren Staubgefäßen gut halbgefüllt. Das tiefe, samtige, dunkle Violettrot ist zur Mitte hin von helleren, fast weißlichen Flecken durchsetzt.

R.gallica 'Complicata' hat auffallend große und besonders schöne, einfache Blüten.

R. × francofurtana mit den kreiselförmigen Hagebutten ist häufig unter dem Namen *R. gallica splendens* im Handel.

'Impératrice Joséphine' ist eine Form der *R. × franco-furtana*.

R. gallica **'Conditorum'**, die Ungarische Rose, wurde erst 1889 von dem Wildrosen-Sammler Diek (Zöschen) nach Deutschland eingeführt. Sie ist kräftiger im Wuchs als *R. gallica* var. *officinalis*, ihre Blüten in dunklem Rosarot sind ziemlich stark gefüllt.

Arthybriden von Rosa gallica

Die Herkunft der Sorte **'Complicata'** ist bisher ungeklärt, möglicherweise ist sie eine Hybride zwischen *R. gallica* und 'Macrantha' (und schon für 'Macrantha' liegen die Abstammungsverhältnisse im dunklen). Unabhängig davon stellt die Sorte für Gartenanlagen eine der schönsten Rosen mit Wildrosen-Charakter dar. Sie wächst kräftig, mit etwa 2 m Höhe wird sie höher und auch breiter als die eigentlichen *R. gallica*-Formen. Sie hat leicht überhängende Zweige. An dieser Rose ist nichts steif oder hart. Ihre bis zu 12 cm großen, einfachen Blüten zeigen ein leuchtendes, lichtes Rot und hellen zur Mitte hin auf. Die herzförmig ausgebogenen Blütenblätter wölben sich etwas nach innen. Gelbe Staubgefäße mit dunkleren Staubbeuteln erhöhen die Wirkung. Das Laub in klarem Grün wirkt heller als bei anderen *R. gallica*-Sorten, die Blätter sind breiter.

Bei **R. × francofurtana** werden als Vorfahren *R. majalis* und *R. gallica* angenommen. Clusius beschreibt die Arthybride 1583 als »Rosa sine spinis«, Rose ohne Dornen, die in Frankfurter Gärten vorkäme. Diese »Frankfortrose« oder *R. francofurtensis* wurde 1774 von Münchhausen mit dem jetzt gültigen Namen *R. × francofurtana* benannt. Im 19. Jahrhundert bezeichnete man sie auch als *R. turbinata*, Kreiselrose, oder *R. campanulata*, Glockenrose, wegen ihres kreisel- bzw. glockenförmigen Kelchbechers. Offenbar hat es eine Reihe verschiedener Sorten von *R. × francofurtana* gegeben, von denen die kletternde 'Scandens', die Rössig anführt, wohl die von Bertuch für einen »Rosenmantel« empfohlene »Tapetenrose« war. Mit dieser Rose muß auch Goethes Gartenhaus bepflanzt gewesen sein, möglicherweise auf unterschiedlich hohen *R. canina*-Stämmen veredelt, um die Höhe bis zum Dach zu erreichen. Heute bietet der Handel eine *R. × francofurtana* an, die Petersen als identisch mit *R. gallica* 'Splendens' erkannte. Sie nähert sich im Aussehen von Kelchbecher und Hagebutte einer *R. gallica*, während der übrige Habitus mehr in Richtung *R. majalis* schlägt. Ihre karmin- bis purpurroten Blüten sind fast einfach und ohne Duft.

Erhältlich sind außerdem *R. × francofurtana* **'Agatha'** und **'Impératrice Joséphine'**. Erstere ist kaum bestachelt und trägt lilarosa, duftende kleine Blüten. 'Impératrice Joséphine' malte Redouté als *R. turbinata*, erst später erhielt sie den Sortennamen. Diese Sorte bleibt niedriger und wirkt weicher im Wuchs als die beiden anderen. Sie hat locker gefüllte rosafarbene, leicht duftende Blüten mit etwas dunkleren Streifen auf den etwas gewellten Blütenblättern.

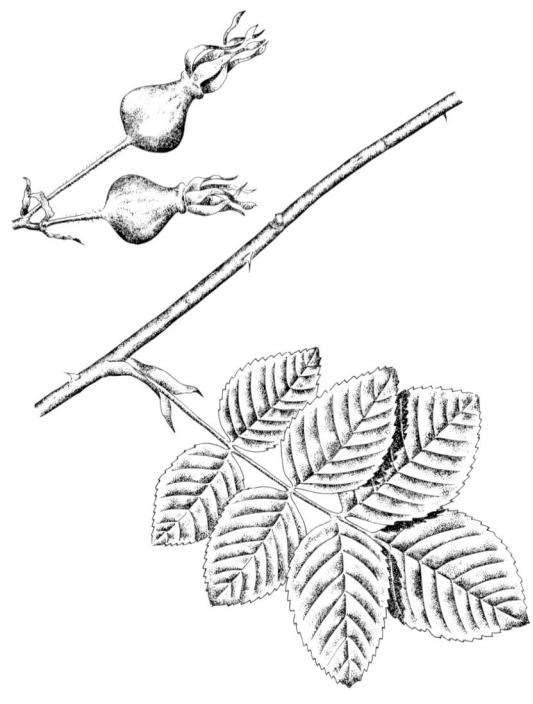

*R. × francofurtana (*syn. *R. turbinata*) heißt auch Kreiselrose.

Von **'Macrantha'** (oder *R. × macrantha*) kennen wir das zweite Elternteil nicht. Sie tauchte zu Beginn des 19. Jahrhunderts in Frankreich und später in England auf. Die Systematiker sind sich nicht darüber einig, ob sie als Abkömmling von *R. × waitziana* (*R. canina × R. gallica*) zu gelten hat oder ob es sich um eine unbekannte Gartenherkunft handelt. In Großbritannien wird sie unter dem Sortennamen 'Macrantha' als Gartenrose angeboten. Die als Sorte 'Macrantha' gehandelte Rose ist ausgesprochen schön. Duftende, fast reinweiße Blüten mit einem Durchmesser von annähernd 7 cm bilden sich aus einer rosafarbenen Knospe heraus mit einem üppigen Kranz von auffallenden Staubgefäßen. Mit ihrem bodendeckenden, undurchdringlich dichten Wuchs wirkt sie wie breit hingelagert und erreicht Ausmaße von 1,2 m Höhe und 1,8 m Breite.

Etwas stärker gefüllt und etwas intensiver rosafarben ist **'Daisy Hill'**, ein Sport der 'Macrantha', die Kordes als ein Elternteil für seine 'Macrantha'-Hybriden **'Raubritter'** und **'Düsterlohe II'** benutzte. Kordes hatte zehn Jahre zuvor eine 'Düsterlohe I' herausgebracht, die nicht von 'Macrantha', sondern über 'Venusta Pendula' von *R. arvensis* abstammt. 'Raubritter' zählt trotz einer gewissen Mehltau-Empfindlichkeit zu den liebenswertesten Rosen, die wir Kordes verdanken. Jeder, der sie einmal in voller Blüte gesehen hat, möchte sie sich in seinen Garten holen. Im Wuchs gleicht sie 'Macrantha'. Sie lagert sich von Natur aus ebenso breit hin, sofern sie nicht zwangsweise hochgebunden wird. Ihre Blüten sind kugelförmig, halbgefüllt und von einem klaren, frischen Rosa. Die Sorte blüht nur einmal, dafür aber mehrere Wochen lang in überschäumender Fülle. 'Düsterlohe II' hat vielleicht nicht ganz den Charme von 'Raubritter' oder 'Macrantha', aber mit ihren halbgefüllten Blüten in einem zur Mitte hin aufhellenden Rot und ihrer üppigen Blütenfülle bildet sie einen leuchtenden Strauch.

'Scintillation' heißt eine sehr schöne Kreuzung von 'Macrantha' mit 'Vanity'. 1966 brachte Austin sie heraus. Sie wächst mit etwa 2 bis 3 m Durchmesser mehr in die Breite als in die Höhe. Sie blüht einmal ab Mitte Juni in Massen von großen offenen, halbgefüllten, duftenden weißlichrosa Blüten mit gut sichtbaren Staubgefäßen. Ebenso wüchsig ist die ebenfalls einmalblühende **'Lady Curzon'** (Turner 1901). Wahrscheinlich ging sie aus der Kreuzung 'Macrantha' mit *R. rugosa* hervor. Das derbe, dunkelgrüne Laub ist typisch für *R. rugosa*. Eine Fülle von einfachen, etwas gewellten rosa- bis weißlichrosafarbenen Blüten erscheint ab Mitte Juni.

'Dupontii' (oder *R. × dupontii*) ist nach dem berühmten französischen Rosengärtner Dupont, der zu Beginn des vorigen Jahrhunderts lebte, benannt. Ihre Herkunft ist ungewiß. Sie wurde angeblich 1817 in einer Hecke in der Gegend von Angers entdeckt. Man vermutet, daß *R. gallica* und *R. moschata* zu ihren Vorfahren gehören. 'Dupontii' bildet eine Schönheit besonderer Art. Ihre großen weißen Blüten mit einem Hauch von Rosa stimmen gut mit dem matten, graugrünen Laub überein. Sie entwickelt sich zu schlanken, etwa 2 m hohen, stachellosen Sträuchern. Gesellt man sie beispielsweise zu einer Gruppe von *R. glauca* mit rötlich-blaugrünem Laub, kann die Sorte auch außerhalb der Blütezeit eine auffallende farbliche Kontrastwirkung ausüben.

R. × richardii (*R. sancta*) soll eine in früher Zeit in Kleinasien entstandene Arthybride aus *R. gallica* und *R. phoenicia* sein, die Anfang unseres Jahrhunderts in Europa in den Handel kam. Im 4. Jahrhundert wurde sie in Äthiopien in der Nähe von Klöstern und Kirchen angepflanzt, daher ihr früherer Name *R. sancta*, Heilige Rose. Trotz ihrer Herkunft aus Äthiopien hält sie sich sogar im nördlichen Europa gut. Im Botanischen Garten Kopenhagen stand sie im Sommer 1987 nach dem harten Winter mannshoch im vollem Flor. Zur gleichen Zeit war sie bei dem Vermehrer Lykke in Nordjütland als geschlossene, etwa 1,2 m hohe, blühende Hecke zu sehen. Die einfachen Blüten in sehr hellem Rosa sind 5 bis 7 cm breit und tragen ziemlich lange, gefiederte Kelchblätter. Hagebutten bilden sich wenig. Die Triebe sind stachelig, die drei- bis fünfzähligen, leicht runzligen Blätter sind unterseits etwas behaart und haben drüsige Ränder.

Bei der Arthybride **R. × polliniana** war *R. arvensis*, die kriechende Ackerrose, der weibliche Elternteil. Im Habitus ähnelt *R. × polliniana* der *R. arvensis*. Ihr Wuchs geht mehr in die Breite als in die Höhe. Ungehindert kann eine Pflanze voll ausgewachsen mit ihren kräftigen Trieben eine Fläche von 3 bis 5 m im Durchmesser bedecken. Das Laub ist fest und bläulichgrün. Ende Juni–Anfang Juli wirkt *R. × polliniana* ganz überladen mit einer Fülle vorwiegend einzeln stehender einfacher, etwa 6 cm großer, leicht duftender Blüten in Weiß mit einem rosa Anflug. Die Blüten entwickeln sich aus rosafarbenen Knospen. Der Hagebutten-Ansatz ist in der Regel nur spärlich, es mögen aber verschiedene Formen vorhanden sein. *R. × polliniana* wurde als Naturhybride erstmals Anfang des 19. Jahrhunderts in Oberitalien beobachtet, aber wahrscheinlich kommt diese Kreuzung öfters vor.

Die verschiedenen Arthybriden mit *R. gallica* lassen sich, wenn auch alle nur einmalblühend, in der Gartengestaltung vielfältig verwenden. Obwohl sie sich in ihren Wuchsformen unterscheiden, ist ihnen als Erbteil von *R. gallica* die klare, ziemlich große und offene Blüte gemeinsam.

Rosa × damascena

Rosa × damascena befand sich vermutlich bereits vor unserer Zeitrechnung in den Mittelmeerländern in Kultur. Sie war die gefüllte Rose, von der griechische und römische Schriftsteller berichteten. Nach Mitteleuropa kam sie der Sage nach mit den Kreuzfahrern. Wahrscheinlicher klingt die Annahme, daß die Römer sie in ihre nördlichen Provinzen mitgenommen und dort angepflanzt haben. So war *R. × damascena* möglicherweise schon lange vor den Kreuzzügen in Spanien, Frankreich und Teilen von Deutschland verbreitet (siehe Seite 10).

Botanisch und gärtnerisch gesehen gibt es bei den Damaszener-Rosen zwei Gruppen – die einmalblühenden Sommer-Damaszener-Rosen, die wahrscheinlich frühe Naturhybriden von *R. gallica* und *R. phoenicia* sind, und die zweimalblühenden Herbst-Damaszener-Rosen, die als die Nachkommen einer mutmaßlichen Kreuzung von *R. gallica* und *R. moschata* gelten. Bedingt durch diese unterschiedliche Herkunft lassen sich die Damaszener-Rosen nicht als einheitliche Art beschreiben. Sie weisen einen höheren, mehr bogigen Wuchs auf als die Gallica-Rosen, denn sowohl *R. phoenicia* als auch *R. moschata* sind Kletterrosen.

Die Triebe besitzen viele Hakenstacheln. Die hellgrünen Blätter haben unterseits feine Härchen. Die Blütenstiele sind weich, so daß die Blüten, die meist zu mehreren zusammensitzen, etwas hängen und nicht wie bei den Gallica-Rosen aufrecht stehen. Die Kelchblätter sind langgestreckt. Die Blütenfarbe ist überwiegend Rosa oder Weiß, es gibt keine purpur- oder violettroten Töne. Häufig verkleinern sich die Blütenblätter nach der Mitte hin, so daß die Blüte eher flach als ballförmig-rund erscheint. An den Hagebutten werden die Kelchblätter abgeworfen.

Von den nur einmalblühenden Sommer-Damaszener-Rosen ist **R. × damascena** in ihrer ursprünglichen Form ein über 2 m hoher Strauch mit halbgefüllten Blüten in einem abgestuften hellen Rosa, der zwar in einem Garten stehen kann, aber nicht muß.

R. × damascena **'Versicolor'** ist in Großbritannien als »York-and-Lancaster-Rose« bekannt. Im Gegensatz zu *R. gallica* 'Versicolor' hat sie keine gestreiften, sondern unregelmäßig gefleckte Blütenblätter, manchmal auch halb oder ganz weiße oder rote Blüten. Im Garten ist *R. gallica* 'Versicolor' vorzuziehen.

R. × damascena **'Trigintipetala'**, die »Rose von Kazanlik« oder auch einfach Bulgarische Ölrose, ist eine der Wildrosen, die Diek 1889 nach Deutschland gebracht hatte. Sie fand in viele Gärten Eingang, wohl aus der Vorstellung heraus, diese Rose müsse besonders reich duften. Sie bildet einen etwas »wüsten« Strauch von 2 bis 3 m Höhe und Breite, an dem die locker gefüllten, rosafarbenen Blüten sitzen. Die Blüten tragen etwa 30 Blütenblätter, daher rührt der Name. An den Rand eines Gebüsches gepflanzt kann sie zur Blütezeit recht reizvoll wirken. Diese Rose muß Platz zum Verwildern haben, damit sie sich von ihrer besten Seite zeigen kann. Sie friert in harten Wintern stark zurück.

R. × damascena var. semperflorens (syn. *R. × damascena* f. *bifera*), die herbstblühende Damaszener-Rose, trägt auch den etwas hochstaplerischen Namen »rosier des quatre saisons«. Die Bezeichnung semperflorens, sprich immerblühend, bedeutet hier nicht, daß diese Rose den ganzen Sommer über blüht, von den vier Jahreszeiten einmal ganz zu schweigen, sondern die Varietät bringt je nach Witterung und Pflege eine mehr oder minder ausgeprägte Nachblüte hervor. Die Fähigkeit, überhaupt nach der Sommerblüte noch eine weitere Blüte hervorzubringen, machte sie in früheren Zeiten, ehe *R.chinensis* mit ihrer fortgesetzten Blüte bekannt und züchterisch genutzt war, bewunderns- und begehrenswert. Wie die meisten Damaszener-Rosen kann *R. × damascena* var. *semperflorens* recht hoch werden. Sie trägt helles Laub. Ihre rosafarbenen Blüten sind dicht halbgefüllt mit übereinander geschichteten Blütenblättern und zeigen in der Mitte wie ein Auge die gelben Staubgefäße. Es sind für *R. × damascena* typische Blüten mit auffällig langen Kelchblättern.

Portland-Rosen

In naher verwandtschaftlicher Beziehung zu den Damaszener-Rosen steht die heute nur noch kleine Gruppe der Portland-Rosen. An ihrer Entstehung wurde und wird viel herumgerätselt. Tatsache ist, daß die Stammform schon 1803 oder auch erst 1809 in der Rosenschule von André Dupont in Paris vorhanden war, der sie als Sämling einer »Rosa paestana« (*R. × damascena* var. *semperflorens*) aus England bekommen und sie zu Ehren der Herzogin von Portland 'Rosier de Portland', Portland-Rose, genannt hatte. Die Herzogin hatte sich für den Pflanzentransport zu Kaiserin Josephine im damaligen Krieg eingesetzt. Ob der Sämling als das Ergebnis einer natürlichen Kreuzung aus *R. × damascena* var. *semperflorens* und *R.gallica* var. *officinalis* anzusehen ist, bei der sich durch eine bestimmte Koppelung der Erbfaktoren ein echtes Öfterblühen herausstellte, oder ob dieses Öfterblühen doch einer *R.chinensis* in seiner Ahnenreihe zu verdanken ist, hat bis jetzt niemand herausgefunden. Möglich ist das eine wie das andere. Das wirkliche, wenn auch etwas sparsame Öfterblühen von 'Rosier de Portland' regte die damaligen französischen Rosenzüchter an, mit dieser Sorte und *R.chinensis* zu züchten, so daß im Lauf der Zeit etwa 150 weitere Sorten von Portland-Rosen entstanden (siehe Seite 103ff.).

Die Ausgangssorte hat auf den ersten Blick in ihrem Habitus, ihrer Blütenform und -farbe eine ge-

Oben: *R. damascena* f. *bifera*; unten: *R. gallica* 'Versicolor' aus dem »Bilderbuch für Kinder« von Bertuch, 1802.

wisse Ähnlichkeit mit *R.gallica* var. *officinalis*. Ihr Gartenwert scheint geringer als ihr historischer Wert als Stammutter der heute noch vorhandenen Portland-Rosen, die durch ihr Öfterblühen, ihren zarten Duft, ihren gemäßigten Wuchs, ihre gute Winterhärte und ihre geringe Empfindlichkeit gegen Pilzkrankheiten ideale Alte Gartenrosen für moderne Gärten darstellen. Allen Portland-Rosen gemeinsam sind die kurzen Blütenstiele, so daß die Blüten unmittelbar auf den Blättern zu sitzen scheinen.

Rosa × alba

Rosa × alba ist wahrscheinlich eine Naturhybride zwischen *R.canina* und *R. × damascena* (siehe Seite 12). Sie bildet bis zu 3 m hohe Sträucher mit kräftigen, ungleichmäßig bestachelten Stämmen. Die Blätter sind auffällig bläulich-graugrün, auf der Oberseite leicht »bereift« und auf der Unterseite zart behaart. Sorten von *R. × alba* sind ungewöhnlich winterhart, widerstandsfähig und langlebig. Sie leiden kaum unter Krankheitsbefall, vielleicht aufgrund der »bereiften« und behaarten Blätter, und können sogar noch halbschattige Standorte vertragen. Die Abstammung von *R. canina* mütterlicherseits macht sich in vielen Eigenschaften bemerkbar. Ob je eine Form mit nur fünf Blütenblättern vorhanden war, ist nicht bekannt.

R. × alba **'Semiplena'** hat halbgefüllte Blüten mit acht bis zehn Blütenblättern in reinem Weiß und zeigt deutlich einen Kranz von gelben Staubgefäßen. Die Blüte duftet gut.

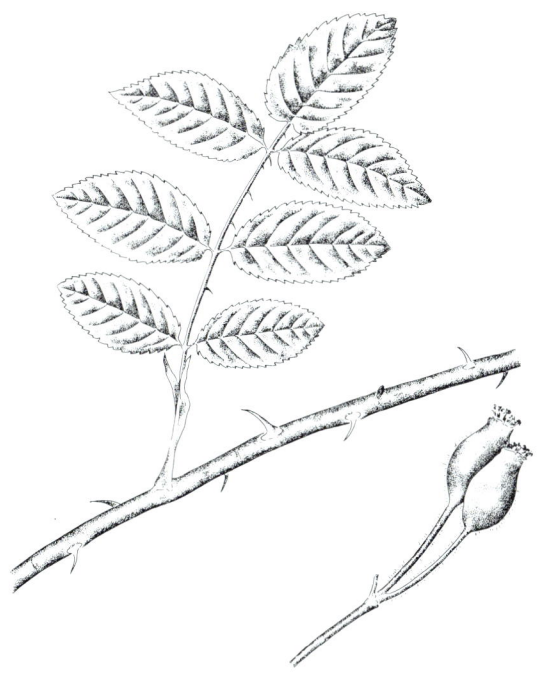

R. × alba ist eine frühe europäische Gartenrose, die als Naturhybride entstand.

R. × alba **'Suaveolens'**, die »Lieblich Duftende«, wurde von Diek 1889 aus Bulgarien, wo sie neben *R. × damascena* 'Trigintipetala' zur Ölgewinnung angebaut wird, nach Deutschland gebracht. Sie fand hier größere Verbreitung als *R. × alba* 'Semiplena', die in Großbritannien häufig anzutreffen ist. *R. × alba* 'Suaveolens' ist stärker gefüllt als *R. × alba* 'Semiplena'. Die Blütenblätter verkleinern sich nach der Mitte hin mehr und mehr, lassen aber noch Staubgefäße erkennen. Es entwickelt sich ein reichlicher Fruchtansatz mit länglichen roten Hagebutten.

R. × alba **'Maxima'** hat weiße, locker, aber voll gefüllte Blüten, in denen die Staubgefäße kaum noch zu erkennen sind. Die Blüten zeigen beim Öffnen immer einen rosa Schimmer, der beim weiteren Aufblühen schnell vergeht. *R. × alba* 'Maxima' bringt kaum Hagebutten hervor.

Die Sorten von *R. × alba* bedürfen nur eines Mindestmaßes an Pflege. Sie eignen sich hervorragend für extensiv gehaltene Gartenanlagen. Auf eigener Wurzel treiben sie Ausläufer, aber im Gegensatz zu den Sorten von *R. gallica* in einem erträglichen Ausmaß. Um sie in Form und im Trieb zu halten, ist ein Auslichtungsschnitt nach der Blüte – alle Sorten sind einmalblühend – von Zeit zu Zeit erforderlich.

Zentifolien

Rosa centifolia entstand im 16. Jahrhundert in Holland, auch wenn in älterer und sogar neuerer Literatur immer wieder behauptet wird, sie sei im Kaukasus heimisch. Linné sah sie aus dem gleichen Grund als reine Art, nicht als Hybride, an (siehe auch Seite 12). Genetische Untersuchungen weisen darauf hin, daß ihr Stammbaum auf *R. × damascena* und *R. × alba* zurückführt. Es handelt sich daher um eine mehrfach zusammengesetzte Hybride aus *R. gallica*, *R. phoenicia*, *R. moschata* und *R. canina*. *R. centifolia* ist also im Grunde nicht als eine eigentliche Art, sondern eher als eine Gartenform anzusehen. Mit dem Namen *R. centifolia* hat Linné sie belegt. Vorher war sie als »Große Holländische Rose«, als »R. × centifolia batavia« oder als »Große Provence-Rose« bekannt (siehe Seite 12). Miller hat in seinem Gärtnerlexikon von 1776 zusätzlich für sie den Namen »Cabbagerose«, Kohlrose, aufgebracht, denn er schrieb,

R. centifolia 'Cristata' wird wegen ihrer Knospenform auch »Napoleonshut« genannt.

55

die Blüten dieser Sorte seien oft sehr groß, und die Blütenblätter seien gefaltet wie Kohl. Die »Zentifolie« wurde unzählige Male in den Blumenstilleben des 17. und 18. Jahrhunderts gemalt. So wurde sie zur »Rose des Peintres«, der Rose der Maler.

R.centifolia wächst als ein offener, etwas auseinanderfallender Strauch. Ihre Triebe mit ungleichartigen, teils gebogenen, teils borstenartigen, oft drüsigen Stacheln können bis zu 2 m lang werden. Die großen, unterseits oder beiderseits fein behaarten Blätter hängen gern etwas. Die drüsigen Blütenstiele sind weich. Die dichtgefüllten, »hundertblättrigen«, stark duftenden Blüten sind recht schwer, so daß auch die Blüten nach unten hängen. Die Blüten machen vor dem vollen Aufblühen den Eindruck einer vollständigen Kuppel. In der Blüte steht ein Blütenblätterkranz dicht in dem anderen. Durch die Umwandlung fast aller Geschlechtsmerkmale in Blütenblätter erweist sich *R.centifolia* als so gut wie unfruchtbar. Andere Formen entstanden durch Mutationen. Hagebutten kommen nur ausnahmsweise vor.

R.centifolia, die Zentifolie oder Kohlrose, ist keine Wildrose, wie Linné annahm, sondern eine Hybride.

R.centifolia **'Bullata'** stimmt in Blüte und Wuchs mit der eigentlichen *R.centifolia* überein. Sie hat als Besonderheit merkwürdig hängende, blasig aufgetriebene, runzlige Blätter, die in der Jugend bräun-

lichrot gefärbt sind, ähnlich wie bei bestimmten Kopfsalatformen, daher auch ihr Name »Salatrose«.

R.centifolia **'Cristata'** (siehe Seite 12) stellt eine der schönsten Formen von *R.centifolia* dar. Sie hat an den Kelchblättern dicht gefiederte Blattauswüchse, die wie Blätter der Krausen Petersilie wirken, aber nicht drüsig sind. Es handelt sich daher um keine Moosrose (siehe Seite 12). Im Volksmund trägt die Sorte den Namen »Chapeau de Napoléon«, Napoleonshut, weil die geschlossene Knospe einem Dreispitz ähnlich sieht. Besonders schön wirken die sich gerade öffnenden Knospen in der Umgebung des dicht verästelten Grüns. Die großen Blüten duften.

R.centifolia **'Minima'** hat zwar ziemlich kleine Blüten, entwickelt sich aber zu recht stattlichen Sträuchern.

R.centifolia **'Parvifolia'** hat einen zwergigen Wuchs mit kleinen Blättchen und einer flachen, purpurrosa Blüte, die an der Spitze der ziemlich straffen Triebe sitzt. Das ganze, höchstens 60 cm hohe Sträuchlein wirkt weniger wie eine kleine Zentifolie, sondern eher wie eine kleine Gallica-Rose. Tabernaemontanus hat sie im Jahr 1664 als Burgundische Rose beschrieben und abgebildet. Sie ist nicht identisch mit dem unter dem Namen **'Pompon de Bourgogne'** bekannten Röschen, das im Wuchs größer ist und sehr viel mehr den Zentifolien ähnelt. 'Pompon de Bourgogne' trägt kleine rosa Blüten mit einem lila Hauch, aufgereiht an kurzen Nebentrieben längs der Haupttriebe. Möglicherweise hieß 'Pompon de Bourgogne' ursprünglich einmal 'Pompon de Bourdeaux' (oder 'Pompon de Bordeaux'), wobei die Namen Bourdeaux und Bourgogne mit der Zeit gleichgesetzt oder ausgetauscht wurden. Beide Namen kommen in der älteren Rosenliteratur vor. Gelegentlich wird sogar *R.centifolia* 'Parvifolia', die Burgundische Rose, mit dem Burgunderröschen 'Pompon de Bourgogne', irrtümlicherweise gleichgesetzt.

R.centifolia **'Pomponia'** ist eine kleinwüchsige und kleinblütige Sorte mit pomponartigen rosa Blüten. Sie trägt auch den Namen »Dijonrose« oder »Rose de Meaux« und ähnelt 'Pompon de Bourgogne' in allen Teilen bis zum Verwechseln. Diese kleinblütigen Rosen beginnen ihre Blütezeit vor den großen Zentifolien und besitzen einen besonderen Liebreiz.

Moosrosen

Rosa centifolia 'Muscosa', die Moosrose, entstand aus einer Knospenmutation von *R.centifolia*. Sie ähnelt in allem der Ausgangsform, wirkt vielleicht etwas gedrungener im Wuchs. Ihre Blütenstiele,

Kelchbecher und Kelchblätter sind mehr oder weniger stark mit Drüsenborsten besetzt, so daß der Eindruck entsteht, die Pflanze wäre »bemoost«. Wie Krüssmann berichtet, kommen solche Moosbildungen gelegentlich auch bei anderen Rosenarten vor, aber besonders häufig eben bei *R. centifolia*. Die erste Moosrose soll, so schreibt Pacquet 1845/54 in »Choix des plus belles Roses«, bereits 1696 in Carcassonne (Südfrankreich) vorhanden gewesen sein. Nach Wein (1929) erwähnt Elias Pein in »Hortus Bosianus«, im Garten des Ratsherrn Caspar Bose in Leipzig sei 1699 eine »Rosa centifolia, fructu muscosa« gezogen worden. Weitere Nennungen sind 1720 in Holland, 1727 in England (ein Ableger der holländischen Pflanze) und 1735 in Italien vermerkt. Umgekehrt haben sich Moosrosen durch eine erneute Mutation zu Rosen ohne Bemoosung zurückentwickelt.

Bei der Moosrose verstärkt der harzige Geruch des Mooses den schweren, für *R. centifolia* typischen Duft der Blüten. Ungeachtet der vielen im 19. Jahrhundert entstandenen Moosrosen-Sorten, unter denen sich auch einige öfterblühende befinden, kann die gewöhnliche Moosrose, *R. centifolia* 'Muscosa', zur Blütezeit der Stolz und die Freude jeden Gartenbesitzers sein. In vielen Gärten steht sie seit Urgroßmutters Zeiten.

Zentifolien lassen sich mit ihrem auseinanderfallenden, oft hängenden Wuchs manchmal nur mühsam in einen »ordentlichen« Garten eingliedern, aber sie entwickeln eine solche Blütenschönheit, daß sich für sie ein etwas Mehr an Arbeit lohnt. Gelegentliches Aufbinden und Unterstützen der langen Triebe mag erforderlich sein, oder man kürzt diese Triebe im Frühjahr um ein Drittel ein, wodurch man sich natürlich auch eines Teils der Blüten beraubt.

Pimpinellifolien

Natürliche Arten von Pimpinellifolien kommen in fast allen Ländern nördlich des Äquators vor, auf den Dünen der Meeresküsten ebenso wie an kargen Stellen im Gebirge, in Island und Sibirien sowie in Gebieten von Kleinasien und China. Zu den Pimpinellifolien gehören *R. pimpinellifolia* (syn. *R. × spinosissima*) mit ihren vielen Formen, die in allen Gelbtönen blühenden kleinasiatischen und chinesischen Pimpinellifolien-Arten, häufig als Lutea-Gruppe zusammengefaßt, und schließlich noch *R. sericea*: Eine ihrer Varietäten ist die allbekannte Stacheldraht-Rose. Allen gemeinsam sind das besonders fein- und kleinblätt-

rige Laub mit manchmal sehr zahlreichen Fiederblättchen, die frühe Blütezeit, die glattrandigen Kelchblätter und das Fehlen von Hochblättern.

R. pimpinellifolia, die Bibernell- oder Dünenrose, trägt kugelige, braunschwarze Hagebutten.

Rosa pimpinellifolia und ihre Formen

Rosa pimpinellifolia, bei uns Bibernell- oder Dünenröschen, in Großbritannien Burnetrose genannt, gibt sich entsprechend ihrer Herkunft mit jedem mageren und flachgründigen Boden zufrieden, möchte aber gern in der vollen Sonne stehen. Die Wildarten vermehren sich üppig durch Ausläufer und bilden bald ein undurchdringliches Gebüsch. Die meist dünnen Triebe stehen in der Jugend aufrecht, mit zunehmendem Alter biegt sie die Blüten- und Fruchtlast nach unten. Die Triebe sind von unten bis oben dicht besetzt mit geraden, nadelartigen Stacheln und Borsten, wodurch sich die alte Bezeichnung *R. spinosissima*, was soviel heißt wie »sehr stachlig«, erklärt. Die Wuchshöhe liegt zwischen 0,5 und 2 m. Die Blätter setzen sich pimpinellenartig aus kleinen rundlichen oder spitzovalen Fiederblättchen zusammen. Das Laub bleibt völlig gesund und ist gegen jeden Pilzbefall gefeit.

Von diesen Dünenröschen wurden in Schottland in der ersten Hälfte des vorigen Jahrhunderts über hundert Sorten ausgelesen und gezüchtet, von denen sich aber nur wenige unter wechselndem Namen in unsere Zeit haben retten können. Die Rosenzüchtung hatte in der Folge so große Fortschritte ge-

R.parvifolia, die kleine ranunkelblütige Zentifolie (Mary Lawrance, 1796).

R.centifolia 'Muscosa', war eine viel gepflanzte Rose in »Großmutters Garten«.

'Stanwell Perpetual', eine alte Hybride der *R.pimpinellifolia*, blüht unermüdlich bis zum Frost.

macht, daß diese anspruchslosen und bescheidenen Röschen in Vergessenheit gerieten.

Die Art kommt in den Nordseedünen natürlich vor, sofern diese durch Muschelschalen mit Kalk angereichert sind, ist aber auch im Gebirge auf Kalkböden anzutreffen. Sie hat einfache kleine, gelblichweiße Blüten, aus denen sich schwarzbraune, glänzende rundliche Hagebutten entwickeln, an denen die glattrandigen Kelchblätter sitzen bleiben. Bei den Sorten der schottischen Burnetrosen kommen einfache und mehr oder weniger gefüllte Blüten in Weiß, Rosa, Rosenrot und Gelb vor. Unter der Bezeichnung »Scotch-Burnet« versteht man alle Formen von *R.pimpinellifolia*, auch wenn sie aus Frankreich und nicht aus Schottland stammen.

Am frühesten blüht die Sorte **'Glory of Edzell'** mit einfacher, rosenroter Blüte mit heller Mitte. Der ziemlich hohe Strauch trägt Ende Mai unzählige Blüten und wirkt einmalig schön, zumal in dieser Zeit ein leuchtendes Rosenrot bei den blühenden Rosen kaum vorkommt. Gewöhnlich herrschen dann Gelbtöne vor. So nimmt man gern in Kauf, daß der

Blüte von 'Glory of Edzell' keine lange Dauer beschieden ist.

Die Sorte **'Single Red'** mit ihren einfachen, außen weißgrauen, innen kirschroten Blüten wurde schon von Pinhas gemalt. Sie scheint ähnlich, aber nicht identisch zu sein mit der von Kordes seit einigen Jahren angebotenen **'Red Nelly'**.

Sehr schön wirkt die in Großbritannien als **»Rosa spinosissima pimpinellifolia«** verbreitete Rose. Sie blüht einfach, aber mit ziemlich großen, leicht rosa angehauchten weißen Blüten.

Reizende kleine, meist etwas geschlossene und ballförmige Blüten, die leicht gefüllt und zartrosarot sind, hat die alte *R.pimpinellifolia* **'Andrewsii'**. Leider erhält man sie kaum noch im Handel.

Alle Farben der Bibernell-Rosen kommen sowohl in einfachen als auch in halbgefüllten Blüten vor, die

'Red Nelly' ist eine der vielen Formen der »Burnetroses«, wie man in England diese Pimpinellifolien-Gruppe nennt.

'Frühlingsgold' war die erste der »Frühlingsrosen«-Züchtungen von Wilhelm Kordes

letzteren werden als **'Doppelte Weiße', 'Doppelte Gelbe', 'Doppelte Rosa', 'Doppelte Rote'** oder auch unter den entsprechenden englischen Bezeichnungen ('Double White' usw.) angeboten. Einmal angepflanzt machen sich Bibernell-Rosen schnell breit, etwas gemäßigter verhält sich nur 'Double Yellow'. Einige Bibernell-Rosen, bei denen Gartenrosen eingekreuzt sind, tragen keine kugelig schwarzen, sondern längliche Hagebutten in rötlicher Färbung oder bringen gar keine Hagebutten. Alle Sorten blühen nur einmal Ende Mai–Anfang Juni. Sie bieten aber auch außerhalb der Blütezeit mit ihrem zierlichen Blattwerk, das sich im Herbst in Bronzetönen verfärbt, und mit ihrem dichten Wuchs ein gutes Bild, zumal wenn sie in Gruppen gepflanzt sind.

Eine einzige Gartenform der Bibernell-Rosen, **'Stanwell Perpetual'**, blüht unermüdlich bis in den November hinein. 1838 hat sie die britische Baumschule Lee in den Handel gebracht. Lee hatte sie aber nicht selbst gezüchtet. Wahrscheinlich war sie schon im 18. Jahrhundert als eine Zufallskreuzung zwischen *R.pimpinellifolia* und *R. × damascena* f. *bifera* in einem Garten entstanden. 'Stanwell Perpetual' hat allerliebste kleine, flache Blüten, ähnlich wie *R. × damascena*, in ganz hellem Weißrosa. Sie trägt bibernellartige Blätter und wächst mehr breit als hoch. Die ziemlich stacheligen Triebe wachsen zwar zunächst etwa 1,5 m lang gerade in die Höhe, legen sich dann aber bogig über, so daß die Sorte recht viel Platz beansprucht. Trotz ihres Blühverhaltens bis in den späten Herbst hinein ist sie wie alle Pimpinellifolien völlig winterhart. Manchmal tritt bei ihr – wie auch bei anderen Pimpinellifolien – eine Verfärbung des Laubes mit dunkleren rötlichen Flecken auf. Hier handelt es sich offenbar um eine Arteigentümlichkeit, die vielleicht von Witterungseinflüssen ausgelöst wird, aber keinen Einfluß auf die Entwicklung der Pflanze ausübt.

Reine Wildformen sind **R.pimpinellifolia var. altaica** und **R.pimpinellifolia var. hispida**, beide in Sibirien beheimatet. Es sind kräftigwachsende, ausläufertreibende Sträucher. *R.pimpinellifolia* var. *altaica* hat ziemlich große weiße, im Aufblühen gelbliche Blüten. *R.pimpinellifolia* var. *hispida* ist stark bestachelt. Sie trägt fahlgelbe Blüten. Beide Varietäten wurden in unserem Jahrhundert zu Kreuzungen mit Gartenrosen benutzt. Es entstanden die sogenannten **Spinosissima-Hybriden**, korrekt *R.pimpinellifolia*-Hybriden. Wilhelm Kordes brachte eine ganze Reihe heraus, 1937 die goldgelbe, fast einfachblühende **'Frühlingsgold'**, 1942 die einzigartige einfachblühende **'Frühlingsmorgen'** in Rosa mit hellgelber Mitte. Im gleichen Jahr kam die zauberhafte, halbgefüllte rosarote **'Frühlingszauber'** heraus, 1949 die angenehm duftende **'Frühlingsduft'** mit halbgefüllten Blüten in gelblichem Aprikosenrosa. Die Blüten entwickeln sich aus gut geformten, spitzen kleinen, goldgelben Knospen. 1950 trat die ebenfalls duftende milchweiße, einfachblühende **'Frühlingsanfang'** auf, 1954 die gefüllte weiße **'Frühlingsschnee'**, die als einzige dieser Reihe nicht ganz frosthart ist. Diese Sträucher blühen nur einmal, mit Ausnahme von 'Frühlingsduft', die eine zweite volle Blüte Ende August hervorbringt, wenn es ihr nicht an Nahrung und Wasser mangelt. Bereits 1931 gab es von Kordes die *R.pimpinellifolia*-Hybride **'Karl Foerster'** mit schneeweißen, großen gefüllten Blüten, deren einer Elternteil die Remontant-Hybride 'Frau Karl Druschbi' war.

Von Tantau stammt **'Claus Groth'** (1951) mit weißlichgelben, halbgefüllten Blüten, die sich aus einer aprikosenfarbenen Knospe heraus entfalten. ('Claus Groth' müßte richtig 'Klaus Groth' geschrieben werden, aber diese Rose ist nun einmal als 'Claus Groth' registriert worden!) Sie hat einen buschigen Wuchs, der bis zu 1,5 m Höhe erreicht. Die Kordesschen Frühlingsrosen können teilweise bis zu 2,5 m hoch werden und besitzen kräftige, nahezu armdicke Stämme.

Erwähnt werden muß in dieser Reihe noch **'Aicha'** (Petersen 1963) mit halbgefüllten, duftenden gelben Blüten an einem 2 m hohen Strauch mit leicht überhängendem Wuchs. Die Sorte bringt nach einem reichlichen ersten Flor im Herbst einen zweiten hervor.

Eine eindrucksvolle Schönheit ist **'Golden Wings'** (Shepherd 1956) mit großen spitzen Knospen und einfachen, meist nur fünfblättrigen Blüten in hellem Gelb, in dem der Kranz von Staubfäden dunkel abgesetzt erscheint. Ihre Blüte hält den ganzen Sommer über an. Gegen den Herbst erscheinen die kräftigen, orangeroten, rundlichen Hagebutten. In ihrem Stammbaum ist *R.pimpinellifolia* var. *altaica* mehrmals vertreten. 'Golden Wings' blüht üppiger nach einem Rückschnitt im Frühjahr.

Die Spinosissima-Hybriden müssen regelmäßig alle paar Jahre von der Basis her verjüngt werden, um ein Vergreisen und Absterben zu verhindern. Man muß auch darauf achten, daß sie nicht von Wildtrieben aus der Unterlage überwuchert und bis zum Verkümmern geschwächt werden. Sie sind alle sehr winterhart und kaum oder wenig anfällig gegen Pilzkrankheiten, nur bei 'Karl Foerster', 'Frühlingsschnee' und 'Claus Groth' wurde in nassen Sommern Sternrußtau beobachtet, Frostschäden traten nach den strengen Wintern 1984/85 und 1985/86 auf. An Boden und Pflege stellen Spinosissima-Hybriden keine besonderen Ansprüche.

R. × kochiana, eine Arthybride zwischen *R.pimpinellifolia* und *R.carolina* oder *R.palustris*, ist ein niedriger bis 90 cm hoher Strauch mit tiefrosa Blüten und hellgrünem Laub, das eine besonders schöne Herbstfärbung hat sowie dunkelbraune kugelige Hagebutten.

Die Lutea-Gruppe

Die Rosen dieser Gruppe, die gelbblühenden Pimpinellifolien, sind die am frühesten blühenden Rosen. Sie bilden mit ihrer gelben Blütenfülle die Fortsetzung der Forsythien- und Kerrien-Blüte. Zu den Pimpinellifolien gehören Arten und Arthybriden vielerlei Herkunft, vorwiegend aus dem kleinasiatischen und chinesischen Raum. Es sind aufrecht wachsende Sträucher mit geraden Stacheln an dem bräunlich gefärbten Holz. Ihre Blätter haben 5 bis 17 kleine Fiederblättchen, die Nebenblätter sind zur Hälfte angewachsen, Hochblätter fehlen wie bei allen Pimpinellifolien. Die rundlichen Hagebutten können orange, rot oder rötlichbraun gefärbt sein. Zu ihrer Blütezeit stellen die Rosen der Luteagruppe einen Gartenhöhepunkt dar. Sie müssen allerdings etwas behutsam in den Garten eingeordnet werden, damit ihr mehr oder minder kräftiges Gelb andere Blütenfarben in weicheren Pastelltönen nicht erschlägt. Am besten stehen sie in einer Gruppe für sich.

Nach der Blüte wirken diese Rosen oft unansehnlich, und bei unseren Witterungsverhältnissen werden besonders alle Abkömmlinge von *R.foetida* häufig von Sternrußtau geplagt. Man sollte darum auch aus diesem Grund vermeiden, diese Sorten in zu nahe Nachbarschaft mit anderen Rosen zu setzen, die mit Sternrußtau angesteckt werden könnten. Den Rosen der Luteagruppe selbst scheint der Befall mit Sternrußtau nicht allzuviel zu schaden, weil er gewöhnlich erst zu einer Zeit auftritt, zu der sie Blüte und Hauptwachstum abgeschlossen haben. Ein warmer, sonniger Standort sagt ihnen am meisten zu und hält sie am ehesten gesund.

R.foetida, die Fuchsrose, und *R.foetida* **'Bicolor'**, die Kapuzinerrose, stammen aus Kleinasien. Schon im frühen Mittelalter waren sie in Europa bekannt. Wahrscheinlich gelangten sie mit den Mauren nach Spanien und mit den Türken nach Wien. Clusius hat sie Ende des 16. Jahrhunderts von Österreich nach England gebracht, was ihre englischen Namen 'Austrian Yellow' und 'Austrian Copper' erklärt.

Die Triebe sind braunrot mit grauen Stacheln. Die kleinen, unterseits drüsigen Blättchen sind lebhaft grün und können zerrieben angenehmer als die Blüten duften, die nach Wanzen riechen sollen. Bei *R.foetida* sind die weit offenen, einfachen, etwa 5 cm breiten Blüten tiefgelb, bei *R.foetida* 'Bicolor' sind sie innen kräftig-orangerot und nur außen gelb. *R.foetida* 'Bicolor' ist eine Knospenmutation der Stammform. Man findet häufig zwischen den zweifarbigen Blüten an denselben Trieben ganz oder teilweise gelbe Blüten. Zur Zeit der alten Gartenrosen mit ihren ausschließlich weißen, rosa und rötlich-purpurfarbenen Tönen war dieses leuchtende Goldgelb und Orangerot ganz ungewöhnlich und reizte und begeisterte nicht nur Gärtner, sondern auch Maler. In den alten Blumenstilleben stößt man immer wieder auf diese beiden Rosen, aber auch auf **R.hemisphaerica**, die einzige gefüllte gelbe Rose dieser Zeit, deren volkstümlicher Name »Gelbe Zentifolie« war. Auch sie hat Clusius eingeführt. Er holte sie Ende des 16. Jahrhunderts als Gartenpflanze aus Konstantinopel nach Wien, wo er den Botanischen Garten leitete. *R.hemisphaerica* hat goldbraune Triebe mit gekrümmten Stacheln, blau- oder graugrünes Laub und hängende, ballförmige, schwefelgelbe Blüten. Sowohl Pinhas als auch Redouté haben sie abgebildet. In unseren Breiten ist diese Art etwas schwierig zu halten. Nach Petersen soll sie auf eigener Wurzel besser gedeihen als auf einer fremden Unterlage. Sie liebt sonnige, heiße Sommer, bei feuchtkühler Witterung verkleben die Blütenblätter und verfaulen. Vielleicht hat gerade diese Schwierigkeit, wirklich vollendete Blüten von dieser Rose zu erhalten, ihren Wert in der Vorstellung der Liebhaber von Rosen noch erhöht!

Mit der Einführung der *R.foetida* '**Persiana**', der 'Persian Yellow', aus Persien im Jahr 1837 hatte *R.hemisphaerica* nur noch Bedeutung für Raritätensammler. 'Persian Yellow' wurde mit Begeisterung in unzählige Gärten gepflanzt, denn im Vergleich zu *R.hemisphaerica* war sie eine gefüllte gelbe Rose, die zuverlässig erblühte. Der französische Züchter Pernet-Ducher befruchtete mit ihrem Pollen zahllose Remontant-Rosen und erzielte schließlich die weltberühmte Sorte 'Soleil d'Or', die zur Ahnfrau aller gelben Gartenrosen neuerer Zeit wurde. Allerdings hat sie außer der gelben Farbe auch die Anfälligkeit für Sternrußtau von *R.foetida* 'Persiana' an ihre Nachkommenschaft vererbt.

R.hugonis, das chinesische Goldröschen, kam 1899 als Samen aus China nach Großbritannien und fand in unserem Jahrhundert in Gärten und Parks eine große Verbreitung. Sie hat sicher viel dazu beigetragen, bei den Gärtnern den Sinn für die Schönheit der Wildrosen zu wecken. Zusammen mit der gleichfalls aus China stammenden *R.moyesii* ist sie die am häufigsten anzutreffende Wildrose. *R.hugonis* macht in ihrer ganzen Erscheinung einen ausgesprochen eleganten Eindruck, wenn sie auch über 2 m hoch und breit werden kann. Ihre im Alter stachellosen Triebe hängen über, das feine Laub wirkt von weitem fast farnartig. Die kleinen schwefelgelben, ungefüllten Blüten sitzen dicht bei dicht an den kurzen Seitentrieben entlang der gebogenen braunen Zweige. Sie bleiben immer etwas ballförmig geschlossen, ohne sich ganz zu öffnen. Bei *R.hugonis* wird gelegentlich – auch in der Wilhelmshöher Pflanzung – ein scheinbar unerklärliches langsames, aber völliges Absterben einzelner Pflanzen beobachtet. Die Ursache könnten vielleicht nicht sofort erkennbare Frostschäden sein, die vereint mit den an diesen Stellen eindringenden Sporen der Rindenfleckenkrankheiten das Absterben bewirken. Nach Bean (1980) erweist sich die Art als widerstandsfähiger gegen Frost und Krankheiten, wenn sie auf eigener Wurzel steht statt veredelt auf *R.canina*-Unterlagen.

Einige weitere Kreuzungen mit *R.hugonis* sind in den Handel gekommen. Die wenig bekannte '**Headleyensis**' (*R.hugonis* × *R.pimpinellifolia* var. *altaica*) hat Blüten in einem blasseren Gelb, ist aber ein kräftiger, gesunder, winterfester Strauch von gefälligem Wuchs. '**Cantabrigensis**', im botanischen Garten Cambridge 1931 als Zufallssämling gefunden und aufgezogen, wächst als ein aufrechter bis 2 m hoher, breiter Strauch mit sehr schönem Laub, der fast stachelfrei ist, nur die jungen Triebe sind ziemlich borstig. 'Cantabrigensis' blüht sehr früh und außergewöhnlich reich in einem hellen Gelb und trägt im Spätsommer kleine, orangerote Hagebutten. '**Golden Chersonese**' (*R.ecae* × 'Canary Bird') bedeutet eine Jahr für Jahr wiederkehrende Freude mit ihrer goldgelben Blütenlast. Sie blüht als erste der gelbblühenden Pimpinellifolien. Auch sie wird gelegentlich, wie ihre Verwandten *R.hugonis* und 'Canary Bird', von dem Absterben älterer Triebe betroffen.

R.ecae, 1880 aus Afghanistan eingeführt, hat unzählige kurzgestielte, kräftiggelbe Blütchen von höchstens 2 cm Durchmesser und sehr zierliches Laub. Sie ist eine auffällige Rose, die in der Blüte von weitem fast einer *Potentilla* gleicht. Erstaunlicherweise wächst sie mit ihren dünnen braunen Trieben 1,5 bis 2 m hoch aufrecht, was man bei ihrer Zierlichkeit kaum erwartet. Die glänzendroten Hagebutten sind nur erbsengroß.

R.primula, deren Laub nach Weihrauch duftet, kam 1910 von Samarkand nach Europa. Sie kann mit ihren dünnen, rotstacheligen Trieben bis 2 m hoch und breit werden, sie treibt auf eigener Wurzel viele Ausschläge, aber keine Ausläufer wie die Dünenröschen. Die sehr kleinen, rundlichen, scharf gezähnten Fiederblättchen sitzen dicht, bis zu 15 an einem Blatt. In der Blütezeit ist sie mit blaßgelben – primelfarbenen – Blüten regelrecht überschüttet. Sie will gern sonnig und nicht zu naß stehen, ist aber trotzdem eine der robustesten Arten der Lutea-gruppe.

R. foetida und *R. foetida* f. *bicolor* fallen durch ihre kräftig leuchtenden Farben auf.

Von **R. xanthina** wurde die gefülltblühende Gartenform chinesischen Bildern zufolge schon hundert Jahre vor der einfachblühenden Wildform beschrieben und benannt. Von der erst in unserem Jahrhundert benannten *R. xanthina* f. *spontanea* gibt es die wirkungsvolle Form **'Canary Bird'** mit weit offenen, bis zu 5 cm breiten Blüten in leuchtendem Kanariengelb über dem dunklen, farnartigen Laub.

R. × harisonii, eine Kreuzung zwischen *R. foetida* und *R. pimpinellifolia*, entstand spontan 1830 im Garten von Harison in New York. In der Mitte des vorigen Jahrhunderts fand sie weite Verbreitung in den USA, sie wurde die »Gelbe Rose von Texas«. In Europa verwendete man sie für die Züchtung, um einige gelbblühende Strauchrosen zu erzielen: 1913 entstand 'Sonnenlicht' von Krüger, 1929 'Wildenfels Gelb' von Dechant, 1929 'Rustica' von Barbier. Der Wuchs der robusten *R. × harisonii* wirkt geschlossen straff-aufrecht. Sie erreicht etwa 2 m Höhe, blüht üppig leuchtendgelb in halbgefüllten Blüten und später als die übrigen Rosen der Lutea-Gruppe.

Die gleichen Eltern wie *R. × harisonii* hat die Sorte **'Vorbergii'**, die vor 1902 im Forstbotanischen Garten Hannoversch Münden von Zabel ausgelesen und über den Botanischen Garten Berlin von der Baumschule Späth verbreitet wurde. Es scheint zwei Formen von ihr zu geben, eine blüht rahmweiß, die andere kräftiggelb mit hellerem Rand. Beide gleichen im Aussehen *R. pimpinellifolia*, auch in bezug auf die frühe Blütezeit und die runden, schwarzglänzenden Hagebutten.

Stacheldraht-Rosen

Volkstümlich wird *R. omeiensis* f. *pteracantha* wegen ihrer ungewöhnlich scharfen, harten und flachen dreieckigen Stacheln, die an der Basis bis zu 2 cm und mehr verbreitert sind, »Stacheldraht-Rose« genannt. *R. omeiensis* ist eine aus dem Omeigebirge stammende Variation der Seidenrose, *R. sericea*, aus dem Himalaya, die sich von *R. sericea* selbst durch die höhere Anzahl von Fiederblättchen und den merklich verdickten Fruchtstiel unterscheidet. (»Seiden-

R. hugonis, das chinesische Goldröschen, blüht mit kleinen, goldgelben Blüten entlang der Zweige.

rose« heißt diese, weil die Blattunterseite seidig behaart erscheint. Wie ein seidiges Fell sitzen aber auch an den jungen Trieben dichte weiche Borsten zwischen den Stacheln.) *R. sericea* und ihre Variationen weisen gegenüber allen anderen Wildrosen-Arten eine gemeinsame Besonderheit auf: Sie haben nur vier Blütenblätter und vier Kelchblätter statt der üblichen Fünfzahl. Die Form **R. omeiensis f. pteracantha** besitzt, wie der Name andeutet, die auffälligste Bestachelung. Die Stacheln wirken an den jungen Trieben durchscheinend-rötlich, an den alten Trieben undurchsichtig-grau. Der hohe Schmuckwert der Stacheldraht-Rosen liegt in der Bestachelung der jungen Triebe. Man muß durch rechtzeitiges Auslichten von alten Stämmen dafür sorgen, daß immer wieder genügend junge Triebe nachwachsen. Die Sträucher sollten möglichst so gepflanzt werden, daß man sie gegen das Licht betrachten kann, um die Durchsichtigkeit der Stacheln deutlich zu machen. Das Ausmaß eines ausgewachsenen Strauches beträgt mindestens 2 m in Höhe und Breite. Schön wirkt die feinfiedrige Belaubung. Die Form **R. sericea f. polyphylla** hat besonders dicht sitzende und zahlreiche Fiederblättchen, dafür eine geringere Bestachelung. Die Blütezeit beginnt in der zweiten Maihälfte.

Frühzeitig im Sommer erscheinen die kleinen rundlichen, hochrot glänzenden Hagebutten, die wie die Blüten aufgereiht längs der Triebe sitzen. Die Form

R. sericea f. chrysocarpa hat gelbe Früchte. Diese hübschen Hagebutten der Stacheldraht-Rosen sind leider nicht von langer Dauer, sie werden sehr schnell weich und vergehen. Ganz besonders schön, was die Färbung und Größe der Stacheln und der kleinen Hagebutten betrifft, ist die Sorte *R. omeiensis* f. *pteracantha* **'Atrosanguinea'**. Große Blüten und eine lange Blühdauer zeichnen die Sorte **'Heather Muir'** aus.

Die Früchte von *R. omeiensis* f. *pteracantha* haben verdickte fleischige, die von *R. serica* dünne Stiele.

Kreuzungen zwischen *R. hugonis* und *R. omeiensis* f. *pteracantha* haben zu einer kleinen Gruppe von Wildrosen-Hybriden geführt, die den Arthybriden-Namen **R. × pteragonis** erhielt. Alle diese Hybriden haben die fünfteilige gelbe Blüte von *R. hugonis* geerbt, am bekanntesten ist 'Red Wing'.

Wildrosen und Wildrosen-Abkömmlinge europäischer Herkunft

Die meisten der in Europa heimischen Wildrosen, die zum Glück noch zu finden und als »Heckenrosen« jedermann bekannt sind, gehören botanisch zu den Sektionen Caninae, den Hundsrosen, und Cinnamomeae, den Zimtrosen. Sie bedeuten für uns den Inbegriff der oft besungenen wilden Rosen mit ihrem sommerlichen Blühen, dem herbstlichen Hagebuttenbehang und ihrem unbändigen Lebenswillen, für den der tausendjährige Rosenstock am Hildesheimer Dom das beste Beispiel abgibt, mögen seine Wurzeln nun wirklich 1000 oder erst 500 Jahre alt sein. Unsere europäischen Wildrosen zeigen große Mannigfaltigkeit. Wir finden unter ihnen manchmal bis zu 6 m hohe Riesen der eigentlichen *R.canina* an unseren heimischen Waldrändern, aber auch zwergig wachsende Arten in den Mittelmeergebieten. Es kommen *R.glauca* mit ihrem rötlich-blaugrünen und *R.villosa* mit matt-graugrünem Laub vor. Wir haben die manchmal völlig stachellose *R.pendulina* in den Alpen und das dichtstachelige Dünenröschen an der Nordsee. So schön diese heimischen Wildarten an ihren natürlichen Standorten sein können – in den Gärten ist nur eine beschränkte Auswahl zu gebrauchen.

Hundsrosen

Rosa glauca, die Hechtrose, bildet vom gärtnerischen Standpunkt aus gesehen eine wertvolle Wildart wegen ihrer eigenartigen Laubfärbung. *R.glauca*, früher oft *R.rubrifolia* und noch früher *R.ferruginea* genannt, ist in den südeuropäischen Gebirgen von den Pyrenäen bis nach Jugoslawien hin beheimatet und soll dort vorzugsweise an den Nordhängen stehen. Sie wird bis 2 m hoch und ist ein graziöser Strauch mit leicht überhängenden, rötlichen Trieben. Die Größe ihrer Blätter und die Intensität der bläulichen Bereifung variiert, vielleicht nur standortbedingt, vielleicht gibt es aber auch verschiedene Formen. Die etwas unscheinbaren, karminrosa Blüten mit weißer Mitte sitzen in kleinen Büscheln auf kurzen Blütenstielen. Die Spitzen der Kelchblätter ragen über die Blütenblätter hinaus. An den im September leuchtendroten, kugeligen Hagebutten sind die Kelchblätter abgefallen. *R.glauca* sagt man oft eine starke Anfälligkeit für Rostbefall nach, die in Wilhelmshöhe bisher nicht beobachtet wurde. *R.glauca* wurde bisher kaum zu Kreuzungen benutzt.

1923 kam in Kanada die Sorte **'Carmenetta'** in den Handel, eine Hybride zwischen *R.glauca* und *R.rugosa* (entspricht *R. × rubrosa*). 'Carmenetta' wächst stärker als *R.glauca*. Der Strauch wirkt dichter und nicht so elegant im Wuchs; die Blütenfarbe ist blasser und die Blaufärbung der Blätter weniger intensiv, aber auch bei 'Carmenetta' fallen die überstehenden Kelchblätter an den Blüten auf. Beide Rosen sind ausgesprochen frosthart. Seit 1979 befindet sich

in Großbritannien eine Glauca-Hybride **'Sir Cedric Morris'** im Handel, die als Zufallssämling in einem britischen Garten gefunden wurde und wahrscheinlich die kletternde Wildart *R.mulliganii* als Pollen-Elternteil hat. Sie soll mit ihren bläulichen, stark bewehrten dicken Trieben bis 9 m hoch wachsen. Ihr Laub ist blaugrau. Die einfachen weißen Blüten in großen Büscheln duften stark. 'Sir Cedric Morris' trägt im Herbst kleine orangefarbene Hagebutten.

Von **R.canina**, unserer heimischen Hecken- oder Hundsrose, wurden in Großbritannien zwei Abkömmlinge oder Auslesen bekannt, die beide als gartenwürdig anzusehen sind.

R.canina, die verbreiteteste europäische Wildrose, ist sehr variabel in ihren Formen. Zahlreiche Auslesen werden als Unterlagen bei der Vermehrung der Gartenrosen genutzt.

Von **'Andersonii'**, einem Zufallssämling, kennen wir die Herkunft nicht. Die Sorte wurde schon vor langer Zeit gefunden. Die Baumschule Hillier vertreibt sie seit 1912. 'Andersonii' zählt zu den schönsten und brauchbarsten Wildrosen. Sie empfiehlt sich überall dort, wo sich ein Platz für eine Wildrose anbietet. Sie wächst dicht und mehr breit als hoch mit Ausmaßen von etwa 1,5 mal 1,2 m, bleibt also gemäßigter als eine gewöhnliche *Rosa canina*. Das gesunde, volldeckende, dunkelgrüne und unterseits behaarte Laub wird oft erst im Frühjahr beim Neuaustrieb ganz abgeworfen. Die Blüten sind einfach, aber mit 5 bis 7 cm Durchmesser größer als bei der Wildart. Ihre Farbe ist ein kräftiges Karminrosa. 'Andersonii' blüht sehr reich und sehr lange in größeren Büscheln, von denen die ersten Blüten schon abgefallen sind, ehe die letzten Knospen aufgehen. Die scharlachroten, länglich-eiförmigen Hagebutten sind sehr hart und ausdauernd und bieten im späten Winter noch einen erfreulichen Anblick.

'Abbotswood', als Zufallssämling in Abbotswood (Großbritannien) entstanden, befindet sich seit 1954 im Handel. Als Eltern werden *R.canina* und eine unbekannte Gartenrose angenommen. Sie ist ein kräftiger, aber durchaus noch handlicher Strauch, wenn sie auch in bezug auf Wuchs, Bestachelung und Laub ihrer Canina-Mutter ähnelt. Die hellen, reinrosa Blüten erscheinen in kleinen Büscheln entlang der gebogenen Triebe, sie sind gut halbgefüllt. Die Hagebutten erinnern an *R.canina*. Sie sind eiförmig, orangerot und ganz leicht borstig.

Gefüllte oder halbgefüllte Canina-Formen treten von Zeit zu Zeit auf. Schon Ende des 18. und Anfang des 19. Jahrhunderts sind sie auf Abbildungen von Miss Lawrence und H.C. Andrews zu finden.

Die Canina-Hybride **'Kiese'**, von dem deutschen Züchter Kiese 1910 aus der Remontant-Hybride 'Général Jacqueminot' und *R.canina* gezogen, findet man sehr häufig in Grünanlagen und Parks. Sie wächst 2 bis 3 m hoch und breit mit dicken Stämmen und überhängenden Trieben, dunkelgrünem, glänzendem Laub und einfachen bis leicht gefüllten, kirschroten Blüten. Ihr Hagebutten-Ansatz ist gut.

R.marginata trug früher den Namen **R.jundzillii**. Diese europäische Wildrose aus der Sektion Caninae kommt in den Mittelgebirgslagen von Frankreich bis zum Kaukasus vor, wenn auch nur zerstreut und selten. Sie wächst ziemlich dicht und erreicht zwischen 1,5 und 2 m Höhe. Die dunkelgrünen, stark gezahnten Blätter haben eine betonte Mittelrippe. Die Blüten sitzen einzeln oder in kleinen Büscheln an borstig-drüsigen Blütenstielen. Für eine Hundsrosen-Art sind sie ungewöhnlich groß mit bis zu 7 cm Durchmesser und von einem strahlenden Rosa, das beim Altern etwas ausbleicht. Die Hagebutten sind rundlich-eiförmig, glänzend-scharlachrot und ganz wenig borstig. Da sich die Erscheinungsform der Art stark verändert, ist – wie Systematiker vermuten – eine hybridogene Abstammung aus *R.canina* und *R.gallica* nicht auszuschließen. In der Natur kommt *R.marginata* in den gleichen Gebieten vor, in denen es *R.gallica* gibt oder gegeben hat, der sie in bezug auf die Blütengröße und Laubfarbe ähnelt.

R.marginata wäre es wert, mehr beachtet und angepflanzt zu werden.

R.villosa, manchmal auch noch *R.pomifera* genannt, die Apfelrose, kommt vereinzelt in den europäischen Mittelgebirgs-Landschaften vor. In den meisten Fällen dürfte sie in der freien Natur nur als Gartenflüchtling zu finden sein. Sie wurde in früheren Zeiten wegen ihrer großen Hagebutten häufig in Gärten angebaut, ehe *R.rugosa*, die japanische Apfelrose, allgemein bekannt war. *R.villosa* wird etwa 1,5 bis 2 m hoch. Sie verzweigt sich gern im oberen Drittel ihrer Stämme, so daß sie mit ihren rot bereiften Trieben fast kleine Kronen, ähnlich wie Obstbäumchen, bildet. Sie kann sich durch Wurzelausläufer in ihrer Umgebung verbreiten und bildet dann ein lockeres Gebüsch. Typisch sind ihre graugrünen, beiderseits behaarten, weichen Blätter, und typisch ist auch, daß die einzelnen Fiederblättchen zur Spitze hin an Größe zunehmen. Das Einzelblatt an der Spitze ist das größte. Die klaren, rosaroten, etwas gewellten Blüten blühen einzeln, zu zweit oder zu dritt im Juni–Juli und bilden einen angenehmen farblichen Kontrast zu dem graugrünen Laub. Blätter, Blütenblätter und die Spitzen der Kelchblätter haben an den Rändern kleine, wimpernartige Drüsen. Die dicken, fast runden, scharlachroten Hage-

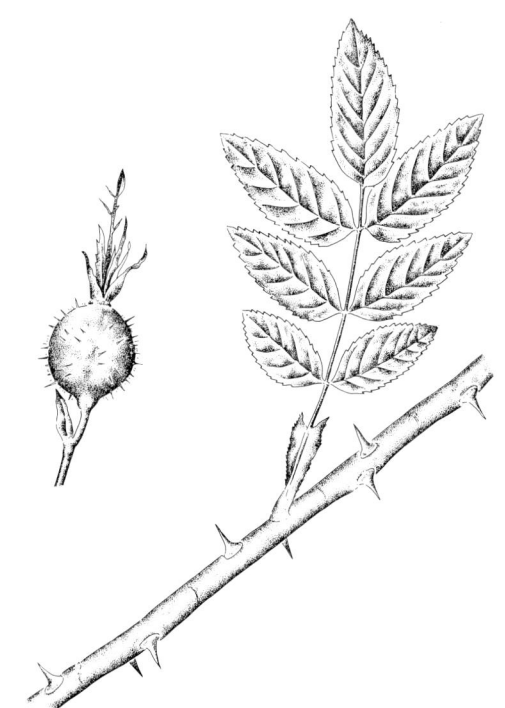

R.villosa (R.pomifera), die Apfelrose, wurde wegen ihrer fleischigen Früchte schon früh in die Gärten geholt.

R.glauca ist wegen ihrer Laubfärbung eine wertvolle Wildart. Abbildung aus C. G. Rössig (1802).

haarten, unterseits filzig-drüsigen Blätter mit doppelt gesägtem Rand, die Nebenblätter mit kurzen, dreieckigen Öhrchen und die kugeligen Hagebutten mit Stieldrüsen.

R.glutinosa, R.sicula, R.serafinii und **R.horrida** sind die zwergigen Arten der Hundsrosen aus den Mittelmeergebieten. Sie werden auf eigener Wurzel höchstens 1 m hoch, meist bleiben sie niedriger. Trotz ihrer Herkunft gedeihen sie in unserem Klima gut und sind ausreichend winterfest. Sie verlangen natürlich einen vollsonnigen Platz. Gärtnerisch gesehen könnten sie in einen Steingarten gesetzt werden, oder sie könnten als Wildrosen-Gruppe in einem kleinen naturnahen Garten stehen, in dem man aus Platzgründen auf größere Wildarten verzichten muß.

R.glutinosa (syn. *R.pulverulenta*) ist eine niedrige, dicht buschige, stark mit Stacheln und Borsten besetzte Rose, deren Blätter beidseitig Drüsen tragen, die an heißen Tagen wie Pinien nach Harz duften. Die kleinen Blüten von einem sauberen Rosa sitzen einzeln oder paarweise auf borstigen Blütenstielen. Im Vergleich zu den kleinen Blüten sind die borstigen, scharlachroten und rundlichen Hagebutten unerwartet groß, die Kelchblätter sind aufgerichtet. *R.glutinosa* var. *dalmatica* weist weniger Drüsen auf, hat aber noch größere Hagebutten.

butten tragen Stachelborsten und haben aufgerichtete, zusammengeschlossene Kelchblätter. Für eine Verarbeitung in der Küche ist es vorteilhaft, daß die reifen Hagebutten weich sind und weich bleiben.

In England trat im 18. Jahrhundert in einem Garten eine halbgefüllte Form der *R.villosa* auf, wahrscheinlich entstanden aus einer Kreuzung mit einer Gartenrose. Als **'Duplex'** oder, nach dem Namen des damaligen Gartenbesitzers, als **'Wolley-Dod-Rose'** ist sie im Handel zu haben. Diese Rose hat zwar den Vorzug einer volleren Blüte, kommt aber der eigentlichen *R.villosa* an Charme und Ursprünglichkeit nicht gleich.

R.mollis ist nahe verwandt mit *R.villosa*, sie bleibt nur kleiner. *R.mollis* wird allenfalls 1 m hoch und hat bläulich bereifte Triebe, im Gegensatz zu den rötlich bereiften von *R.villosa*. Die kleineren und dunkleren Blätter sind unterseits dicht seidig behaart, daher die Bezeichnung »mollis«, was soviel heißt wie mollig weich. Die Farbe der Blüten und Hagebutten ist kräftiger als bei *R.villosa*.

R.tomentosa, die Filz- oder Waldrose, steht zwischen *R.mollis* und *R.canina* und kommt in mehreren Formen vor. Charakteristisch sind ihre oberseits be-

R.sicula, eine der niedrig wachsenden Hundsrosen-Arten aus dem Mittelmeerraum, ist auch in unseren Breiten winterhart.

R. *rubiginosa*, die Weinrose oder Schottische Zaunrose, ist leicht erkenntlich an dem nach Äpfeln duftenden Laub.

R. *tuschetica* ist nahe verwandt mit R. *glutinosa*, möglicherweise entstand sie als eine Hybride zwischen R. *glutinosa* und R. *pimpinellifolia*.

R. *sicula* und R. *serafinii* sind beide sehr kleinwüchsig, in Wilhelmshöhe erreichen sie nur 20 bis 30 cm Höhe. R. *sicula* hat gerade Stacheln und rosa Blüten. Sie treibt Ausläufer, im Gegensatz zu R. *serafinii* mit gebogenen Stacheln und weißlichrosa Blüten. Beide Arten bringen eirundliche, etwa 1 cm große Hagebutten, bei R. *sicula* auch oft länglich gestreckt. R. *serafinii* ist bekannter als R. *sicula*

R. *horrida* bildet einen eigentümlichen, starren kleinen Strauch, der dicht besetzt ist mit unterschiedlich großen, spitzen Stacheln. Die harten kleinen Blättchen sind dunkelgrün und unterseits drüsig. Die kurzgestielten weißen Blüten sitzen einzeln längs der stacheligen Triebe, an denen sich die blutrot leuchtenden Hagebutten entwickeln.

R. rubiginosa, die Weinrose oder Schottische Zaunrose, ist von allen Arten der Sektion Caninae am stärksten an der Entstehung von Gartenrosen beteiligt. Aber auch die Wildart selbst eignet sich als Zierstrauch und wurde seit Jahrhunderten als Zierstrauch verwandt, in Großbritannien besonders häufig zur Bildung von Hecken. R. *rubiginosa* bildet kräf-

tige, 2 bis 2,5 m hohe, vielzweigige, stark stachelige Sträucher, die gedrungener im Wuchs wirken als R. *canina*. Eindeutiges Merkmal von R. *rubiginosa* ist der den Drüsen der Laubblätter entströmende angenehme Duft nach reifen Äpfeln, besonders bei feuchter Witterung. Fast alle Teile von R. *rubiginosa* sind mit Drüsen besetzt. Vor allem auf der Unterseite der Blätter sitzen zahllose rostfarbene Drüsen, die wohl auch den Namen R. *rubiginosa*, »rostrote Rose«, verursacht haben. Die nicht allzu großen, lebhaft rosafarbenen Blüten sitzen einzeln, zu zweit oder zu dritt auf kurzen, borstig-drüsigen Stielen. Auch Kelch und Kelchblätter, Blattstiele und Nebenblätter sind mit kleinen Drüsenborsten besetzt, an den Blattstielen finden sich außerdem einzelne Stacheln. Die glänzenden, scharlachroten und eiförmigen Hagebutten reifen spät, halten sich aber fast den ganzen Winter über am Strauch. In der freien Natur bevorzugt R. *rubiginosa* sonnige Lagen auf Kalkböden. 1596 führte sie Gerards Katalog unter den heimischen Wildarten auf, die Art findet sich aber noch früher in der Literatur. R. *inodora* (syn. R. *elliptica*) ist eine nahe Verwandte von R. *rubiginosa*.

Schon vor 1800 hat es von R. *rubiginosa* einmalblühende Gartenformen gegeben. In der »Sammlung von Rosen, nach der Natur gemalt« von Miss Lawrence, die in 30 Lieferungen von 1796 bis 1810 erschien, ist beispielsweise **'Manning's Blush'** abgebildet mit ihren kleinen gefüllten, blaßrosa Blüten. Über ihre Herkunft ist nichts bekannt. Die Sorte bildet einen breiten geschlossenen Busch von etwa 1,5 m Höhe, der das duftende Laub seiner Rubiginosa-Vorfahren besitzt. Gleichfalls unbekannter Herkunft ist die sehr alte Rubiginosa-Rose **'La Belle Distinguée'** mit kleinen flachen, dichtgefüllten tief kirschroten Blüten. Sie wächst höchstens 1 m hoch und eher mehr aufrecht als in die Breite. Sie hat wenig Stacheln und einen gerade noch wahrnehmbaren Laubduft. Unter dem Namen **'Janet's Pride'** brachte Paul 1892 eine Rubiginosa-Hybride in den Handel, die lange vorher unter dem Namen 'Clementine' bekannt war, wahrscheinlich handelt es sich um einen Zufallssämling aus R. *rubiginosa* und R. × *damascena*. Sie hat auffallende, knapp halbgefüllte Blüten, deren Inneres weiß ist und an den Rändern in Karminrot übergeht; teilweise sind in der weißen Zone die Adern rötlich gefärbt. Die Sorte ist schwachwüchsiger und weniger bestachelt als die Wildform. In Wilhelmshöhe hat sie bisher nicht sehr üppig geblüht.

Im 19. Jahrhundert wurden einige Rubiginosa-Hybriden unter dem Beinamen **»Hessoise«** bekannt. Wahrscheinlich gehen sie alle auf die von Schwarzkopf in Wilhelmshöhe erzielte und von Pinhas vor 1815 gemalte 'Petite Hessoise' zurück (Wilhelmshöhe war und ist hessisch). Die französischen Rosenzüchter Vibert, Descemet und Prévost haben zwischen 1820 und 1830 zehn verschiedene Formen der 'Hessoise' verbreitet, die alle mehr oder weniger stark gefüllte Blüten in verschiedenen rosa Farbtönen hervorbringen.

Um 1890 fing in Großbritannien ein Lord Penzance an, mit *R.rubiginosa* gezielt zu züchten; vielleicht war er angeregt von der neu herausgebrachten 'Janet's Pride'. Er kreuzte *R.rubiginosa* einmal mit *R.foetida* 'Bicolor' und einmal mit *R. × harisonii*, meistens aber mit Bourbon-Rosen und Remontant-Hybriden als männlichem Elternteil. In den 90er Jahren des vorigen Jahrhunderts brachte Penzance über ein Dutzend Sorten heraus. Dazu gehörte eine Reihe sehr großer Sträucher von bis zu 3 m Höhe, die alle den charakteristischen Apfelduft des Laubes als mütterlichen Erbteil behalten hatten. Die Blüten in rosa und karminroten Tönen sind meist einfach oder besitzen auch zum Teil die doppelte Blütenblatt-Anzahl. Vor allem die Sorte **'Lady Penzance'** (*R.rubiginosa* × *R.foetida* 'Bicolor') ragt heraus, die einzige echte Arthybride unter den Penzanceschen Züchtungen. Sie wird etwa 2 m hoch und hat einfache, kupferfarben-lachsrote Blüten mit gelber Mitte. Die Blüten von **'Lord Penzance'** (*R.rubiginosa* × *R. × harisonii*) wirken weniger leuchtend, im Erblühen erscheinen sie gelb mit einem ganz schmalen rötlichen Rand, im Verblühen weißlichgelb. Beide Sorten können bei ungünstiger Witterung Sternrußtau auffangen, vor allem die »Lady«!

Von der Penzanceschen Sorte 'Lucy Ashton' zog die deutsche Baumschule Hesse einen durch Selbstbefruchtung entstandenen Sämling auf, der ab 1916 unter den Namen **'Magnifica'** verbreitet wurde. 'Magnifica' wurde viel angebaut, sie hat halbgefüllte purpurrosa Blüten und wächst als ein kräftiger, gesunder Busch. Als Ausgangssorte für die Strauchrosen-Züchtungen von Wilhelm Kordes gewann sie große Bedeutung. Kordes benutzte für seine Kreuzungen 'Magnifica' als Muttersorte und ging nicht wie Lord Penzance von der Wildform *R.rubiginosa* aus. Den Pollen entnahm Kordes verschiedenen Teehybriden und Floribunda-Rosen, gelegentlich war auch 'Magnifica' der Pollenspender. Es entstanden die Sorten 'Rosenwunder' (1934), 'Fritz Nobis' (1940), 'Josef Rothmund' (1940), 'Rosendorf Ufhoven' (1949), 'Till Ulenspiegel' (1950), 'Obergärtner Wiebecke' (1950), 'Goldbusch' (1954), 'Florence

Mary Morse' (1951), 'Aschermittwoch' (1955), 'Flammentanz' (1955), 'Sparrieshoop' (1952) und weitere, die alle in ihrem Stammbaum über 'Magnifica' und 'Lucy Ashton' letzten Endes auf *R.rubiginosa* zurückgehen. Diese Sorten sind unterschiedlich in Aussehen und Wuchs, die meisten blühen nur einmal, aber ihre einmalige Blüte ist von einer »einmaligen« verschwenderischen Fülle. Ein vollerblühter ausgewachsener Strauch von 'Fritz Nobis' mit einer Höhe und Breite von gut 2 m bedeutet mit seinen wohlgeformten lachsrosa Knospen und den reichlich halbgefüllten, stark duftenden Blüten in einem gelblichen Rosa einen unvergeßlichen Anblick. Einen nicht weniger überwältigenden Eindruck macht eine ausgewachsene 'Flammentanz'. Diese Kletterrose führt dann mit ihren feuerroten Blüten wirklich einen Flammentanz vor.

Zimtrosen

Mittelalterliche Kräuterbücher führen die Zimtrose, *R.majalis*, in ihrer einfachen und gefüllten Form an. *R.majalis* 'Plena' befand sich jahrhundertelang in Gartenkultur. Sie war eine der wenigen gefülltblühenden Rosen vergangener Zeiten. Wahrscheinlich sind gefülltblühende Formen von *R.majalis* wiederholt entstanden, ehe Münchhausen 1774 ihr den Namen *R.foecundissima* gab (**R.majalis 'Foecundissima'**). *R.majalis*, »Mairöschen«, deutet auf die frühe Blütezeit hin, die selten im Mai, meist erst im Juni beginnt. Die Bezeichnung »Zimtrose« scheint von den braunen Trieben herzurühren und nicht, wie manchmal behauptet wird, von einem Duft der Blüten oder Blätter nach Zimt. *R.majalis* 'Foecundissima' bildet ein dichtes Gebüsch aus dünnen, 1 bis 2 m hohen Trieben und unterirdischen Ausläufern, die ihr Überdauern an Stellen, wo sie einmal gepflanzt ist, gewährleisten. Die Stacheln sitzen meist nur paarweise unter dem Blattansatz. Die fünf- oder höchstens siebenteiligen, stumpfgrünen und behaarten Blätter sind unterschiedlich groß. Merkwürdigerweise rollen sich die Nebenblätter bei nichtblühenden Zweigen etwas ein, bei Blütenzweigen sind sie dagegen ausgebreitet. Die dichtgefüllten, flachen kleinen Blüten sind lilarosafarben, dabei dunkler in der Mitte und heller am Rand. Die Blütenblätter verkleinern sich nach der Mitte hin, die ganze Blüte wirkt ein bißchen zerfranst. Im Gegensatz zu der einfachen *R.majalis* entwickelt *R.majalis* 'Foecundissima' keine Hagebutten.

R.pendulina, die Alpenrose, findet man selten in Gärten, obgleich sie als Solitärstrauch an manchen

Stellen große Wirkung erzielen könnte. Sie baut sich mit ihren meist rötlich-braunen Trieben zu einem schönen 1 bis 1,5 m hohen Strauch auf, dessen Blüten in einem kräftigen Rosa, manchmal auch in Purpurrosa, einzeln oder zu mehreren aufrecht auf ihren Blütenstielen sitzen. Erst mit dem Reifen der Hagebutten neigen sich die Blütenstiele, so daß dann die Hagebutten hängen oder pendeln, daher der Artname *R. pendulina*. Die roten Hagebutten sind schmal, länglich-eiförmig, oft mit einem angedeuteten Hals. Die Kelchblätter bleiben an ihnen haften. Es gibt von *R. pendulina* unterschiedliche Formen, sie sind teils bestachelt, teils völlig stachellos, haben unterschiedliche Wuchshöhen und Blütenfarben. Ihr Vorkommen beschränkt sich nicht auf die Alpen und das Voralpenland, ist aber an Gebirgslagen gebunden. In den Pyrenäen gibt es eine niedrige Form, **R. pendulina f. pyrenaica**, die immer stachelig ist. Sie treibt Ausläufer, ihre in der Jugend bläulichgrünen Triebe erreichen eine Höhe von 50 cm. Die Blüten sind karminrot, die Blütenstiele drüsig-borstig, auch die hängenden, langen Hagebutten sind etwas borstig.

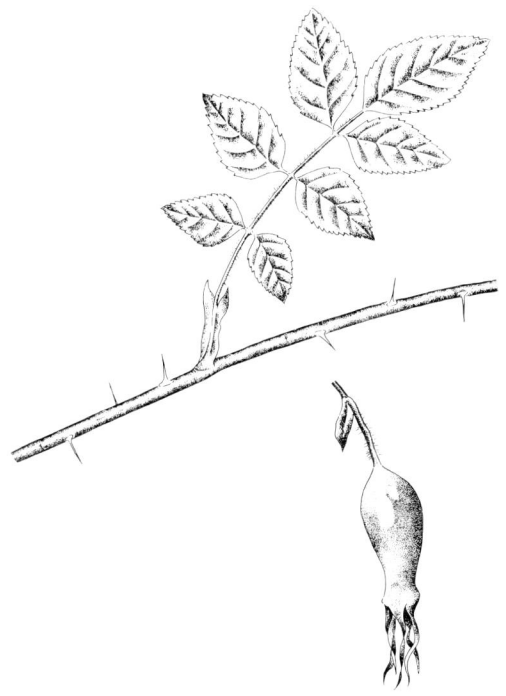

R. pendulina hat ei- bis flaschenförmige, hängende Früchte. Die Triebe sind häufig ganz ohne Stacheln.

Als *R. pendulina* 'Bourgogne' bietet die Firma Kordes eine Rose unbekannter Abstammung mit besonders schönem Fruchtschmuck an.

R. × spinulifolia *(R. pendulina × R. tomentosa)* ist in der Schweiz zu Hause. Der eigenartige Strauch kann 1 m, aber auch 3 m hoch werden. Er ist stark verzweigt und in der Blütezeit Juni–Juli mit einzelstehenden, sternförmigen, lilarosafarbenen Blüten besetzt. Die Blütenblätter sitzen merkwürdig weit auseinander, in den Zwischenräumen sind die sehr langen Spitzen der Kelchblätter zu sehen, die die Blütenkrone überragen. Die flaschenförmigen, etwas borstigen Hagebutten werden schnell weich.

R. × reversa *(R. pendulina × R. pimpinellifolia)* kommt in Südfrankreich, der Schweiz und Südosteuropa natürlich vor und zeigt deutlich Merkmale beider Elternarten. Der geschlossene Busch wird zwischen 1 und 2 m hoch und treibt auf eigener Wurzel Ausläufer. Die dicht sitzenden, kräftig-grünen Blättchen, von denen bis zu elf Fiederblättchen an einem Blatt sitzen, geben einen guten Hintergrund für die reizend geformten, klar-rosafarbenen Blütchen ab. Deren Blütenblätter liegen – im Gegensatz zu *R. × spinulifolia* – eng beieinander und bilden eine kleine Schale mit ausgebogenem Rand. Die Hagebutten sind schwarz wie bei den Pimpinellifolien, hängen aber wie bei *R. pendulina*.

R. pendulina var. oxydon (syn. *R. oxydon*) ist die Alpenrose des Kaukasus. Sie ähnelt *R. pendulina*, wirkt aber im Gesamteindruck etwas derber. *R. pendulina* f. *haematodes* besitzt eine besonders schöne Belaubung durch den Gegensatz, den die blaugrünen Blättchen zu den roten Blattstielen und Mittelrippen bilden. Selbst die Nebenblätter und Hochblätter zeigen viel Rot. Die 5 bis 6 cm breiten Blüten sind tiefrosafarben, die scharlachroten, flaschenförmigen und großen Hagebutten hängen von den Trieben herunter; sie sind für ihren besonders hohen Vitamin-C-Gehalt bekannt.

Eine Pendulina-Hybride unbekannter Abstammung und Herkunft soll 'Mount Everest' sein. 'Mount Everest' macht ihrem Namen mit einer unglaublichen Wuchskraft alle Ehre. In wenigen Jahren entwickelt sie sich zu einen 3 bis 4 m hohen, gewaltigen, wenn auch ein bißchen staksigen Strauch mit armdicken Stämmen. Die hellrosafarbenen Blüten zeigen einen breiten karminrosa Rand, so daß die Blüten mit den dichten gelben Staubgefäßen fast dreifarbig wirken. Die glänzenden, johannisbeerroten Hagebutten hängen wie längliche kleine Walzen herunter, werden aber leider im September schon weich und fallen ab. 'Mount Everest' ist ein Wildrosen-Abkömmling von ungewöhnlichem, aber eindrucksvollem Aussehen, die bedauerlicherweise wenig angeboten wird.

R.foecundissima heißt wegen ihrer frühen Blüte auch »Mairose« oder wegen ihrer braunen Triebe »Zimtrose«.

'Inermis Morletii' ist eine wüchsige, gesunde, einmalblühende Boursault-Rose mit prachtvoller Herbstfärbung.

Boursault-Rosen

Ehe es Chromosomen-Untersuchungen gab, sah man als einen Elternteil der Boursault-Rosen *R.pendulina*, als den anderen *R.chinensis* an. Zu den Boursault-Rosen gehört heute nur noch eine kleine Gruppe von Rosen, die sich alle auszeichnen durch einmaliges, aber sehr frühzeitiges Blühen, ganz oder nahezu stachellose, grün-rötliche Triebe, die auffällig weit auseinanderliegenden Blattansätze und ein farbenfrohes Herbstlaub. Desportes (1829) nannte sie *R.boursaultiana* zu Ehren von Henri Boursault, der um 1820 die größte Rosensammlung in Paris besessen haben soll. Schon früher hatte ihr Thory den Namen *R. × l'heritieranea* nach dem französischen Botaniker L'Heritier de Brutelle gegeben, dessen botanisches Werk Redouté zum großen Teil illustriert hatte. Darum wird nach dem Prioritätsrecht für diese Rosen in der botanischen Systematik von *R. × l'heritieranea* gesprochen, während man landläufig die Bezeichnung Boursault-Rosen benutzt. Chromosomen-Untersuchungen zufolge läßt sich vermuten, daß als Elternteil nicht *R.pendulina*, sondern möglicherweise *R.blanda* zu gelten hat. *R.blanda* ist eine amerikanische Wildrose, die Labrador- oder Eschenrose, die bereits 1773 nach Europa eingeführt worden war. Auch *R.blanda* ist praktisch stachellos, hat rotbraune Triebe, mattgrünes Laub und blüht sehr frühzeitig, bringt also ähnliche Voraussetzungen wie *R.pendulina* mit. Der französische Botaniker Seringe, Zeitgenosse Thorys, vermutete schon *R.blanda*, damals *R.fraxinifolia* genannt, als zweiten Elternteil. Heute werden noch die Sorten 'Amadis', 'Mme Sancy de Parabère', 'Blush Boursault', 'Inermis Morletii' und 'Gracilis' angeboten.

Die schönste von ihnen ist **'Mme Sancy de Parabère'**, für die als Züchter Bonnet und als Erscheinungsjahr 1874 angeben wird. Wahrscheinlich war 'Mme Sancy de Parabère' schon viel früher, vielleicht unter einem anderen Namen, bekannt und Bonnet hatte sie 1874 nur neu herausgebracht. Es handelt sich um eine Kletterrose mit 4 bis 8 m langen Trieben und großen, dicht gefüllten flachen Blüten, bei denen die äußeren Blütenblätter länger als die inneren sind. Die Sorte blüht in einem warmen Zen-

'Penelope' ist eine der zahlreichen Pemberton-Hybriden, die alle von der Lambert-Sorte 'Trier' abstammen.

'Venusta Pendula' (vorne), eine alte *R. arvensis*-Hybride, zusammen mit 'Morning Jewel' auf dem Beutig in Baden-Baden.

tifolienrosa und mit leichtem, aber weit verströmendem Duft. Die zierlichen hübschen Knospen hängen herunter und richten sich erst beim Erblühen auf. Saakov (1976) nimmt an, daß 'Mme Sancy de Parabère' einer Kreuzung von Boursault-Rose und *R. centifolia* entstammt. Man pflanzt sie am besten an einen nicht zu sonnigen und trockenen Platz, damit sich die Blüten länger halten und sie weniger einer möglichen Befallsgefahr durch Mehltau ausgesetzt ist. Die Blüte setzt sehr früh ein, oft schon Ende Mai.

'Inermis Morletii' ist buschiger im Wuchs, mit stachellosen Trieben von 2 bis 4 m Länge, die unter der Blütenlast überhängen. Sie soll wildwachsend 1883 in Italien gefunden und dann von Morlet herausgebracht worden sein. Wahrscheinlich handelt es sich bei ihr auch um eine alte Boursault-Rose, die nur wiedergefunden wurde, wie auch August Jäger (1960) vermutet. Die Blüten der 'Inermis Morletii' sind etwas dunkler und weniger voll als von 'Mme

Sancy de Parabère' und ohne besonderen Duft. Doch ihre Laubfärbung wirkt die ganze Wachstumszeit hindurch auffallend schön, von dem rötlichen Austrieb im Frühjahr über das graugrüne Laub im Sommer, das aber rötliche Stiele und Blattadern behält, bis hin zu der langdauernden prachtvollen kupferfarben-orangeroten Herbstfärbung. Sie ist eine auffallend gesunde Rose.

'Amadis' (Laffay 1829) hat purpur-karminrote Blüten, in denen sich manchmal ein einzelnes weißes Blütenblättchen findet. **'Gracilis'** ist die einzige Boursault-Rose mit großen langen Stacheln. Sie soll die Kreuzung einer Boursault-Rose mit *R. arvensis* sein.

Die Boursault-Rosen sind wie alle einmalblühenden Kletterrosen zu Unrecht etwas in Vergessenheit geraten. Ihre frühe und reiche Blüte, ihre gute Winterhärte und die »Handlichkeit« ihrer stachellosen Triebe bilden unübersehbare Vorzüge.

71

Kletterrosen europäischen Ursprungs

Nur wenige kletternde Wildrosen-Arten sind europäischen Ursprungs. *R. arvensis* ist in Mittel- und Südeuropa, *R. sempervirens* in Südeuropa und Nordafrika beheimatet. Die Heimat von *R. moschata* ist unbekannt, an ihr ist viel herumgerätselt worden. Sehr frühe botanische Verzeichnisse beschrieben bereits die Art, doch wurde sie noch nirgends »wild« gefunden. Vielleicht gelangte sie schon in ganz früher Zeit aus Vorderasien über Nordafrika nach Südeuropa. *R. arvensis*, *R. sempervirens* und *R. moschata* sind die Kletterrosen, die seit dem Mittelalter in europäischen Gärten zu finden waren, ehe im 19. Jahrhundert kletternde Arten aus Ostasien und Nordamerika eingeführt wurden.

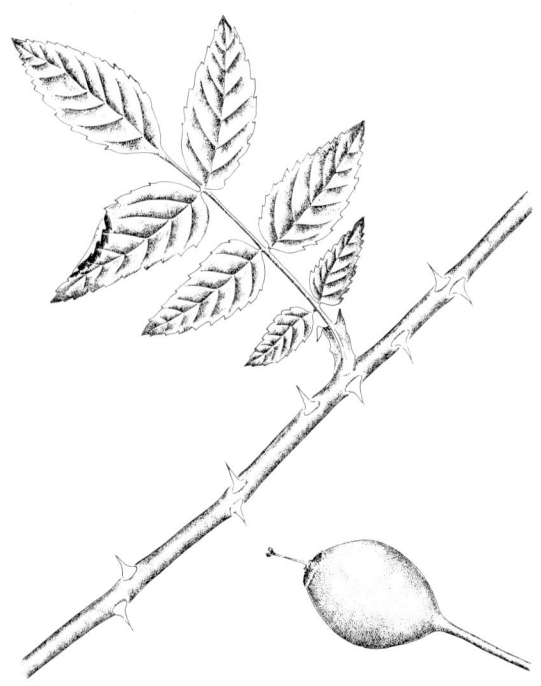

R. arvensis, die Feldrose aus der Sektion Synstylae, erkennt man an dem zusammengewachsenen Griffel. Die Rose entwickelt kriechende Langtriebe.

R. arvensis, die Feldrose, ist unverkennbar mit ihren langen dünnen, grünen Trieben, mit denen sie sich wie eine Brombeere überall durchschlängelt, über den Boden hinkriecht, an jedem Berührungspunkt neu wurzelt oder aber, unterstützt von ihren vielen kleinen hakenförmigen Stacheln, sich in Gebüsche und Bäume hochzieht. Die weit geöffneten weißen Blüten mit 3 cm Durchmesser und üppigen gelben Staubgefäßen um den überstehenden, zusammengewachsenen Griffel erscheinen erst im Juli, meist einzeln oder in kleinen Büscheln. Sie heben sich gut von den lebhaft grünen, oberseits glänzenden Blättern ab. Die hellroten Hagebutten sind glatt, rundlich-eiförmig und ohne Kelchblätter. *R. arvensis* wächst lieber an halbschattigen, etwas feuchten Stellen als in der vollen Sonne. Sie ist sehr winterhart. An besonders trockenen Standorten wird sie gern von Mehltau befallen.

R. × ruga, eine Hybride zwischen *R. arvensis* und *R. chinensis*, entstand vor 1830 in Italien. Ihre Triebe sind kürzer, aber kräftiger als bei *R. arvensis* und tragen verstreut hakenförmige Stacheln. Die würzig duftenden Blüten in einer Farbe zwischen Rosa und Weiß erscheinen in großen Doldenrispen, sie sind ballförmig locker gefüllt. Erstaunlicherweise ist *R. × ruga* wenig mehltauanfällig und recht winterhart, trotz ihrer Verwandtschaft mit *R. × chinensis*.

Um 1830 begannen schottische Gärtner mit *R. arvensis* zu züchten. Seltsamerweise gingen sie von Sämlingen aus, die aus amerikanischem Saatgut hervorgegangen waren. Wahrscheinlich stammte dieses Saatgut aus einer Kreuzung zwischen *R. arvensis* und *R. sempervirens*, beide sind sehr nahe verwandt, aber ursprünglich nur in Europa, nicht in Nordamerika heimisch. Hegi berichtet in seiner »Flora von Mitteleuropa« (München 1921) von einer im Mittelmeerraum häufig vorkommenden Hybride aus *R. arvensis* und *R. sempervirens*, der *R. × pervirens*, von der die meisten Ayreshire-Rosen abstammen sollen. Von diesen **Ayreshire-Rosen** hat es etwa 60 verschiedene Sorten gegeben – einmalblühende, unterschiedlich winterharte Kletterrosen mit meist halbgefüllten Blüten in Weiß oder Weißlichrosa, von denen sich wenige Sorten bis in unsere Zeit haben retten können. Die nach Myrrhe duftende **'Splendens'** wuchert mit ihren langen dünnen Trieben wie *R. arvensis* selbst, ihre halbgefüllten weißen Blüten treten mit ihren rötlichen Außenblättern aus rötlichen Knospen hervor. **'Bennet's Seedling'** oder 'Thoresbyana' (1840 von Bennet in Thoresby gezogen) bringt bis zu 5 m lange Triebe hervor und trägt riesige Blütenrispendolden in leicht getöntem Weiß. Sie friert in strengen Wintern zurück. Als sehr viel frostbeständiger erweist sich **'Venusta Pendula'**, deren Herkunft im dunklen liegt. Wilhelm Kordes hatte sie wiederentdeckt und 1928 erneut in den Handel gebracht. 'Venusta Pendula' blüht unglaublich reich in dichten Büscheln von leider duftlosen, halbgefüllten weißrosa Blüten. Der fehlende Duft unterscheidet sie von *R. × ruga*.

R.sempervirens ist die immergrüne (lat. sempervirens) Rose der Mittelmeergebiete, im Habitus ähnelt sie *R.arvensis*. Seit dem 17. Jahrhundert in der botanischen Literatur genannt, gewann sie für die Rosenzucht erst im 19. Jahrhundert durch A.A. Jacques, den Gartendirektor des Herzogs von Orléans, einige Bedeutung. Jacques erzielte mit ihr 40 Kletterrosen-Sorten, die zwar nicht ausgesprochen frosthart, aber wegen ihrer besonderen Schönheit heute noch anbauwürdig sind, darunter die Sorten 'Adelaide d'Orléans', 'Félicité et Perpétue', 'Princesse Marie', 'Princesse Louise' und 'Spectabilis'. Am wenigsten frostempfindlich ist **'Félicité et Perpetue'**. Sie verträgt einen leicht schattigen Standort, wächst buschig bis zu 4 m hoch und behält sehr lange ihr grünes Laub, ohne in unseren Klimaverhältnissen wirklich immergrün zu sein. Wie alle Sempervirens-Hybriden blüht sie nur einmal. Ihre in Büscheln stehenden reinweißen Blüten sind nicht sehr groß und rosettenartig dicht gefüllt mit einem grünlichen Auge. Ein niedriger öfterblühender Sport von 'Félicité et Perpetue' ist **'Little White Pet'**, 1879 von Henderson in den Handel gebracht.

'Princesse Marie' entwickelt eine unglaubliche Wüchsigkeit und kann in kurzer Zeit mit ihren langen Trieben hoch in Bäume klettern. Eine zweijährige Stecklingspflanze schaffte eine Höhe von über 3 m, eine ausgewachsene Pflanze kann sich 8 bis 12 m hoch ziehen! In strengen Wintern friert die Sorte allerdings zurück. Von den Trieben hängen zur Blütezeit in dicken Büscheln die kleinen, dicht gefüllten zartrosa Blüten und bieten einen zauberhaften Anblick.

R.moschata, die Moschus-Rose, taucht als Gartenpflanze bereits 1521 auf und wurde von Gerard 1597, von Parkinson 1629, von Hermann 1762 und von Miller 1768 beschrieben. Alle Autoren heben ihren Blühbeginn im Spätsommer, ihren Duft und ihren buschigen Wuchs von 3 bis 4 m Höhe hervor. Lindley gab 1820 einer Kletterrose aus Nepal den Namen *R.brunonii*, den er 1824 in *R.moschata* var. *nepalensis* umwandelte. Diese Rose hat mit der von Hermann und Miller beschriebenen *R.moschata* Ähnlichkeit, unterscheidet sich aber ganz wesentlich durch ihre im Juni–Juli einsetzende Blüte, ihr stärkeres Wachstum und geringere Winterhärte. In der Literatur sind bis in unsere Zeit diese beiden Rosen miteinander oft gleichgesetzt oder verwechselt worden. *R.moschata* Hermann verschwand aus den Gärten, in denen mehr und mehr *R.brunonii* unter dem Namen *R.moschata* angepflanzt wurde. *R.moschata* Hermann schien ausgelöscht, bis sie 1963 in einem britischen

Garten und bald danach in einem anderen wiederentdeckt und identifiziert wurde anhand ihrer charakteristischen Spätsommerblüte und der von *R.brunonii* abweichenden Belaubung und Wuchsform. Von diesen beiden wiederentdeckten Pflanzen sollen alle jetzt im Handel befindlichen Pflanzen *R.moschata* Hermann abstammen.

Als Gartenpflanze besitzt *R.moschata* keinen sonderlichen Wert, wesentlichere Bedeutung hat ihr Erbwert als Vorfahre einiger Rosenklassen. Sie ist ein Elternteil von *R.× damascena* var. *semperflorens*, von der die Portland-Rosen abstammen, die durch Einkreuzen von neuen Partnern im vorigen Jahrhundert zu den Remontant-Hybriden und im weiteren Verlauf zu den Teehybriden führten. Aus *R.moschata* und *R.chinensis* 'Old Blush' entstand 1802 in South Carolina (USA) die erste Noisette-Rose **'Champney's Pink Cluster'**. Diese Sorte war eine öfter und rosafarben blühende Kletterrose, die den Duft von *R.moschata* aufwies. Ein Freund Champneys, Philipp Noisette, zog eine Reihe von Sämlingen der 'Pink Cluster' auf und entdeckte unter diesen Sämlingen einige, die zwar bis auf einen etwas schwächeren Wuchs der Mutterpflanze ähnelten, sich aber durch ununterbrochenes Blühen während der ganzen Vegetationsperiode auszeichneten. Diese ungewöhnliche Eigenschaft veranlaßte Philipp Noisette, aus den USA Samen und Sämlinge an seinen Bruder Louis Noisette, Rosengärtner in Paris, zu schicken, der die sogenannten **Noisette-Rosen** weiterzüchtete (siehe Seite 18).

Eine Hybride zwischen *R.moschata* und *R.multiflora*, **'The Garland'**, wurde 1835 von Wells in England gezüchtet. 'The Garland' ist eine wüchsige Kletterrose, die sehr reich in unterschiedlich großen Blütenständen blüht. Aus leicht rosafarbenen Knospen treten gut duftende, einfache weiße, kleine Blüten mit sehr vielen und großen Staubgefäßen hervor. Jeder Blütenstand wirkt wie ein großer Strauß von Gänseblümchen! Selbst im Herbst ist 'The Garland' mit ihrem Hagebuttenschmuck sehr dekorativ. Wells versuchte auch die umgekehrte Kreuzung, *R.multiflora* × *R.moschata*, im gleichen Jahr. Das Ergebnis erhielt den Namen **'Mme d'Arblay'** und hat halbgefüllte Blüten ohne Duft. Sie ist wenig verbreitet.

Unter dem Namen »**Moschata-Hybriden**« werden die ersten öfterblühenden Strauchrosen zusammengefaßt, die ihren Ursprung vorwiegend in der 1904 von Peter Lambert gezogenen 'Trier' haben. Die Sorte **'Trier'** ist wahrscheinlich ein durch Selbstbefruchtung entstandener Sämling der Multiflora-Hybride 'Aglaia', von der ein Elternteil die

Noisette-Rose 'Rêve d'Or' ist. *R. moschata* hat dieser ganzen Klasse den Namen gegeben, obwohl ihr »Anteil« an der 'Trier' allenfalls 25 Prozent betragen kann. Lambert hat zwischen 1909 und 1937 mehr als ein Dutzend öfterblühender Strauchrosen gezogen, von denen man am häufigsten heute noch **'Mozart'** antrifft. Die Sorte 'Mozart', 1937 herausgebracht, wächst bis zu 1,5 m hoch und hat duftende kleine, einfache hellrote Blüten mit weißem Auge, die in großen Blütenständen erscheinen. Im Rosarium Sangerhausen steht ein fast vollständiges Sortiment der **»Lambertiana-Rosen«**, wie die von Lambert gezogenen öfterblühenden Strauchrosen genannt wurden. An anderen Orten trifft man sie selten an.

Der britische Geistliche Pemberton befaßte sich etwa um die gleiche Zeit mit der Züchtung von öfterblühenden Strauchrosen und benutzte in noch stärkerem Maße als Peter Lambert selbst die 'Trier' als Ausgangsorte. Unter dem Sammelbegriff **»Pemberton-Hybriden«** wurden seine und seines Nachfolgers Bentall zahlreiche Züchtungen zusammengefaßt. Sie fanden eine weite Verbreitung und sind heute noch – oder wieder – bei Liebhabern und Vermehrern historischer Rosen zu finden. 'Moonlight' ist ebenso schön wie 'Cornelia', 'Felicia', 'Penelope' oder 'Belinda', um nur einige Sorten zu nennen. Sie blühen in mehr oder weniger großen Blütenständen, sind halbgefüllt, gefüllt oder auch einfach, vorwiegend mit pastellfarbenen Blüten, die alle gut duften. Die Blüte beginnt nicht vor Mitte Juli, dauert aber bis zum Frost, wobei die Herbstblüte oft üppiger als

Die hier abgebildete und heute verbreitete *R. chinensis* var. *semperflorens* (= 'Bengal Crimson') mit hellroten Blüten ist nicht identisch mit 'Slater's Crimson China'.

'Old Blush' oder 'Parsons' Pink China' hatte größte Bedeutung für die Züchtung aller öfterblühenden Rosen.

die Sommerblüte ist. Die Moschata-Hybriden frieren in strengen Wintern zurück. Sie bauen sich schnell wieder auf, weil sie den Sommer über ständig neue Triebe hervorbringen und an diesen frischen Trieben blühen.

Wildrosen asiatischer Herkunft

In Asien, sprich Kleinasien, Zentralasien und Ostasien, ist der größte Teil aller Wildrosen heimisch. Sie wurden in Europa in den letzten 250 Jahren nach und nach bekannt. Im Laufe des 18. Jahrhunderts war das naturwissenschaftliche Verständnis und das Interesse für den Pflanzenbestand in fernen Ländern gewachsen. Die Welt wurde erforscht, in allen Erdteilen wurden Pflanzen gesammelt und nach Europa geschickt. Erst kamen getrocknete Herbarpflanzen nach Europa, danach Samen oder sogar lebende Pflanzen.

R. chinensis 'Mutabilis', hier in voller Schönheit am Comer See. Sie befriedigt im mitteleuropäischen Klima nur selten.

China-Rosen

Als erste fernöstliche Rosen kamen keine Wildarten, sondern alte chinesische Gartenrosen nach Europa:

'Parsons' Pink China' oder 'Old Blush',
'Slater's Crimson China' oder *R. chinensis*
    'Semperflorens',
'Hume's Blush Tea-scented China' oder *R. × odorata*,
'Parks' Yellow Tea-scented China' oder *R. × odorata*
    'Ochroleuca'.

Diese vier chinesischen Gartenrosen bildeten mit den alten europäischen Gartenrosen die Grundlage für die weitere Rosenzüchtung und führten zu der unendlichen Vielfalt unserer heutigen Gartenrosen. Das Faszinierende an diesen chinesischen Gartenrosen in damaliger Zeit war die Möglichkeit eines unermüdlichen Blühens an der Spitze jeden neuen Triebes während der ganzen Vegetationsperiode. Obwohl diese Rosen zunächst über Holland nach England und erst in der Folge in Frankreich anzutreffen waren, haben nicht britische, sondern französische Gärtner mit der züchterischen Bearbeitung begonnen, weil im britischen Klima die Hagebutten nicht zur Reife kamen.

Von dem Botaniker Jacquin erhielten diese chinesischen Gartenrosen die Bezeichnung *R. chinensis* Jacq. Er erwähnt sie in seiner Beschreibung der seltenen Pflanzen im Garten von Schönbrunn bei Wien.

Die Wildform von *R. chinensis* wurde erstmalig 1884 in China gefunden, zur Unterscheidung bekam sie die Bezeichnung *R. chinensis* Jacq. var. *spontanea*. Eine genaue Beschreibung dieser Wildform mit Farbfotos veröffentlichte 1983 der Japaner Ogisu, der sie in einem chinesischen Naturschutzgebiet in Szechuan als einmalblühende, immergrüne Kletterrose von 1,5 bis 3 m Höhe entdeckt hatte. Die Übereinstimmung zwischen den botanischen Merkmalen der Wildform mit denen der alten Gartenkultivare 'Old Blush' und 'Slater's Crimson China' läßt darauf schließen, daß es sich bei diesen beiden Sorten um niedrige, öfterblühende Sports der *R. chinensis* var. *spontanea* handelt, da sich bekanntermaßen bei niedrigen Sports von einmalblühenden Kletterrosen ein Öfterblühen einstellt.

Während sich 'Old Blush' in der Kultur seit langer Zeit unverändert erhalten hat, gibt es von der 'Slater's Crimson China' offenbar mehrere Variationen:

1. 'Slater's Crimson China' mit halbgefüllten, hellroten Blüten, die meist einzeln auf dünnen, drahtigen Stielen stehen.

2. *R. chinensis* var. *semperflorens*, wie sie Ellen Willmott in »The Genus Rosa« (1914) darstellt, als einen schwachwüchsigen Strauch mit halbgefüllten, dunkelroten Blüten.

3. 'Miss Lowe's' oder 'Sanguinea' von ähnlich schwachem Wuchs, aber mit einfachen, dunkelroten Blüten.

4. 'Bengal Crimson', ein kräftiger Strauch mit einfachen Blüten von einem helleren Rot, der heute in vielen botanischen Gärten und Rosarien als *R. chinensis* var. *semperflorens* anzutreffen ist.

5. 'Serratipetala', die gefranste Petalen hat, deren Farbe sich mit dem Altern der Blüte von Rosa zu einem tiefen Rot verändert.

'Old Blush' hat die Menschen über Jahrhunderte begeistert, ihre älteste Darstellung fand sich auf einem chinesischen Seidengemälde aus dem Jahre 1000! Sie hat auch für uns heute noch nicht an Reiz verloren. Ihre locker halbgefüllten Blüten in hellem Rosa dunkeln mit dem Älterwerden der Blüte nach. Ihr Duft ist schwach. (Siehe auch Seite 14)

'Slater's Crimson China' hat mit ihren verschiedenen Abkömmlingen das Dunkelrot in unsere Rosensorten gebracht. (Siehe auch Seite 14)

R. × odorata und **R. × odorata 'Ochroleuca'** sind beide heute in Europa nicht mehr vorhanden, vielleicht überhaupt ausgestorben. *R. × odorata* soll allerdings in Sangerhausen noch stehen. Auf sie gehen die niedrigen und kletternden Teerosen und schließlich die Teehybriden zurück.

R. chinensis 'Mutabilis' wurde 1934 von dem Schweizer Gärtner Henri Correvan benannt und in den Handel gebracht, der sie 40 Jahre früher von einem italienischen Fürsten Borromeo erhalten hatte. Sie kam in den Mailänder Gärten vor, ohne daß ein Name bekannt war. Möglicherweise ist sie identisch mit der von Thory (in Redouté 1817–1821) beschriebenen 'Tipo Ideale'. *R. chinensis* 'Mutabilis' hat einen kräftigen, aber lichten Wuchs. An einem warmen, sonnigen Standort kann sie fast das Ausmaß einer Kletterrose erreichen. Bis zum Frost blüht sie mit ziemlich großen, lockeren Blütenständen. Die einfachen, schalenförmigen Blüten verändern im Laufe ihrer Entwicklung ihre Farbe. Die lebhaft orangefarbenen Knospen öffnen sich zu goldgelben Blüten, die sich mit dem Altern erst rosarot, dann karminrot verfärben, so daß in einem einzigen Blütenstand ein vielfältiges Farbspiel zu sehen ist – daher die Bezeichnung »mutabilis«! Diese dankbare, gesunde Rose braucht nur im Winter wie alle Abkömmlinge von *R. chinensis* Schutz vor Kahlfrösten.

R.chinensis 'Viridiflora', die 'Grüne Rose', ist eine merkwürdige Blütenmutation. Aus normal aussehenden, dicken Knospen entwickeln sich dichtgefüllte grüne Blüten, deren einzelne Petalen blattartig verbildet sind und mit dem Altern Bronzetöne zeigen. Genaues über ihr erstes Auftreten ist nicht bekannt, sie soll 1833 in den USA vorgekommen und von der englischen Baumschule Rivers vertrieben worden sein.

Rosa rugosa und ihre Abkömmlinge

Die öfterblühende Wildart *R.rugosa* stammt aus dem nordöstlichen Asien und verbreitete sich schon früh in Nordchina, der Mandschurei, in Korea und Japan, von wo aus sie der schwedische Botaniker Thunberg 1784 erstmals nach Europa brachte.

R.rugosa, die Japanische Apfelrose oder Kartoffelrose, entwickelt kräftige, stark bestachelte und ausläufertreibende Sträucher, die den ganzen Sommer über blühen. Die sehr winterharte Art wächst auf allen Böden, auch auf extrem trockenen. Sie gedeiht aber nicht gut auf sehr schweren, tonigen oder sehr kalkhaltigen Standorten. An den nordasiatischen Küsten soll sie bis an die Meeresufer vorkommen, darum ist sie wohl von Natur aus nicht salzempfindlich. Ihr runzliges (rugosa = lat. runzlig), derbes dunkelgrünes Laub mit sehr schöner gelber Herbstfärbung erwies sich als widerstandsfähig gegenüber Krankheitserregern. Aus wohlgeformten Knospen entstehen die einfachen, duftenden und ziemlich großen Blüten in Weinrot oder sehr reinem Weiß. Ihnen folgen auffallend große, runde, orangerote Hagebutten. Die Einzelblüte ist kurzlebig, aber auf kurzen Blütenstielen bringt der Strauch ständig neue Blüten hervor. *R.rugosa* bringt keine Schnittrosen. Sie fand fast ein Jahrhundert lang wenig Beachtung, erst Ende des vorigen und Anfang unseres Jahrhunderts wurde *R.rugosa* von französischen, deutschen und amerikanischen Züchtern mit den unterschiedlichsten Partnern gekreuzt. Dementsprechend unterschiedlich präsentieren sich die entstandenen Rugosa-Sorten; fast alle bewähren sich vom Blühbeginn im Frühsommer bis zu Laubverfärbung und Hagebutten-Behang im Herbst als genügsame und problemlose Rosen für extensiv gepflegte Gartenanlagen. Sie dürfen nicht zu eng gepflanzt werden, damit sie sich nicht gegenseitig zu einer schlaksigen, unharmonischen Strauchform in die Höhe treiben. Alle paar Jahre müssen die alten Triebe entfernt werden. Ein Einkürzen der Triebe im Frühjahr kann die Blütenmenge an jungen Trieben fördern und den

Strauch in einer abgerundeten, geschlossenen Form halten.

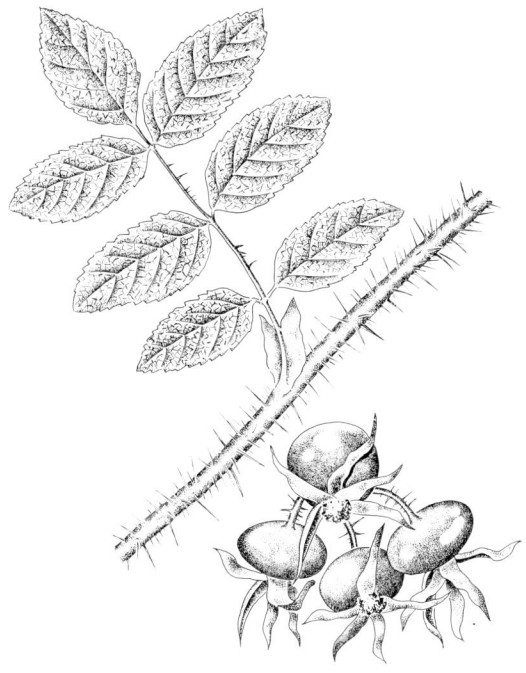

R.rugosa wird auch Kartoffelrose genannt nach dem runzligen kartoffelblättrigem Laub.

Rugosa-Hybriden nahe der Wildform
'Frau Dagmar Hastrup' wurde im Jahr 1914 unter Sämlingen von *R.rugosa* entdeckt. Sie weist einen verhältnismäßig niedrigen Wuchs auf, hat einfache hellrosafarbene Blüten und hellrote Hagebutten.

'Belle Poitevine' (Bruant 1894) mit großen halbgefüllten, purpurrosafarbene Blüten wird 1,5 m hoch.

'Moje Hammarberg' (Hammarberg 1931) hat einfache oder auch halbgefüllte Blüten in Weinrot und zeigt den typischen Wuchs von *R.rugosa*.

'Carmen' (Lambert 1907) wird mit ihren einfachen, sehr großen blutroten Blüten und gelben Staubgefäßen leider zu wenig angepflanzt. Sie remontiert als ältere Pflanze gut und entwickelt einen dichten, bis zu 2 m hohen Wuchs.

'Roseraie de L'Haÿ' (Simon-Cochet 1901) wird 1,5 m hoch und hat gefüllte, stark duftende kardinalpurpurrote Blüten.

'Rose à Parfume de L'Haÿ' (Gravereaux 1901) sieht ihr sehr ähnlich, aber ihre immer hängenden Blüten mindern den Gesamteindruck.

'Hansa' (Schaum 1905) kann 2 m hoch und höher werden. Sie hat gefüllte, gut duftende, purpurrote Blüten und setzt reichlich Hagebutten an.

Rosa rugosa-Hybriden mit nelkenartigen Blüten

'Fimbriata' (Morlet 1891) ist die einzige »Nelken-rose«, die duftet. Sie ging aus der Kreuzung von *R. rugosa* mit der starkduftenden Noisette-Hybride 'Mme Alfred Carrière' hervor. Der gesunde, wenig bestachelte Strauch wirkt weniger derbwüchsig als andere Rugosa-Hybriden. Die Blüten sind weiß mit einem rosafarbenen Schimmer.

'F. J. Grootendorst' (De Goey 1918), 'Pink Grootendorst' (Grootendorst 1923), 'White Grootendorst' (Sport von Pink Grootendorst) und 'Grootendorst Suprême' (Sport von F. J. Grootendorst) ähneln sich in Wuchsform und Belaubung. Die kräftigen, 1,5 bis 2 m hohen Sträucher blühen reich und fast ununterbrochen in Büscheln. Sie alle haben keinen Duft und setzen keine Hagebutten an. Farbmutationen kommen häufig vor.

Weitere Rosa rugosa-Kreuzungen

'Conrad Ferdinand Meyer' (Müller 1899) ist eine der bekanntesten und am häufigsten angepflanzten Rosen mit Abstammung von *R. rugosa*. Sie hat 2 bis 3 m hohe, kräftige, dicht bestachelte Triebe und stark duftende, große, silbrigrosa Blüten, die zur ersten vollen Blüte im Juni–Juli und ein zweites Mal im September erscheinen. 'Conrad Ferdinand Meyer' kann etwas staksig wachsen und anfällig für Rost sein. Durch Ausschneiden und Einkürzen läßt sich dem etwas entgegenwirken. Es gibt einen weißen Sport, 'Nova Zembla' (Mees 1907).

'Fürstin Pless' (Lambert 1911) mit gut duftenden, weißen und in der Mitte rosagelben Blüten ist eine »Tochter« von 'Mme Caroline Testout' und 'Conrad Ferdinand Meyer'. Nur noch sehr selten wird sie von Rosenschulen angeboten.

'Sarah van Fleet' (van Fleet 1926) ist eine schöne, nicht allzu bekannte Rose. Sie hat einen aufrechten, unten kahlen Wuchs und blüht reich und willig mit halbgefüllten, porzellanrosafarbenen Blüten. Sie trägt aber kaum Hagebutten.

'Schneezwerg' (Lambert 1912) entspricht vom Wuchs her keineswegs ihrem Namen. Der Strauch wird mindestens 1,5 m hoch und breit. Die Sorte blüht unermüdlich mit kleinen, halbgefüllten, schneeweißen Blüten, in denen als dichter Kranz die gelben Staubgefäße stehen. 'Schneezwerg' blüht auch noch im Herbst, wenn bereits die kleinen orangeroten Hagebutten erscheinen.

'Agnes' (Saunders 1922) stammt von *R. rugosa* und 'Persian Yellow' ab und ist eine gelbblühende Rugosa-Hybride. Zwischen den Eltern stehend bildet

Die anspruchslose und robuste *R. rugosa* hat erst in unserem Jahrhundert weite Verbreitung gefunden.

'Agnes' einen gut geformten, etwa 2 m hohen Strauch mit hellem, glänzenden Rugosa-Laub. Die dicht gefüllten, ballförmigen, bernsteingelben Blüten duften und erscheinen im Juni in großer Menge und manchmal ein zweites Mal im September.

Arthybriden von Rosa rugosa

'Calocarpa' entsprang 1891 bei Bruant einer Kreuzung zwischen *R. rugosa* und einer *R. chinensis*. Die einfachen rosaroten Blüten stehen in dichten Büscheln, sie sind nicht so groß wie bei *R. rugosa*. Ihre hellroten, kugeligen Hagebutten halten lange in den Winter hinein. Der Strauch wächst kräftig.

R. × microgosa ist als Zufallssämling 1905 im Botanischen Garten von Straßburg aufgetaucht. Sie stammt aus einer Kreuzung von *R. rugosa* und *R. roxburghii*. Letztere trägt wegen ihrer kleinen Fiederblättchen auch den Namen *R. microphylla*, so erklärt sich der Name der Arthybride *R. × micrugosa*. Sie weist Merkmale von beiden Elternteilen auf. Die Blätter sind wie bei *R. rugosa* runzlig und dunkelgrün, die zahlreichen Fiederblättchen stehen nahe beieinander wie bei *R. roxburghii*. Die blaßrosafarbenen Blüten ähneln denen von *R. roxburghii*, von der sie auch die Bestachelung der runden Hagebutten geerbt hat, während deren orangerote Farbe auf *R. rugosa* zurückgeht. *R. × micrugosa* blüht nur einmal im

R.*multiflora* wird während der Blüte von Insekten-, in der Fruchtzeit von Vogelscharen belagert.

Juni und hat dichtstachelige Triebe von 1,5 bis 2 m Länge.

R. × paulii (»R.rugosa repens alba« oder *Rosa* 'Paulii') entstand als Arthybride zwischen *R.rugosa* und *R.arvensis*. Sie kann zu einer völlig undurchdringlichen Rosenhecke zusammenwachsen. Ihre meterlangen, dicken und dicht bestachelten Triebe legen sich über- und durcheinander zu einem wahren Dschungel, wenn sie nicht Platz genug finden, um sich auf dem Erdboden auszubreiten. Bei den weißen Blüten, die in kleinen Büscheln erscheinen, stehen die einzelnen Blütenblätter voneinander getrennt und immer etwas verdreht, ähnlich wie die Flügel von Kinderwindrädern. *R. × paulii* blüht nur einmal und setzt keine Hagebutten an. **'Paulii Rosea'** hat tiefrosa Blüten mit weißem Grund, die Blütenblätter sitzen weniger getrennt und verdreht als bei der weißen Form. Ihr Wuchs ist gemäßigter.

'Max Graf' (Bowditch 1919) wurde als Zufallssämling von *R. × jacksonii*, einer Arthybride zwischen *R.rugosa* und *R.wichuraiana*, entdeckt. Von *R.rugosa* hat die Sorte eine gewisse Winterhärte geerbt und von *R.wichuraiana* die weichen langen Triebe, die dem Erdboden aufliegen, dabei fortlaufend wurzeln und neue Pflanzen bilden. Das Laub wirkt runzlig, aber hellglänzend. 'Max Graf' blüht einmal sehr lange und reich mit einfachen, mittelgroßen Blüten

in einem angenehmen Rosaton. Bis auf ganz seltene Ausnahmen setzt die Sorte keine Hagebutten an. Über eine dieser Ausnahmen konnte Wilhelm Kordes die **R.kordesii** erzielen, die von Wulff als selbständige Art beschrieben wurde. *R.kordesii* ist eine buschig wachsende Kletterrose, die öfter blüht, mit halbgefüllten, rosafarbenen Blüten. Sie wurde zum Elternteil vieler öfterblühender Kletterrosen-Sorten, die man heute unter den *R.kordesii*- (oder *R.*-Kordesii-)Hybriden zusammenfaßt.

Kletterrosen asiatischen Ursprungs

Die meisten kletternden Wildrosen-Arten wie *R.multiflora*, *R.wichuraiana*, *R.helenae* und *R.filipes* sind in Ostasien beheimatet. Ein sehr großer Teil der älteren Kletterrosen-Sorten geht auf *R.multiflora* oder *R.wichuraiana* zurück. Diese Sorten verschwanden nach und nach aus den Gärten, weil sie nur einmal blühen, oft frostgefährdet sind oder auch, bei schlechten Witterungsbedingungen, anfällig für Mehltau waren. Wer aber einmal die verschwenderische Fülle dieser alten Sorten erlebt hat, wird gern versuchen, ihnen in seinem Garten einen passenden Platz anzubieten. Um gut zu gedeihen müssen Kletterrosen Bedingungen vorfinden, die möglichst ihren Naturstandorten entsprechen. In der freien Natur wachsen sie in Gemeinschaft mit anderen Pflanzen in der Regel an Waldrändern, ähnlich wie wir es von der Waldrebe unserer Mittelgebirgslandschaften her kennen. An diesen Standorten bleibt der Boden kühl und feucht und enthält in der oberen Schicht reichlich Humus. Die Kletterrosen finden in solchen Lagen immer genügend Feuchtigkeit und haben einen beschatteten »Fuß«. Sträucher und Bäume bieten ihren Trieben Halt, so daß sie von Jahr zu Jahr höher ins Licht wachsen können.

Rosa multiflora mit ihren Formen und Abkömmlingen

R.multiflora, die »Vielblütige«, kam um 1860 als Samen nach Europa. Für sich allein gepflanzt und ohne eine Anlehnungsmöglichkeit wächst sie als Dickicht mit gebogenen Trieben von 2 bis 5 m Länge. Es gibt bestachelte, aber auch unbestachelte Formen. Die meist neunfiedrigen Blätter sind durch die stets bewimperten Nebenblätter charakterisiert, ein Merkmal, das sich auf die Nachkommen vererbt und die Abstammung von *R.multiflora* belegen kann. Die kleinen, einfachen weißen Blüten, deren Duft den Staubgefäßen entströmt, stehen in oft riesigen pyramidalen Doldenrispen dicht beieinander. Mit ihrer Menge rechtfertigen sie den Namen der Art. Wie andere Wildrosen-Blüten ziehen die Blüten von *R.multiflora* Insekten stark an. Die erbsenförmigen roten Hagebutten reifen früh und halten bis in den Winter hinein. Sie sind schön anzusehen, sofern die Vögel sie nicht schon entdeckt und verzehrt haben. *R.multiflora* läßt sich leicht aus Steckholz vermehren. Sie wurzelt sicher und schnell auch überall dort, wo sie mit ihren Zweigen den Erdboden berührt. In strengen Wintern kann sie in ungünstigen Jahren stark zurückfrieren, erholt sich aber im folgenden Jahr. *R.multiflora* kann unterschiedlich frostempfindlich sein, je nach ihrer Herkunft aus den Gebieten Ostasiens.

R.multiflora hat stachelige oder auch unbewehrte Triebe. Die bewimperten Nebenblätter werden vererbt.

Schon zu Beginn des 19. Jahrhunderts waren *R.multiflora* **'Carnea'** und **R.multiflora var. platyphylla** in Europa bekannt, beide hat Redouté abgebildet. *R.multiflora* 'Carnea' hat gefüllte, blaßrosafarbene Blüten. Sie stammt von *R.multiflora* var. *cathayensis* ab, einer einfachen, großblumigen Varietät, die erst 1907 aus China nach Europa kam. *R.multiflora* var. *platyphylla* ist eine Multiflora-Hybride von kräftigem Wuchs. Ihre gefüllten, bis 4 cm im Durchmesser großen Blüten zeigen vom Aufblühen bis zum Verblühen nacheinander alle Farbtöne vom leuch-

tenden Kirschrot bis zum blassen Weißlichrosa in demselben Blütenstand. Ihr englischer Name »Seven Sisters-Rose« soll das Nebeneinander dieser sieben Farben ausdrücken. Die Sorte wird oft durch Frost geschädigt, bei ihrem üppigem Wachstum sind die Triebe meist nicht ausgereift, wenn Fröste einsetzen.

R.multiflora var. adenochaeta, eine selten vorkommende Varietät, ist heimisch auf den Inselgruppen zwischen Japan und den Philippinen. Ihr Wuchs ist kräftig. Sie blüht reich und über einen langen Zeitraum hinweg bis in den Herbst hinein, selbst dann, wenn sie in strengen Wintern zurückgefroren war. Die Einzelblüten sind einfach mit 3 bis 4 cm im Durchmesser. Das Rosa der Blüte geht nach der Mitte in Weiß über. Die Blüten erscheinen in ziemlich großen, abgerundeten Doldenrispen. Angeboten wird die Rose nur von der Baumschule Lens.

R.multiflora **'Nana'**, die »Niedrige«, wurde 1891 erstmalig aus Samen von *R.multiflora* gezogen, den ein französischer Gärtner in Lyon erhalten hatte. Vielleicht ist *R.multiflora* 'Nana' aus einer Mutation entstanden, vielleicht stammte der Samen von einer Naturhybride aus *R.multiflora* und einer *R.chinensis*. Sie wird ein Strauch von 60 bis 80 cm Höhe, der ununterbrochen bis zum Frost blüht und dennoch nicht besonders frostempfindlich ist. Die Blüten sind meist weiß oder zeigen verschiedene Rosatöne, sind dabei einfach bis leicht gefüllt. Die kleinen erbsenförmigen Hagebutten verfärben sich sehr spät von Grün nach Rot. Die in Samenhandlungen angebotenen »Kußröschen« sind gleichbedeutend mit *R.multiflora* 'Nana'. Sie keimen ziemlich leicht und können innerhalb von acht bis zehn Wochen zu kleinen blühenden Pflanzen heranwachsen. Durch Stecklingsvermehrung lassen sich gut »Auslesen« heranziehen.

R.multiflora **'Watsoniana'**, eine in japanischen Gärten vorkommende Multiflora-Sorte, kam 1870 über Amerika zum ersten Mal nach Europa. Diese eigenartige Rose wird höchstens 1,5 m hoch, sie hat merkwürdig schmale, leicht gedrehte graugrüne Blätter mit grauen Tupfen. Wahrscheinlich ist sie eine Chimäre. Die Blüten sind unscheinbar weißlich oder blaßrosa. Eine Wirkung geht nur von der Belaubung aus.

R. × *multiflora* **'Roseiflora'**, Dawson-Rose genannt, ist eine Kreuzung aus *R.multiflora* und 'Général Jacqueminot', die erste Multiflora-Kreuzung, die 1888 in Nordamerika herausgebracht wurde. (Jackson Dawson hatte im Arnold-Arboretum auch *R.rugosa* mit *R.wichuraiana* gekreuzt, aus der daraus entstandenen *R.* × *jacksonii* wurde dann sehr viel später 'Max Graf' ausgelesen.)

'Crimson Rambler' und ihre Nachkommen

'Crimson Rambler' kam 1893 in den Handel. Sie ist eine Multiflora-Hybride unbekannter Herkunft oder vielleicht eine Knospenmutation von *R. multiflora* var. *cathayensis*, die ein britischer Ingenieur in einem japanischen Garten entdeckt hatte. Sie erregte mit ihren riesigen Blütenständen aus gefüllten kirschroten Blüten großes Aufsehen, duftet aber nicht. Sie wächst ziemlich schnell kräftig in die Höhe. Vielleicht verursacht gerade dieses schnelle Wachstum teilweise ihre berüchtigte Mehltau-Anfälligkeit. Sie hat für die Züchtung von Kletter- und Beetrosen eine große Rolle gespielt.

'Non Plus Ultra' (Weigand 1904) blüht einmal in großer Fülle und sieht 'Crimson Rambler' ähnlich, hat aber purpurrote Blüten.

'Tausendschön' (Kiese 1906) ist völlig stachellos. Sie blüht in Büscheln mit bis zu 20 Blüten, die mittelgroß, zartrosafarben, dabei im Zentrum heller und halbgefüllt sind. Sie ist etwas anfällig für Mehltau.

'Tea Rambler' (Paul 1904) ist eine auffallend schöne Kletterrose, die als zweites Elternteil eine Teerose hat und sich daher leider als frostempfindlich erweist. Ihre schönen, lebhaft rosafarben schimmernden Blüten mit leicht kupferfarbenem Ton verströmen einen sehr guten Duft.

'Veilchenblau' (Schmidt 1909). Die Blüten sind nicht gerade veilchenblau, sondern eher purpurviolett mit weißem Grund, erst beim Verblühen wirkt sie bläulich. Ihre stachellosen Triebe erreichen Längen von 4 m.

'Rose Marie Viaud' (Igoult 1924) ist ein fast stacheloser Sämling von 'Veilchenblau' mit großen Büscheln rosettenartiger Blüten in lebhaft bläulich getöntem, dunklem Kirschrot.

'Bleu Magenta' (Herkunft unbekannt) besitzt aus der purpurvioletten Gruppe die größten und dunkelsten Blüten, die hin und wieder kleine weiße Flecken zeigen. An den fast stachellosen, 3 bis 4 m langen Trieben sitzt glänzendes dunkelgrünes Laub.

'Améthyste' (Nonin 1911) ist ein Sport von 'Non Plus Ultra'. Sie hat kräftige, leicht bogig überhängende Triebe und blüht sehr reich in großen Büscheln gefüllter blauviolettroter Blüten. 'Améthyste' hat von allen Kletterrosensorten der Multiflora-Gruppe in harten Wintern am wenigsten gelitten, was natürlich zufällig sein kann.

'Blush Rambler' (Cant 1903), aus 'Crimson Rambler' und 'The Garland' gezogen, ist eine fast stachellose Kletterrose. Die halbgefüllten, rosettenartigen Blüten in hellem Rosa sitzen dicht an dicht in großen Blütenständen, die bis zu 30 Einzelblüten tragen.

'Hiawatha' (Walsh 1904) entwickelt Triebe bis zu 5 m Länge. Sie hat kirschrote, einfache kleine Blüten mit einem weißen Auge, die nicht duften. Mit ihren großen Blütenständen wirkt sie wie eine kletternde 'Mozart'. Die Blüte beginnt spät und hält lange an.

'Polyantha Grandiflora' (Bernaix 1886) ist eine Hybride aus *R. multiflora* und einer unbekannten Gartenrose. Sie braucht viel Raum für ihre bis zu 6 m langen Triebe, die mit wenigen großen, rötlichen Stacheln besetzt sind. Zur Blütezeit ist sie voll von elfenbeinweißen, ziemlich großen Blüten und rahmgelben Knospen in Ständen von zehn bis zwölf Einzelblüten, in deren Mitte sich orangefarbene Staubgefäße zeigen. Diese Blütenstände sind noch im Herbst sehr dekorativ mit ihren festen, haltbaren orangeroten Hagebutten, die etwa doppelt bis dreifach so groß wie jene von *R. multiflora* werden.

Besonders schöne Abkömmlinge von Rosa multiflora

'Ghislaine de Féligonde' (Turbat 1916) entfaltet ihre Schönheit am besten als freiwachsender Strauch, weil sie dann ihre natürliche Wuchsform ungehindert zeigen kann. Im Juni–Juli ist sie übersät von Knospen und Blüten in großen Büscheln. Die Knospen sind orangefarben, die mittelgroßen, dichtgefüllten Blüten mit gut sichtbaren Staubgefäßen sind anfangs aprikosenfarben und verblassen allmählich zu Rosa- oder Elfenbeinweiß. Die Sorte kann an ihren jungen Trieben bis in den Herbst hinein Blüten bringen und ist eine gesunde und dankbare Rose, die es wert wäre, öfter in Gärten und im öffentlichen Grün angepflanzt zu werden.

'Maria Lisa' wurde 1925 von dem Augustinermönch Alfons gezogen und 1936 von Liebau verbreitet. Bruder Alfons hatte eine Reihe von Kletterrosen gezüchtet und sie dem Rosarium in Sangerhausen zur Überprüfung gegeben. Einige dieser Rosen kamen dann auch in den Handel, und 'Maria Lisa' ist eine von den wenigen, die die Zeiten überdauert hat und heute wieder von einzelnen Rosenschulen angeboten wird. Sie wächst dicht-buschig bis zu einer Höhe von 2 bis 3 m, mit überhängenden Trieben, die nur ganz wenig bestachelt sind. Die einfachen rosenroten, weißgrundigen Blüten sitzen in dichten Trauben in unglaublicher Fülle, jeder Blütenstand bedeutet einen vollendeten kleinen Rosenstrauß für sich. 'Maria Lisa' blüht nur einmal, die Blüten sind sehr beständig, sie fallen erst nach Wochen ab, wenn sich auch ihr Leuchten schneller verliert. In strengen Wintern friert sie zurück. Ihr Hagebuttenansatz ist nur gering.

'Maria Lisa', hier als Hochstamm, ist eine überreich blühende Multiflora-Hybride, eine Zierde für jeden Garten und jeden Park.

'**Wartburg**' (Kiese 1910) trägt als Abkömmling von 'Tausendschön' ebenfalls keine Stacheln und kann ein dichter Strauch von 3 bis 4 m Höhe werden oder als Kletterrose hochwachsen, wie man im Hof der Wartburg hoch über Eisenach heute noch sehen kann. Sie hat dichtgefüllte, kleine, dunkelrosafarbene Blüten, die in großen Büscheln und großen Mengen auftreten. Die Blütezeit setzt früh ein und hält lange an.

Im Rosarium Sangerhausen steht eine nicht im Handel befindliche Kletterrosen-Züchtung unter dem Namen '**Gela Tepelmann**' (Tepelmann 1937), die unermüdlich bis in den Herbst hinein blüht und helles, für *R. multiflora* typisches Laub trägt. Sie kann 2,5 m Höhe erreichen und ist ziemlich winterhart. Die 2 bis 3 cm großen, gefüllten hellrosa Blüten treten in kleinen Büscheln auf. Nach Auskunft von Täkkelburg (früher Gartenbau-Ingenieur im Rosarium in Sangerhausen) ist der Name »Gela Tepelmann« dieser Rose beigegeben worden, der richtige Name lautet wahrscheinlich 'Frau Eva Schubert' (ebenfalls von Tepelmann 1937). Es handelt sich um eine besonders »liebenswürdige« Rose, die sich gerade auch für kleinere Gärten eignet.

Rosa wichuraiana und ihre Abkömmlinge

R. wichuraiana wurde in Japan von dem deutschen Botaniker Dr. Wichura entdeckt und kam gegen Ende des vorigen Jahrhunderts nach Europa und Amerika. Eine sehr ähnliche Art, die auch in Korea und Japan vorkommt, fand man in China – *R. luciae*. Im gärtnerischen Alltag ist es üblich, beide Arten als *R. wichuraiana* zu bezeichnen, wenn auch von der Botanik her Unterschiede bestehen. **R. wichuraiana** hat lange, niederliegende Triebe, sieben bis neun dunkelgrüne und beiderseits glänzende, eirundliche Fiederblättchen und blüht erst Ende Juli bis Anfang August mit 4 bis 5 cm großen weißen Blüten.

R. luciae wächst mehr aufrecht, hat fünf bis sieben nur oberseits glänzende, schmal-spitze Blättchen und soll schon Anfang Juni blühen mit 2 bis 3 cm großen weißen Blüten.

Von beiden Arten wurden vor allem in Amerika und Frankreich zu Beginn unseres Jahrhunderts eine Reihe von Kletterrosen gezüchtet, die weite Verbreitung fanden, sich teilweise heute noch behaupten und einheitlich als Abkömmlinge von *R. wichuraiana* eingeordnet werden.

'**May Queen**' (Manda 1898) ist eine der ältesten Sorten. Sie entstand aus *R. wichuraiana* und der Bourbon-Rose 'Champion of the World'. Es muß ein »Doppel« von ihr gegeben haben, vielleicht noch geben, das von van Fleet 1898 herausgebracht wurde und aus den Eltern *R. wichuraiana* und der Bourbon-Rose 'Mrs. de Graw' entstand, wie Jäger in seinem »Rosenlexikon« (1960) schreibt. Die jetzt noch erhältliche 'May Queen' kann als Kletterrose oder ebensogut als großer und dicht wachsender, freistehender Strauch mit bogig überhängenden Trieben

'Ghislaine de Féligonde', eine gesunde und farblich interessante Rose mit langer Blütezeit.

'Sander's White Rambler' (Sander 1912), ein Abkömmling der *R. wichuraiana*.

gepflanzt werden. Ihre reinrosafarbenen Blüten erscheinen einmal in großer Fülle. Sie zeigen die Form alter Gartenrosen, sind dicht gefüllt, wobei die inneren Blütenblätter kürzer als die äußeren sind. Die flache Blüte ist deutlich geviertteilt.

Im folgenden Jahrzehnt kamen laufend neue aus *R.wichuraiana* gezogene Kletterrosen-Sorten heraus, so beispielsweise

'Dorothy Perkins' (Jackson und Perkins 1901),
   gefüllt, rosafarben.
'American Pillar' (van Fleet 1902), einfach,
   rot mit weißem Auge.
'Minnehaha' (Walsh 1905), gefüllt, rosarot.
'Evangeline' (Walsh 1906), einfach, rosaweiß.
'Excelsa' (Walsh 1909), gefüllt, kirschrot.
'Donau' (Praskac 1912), gefüllt, bläulich-kirschrot.
'Sander's White Rambler' (Sanders 1912), weiß,
   duftend.

Alle genannten Sorten ähneln der Wildart mit ihren langen, weichen grünen Trieben, mit den glänzen-

den kleinen Blättern, mit der spät einsetzenden Blütezeit, mit den in Büscheln sitzenden Blüten. Durch die biegsamen langen Triebe lassen sie sich gut an Bögen und Laubengängen ziehen. Sie können sich aber auch frei an Böschungen ausbreiten oder sich in Gebüsche hochziehen. Der ganzen Gruppe, besonders 'Dorothy Perkins', wird Mehltau-Anfälligkeit nachgesagt. Der Mehltaubefall läßt sich begrenzen, wenn man diese Rosen an einen luftigen und nicht zu trockenen Platz setzt. Es hat sich bewährt, die abgeblühten Triebe bis auf den Erdboden zurückzuschneiden und nur die kräftigsten Neutriebe für die nächstjährige Blüte zu belassen, die Jahr für Jahr immer wieder durch ihre überwältigende Fülle überrascht, und zwar zu einem Zeitpunkt, zu dem andere einmalblühende Kletterrosen ihre Blüte schon abgeschlossen haben. 1986 hat der Züchter Karl Hetzel, 7519 Oberderding, eine 'Super Dorothy' und eine 'Superexcelsa' herausgebracht, die öfterblühend und weitgehend widerstandsfähig gegen Krankheiten sind.

Ebenfalls im ersten Jahrzehnt des 20. Jahrhunderts brachten in Frankreich die Züchter Barbier und Fauque Kletterrosen heraus, die sie mit *R. luciae* als Ausgangsform erzielt hatten. Sie unterschieden sich von den dünntriebigen und spätblühenden Rosen der Wichuraiana-Gruppe durch ein festeres und verzweigteres Wachstum und früherblühende, meist duftende Blüten, die nicht in Büscheln, sondern einzeln oder auch zu mehreren aus wohlgeformten Knospen hervortreten. Manchmal gibt es sogar eine allerdings beschränkte Nachblüte. Hierzu gehören

'Albéric Barbier' (Barbier 1900), gefüllt, gelblichweiß.
'Gerbe Rose' (Fauque 1904), gefüllt, hellrosafarben.
'La Perle' (Fauque 1904), gefüllt, weißlichgelb, sehr wüchsig.
'François Juranville' (Barbier 1906), gefüllt, lachsrosafarben.
'Alexandre Girault' (Barbier 1909), gefüllt, leuchtend-karminrot.
'Frl. Oktavia Hesse' (Hesse 1909), gefüllt, gelblichweiß.
'Paul Noël' (Tanne 1913), gefüllt, gelblichrosa.
'Albertine' (Barbier 1921), gefüllt, gelblich-lachs-kupferrot.

Aus dieser Gruppe sind 'May Queen' und 'Gerbe Rose' am wenigsten frostempfindlich.

Rosa soulieana, R. helenae und R. filipes

R. soulieana wurde 1896 aus Westchina eingeführt. Sie bildet weniger eine Kletterrose als einen großen breiten Strauch mit überhängenden, bis zu 4 m langen Trieben. Aus elfenbeinfarbenen Knospen entwickeln sich strahlendweiße Blüten in dichten Ständen längs der Triebe, die hervorragend mit dem bläulich-graugrünen Laub harmonieren. Das gleiche gilt für die orangefarbenen runden Hagebutten im Herbst. Die jungen Triebe sind frostempfindlich, so daß sich *R. soulieana* für ausgesprochen kalte Lagen nicht eignet. Es gibt einige Kletterrosen aus Kreuzungen mit *R. soulieana*, darunter 'Kew Rambler' und 'Chevy Chase'. **'Kew Rambler'**, 1912 in Kew Gardens aus *R. soulieana* und 'Hiawatha' entstanden, blüht einmal ungeheuer reich mit einfachen rosafarbenen Blüten in Büscheln, zu denen das von *R. soulieana* ererbte graugrüne Laub sehr gut paßt. **'Chevy Chase'** (Hansen 1939) mit intensiv dunkelroten, stark gefüllten Blüten und weichen, hellgrünen, etwas runzligen Blättern wird wenig im Handel angeboten, obwohl es sich um eine wüchsige und recht gesunde Rose handelt.

R. helenae, 1907 aus Zentralchina gekommen, kann 5 m hoch wachsen und sich mit ihren hakenförmigen Stacheln in Gebüschen hochhangeln. Ihre duftenden weißen Blüten stehen zu vielen in flachen Doldenrispen. Sie erinnern in ihrer Form fast an Holunderdolden, die im Herbst durch das Gewicht der vielen orangeroten, runden Hagebutten herunterhängen. Sie und ihre Sämlinge sind recht winterhart. **'Lykkefund'** (Olsen 1930) erweist sich als ebenso wuchsfreudig. Dieser »Glücksfund« entstand zufällig aus *R. helenae* und vielleicht 'Zéphirine Drouhin', was die Stachellosigkeit erklären würde. Die leicht gefüllten, rahmgelben Blüten duften und stehen ebenfalls in flachen Dolden. Die Hagebutten werden etwas größer als bei *R. helenae*. In Dänemark findet sich als *R. helenae* eine Rose im Handel, die nicht der reinen Art entspricht. Sie scheint wie 'Lykkefund' ein Sämling von *R. helenae* zu sein, aber mit kleineren, halbgefüllten, weißen, zur Mitte hin gelblichen Blüten. Sie entwickelt kleinere Hagebutten und kräftige Hakenstacheln an den Trieben als 'Lykkefund'.

R. filipes fand 1908 ihren Weg von China nach Europa. Der Ausdruck »filipes« weist auf die fadenartig dünnen Blattstiele hin, die »filigran« wirken. Sie stellt eine in jeder Beziehung aus dem Rahmen fallende Rose dar. Jahrestriebe von 3 m Länge sind möglich, und bei der Sorte **R. filipes 'Kiftsgate'** sollen in einem einzigen Blütenstand 428 Blüten gezählt worden sein. Diese Rose, die in dem Garten von Kiftsgate in der englischen Grafschaft Gloucestershire steht, ist an einer Blutbuche 15 bis 20 m hochgeklettert. Sie steht dort allerdings in einer geschützten, günstigen Lage. Ob sie bei unseren Witterungsverhältnissen ein ähnliches Wachstum entwickelt, ist noch nicht erwiesen. Ihre weißen, stark duftenden Blüten erscheinen ab Anfang Juli. Rote, eirunde, etwa 1 cm große Hagebutten folgen. Von *R. filipes* 'Kiftsgate' wurden einige Zufallssämlinge aufgezogen und in den Handel gebracht: **'Brenda Colvin'** mit einfachen rosafarbenen Blüten und **'Treasure Trove'** mit locker gefüllten, aprikosengelben Blüten. *R. filipes*, *R. filipes* 'Kiftsgate' und 'Brenda Colvin' haben strenge Winter recht gut überstanden, nur 'Treasure Trove' war zurückgefroren.

R. moyesii und verwandte Arten

R. moyesii kam um die Jahrhundertwende aus den gebirgigen Gegenden Westchinas nach Europa und zählt zu den bekanntesten und beliebtesten Wildrosen. Kaum eine andere Wildrose hat ein so außergewöhnliches, fast düsteres Blutrot als Blütenfarbe. Die Blüten erscheinen einzeln oder in kleinen Büscheln

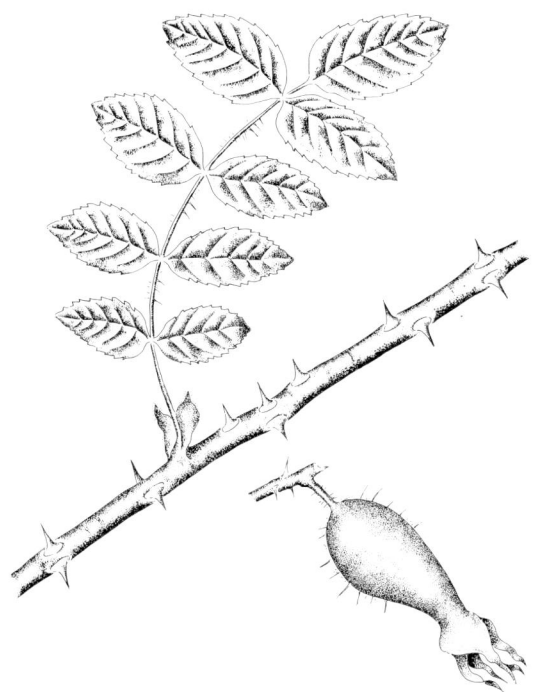

R.moyesii. Die chinesische Wildrose spricht durch Blütenfarbe und Fruchtbehang an.

Anfang Juni an den Spitzen der kleinen, kurzen Ne-
benzweige der vorjährigen Langtriebe. Die einfachen
Blüten erreichen 5 bis 7 cm im Durchmesser. Die
umgekehrt-herzförmigen Blütenblätter sitzen sehr
dicht aneinander, die Blüte wirkt so wie eine kleine
Schale, in deren Mitte der dicke, grünlichgelbe Griffel mit einem Kranz von allmählich dunkler werdenden Staubgefäßen sitzt. Die ziemlich großen, flaschenförmigen Hagebutten in tiefem Orangerot lassen den Strauch im August–September fast farbiger
erscheinen als zur Blütezeit. Die Blüten duften nicht,
werden aber sehr eifrig von Insekten besucht. Bei den
Vögeln sind die Hagebutten sehr begehrt. Die Blätter
sind aus 9 bis 13 kleinen Fiederblättchen zusammen-
gesetzt. Die braunroten Stämme haben gelbliche, fast
gerade, paarweise angeordnete Stacheln. *R.moyesii*
wächst 2 m hoch und wirkt dabei etwas staksig. Die
Triebe neigen sich mit den Blüten und vor allem mit
den Hagebutten, sie sollte darum etwas im Hintergrund stehen. *R.moyesii* erhielt ihren Namen nach
dem britischen Missionar Moyes, der in China in der
Gegend, wo *R.moyesii* natürlich vorkommt, eine Mis-
sionsstation leitete.

'Geranium' (Wisley Garden 1938) ist eine sehr
schöne Auslese von *R.moyesii* mit geschlossenerem
Wuchs, dichterer Belaubung, leuchtend-dunkelschar-
lachroten Blüten und großen, hochroten Hagebutten. Alles in allem ist sie die schönere Tochter einer
schönen Mutter. Auch **'Sealing Wax'** ist eine Auslese, jedoch mit Blüten in strahlendem Rosa. Unter
Sämlingen von *R.moyesii* kommt die rosa Farbe gelegentlich vor.

R.holodonta gelangte um die gleiche Zeit aus
Westchina nach Europa wie *R.moyesii*. Sie unterscheidet sich von ihr durch die rosa Blütenfarbe, noch
schönere Hagebutten und den noch sparrigeren
Wuchs.

Es gibt einige Kreuzungen von *R.moyesii* mit Gartenrosen, die bekannteste ist **'Nevada'** (Dot 1927),
deren Herkunft aus *R.moyesii* möglich, aber nicht sicher ist. Harkness (1978) bezweifelt ihre Abstammung von *R.moyesii* und ordnet sie den Pimpinellifolien zu. 'Nevada' zeigt eine buschige Strauchform
mit überhängenden Trieben von bis zu 2,5 m Länge,
an denen die leicht gefüllten, cremeweißen Blüten im
Juni in enormer Fülle sitzen. Im Verlauf des Som-
mers sind immer wieder einzelne Blüten zu sehen,
und meist erscheint im September noch eine volle
Nachblüte. Die Sorte bringt keine Hagebutten.
'Marguerite Hilling', 1959 in den Handel gebracht, ist ihr rosafarbener Sport.

'Highdownensis' wurde 1928 als Zufallssämling
in Highdown (Südengland) aufgezogen. Der zweite
Elternteil ist nicht bekannt. 'Highdownensis' wächst
geschlossener als *R.moyesii*. Ihre Blüten sind karminrot mit heller Mitte. Sie blüht sehr reich und bringt
große, flaschenförmige, orangefarbene Hagebutten.

'Eos' (Ruys 1950) entstand als Kreuzung zwischen *R.moyesii* und der Rubiginosa-Hybride 'Magnifica'. 'Eos' wächst stark mit fast 3 m langen, überhängenden Trieben. Das Laub hat den gleichen Geruch nach Äpfeln wie bei *R.rubiginosa*. Die fast
einfachen Blüten sind rosenrot mit heller Mitte. 'Eos'
setzt keine Hagebutten an.

'Eddie's Crimson' und **'Eddie's Jewel'** (Eddie
1956 und 1962) sind kanadische Züchtungen, die
beide sehr hoch wachsen, mit einfachen oder leicht
halbgefüllten, großen feuerroten Blüten und sehr dik-
ken, rundlich-birnenförmigen Hagebutten. In feuchten Sommern remontieren beide etwas.

Arthybriden von Rosa moyesii

R. × pruhoniciana wurde 1924 von Zemann in
Pruhonitz (Tschechoslowakei) erzielt und von der
britischen Baumschule Hillier verbreitet. Als der andere Elternteil wurde lange *R.willmottiae* angenommen, bis Chromosomen-Untersuchungen diese Annahme zweifelhaft erscheinen ließen und *R.multibrac*-

'Marguerite Hilling' eignet sich wegen ihrer gefälligen Wuchsform trotz ihrer Wuchsgröße auch für kleinere Gärten. Der überreichen Blüte im Juni folgt ein stetiges leichtes Nachblühen bis zum Frost.

teata als wahrscheinliches Elternteil ansahen. Mit ihren fast kastanienrotbraunen Blüten gilt sie als die dunkelste aller Wildrosen. Das Laub ist kleinblättriger als das von *R.moyesii*. Hagebutten setzt die Arthybride etwas sparsam an, behält sie aber sehr lange am Strauch.

R. × wintoniensis (Hillier 1928), eine Hybride zwischen *R.moyesii* und *R.setipoda*, wächst buschigsparrig in 2 bis 3 m Breite und Höhe. Die leicht nach Äpfeln duftenden Blätter werden größer als bei *R.moyesii*. Die Blüten sind rosenrot und hellen zur Mitte hin auf. Die roten, flaschenförmigen Hagebutten sind mit Drüsenhaaren besetzt.

Einige für die Gartengestaltung interessante asiatische Wildrosen

Die meisten asiatischen Wildrosen wurden zunächst aus botanischem Interesse gesammelt. Sie fanden über Baumschulen schließlich den Weg zu Gartenliebhabern und Rosenfreunden, die an der Mannig-faltigkeit, der Schönheit und dem besonderen Reiz der Wildarten Freude hatten. Diese Rosen müssen als Ziersträucher angesehen und verwendet werden. Die meisten werden 2 bis 3 m hoch oder noch höher und wachsen manchmal recht ausladend. Sie brauchen daher viel Platz, um sich ungestört zu ihrer arteigenen Gestalt entwickeln zu können. Sie eignen sich für unsere immer kleiner werdenden Hausgärten nur ausnahmsweise, so schön ihre Blüten, ihre Früchte, ihr Laub oder Wuchs auch sein können. Sie könnten aber dazu beitragen, mehr Abwechslung in unsere Grünanlagen zu bringen, zumal man sie getrost sich selbst überlassen kann, wenn sie nur mit Sorgfalt gepflanzt wurden. Wegen ihrer geringen Anfälligkeit für Pilzkrankheiten brauchen sie nicht gespritzt zu werden, im Gegenteil, ihr Laub verträgt oft keine Spritzmittel.

R.macrophylla, die »Großblättrige«, wurde schon 1818 im Himalaya entdeckt. Sie kann mit ihren dunkelroten, wenig bestachelten Trieben 2 bis 5 m hoch werden. Die Sträucher zeigen hinsichtlich

R.helenae aus Zentralchina kann 5 m hoch wachsen und scheint winterhärter zu sein, als ihr oft nachgesagt wird.

Die Auslese 'Geranium' ist der eigentlichen Art R. moyesii bei weitem vorzuziehen.

Wuchs, Rinde und Belaubung ein elegantes Aussehen. Die 5 cm breiten Blüten sind hellrot, die flaschenförmigen, borstigen Hagebutten hochrot. Die Sorte **'Glaucescens'** ist bläulich bereift; **'Rubricaulis'**, deren Triebe ausgeprägt rot gefärbt sind, erweist sich als etwas frostempfindlich. Bei **'Doncasteri'** sitzen die ziemlich dunklen Blätter sehr dicht. **'Arthur Hillier'**, eine Hybride zwischen *R. macrophylla* und *R. moyesii*, hat eine lang anhaltende Blütezeit. Ihre großen rosaroten Blüten und der Fruchtbehang wirken sehr schön. **'Auguste Roussel'** (Barbier 1913), eine Kreuzung von *R. macrophylla* mit einer Teerose, blüht einmal mit halb- bis ganzgefüllten, duftenden klarrosafarbenen Blüten.

R.fedschenkoana, 1875 in Kurdistan von Olga Fedschenkowa gefunden, bringt ihre weißen, einfachen Blüten über eine lange Zeit hinweg ab Juni hervor, so daß die letzten Blüten schon mit den birnenförmigen roten Hagebutten zusammentreffen. Die drüsigen Kelchblätter sind fadenförmig ausgezogen. Eine besondere Schmuckwirkung besitzt das bläulich-graugrüne Laub an den 1,5 m hohen, grauen Trieben mit paarweise angeordneten hellen Stacheln. Die Art ist frosthart und bildet Ausläufer.

R.webbiana kam 1879 aus Turkestan. Sie hat ebenfalls bläulich-graues Laub. Selbst die jungen

Schosse sind bläulich mit fast weißen, scharfen, gepaarten Stacheln. Die Blättchen sind sehr klein, die rosafarbenen Blüten verhältnismäßig groß, die länglich-flaschenförmigen Hagebutten hochrot. Offenbar gibt es verschiedene Formen, wie aus den unterschiedlichen Beschreibungen in der Literatur hervorgeht. In Wilhelmshöhe hat sich die Art als ausreichend winterhart erwiesen.

R.nanothamnus, 1935 aus Zentralasien eingeführt, erhielt auch die Bezeichnungen *R. webbiana* var. *microphylla* oder *R. webbiana* var. *pustulata*, steht also der *R. webbiana* nahe. Nach Saakov (1976) kann sie ein 1,5 bis 2 m hoher Strauch werden, nach Thomas (1967) wird sie nur 60 cm hoch. Der gut verzweigte Strauch trägt sehr kleine Blätter, die nur im oberen Blattdrittel gezähnt sind. Die Blüten stehen auf ganz kurzen Blütenstielen. Sie sind einfach, rosafarben und erreichen etwa 3 cm im Durchmesser. An den glänzendroten, ovalen Hagebutten bleiben die beiderseits behaarten Kelchblätter aufrecht haften.

R.latibracteata soll nach den Angaben im Weltrosenregister »Modern Roses 9« und nach Petersen (1968), dessen Rosenschule sie als einzige vertreibt, ebenfalls mit *R. webbiana* verwandt sein, während Bean (1980) sie in die Nähe von *R. multibracteata* einordnet. Sie wurde 1936 in Nordwest-Yunnan entdeckt. Sie wächst kräftig in die Breite (1,5 m) und Höhe (2,5 m). Die Art blüht spät und sehr reich in einem schönen Kirschrosa.

R.setipoda, die »borstig Gestielte«, ist in Mittelchina heimisch und kam 1895 nach Europa. Der aufrechte, dickstämmige Strauch kann 3 bis 5 m hoch werden. Die geraden, großen Stacheln sitzen nur am unteren Teil der Triebe, sie sind an der Basis verbreitert. Die sehr ausdrucksvollen Blüten stehen in großen Bündeln auf borstigen rötlichen Blütenstielen. Die Einzelblüte ist dunkelrosa gerandet und wird zur Mitte hin heller, wo sie ein Krönchen von hellgelben Staubgefäßen zeigt. Die Unterseite der Blütenblätter ist seidig behaart. Die hängenden, flaschenförmigen, scharlachroten Hagebutten sind dicht beborstet. Die drüsigen Blätter duften beim Reiben ähnlich wie das Laub von *R.rubiginosa*.

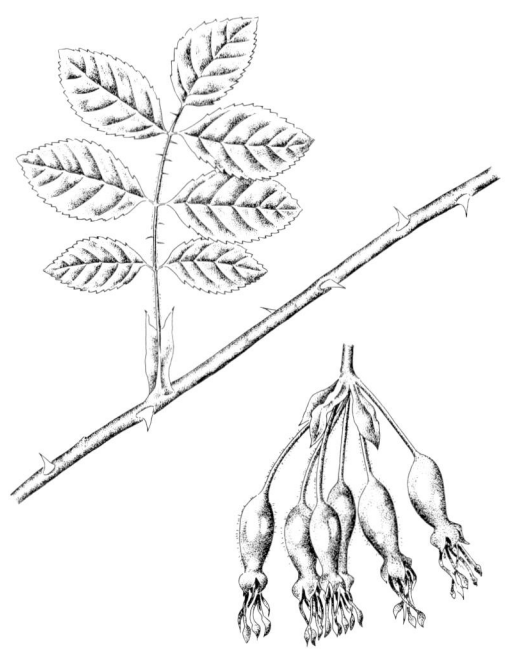

R.setipoda. Die Wildrose aus Mittelchina wächst hoch und trägt auffallend schöne Fruchtstände.

R.persetosa, die »sehr Borstige«, 1895 in Westchina gefunden, steht *R.setipoda* nahe. Sie wird etwa 1,5 m hoch und zeigt eine merkwürdige Art der Verzweigung ihrer dicht mit Borsten besetzten Triebe, die fast waagerecht von den Haupttrieben abgehen. Die tiefrosafarbenen Blüten sitzen in dicken Büscheln. Die schmalen, flaschenförmigen und 2,5 cm langen roten Hagebutten sind recht dauerhaft.

R.willmottiae, 1904 aus Westchina eingeführt, ist zu Ehren von Ellen Willmott, der Verfasserin des Buches »The Genus Rosa« (1914), benannt. *R.willmottiae* hat bis 3 m lange, bogenförmig überhängende braune Triebe mit paarweise angeordneten Stacheln. Sie bildet einen gut verzweigten, breiten, aber lichten Strauch mit zierlich geformtem Laub. Im Juni erscheinen die ziemlich kleinen, meist einzelständigen, purpurrosafarbenen Blüten entlang der Triebe. Die kleinen, glänzendroten Hagebutten sind schmal-birnenförmig. Es scheint unterschiedliche Formen zu geben.

R.davidii ist im Gebiet zwischen Osttibet und Westchina beheimatet. Seit 1908 fand sie in Europa Verbreitung. Die bis 3 m hohen Stämme sind leicht gebogen und tragen dicke, gerade, an der Basis verbreiterte Stacheln. Die tief geaderten Blätter sind unterseits bläulich behaart. Die mattrosafarbenen Blüten, deren Griffel auffallend weit herausragt, erscheinen erst spät im Juli in großen Dolden. Die scharlachroten, eiförmigen Hagebutten haben einen Hals.

'Fenja' heißt eine von Petersen erzielte Hybride aus *R.davidii* × *R.pimpinellifolia*, die schon im Juni sehr reich und sehr schön klarrosafarben blüht. Sie setzt früh reifende, borstige, flaschenförmige rote Hagebutten an.

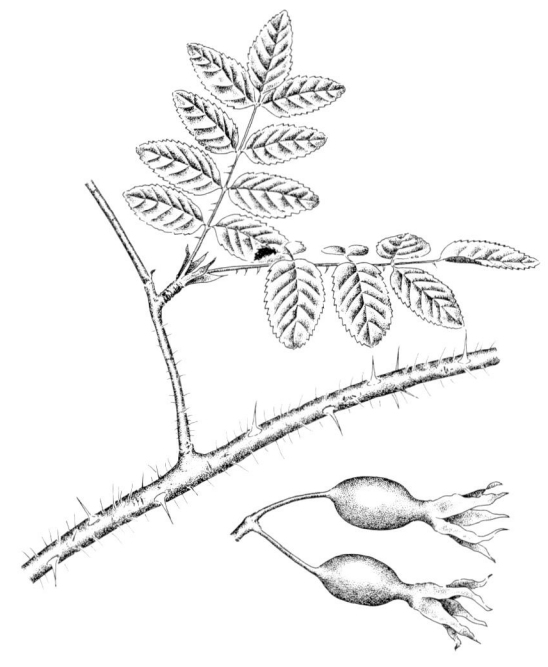

R.persetosa. Die wenig bekannte chinesische Wildrose zeichnet sich durch einen zierlichen Fruchtschmuck aus.

R.sweginzowii, 1909 aus Westchina eingeführt, ist sehr bekannt und weit verbreitet, was besonders für ihre Sorte 'Macrocarpa' gilt. Sie bildet einen etwas »wüsten« Busch mit hängenden, sehr stacheligen, bis 5 m langen Trieben und braucht Halt an anderen Sträuchern oder muß an einer Böschung stehen, wo ihre Triebe ungehindert ranken können. Die Blüten sitzen in kleinen Büscheln oder auch einzeln. Sie zeigen eine klare rosenrote Farbe und eine schöne Form. Die flaschenförmigen, orangefarbenen Hagebutten werden schon im September weich und schrumpfen, bleiben aber lange hängen.

R.wardii wurde in Tibet als Samen gesammelt und in Wisley Gardens (England) aufgezogen, von wo seit 1924 die Sorte 'Culta' vertrieben wurde. Diese fast stachellose, weißblühende Verwandte von *R.sweginzowii* kann knapp 2 m hoch und 1,5 m breit werden. In der weißen Blüte hebt sich der bräunliche Griffel im Kreis der gelben Staubgefäße schön ab.

R.multibracteata, die mit den vielen Hochblättern (wie der Name sagt), kam 1910 aus Westchina nach Europa. Sie wächst breit-ausladend und etwas sparrig und erreicht bis zu 2,5 m Höhe. An den Trieben sitzen paarweise die sehr spitzen Stacheln. Das kleinblättrige, rundliche Laub ist stumpfgrün. Die hell-lilarosafarbenen Blüten treten in langen hängenden Bündeln aus ungewöhnlich vielen graugrünen Hochblättern hervor. *R.multibracteata* blüht sehr spät, von Ende Juli bis weit in den August hinein. Die hängenden, borstig behaarten orangeroten Hagebutten sind länglich gestreckt. Sie behalten die zusammengelegten Kelchblätter und werden sehr spät weich.

'Cerise Bouquet' (Kordes 1959) ist eine Kreuzung aus *R.multibracteata* und 'Crimson Glory', die in Großbritannien sehr häufig, in Deutschland dagegen kaum gepflanzt wird. Sie bildet einen Strauch von mächtigem, fast bizarrem Wuchs. Die gefüllten kirschroten Blüten haben leider keinen Duft, remontieren aber gelegentlich. 'Cerise Bouquet' besitzt auch zahlreiche Hochblätter, bringt aber keine Hagebutten. In ungünstigen Wintern friert sie zurück.

R.prattii aus Westchina wird seit 1908 kultiviert, ist aber selten anzutreffen. Sie kann mit ihren rötlichen Trieben bis zu 2 m hoch werden und trägt nur wenige gelbe Stacheln. Das feine Laub besteht aus 11 bis 15 Fiederblättchen. Die rosafarbenen Blüten in kleinen Doldenrispen erblühen im Juni–Juli, gefolgt von kleinen eiförmigen, drüsigen, scharlachroten Früchten, von denen die Kelchblätter abfallen.

'Prattigosa' (Kordes 1953) ist eine Kreuzung aus *R.prattii* und *R.rugosa* 'Alba'. Sie wächst kräftig bu-

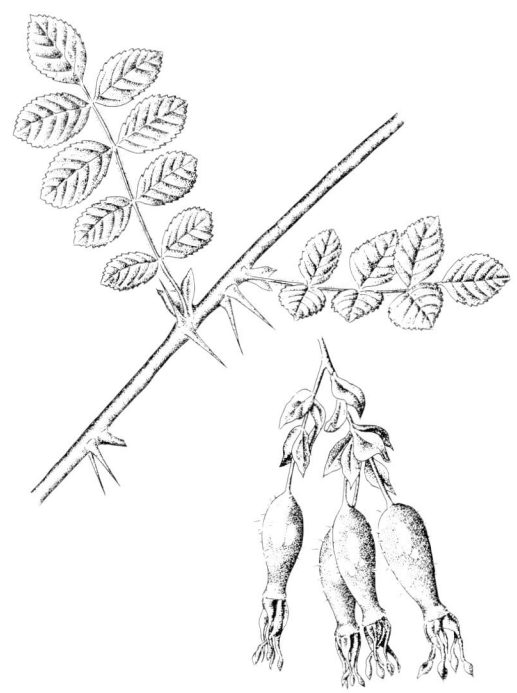

R.multibracteata trägt viele Hochblätter und fällt durch ihre Blüte, den Fruchtbehang und die Strauchform auf.

schig-aufrecht und blüht reich. Die länglich zugespitzten Knospen sind rot, die sehr großen, einfachen, leicht duftenden Blüten rosafarben. Die Hagebutten ähneln denen von *R.rugosa*, sind aber kleiner.

R.elegantula 'Persetosa' (syn. *R.farreri*) wurde aus Sämlingen von Samen der *R.elegantula* ausgelesen, der 1915 aus Westchina kam. Der sehr borstig bestachelte Strauch hat zierliches, farnartiges Laub und zierliche lilarosafarbene Blütchen. Er wird im Englischen »Three-Penny-Bit-Rose« genannt. Den kleinen Blütchen folgen winzige korallenrote Hagebutten. Der Strauch selbst bleibt aber keineswegs winzig, er wird mit seinen elegant überhängenden Trieben etwa 1 m hoch und 1,5 m breit.

'Polstjärnan' (Wasastjärna 1937), eine der seltenen Kreuzungen mit der zentralasiatischen *R.beggeriana*, ist eine widerstandsfähige, winterharte Rose mit kräftigem, offenem und leicht überhängendem Wuchs bis etwa 3 m Höhe. Sie blüht einmal früh im Juni in Dolden mit halbgefüllten weißen Blüten an den weit überhängenden, rötlichen Trieben mit graugrünem Laub.

R.roxburghii ist botanisch in eine eigene Untergruppe eingeordnet, weil sie sich in vielen Merkmalen von den anderen Rosenarten unterscheidet. Be-

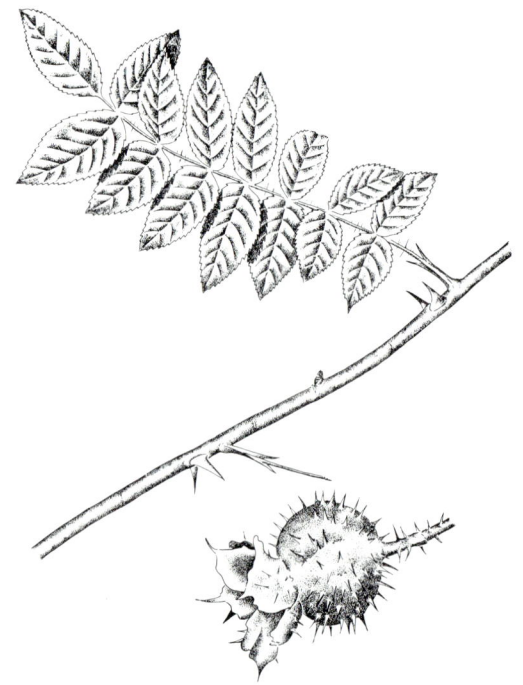

R.roxburghii trägt zahlreiche Fiederblättchen und stachlige, grüne Früchte. Die Rinde kann abblättern.

teljapan *R.roxburghii* var. *hirtula* mit unterseits behaarten Blättern kam. *R.roxburghii* wächst 2 bis 2,5 m hoch und auch ziemlich in die Breite. Bei älteren Trieben blättert wie bei Platanen die Rinde ab. Das Blatt wirkt farnartig mit 13 bis 15 oder sogar 17 schmalen, eiförmigen Fiederblättchen. Die Blüten stehen einzeln auf kurzen, feinstacheligen Blütenstielen unmittelbar über den Blättern. Ihre Farbe ist weiß bis hellrosa und wirkt an der Blattunterseite etwas dunkler. Die herzförmig gelappten Blütenblätter haben einen feinen, dunkelrosafarbenen Rand. Kelche und Kelchblätter sind stachelig. Die stacheligen, grün bleibenden Hagebutten sehen aus wie kleine Eßkastanien und fallen früh ab. *R.roxburghii* erwies sich als ausreichend winterhart.

Wildrosen aus Nordamerika

Im Vergleich zu den Arten aus Asien sind verhältnismäßig wenig Wildarten aus Nordamerika nach Europa gekommen. Sie übten nur geringen Einfluß auf die Entwicklung der Gartenrosen-Züchtung aus.

Zeitlich gesehen kamen die amerikanischen Wildarten in zwei großen Schüben zu uns: der erste mit Wildarten aus dem nordamerikanischen Osten erreichte Europa bereits im 18. und zu Beginn des 19. Jahrhunderts. Der zweite Schub mit Wildarten aus den westlichen und nördlichen Gebieten kam erst gegen Ende des 19. Jahrhunderts.

reits Anfang des 19. Jahrhunderts gelangte eine gefüllte Form nach Europa, wahrscheinlich handelte es sich um eine chinesische Gartenrose. Erst sehr viel später erreichte die eigentliche Art *R.roxburghii* f. *normalis* (1908) Europa, während schon 1862 aus Mit-

R.virginiana fand schon im 18. Jahrhundert den Weg von Amerika nach Europa.

R.nitida ist eine niedrige amerikanische Wildrose. Die glänzenden Blättchen färben sich im Herbst rotbraun.

R. × rapa, so benannt nach der rübenähnlichen Kelch- und Hagebuttenform, führt auch den Namen 'Rose d'Amour'.

Im östlichen Nordamerika sind jene Wildarten beheimatet, die botanisch in der Sektion Carolinae zusammengefaßt werden. Dazu gehören *R.palustris*, *R.virginiana*, *R.carolina*, *R.nitida* und *R.foliolosa*.

R.palustris, *R.virginiana* und *R.carolina* wurden in der Literatur zu allen Zeiten von Linné an wie in einem Potpourri zusammengeworfen und miteinander verwechselt. Dasselbe Durcheinander entstand und entsteht noch heute in den Gärten und bei den Vermehrern. Die genannten drei Wildarten sind so nahe miteinander verwandt, daß sich die Unterschiede für einen Nichtbotaniker verwischen, zumal sie sicher häufig untereinander bastardisieren. Für den Botaniker soll die Zahnung der Blätter ein wesentliches Unterscheidungsmerkmal sein.

R.virginiana wird wurzelecht aus Samen angeboten, ohne daß sich jemand dafür verbürgen kann, ob es sich wirklich um die reine Art handelt. Die Art bildet das ganze Jahr hindurch einen sehr farbenfrohen Strauch, der etwa 1,5 bis 1,8 m hoch wird. Im Frühjahr leuchtet der bronzefarbene Blattaustrieb, im Sommer schimmern bis in den August hinein die hellrosafarbenen Blüten aus den glänzend-grünen Blättern hervor. Im Herbst erscheinen die roten Hagebutten in dem erst purpur-, dann orangeroten, schließlich gelben Laub, und im Winter leuchten die ausdauernden Hagebutten an den rotbraunen Trieben.

Als **R.virginiana 'Plena'** sind zwei verschiedene Rosen bekannt, einmal *R. × rapa* (oder auch 'Rose d'Amour' genannt), zum anderen 'Rose d'Orsay'. *R. × rapa*, von Redouté als 'Le Rosier de Turnips', von Pinhas als »Rosa lucida plena« gemalt, hat lockeren, fast kletternden Wuchs mit weichen, unterschiedlich bestachelten Trieben. Charakteristisch ist der einer Rübenwurzel (englisch = turnip) ähnliche kreiselförmige Kelch. Die Rose muß eine alte Zufallskreuzung zwischen *R.virginiana* und einem unbekannten Partner sein. 'Rose d'Orsay' bleibt niedriger und buschiger im Wuchs und ist durch paarweise angeordnete Stacheln unter den Blattansätzen gekennzeichnet. Bei der 'Rose d'Amour' stehen die Fiederblättchen weit auseinander, bei der 'Rose d'Orsay' dagegen ziemlich dicht zusammen. Beide Sorten blühen von Ende Juli bis in den September hinein mit gefüllten rosafarbenen Blüten. 'Rose d'Orsay' hat aber besonders reizende Blütenknöspchen, die wie »gerollt« aussehen, allerdings bei anhaltend feuchter Witterung verkleben. Beide Rosen sind frosthart.

'Mariae-Graebnerae' ist eine Hybride zwischen *R.palustris* und *R.virginiana*. Sie bildet einen meterhohen, abgerundeten dichten Busch. Die duftenden, einfachen, zartrosafarbenen Blüten erscheinen ab Mitte Juni, weitere vereinzelte Blüten kommen den ganzen Sommer hindurch und mischen sich im Herbst zwischen die schon leuchtendroten, rundlichen Hagebutten, während sich das Laub lebhaft verfärbt. 'Mariae-Graebnerae' ist gesund und winterhart. Sie treibt im engeren Umkreis Ausläufer.

R.nitida, seit 1807 in Europa vorhanden, wurde vor einigen Jahrzehnten als Bodendecker-Rose »entdeckt«, obwohl sie sich für diesen Zweck wenig eignet. *R.nitida* wächst aufrecht einen halben Meter hoch und bildet etwas zögernd Ausläufer. Die Triebe sind dicht mit kurzen rötlichen Borsten bedeckt. Ihre dunkelgrünen, länglichen Blättchen sind hochglänzend und zeigen eine sehr schöne rotbraune Herbstfärbung. Die meist einzelständigen, rosafarbenen Blüten sind ziemlich groß. Ihre Kreuzungen mit *R.rugosa* sind wüchsiger und derber, **R. × rugotida** treibt beispielsweise stark Ausläufer, die Blüten gleichen denen von *R.nitida*, die Blätter denen von *R.rugosa*. Die Kreuzung *R.nitida* × 'Hansa' ergab **'Dart's Defender'** (1971) mit halbgefüllten rosafarbenen Blüten und glänzendem Laub. 'Dart's Defender' wird 1 bis 1,5 m hoch und treibt zahlreiche sehr kräftige Ausläufer.

R.foliolosa, 1880 eingeführt, gehört zu den eigenartigsten unter den amerikanischen Wildrosen. Sie

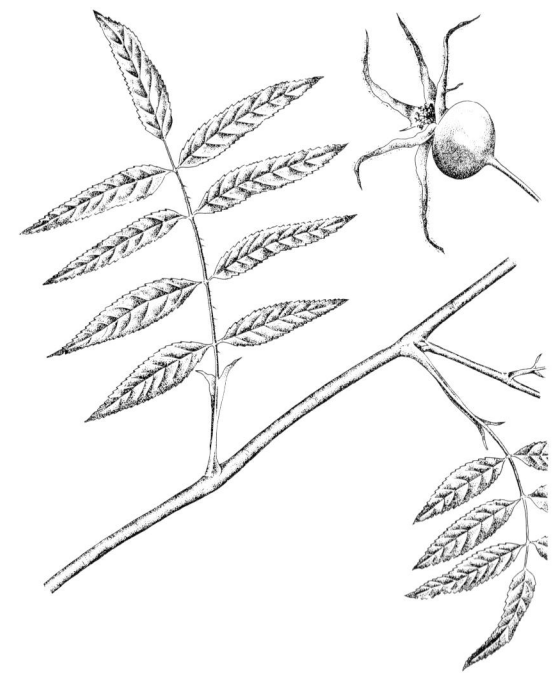

Die fast stachellose *R.foliolosa* hat auffallend schmale Fiederblätter und blüht spät im Jahr.

bleibt mit ihrer Wuchshöhe unter einem Meter, kann aber mittels Ausläufern in die Breite wachsen. Ihre etwa bleistiftstarken, rötlich-grünen, glatten Triebe haben wenig Stacheln und auffallend schmale, glatte, gelblich-grüne Blättchen, die zu sieht bis zu neunt ziemlich dicht sitzen. Die hell-lilarosafarbenen Blüten kommen einzeln nacheinander und spät im Juli, sind aber den ganzen August über und oft noch im September zu sehen. Ihnen folgen die kleinen roten Hagebutten. *R.foliolosa* hat wie die meisten amerikanischen Wildrosen schönes Herbstlaub und ist winterhart.

R.blanda, seit 1773 in Europa, wurde wenig in Gärten verwendet. Sie hat fast stachellose, bräunliche Triebe und mattgrünes Laub mit auffallend breiten Nebenblättern. Ihre rosafarbenen Blüten erscheinen sehr früh, schon Ende Mai–Anfang Juni.

R. × aschersoniana *(R. blanda × R. chinensis)* entstand zusammen mit anderen Wildrosen-Hybriden 1880 im Forstbotanischen Garten von Hannoversch Münden. Die Arthybride bildet einen fast 2 m hohen Strauch mit schlanken, etwas überhängenden Trieben, die Hakenstacheln tragen. Die hellgrünen Blätter sind ähnlich geformt wie bei *R.chinensis*, die Nebenblättchen sind weitgehend angewachsen und laufen in schmale, auseinanderstrebende Öhrchen aus. Die Blüten stehen meist einzeln oder in kleinen Büscheln an den kurzen Nebentrieben der Hauptzweige. Sie sind hell-purpurrot und halbgefüllt. *R. × aschersoniana* blüht einmal Anfang Juni und zeichnet sich durch einen ganz außerordentlichen Blütenreichtum in leuchtender Farbe aus. Sie setzt keine Hagebutten an. Man sieht sie leider nur sehr selten. In harten Wintern friert sie zurück.

R.californica 'Plena' hat im Vergleich zu der einfachblühenden Art einen hohen Gartenwert. Der über 3 m hohe, dichtbuschige Strauch mit leicht überhängenden Zweigen sieht gefällig aus. Ab Ende Juni treten in großer Fülle die locker gefüllten Blüten in einem warmen Rosaton hervor. Immer wieder öffnen sich aus den kleinen Blütenbüscheln neue Knospen, so daß der Strauch lange Zeit in Blüte steht. *R.californica* 'Plena' wird in der Regel gleichgesetzt mit der von Geschwind 1894 herausgebrachten 'Theano', welche nach Jäger (1960) aus einer Kreuzung zwischen *R.californica* und 'Crimson Rambler' gezogen wurde. Geschwind hatte dazu *R.californica* var. *ultramontana* benutzt, die heute als *R.ultramontana* eingeordnet ist. In Sangerhausen und in Wilhelmshöhe stehen *R.californica* 'Plena' und 'Theano'; beide unterscheiden sich zumindest in der Blütenform.

R.nutkana ist im westlichen Nordamerika bis hinauf nach Alaska heimisch. Sie wächst locker und offen und wird 1,5 bis 2 m hoch. Auf eigener Wurzel treibt sie Ausläufer. Die lilarosafarbenen Blüten stehen im Juni–Juli einzeln am Strauch. Die glattkugeligen Hagebutten halten sich bis in den Winter hinein. **'Cantab'** ist ein im Botanischen Garten Cambridge aufgezogener Sämling aus einer Kreuzung von *R.nutkana* mit einer Teehybride. Er wächst sehr ausladend und wird höher und breiter als die Art. Die Blüten sind einfach und tief-lilarosafarben. *R.nutkana* wurde wenig gekreuzt, obwohl ihre Winterhärte und Gesundheit für die Gartenrosen-Züchtung interessant sein müßten. Den Erfahrungen des kanadischen Liebhaberzüchters Mander zufolge bringt *R.nutkana* als Pollenspender die besseren Ergebnisse. Stecklingsvermehrte Pflanzen seiner Kreuzungen stehen in Wilhelmshöhe.

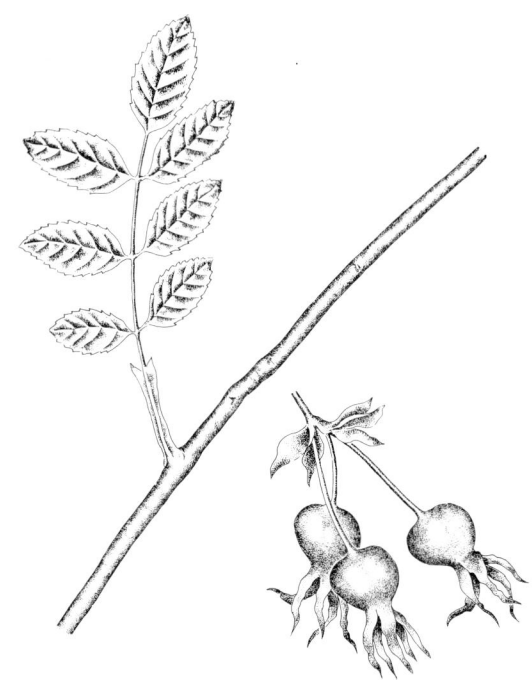

R.woodsii, von der amerikanischen Wildrose wird meist nur *R.woodsii* var. *fendleri* in Kultur genommen.

R.woodsi var. fendleri sieht man öfter in Gärten als die Art *R.woodsi*. Sie bildet einen abgerundeten, etwa 2 m hohen Strauch mit überhängenden Trieben. Das Laub ist graugrün, die Blüten im Juni–Juli zeigen einen weichen Rosaton. Im Herbst und Winter besitzt der Fruchtbehang großen Schmuckwert. Die prallen, roten, höchstens 1 cm dicken, rundlichen Hagebutten hängen meist zu dritt.

R. macounii, vor 1826 bekannt als *R. woodsii*, wird ein dichter, bis 2 m hoher Strauch mit bläulich-graugrünen, unterseits behaarten Blättern und geraden Stacheln. Die hellrosafarbenen Blüten stehen in dichten kleinen Büscheln auf verhältnismäßig dünnen, langen Blütenstielen, an denen später die Hagebutten herunterhängen – sie erinnern an »Radieschenbündel«, wie sich einmal ein kleiner Junge ausdrückte.

R. setigera, die Prärie-Rose, ein breitwüchsiger, bis 3 m hoch kletternder Strauch, kam in verschiedenen Varietäten in der ersten Hälfte des 19. Jahrhunderts nach Europa. Sie zählt als einzige amerikanische Wildrose zur Sektion Synstylae. Mit ihren duftenden, tiefrosafarbenen Blüten gehört sie zu den spätblühenden Wildarten. Ihr hellgrünes Laub besteht aus drei bis fünf Fiederblättchen, daher trug sie im vorigen Jahrhundert die Bezeichnung *R. rubifolia*, die »Brombeerblättrige«. Seltsamerweise verhält sich diese Rose fast zweihäusig, entweder ist die männliche oder die weibliche Geschlechtsanlage der Blüten eines Strauches unterentwickelt. So kommen auch am Naturstandort fruchtende und nichtfruchtende Pflanzen nebeneinander vor. Mit *R. setigera* wurden im vorigen Jahrhundert einige winterharte, einmalblühende Kletterrosen gezüchtet, von denen sich **'Baltimore Belle'** (Feast 1843) und **'Queen of the Prairies'** (Feast 1843) heute noch im Handel befinden. **'Bijou des Prairies'** gleich 'Gem of the Prairies' (Burgess 1865) ist zwar winterhart und blühwillig, aber anfällig für Sternrußtau. Auch Geschwind benutzte *R. setigera* für seine Kreuzungen und brachte 1886 die gefülltblühende, duftende, kirschrote **'Erinnerung an Brod'** heraus, die man heute noch kaufen kann. In unserem Jahrhundert kreuzte der amerikanische Züchter Horvath mit *R. setigera*. Es entstanden unter anderen 1934 die goldgelbe **'Doubloons'** und die weißblühende **'Long John Silver'**.

R. stellata var. mirifica ist eine eigenwillige Rose, die zur Untergattung Hesperhodos gehört. 1916 fand man sie im Sacramento-Gebirge in Neumexiko. Sie

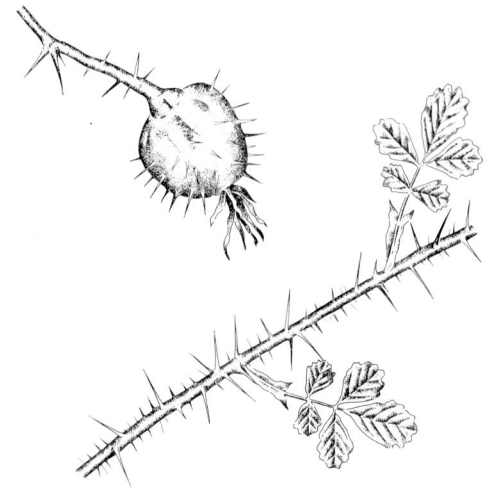

R. stellata var. *mirifica*, die Stachelbeerrose aus Neu-Mexico, gehört zur Untergattung Hesperhodos.

bildet einen kleinen, meterhohen Busch und wirkt ähnlich wie eine Stachelbeere mit ihren grob gezähnten, drei- bis fünfteiligen Blättchen und den spitzstacheligen Trieben. Selbst die Knospen erinnern mit ihren bestachelten Kelchblättern an grüne Stachelbeeren. Die einfachen, recht großen Blüten in einem dunklen, leicht bläulich getönten Rosaton erscheinen während einer langen Zeit von Juni bis August. Ihre stacheligen und harten, rotbraunen Hagebutten dauern lange aus. *R. stellata* var. *mirifica* ist bei uns völlig winterhart. Sie wird selten angeboten, weil sie schwierig zu vermehren ist.

Sehr viele Möglichkeiten bietet uns also die gärtnerische Verwendung von Wildrosen. Sie beruhen auf der großen Artenvielfalt und werden bisher weder von Liebhabern noch von Fachleuten genutzt. Es wurden hier keineswegs alle Arten der Gattung *Rosa* erfaßt, aber schon die Menge der erwähnten Arten mag demjenigen Rosenfreund verwirrend genug erscheinen, der sich erstmals mit Wildrosen befaßt und erfährt, daß sie – auch gärtnerisch gesehen – mehr sind als einfach nur »Heckenrosen«.

Manual Alter Rosen

Gallica-Rosen

Nur wenige Sorten dieser umfangreichen Klasse sind reinrassig. *Rosa gallica* hybridisiert leicht, und so ist bei den meisten Sorten nur die Mutterrose bekannt. Die Einteilung der *Rosa gallica* von Gisèle de la Roche verweist auf die unterschiedliche Herkunft und die damit verbundenen Eigenschaften (Kommentarband zu Redouté 1978, Seite 175):

1. Die reinen Provins-Rosen (Gallica-Rosen) wie *Rosa gallica* var. *officinalis*.
2. Sorten, die sich den großen holländischen Zentifolien nähern; ein Teil davon ist als Zentifolie klassifiziert, der andere als Gallica-Rosen.
3. Untergruppe Holoserica, die dunklen Samtrosen.
4. Niedrige Sorten, die heute unter dem Namen *Rosa centifolia* var. *parvifolia* vereinigt sind und eigentlich aufgrund ihrer Abstammung *Rosa gallica* var. *parvifolia* heißen sollten.
5. Die früher in Frankreich »Provence-Rosen« genannten Sorten, die sich *Rosa × damascena* und *Rosa × alba* conculta *incarnata* nähern.

So verwundert es nicht, daß wir sowohl hellrosafarben blühende Sorten von *Rosa gallica* haben als auch karminrote, meist mit der Tendenz zu lilafarbenen und violetten Schattierungen. Eine ganz typische Eigenschaft ist ihr stark wechselndes Farbenspiel vom Erblühen bis zum Verblühen, und es fallen die gestreiften, getupften und marmorierten unter ihnen auf. Die Farbintensität der einzelnen Sorte hängt von Veredelungsunterlage, Boden und Standort ab, ja manchmal sogar vom Wetter. Die ausdauernden, anspruchslosen Sträucher sind winterhart und pflegeleicht. Ab Mitte Juni blühen sie reich, die Blüten erscheinen stets in Büscheln. Aber nicht alle Sorten duften gleich gut.

Mit ihrem geschlossenen, meist aufrechten Habitus und einer Wuchshöhe von 1 bis 1,5 m eignen sich Gallica-Rosen gut für kleinere, aber auch für extensiv gepflegte Gärten.

Extrem heiße Standorte sind zu meiden. Reizvoll ist die Verwendung als lose, niedrige Hecke, jedoch mit begrenztem Pflanzstreifen, denn auf eigener Wurzel wandern diese Rosen gern. Von den Gallica-Sorten werden besonders die violetten und karminroten geschätzt; sie beleben in einem Garten das überwiegend hellfarbige Sortiment Alter Rosen.

Früher vermehrte man Gallica-Rosen ausschließlich durch Wurzelausläufer und Ableger. Stecklinge für die Vermehrung müssen zeitig und von nicht zu reifem Holz genommen werden. (Herkunft, Merkmale und Arthybriden siehe Seite 10 und 49ff.)

'Agatha Incarnata' (vor 1815 in Kultur)
syn. 'Agathe Carnée', 'Agathe de Bruxelles', 'Marie Louise', nach 1815 'Duchesse d'Angoulême'
Thory (1817–21) kannte 38 'Agathe'-Sorten, eine Gruppe von *Rosa gallica*-Hybriden, die sich *Rosa × damascena* und *Rosa × alba* conculta *incarnata* nähert. Ihre sehr dicht gefüllten Blüten waren blaß- bis karminrosafarben und oft so marmoriert und gesprenkelt wie der Halbedelstein Achat, französisch = agate (de la Roche 1978, Seite 177).

Bei der reichblühenden 'Agatha Incarnata' wirkt der buschige Strauch mit dem üppigen, grünen Laub gefällig, ebenso wie die Knospenbüschel mit den langen, gefiederten Kelchblättern und die feinen rosafarbenen Nuancen ihrer hellen, reich gefüllten Blüten. Die knapp mittelgroßen Blüten sind schön rund und »geviertelt«, das heißt, die zahlreichen Petalen ordnen sich in vier Wirbeln an. 'Agatha Incarnata' duftet selbst noch im Verblassen zart. Höhe 1,2 m.

'Aimable Amie' (Pronville, nach 1800)
Diese Sorte zeigte sich in Sangerhausen vollkommen wie ein einziger großer Strauß. Die hübschen, dunkelrosafarbenen Knospen erscheinen in Büscheln und blühen zu eher großen, gut gefüllten Rosenschalen auf. Die Blütenfarbe ist ein schönes tiefes Rosa, das aufhellt. Die »geliebte Freundin« duftet köstlich, wächst buschig und ist gut belaubt. Höhe 1,2 m.

'Aimable Rouge' (Godefroy 1817, F)
syn. 'Le Triomphe', 'Agathe Majestueuse'
Die Blüten zeigen ein auffallendes, leuchtendes, warmes Rot für eine *Rosa gallica*. Die mittelgroßen Blütenrosetten erscheinen immer zu mehreren und duften stark. Auch der gut belaubte, aufrechte Strauch befriedigt. Höhe 1,2 m.

'Alain Blanchard' (Vibert 1839, vielleicht älter, F)
Die Blüten, ganz *Rosa gallica* in Form und Farbe, erscheinen in Büscheln an den fast aufrechten Zweigen. Die leicht gefüllten Blüten öffnen sich schalenförmig. Sie sind leuchtend-karminrot und rotbraun gefleckt. Die goldenen Staubgefäße bilden einen schönen Kontrast zu den sich purpur verfärbenden Blüten, aus denen noch karminfarbene Schattierungen leuchten. Leichter Duft. Höhe 1,3 m.

'Ambroise Paré' (Vibert 1846, F)
Eine bemerkenswerte Sorte, weil sich die Blüten für eine Alte Rose außergewöhnlich lange halten und weil der gut belaubte Strauch auch sehr reich blüht. Die Blütenfarbe ist ein schönes, durch dunklere Schattierungen belebtes Purpurrot, das die duftenden, mittelgroßen Blütenrosetten zeigen. Der aufrechte Habitus und das rauhe Laub sind typisch für eine Gallica-Rose. Höhe 1,3 m.

'Anaïs Ségalas' (Vibert 1837, F)
Diese Züchtung, die vielleicht von den Zentifolien her kommt, ist sicherlich eine der formschönsten Gallica-Rosen, die auch reich blüht. Die karminrosafarbenen Blüten sind groß, dicht gefüllt und an sich flach. Die Petalen rollen sich ein, um das grüne Auge, die Narbe, besser zu präsentieren. Die duftenden Blütenbüschel leuchten aus dem kleinblättrigen, hellgrünen Laub des gut verzweigten Strauches hervor. Höhe 1,2 m.

'Assemblage de Beautés' (1790)
syn. 'Rouge Éblouissante'
Es ist wirklich eine Gesellschaft von Schönheiten, die sich im sattgrünen Laub des aufrechten, wenig bestachelten Strauches versammelt. Leuchtend-kirschrot strahlen die sich ballförmig öffnenden, später geviertelten Blüten. Wenn die Rosenblüten älter werden, legen sich purpurfarbene Schatten darüber. Die grünäugigen Schönheiten sind fein parfümiert. Höhe 1,2 m.

'Belle de Crécy' (Roeser etwa 1830 bis 1836, F)
Die »Schöne aus Crécy« stammt nicht aus dem Schloßpark der Mme Pompadour, sondern von Roesers Baumschule in Crécy en Brie. Der locker wachsende, fast stachellose Strauch hat nicht nur ein gutes Blattwerk, er blüht auch reich. Er überrascht mit Büscheln kirschfarbener Knospen, aus denen fast kugelige, stark gefüllte, mittelgroße Rosen erblühen, deren Kirschrot schon lilafarben schimmert. Ganz offen sind die Blüten flach, und das ersehnte grüne Auge zeigt sich erst, wenn sich lavendelgraue und lila Schattierungen über die Petalen legen. 'Belle de Crécy' ist eine launische Schöne, die Intensität der Färbung hängt von der Luftfeuchtigkeit und der Temperatur ab, aber der liebliche, starke Duft ist immer spürbar. Man pflanzt diese Sorte am besten nicht in die volle Sonne und sorgt für ausreichende Düngung und Bewässerung. Höhe 1,2 m.

'Belle Isis' (Parmentier 1845, B)
Die »Schöne Isis«, benannt nach der ägyptischen Fruchtbarkeitsgöttin, kann mit ihrer hellen Farbe schon als außergewöhnlich unter den Gallica-Rosen gelten. Vielleicht war wirklich ein Elternteil eine Zentifolie. 'Belle Isis' ist gewiß eine der schönsten belgischen Züchtungen. Die kleinen zartrosafarbenen Blütenrosetten sind zu netten Sträußen angeordnet, die wie ein Herrenparfüm duften. Eine hübsche Erscheinung stellt der hellgrün belaubte, niedrige Strauch dar. Die Sorte ist die Mutter von 'Constanze Spry' (1961). Höhe 90 cm.

'Camaïeu' (Vibert 1830, F)
Im Klassizismus bemalten französische Künstler Möbel, Tapeten und Porzellan »en camaïeu«, das heißt Ton in Ton, was sehr plastisch wirkt. Eine Rose in dieser modischen Farbkombination glückte dem Gärtner Vibert, und so nannte er sie 'Camaïeu'. In ganzen Büscheln stehen die locker gefüllten Blüten. Ihre Petalen sind ausgesprochen unterschiedlich gemustert, auf blaßrosafarbenem Grund erscheinen ganz unregelmäßig hellkarminrote Streifen, die sich anfangs vertiefen, doch dann vielerlei violettrosa Nuancen weichen, und das Schauspiel endet blaß lilagrau. Dann ist auch der Duft nur mehr matt. Die Sorte braucht guten Boden und Halbschatten, sie blüht spät und lange. Höhe 1 m.

'Cardinal de Richelieu' (Züchter van Sian, NL, verbreitet durch Laffay 1840, F)
vor der Einführung 'Rose van Sian' genannt
Die Rose ist nicht minder berühmt, als es ihr Namensgeber, der Minister Ludwigs XIII., war. Aus den rundlichen Knospen, die sich stets in Gesellschaft

'Aimable Amie' gleicht zur Blütezeit einem großen Strauß aus dunkelrosa Knospen und duftenden Blütenschalen.

'Violacea', eine der alten »Samtrosen«, blüht im Juni reich und behält bis in den Winter ihr dichtes Laub.

befinden, entwickeln sich üppige, purpurviolette Rosen, aus deren Petalengrund es heller leuchtet. Wenn sich die vielen Blütenblätter einrollen, verfärbt sich die Blüte nach Dunkelviolett mit helleren Schattierungen. So eindrucksvoll wie die Blütenfarbe ist auch der Duft. Der buschige Strauch mit dem gesun-

'Alain Blanchard' zeigt goldene Staubgefäße in der leichten Füllung ihrer samtig-karminroten Blüten.

den, dunkelgrünen Laubwerk enttäuscht auf armen Böden und in praller Sonne. Erstklassige Blüten und reicher Flor zeichnen diese Sorte aus. Höhe 1,2 m.

'Charles de Mills' (vor 1811 in Kultur)
syn. 'Bizarre Triomphant'
Den alten französischen Namen verwendet nun auch Thomas (1980), doch bei Guerrapain (1811) hatte der Druckfehlerteufel 'Buzard Triomphant' daraus gemacht. Im Prévost-Katalog von 1829 als »Rose bleue« geführt, trägt sie die synonymen Namen 'Bizarre Triomphant', 'Rose Ardoisée' und 'Violette Bronzée'. Von Simon-Cochet (1906) wird sie unter der Nummer 1542 als Bengal-Rose geführt. Rätselhaft bleibt der erst später auftauchende Name 'Charles de Mills', es sei denn, diese Sorte kam von Mills, einem um 1840 in Rom lebenden Engländer, dessen von Bengal-Rosen umrankte »Pergole italienne« bewundert wurde. (Loiseleur-Deslongchamps 1844, Seite 284f.).

Die heute kultivierte, sehr beliebte Sorte bildet einen gedrungen wachsenden Strauch mit stets gesundem, dunklem Laub, der durch seine vielen karmesin- bis weinroten Blütenbüschel zum Schmuckstück wird. Die großen, flachen Rosen sind dicht gefüllt und duften leicht. Höhe 1,2 m.

(Vgl. Prévost-Katalog 1829, Nr. 516, Thomas 1955, Seite 143, und Bean 1980, Seite 176.)

'Cosimo Ridolfi' (Vibert 1842, F)
syn. 'Cosimo Ridolphi'
Der niedrige, buschige Strauch hat helles Laub und blüht lilafarben. Das anfangs tiefe Altrosa der großen gefüllten Rosenschalen verfärbt sich sehr rasch zum Lila hin. Es fehlt weder das Auge noch der Duft. Höhe 1 m.

'D'Aguesseau' (Vibert 1837, F)
Vibert ehrte mit dieser Sorte den Kanzler Frankreichs, der 1718 sein Amt verlor, weil er sich der Einführung des Papiergeldes widersetzte. Erst nach dem Staatsbankrott durfte d'Aguesseau wieder der Krone dienen. Die Sorte ist weder im Prévost- noch im Desportes-Katalog verzeichnet, aber das Verzeichnis von L'Haÿ gibt 1837 als Einführungsjahr an.

Prachtvoll karmesinrot leuchten die aufblühenden Rosen aus dem stumpfen Laub des kompakten Strauches, und gar bald ordnen sie ihre Petalenfülle zu leicht geviertelten großen Blüten, die sich vom Rande her aufhellen. Zarter Duft. Höhe 1,2 m.

'De la Maître École' (Miellez 1840, F)
Miellez bekam diese Sorte wahrscheinlich aus La Maître École, einem Dorf bei Angers, daher ist die sonst übliche Schreibweise 'Du Maître d'École' wohl unrichtig. Insgesamt brachte Miellez 180 Sorten in den Handel. 'De la Maître École' bildet einen kräftigen Strauch, der sich mit großem, hellem Laub schmückt. Die Blütenpracht beginnt mit den runden rötlichen Knospen, die zu sehr großen, vollgefüllten und geviertelten Rosen erblühen. Ihre Farbe wandelt sich von Altrosa zu zartem Lavendelrosa. Die fein duftenden Blütenbüschel biegen oft bei Regen die Zweige nieder. Höhe 1,2 m.

'Duc de Guiche' (vor 1810 in Kultur)
syn. 'Sénat Romain'
Hier handelt es sich um keine Prévost-Züchtung, sondern um die Nummer 360 seines Kataloges. Nach Gravereaux gehörte die Sorte 1810 zur Kollektion von Schloß Soucelle. Das gesunde, längliche Laub paßt gut zu den kräftigen, straffen Zweigen und den großen vollen Blüten, die zu perfekten Gallica-Rosen aufblühen. Die Färbung verliert im Garten, was die unterschiedlichen Angaben in der Literatur bestätigen. Aus »purpurfarben-rosenrot« in der Noisette-Übersetzung von 1828 wurde bei Thomas (1963) »crimsonmagenta«. Das purpurfarbene Fuchsin, ein violetter Teerfarbstoff, wurde 1859, im Jahr der Schlacht von Magenta, entdeckt. Eine Variante davon, ein bläulicheres Karmesin, das an Lilarot anklingt, wurde Magenta genannt. 'Duc de Guiche' blüht reich und duftet gut. Höhe 1,2 m und mehr.

'Duchesse d'Angoulême' (Vibert 1821, F)
Gisèle de la Roche (1980) berichtet, daß mindestens fünf Sorten der 'Duchesse d'Angoulême', der Tochter Marie Antoinettes, gewidmet wurden. Die hier angeführte Sorte stammt von Vibert. Schon Prévost hatte sie unter die Provence-Hybriden eingereiht und vermerkte »petales très minces, transparent« (Prévost-Katalog 1829 Nr. 265).

An die gemischte Herkunft erinnern uns das grüne Holz, die glatten hellgrünen Blätter und der leicht überhängende Wuchs, ferner die kugeligen, nickenden Blüten, deren zahlreiche zartrosafarbenen Blütenblätter sich zum Rande hin aufhellen. Die edle, duftende Sorte gedeiht auch auf leichten Böden und ist ausgesprochen winterhart. Höhe 90 cm und mehr.

'Duchesse de Buccleugh' (Robert 1846, F)
Ganze Büschel rosaroter, vollgefüllter Rosen öffnen sich schalenförmig und werden dann mehr flach und geviertelt. Die Blüten zeigen ein Auge und duften. Der robuste, fast stachellose Strauch ist auch gut belaubt und blüht spät. Höhe 1,2 m.

'Duchesse de Montebello' (Laffay vor 1829, F)
Diese Sorte besitzt viele Vorzüge. Sie blüht reich und früh, duftet vorzüglich und ist gut belaubt. Der Wuchs wirkt locker, es lassen sich von den langen Zweigen ohne Gewissensbisse feine Sträuße schneiden mit ganzen Büscheln von perlrosafarbenen, mittelgroßen, auch schön gefüllten Blüten, von denen die einen noch kugelig, die andern schon schalenförmig geöffnet sind. Höhe 1,3 m.

(Prévost führt die Sorte 1829 unter Nr. 754 als einmalblühende Bengal-Hybride.)

'Georges Vibert' (Robert 1853, F)
Die recht brauchbare Sorte mit gestreiften Blüten ist mit jedem Boden zufrieden und blüht dann auch noch reich. Sie paßt gut in kleine Gärten, da der Strauch aufrecht wächst und gut belaubt ist. Die großen, gefüllten Blüten sind flach, hellrosafarben bis dunkelkarminrosa mit weißen Streifen, und sie duften leicht. Höhe 1 m.

'Hippolyte'
Hippolyte war die Amazonenkönigin aus den griechischen Sagen. Die Sorte wächst im Garten zu einem kräftigen Busch heran, die langen, fast unbewehrten Zweige sind mit kleinblättrigem Laub be-

setzt. Relativ kleine, aber gut gefüllte dunkelpurpurfarbene Blüten öffnen sich flach, die Petalen rollen sich schnell nach außen. Die violetten Schattierungen nehmen zu beim Verblühen, und ein kleines Auge fehlt auch nicht. Leichter Duft. Höhe 1,5 m.

'Jenny Duval'
Bei dieser Sorte aus dem 19. Jahrhundert ist schon die Namensgebung zweifelhaft. Der Rosenbuch-Autor Otto kennt 1858 eine leuchtendrote *Rosa gallica* 'Jenny Duval' (Otto 1858, Seite 212). Unsere heutige 'Jenny Duval' ist jedenfalls eine der schönsten Alten Rosen. Schon die Knospen wirken hübsch, erst recht die großen, gut gefüllten Blüten. Ist es heiß, scheinen sie magentarot und mit kirschrotem Schimmer in der Blütenmitte, doch die kapriziöse, wetterfühlige Schöne kann sich wandeln in Violett, Lila, Grau, ja selbst bräunliche Töne kommen vor. Diese Mixtur von Farben wurde im Verblühen sogar schon als »blau« angesehen. So imponierend wie das Farbenspiel ist auch der Duft. Ansonsten handelt es sich um einen ganz gewöhnlichen *Rosa gallica*-Strauch, auch was das Laub betrifft. Höhe 1,2 m.
Der englische Rosenzüchter David Austin schreibt in seinem Buch »The Heritage of the Rose«, daß 'Jenny Duval' nach seinen Beobachtungen in Wirklichkeit die Sorte 'President de sèze' sei. Da 'Jenny Duval' so unglaublich variabel in der Farbgebung ist, scheint dies möglich.

'La Plus Belle des Ponctuées'
Die »Schönste der Getüpfelten« wurde schon von Gräfin Chotek, die immerhin 6000 Sorten in ihrem Rosarium bei Preßburg kultivierte, als einzigartig bezeichnet. Die Sorte bringt ganze Büschel von großen, rosettenförmigen Blüten hervor, deren tiefes Rosa belebt wird von vielen hellen, fast weißen Punkten. Die Blüten sind recht wirkungsvoll vor dem dunklen Laub des nur mittelhohen Strauches. Höhe 1,4 m.
(Chotek-Katalog 1929, Nr. 389).

'Œillet Parfait' (Foulard 1841, F)
Der Name »Vollkommene Nelke« rührt von ihrer Ähnlichkeit mit den damals beliebten gestreiften und geflammten Nelkensorten her. Es mischen sich lilafarbene, rote und purpurne Streifen in den mittelgroßen, rundlichen Blüten, die leicht duften. Zudem ist der mehr buschige Strauch mit eher rundblättrigem, mattgrünem Laub ausgestattet. Höhe 90 cm.

'Ornement de la Nature' (Toutain 1826, F)
syn. 'Anémone ancienne'
Eine »Zierde der Natur« ist der sehr üppig blühende Strauch tatsächlich, doch auch ohne Blüten wirkt er ansehnlich, ist schön belaubt und wächst aufrecht. Die hell-lilarosafarbenen, großen, gefüllten und ganz flachen Blüten duften wundervoll und erscheinen immer in Büscheln. Höhe 1,2 m.

'Petite Orléanaise'
Die »Kleine aus Orléans«, das ist ein kräftiger und gar nicht so niedriger Busch mit kleinblättrigem, relativ hellem Laub. Die fast mittelgroßen Blüten sind dicht gefüllt und flach, dabei von einem schönen Rosa, das im Zentrum leicht rötlich wird. Volle, duftende Blütenbüschel entfalten sich frei über dem Laub zur relativ späten Blütezeit. Höhe 1,2 m.

'Président de Sèze' (Mme Hébert vor 1836, F)
Zu den erstklassigen *Rosa gallica*-Sorten gehört dieser wüchsige Strauch, der gesundes, großblättriges Laub trägt. Aus hübschen, zart-rötlichen Knospen entfalten sich die stark gefüllten, großen Blüten. Aus der gefältelten Blütenmitte leuchtet es in Dunkel-Magentarot, das sich zum Blütenrand hin aufhellt bis zu einem zarten Lila. Die duftenden Blüten zeigen sehr feine, harmonische Farbübergänge. Höhe 1,3 m.

'Surpasse Tout' (vor 1832 in Kultur)
syn. 'Cerisette la Jolie'
»Übertrifft alles«, so wurde die Sorte genannt, und sie blüht wirklich reich. Beim Öffnen sind die großen, vollgefüllten Blüten karminrot, später aber mehr leuchtend-kirschrot; sobald sich die Petalen umgerollt haben, wird auch das grüne Auge sichtbar. Vorzüglicher Duft. Ein Gallica-Strauch wie üblich. Höhe 1 m.

'Tricolore de Flandre' (van Houtte 1846, B)
Die »Dreifarbige aus Flandern« hat auf ihren weißen Petalen violette und karminrote Streifen. Sowohl die Musterung als auch die dichte Füllung zeigen sich schon an den rundlichen Knospen. Die Blüten – typisch für *Rosa gallica* – rollen artig die Petalen um. Die attraktiven, fast mittelgroßen Blüten duften leicht. Der Strauch ist dicht belaubt und trägt die Blütenbüschel gut. Höhe 1,2 m.

'Tuscany Superb' (vor 1848 in Kultur)
Vielleicht handelt es sich um einen Sport von 'Tuscany' (siehe Seite 50), die beiden Sorten ähneln sich sehr. Der Strauch von 'Tuscany Superb' wächst brei-

ter, das Laub und die Blüten sind größer. Durch die stärkere Blütenfüllung werden jedoch die Staubgefäße fast überdeckt. Das tiefdunkle Rot mit den kastanienbraunen Schattierungen und samtigen Flekken sowie der Duft ist bei den Schwestersorten gleich. Höhe 1,4 m und mehr.

'Violacea'
(vermutlich vor 1800 in Holland in Kultur)
Da die heute kultivierte Sorte 'Violacea' nicht Redoutés »Rosa gallica maheca« entspricht, entfallen alle bisher gebrauchten Synonyme (Bean und Thomas in Bean 1980, Seite 96 und 203; de la Roche 1978, Seite 179 und 181). Sicherlich handelt es sich um keine reine Gallica-Rose, denn der Strauch will hoch hinaus. Die jungen, schlanken, fast unbewehrten Zweige wachsen steil-aufrecht, doch später hängen sie über und verzweigen sich gut. Der Strauch trägt dichtes rundliches Laub, das sich im Herbst bräunlich färbt und ungewöhnlich lange hält. Schon früh bedeckt er sich mit Knospenbüscheln, an denen die langen Kelchblätter auffallen. Die fast einfachen Blüten besitzen nur zwei Reihen Petalen; sie sind erst samtig-dunkelrot, später weisen sie violette Schatten auf. Wie ein Krönchen prangen darin die goldenen Staubgefäße. Die Sorte duftet angenehm und leicht. Die verblühten Rosen fallen sauber ab. Die sehr winterharte und immer gesunde Sorte eignet sich in idealer Weise als Deckstrauch und für naturnahe Pflanzungen. Sie gedeiht gut auf eigener Wurzel und wird nicht so hoch. Höhe 1,6 m.

'Violacea' wird in der Literatur gelegentlich mit der Moosrose 'Violacée' (Soupert et Notting 1876) verwechselt.

Damaszener-Rosen

Nur ein recht kleines Sortiment der relativ winterharten *Rosa × damascena* hat sich erhalten, dafür ist es so exquisit, daß die Wahl schwerfällt. Allen Damaszener-Rosen gemeinsam ist der gute Duft. Besonders beliebt sind ihre weißen bis rosafarbenen, leicht nikkenden Blüten wegen ihrer durchsichtig wirkenden Blütenblätter. Sie blühen immer in Büscheln an den bogenförmigen, gut belaubten Zweigen im Juni–Juli. Die Blütendauer kann stark variieren. Alle Sorten bleiben auch nach dem Flor gesund. Am beliebtesten sind ohne Zweifel 'Celsiana', die den Typ am reinsten verkörpert, 'Mme Hardy', die jedoch keine reine *Rosa × damascena* ist, und 'Leda', eine der niedrigsten

'Celsiana' wirkt elegant durch die leicht nickenden Knospen und die wie aus Seide gefältelten Rosen.

und kompaktesten dieser Klasse. Ein Teil der Damaszener-Rosen soll auch in mageren Böden gedeihen, doch ausreichende Ernährung bringt mehr Blüten. Früher wurden diese Sorten auf eigener Wurzel kultiviert und sogar zum Treiben in Töpfe gepflanzt. (Herkunft, Merkmale und Formen siehe Seite 10 und 53 ff.)

'Blush Damask' (Herkunft unbekannt)
Dieser leicht überhängende, nicht sehr große Strauch ist gut dekoriert mit vielen spitzen Blättchen, dazu recht anspruchslos und doch sehr reichblühend. Leicht nickende, mittelgroße, tiefrosafarbene Blüten entfalten sich zu einer Rosette, deren viele gefältelte Petalen dicht übereinander liegen. Beim Verblühen hellt sich das Rosa zum Blütenrand hin immer mehr auf. Die Rosen duften auch dann noch, aber eine »Errötende Damaszener-Rose«, wie der Name besagt, ist sie dann nicht mehr. Höhe 1,5 m.

'Celsiana' (vor 1750 eingeführt, vermutlich NL)
syn. bei Redouté, Thory: 'Rosier de Cels', bei Jäger: 'Cels'
'Celsiana' (»Cels Rose«) ist nicht die einzige Sorte, die nach dem Pariser Gärtner benannt wurde, der die schönste Baumschule seiner Zeit besaß. Schon seit über 200 Jahren befindet sich 'Celsiana' in Kultur, und sie begeistert noch immer. Duftig und leicht wir-

'Duc de Cambridge' ist die dunkelste aller Damaszener-Rosen, und ihre großen, vollen Blüten duften köstlich.

ken die etwas nickenden Blütenbüschel. Es sind kaum mehr als drei Reihen Petalen, die aufgefaltet werden, um die gelben Staubgefäße auf dem seidigen rosafarbenen Grund der großen Blüten zu zeigen. Der leichte Duft bleibt, auch wenn die Blüten sehr rasch verblassen. Das helle, graugrüne Laub des überhängenden Strauches vervollständigt die harmonische Erscheinung von 'Celsiana'. Höhe 1,5 m.

'Duc de Cambridge' (Frankreich vor 1848)
syn. 'Duke of Cambridge' in der alten englischen Literatur
Die großen und vollen Blüten in Purpurrosa haben einen köstlichen Wohlgeruch. Das siebenblättrige Laub ist mattgrün und anfangs rötlich gerandet. 'Duc de Cambridge' ist wohl die dunkelste Damaszener-Rose, die zur Zeit käuflich ist. Mittelhoher Strauch von 1,3 m Höhe.

'Gloire de Guilan'
(1949 durch Hilling in den Handel gebracht)
»Ruhm von Guilan« soll eine Ölrose aus der persischen Provinz Guilan sein, die am Kaspischen Meer liegt. Nancy Lindsay hat sie eingeführt.
Früher als bei den anderen Damaszener-Rosen beginnt die Blütezeit des auffallend hellgrün belaubten Strauches. Durch die Dichte der Belaubung wird der lockere Wuchs überdeckt. 'Gloire de Guilan' bringt

große, reinrosafarbene Blütenschalen, die selten einzeln stehen. Erst wenn sie ganz aufblühen zu flachen, schönen, wunderbar duftenden Rosen, erkennen wir, daß all die vielen Blütenblätter mehr oder weniger gefältelt sind. Die Wuchshöhenangaben differieren auffallend, wahrscheinlich bedingt durch sehr verschiedene Veredlungsunterlagen und Schnittmaßnahmen. Auf eigener Wurzel, wie 'Gloire de Guilan' feldmäßig in Persien gezogen wird, wächst sie sicherlich kompakter. Höhe 1,2 m.

'Ispahan' (vor 1832 in Kultur)
syn. 'Pompom des Princes', 'Rose d'Ispahan'
Ispahan, die schönste Stadt Persiens, ist seit dem 17. Jahrhundert berühmt für ihre Moscheen und Paläste, ihre Gärten und Rosen. Es ist sehr wohl möglich, daß die so früh und lange blühende Sorte von dort in die europäischen Gärten kam. Rundliches, sattgrünes Laub zeichnet den kräftig wachsenden Strauch aus, dessen Blüten ebenso anziehend wirken. Sie sitzen in Büscheln. Die großen Blüten wirken sehr gefüllt durch die wesentlich kürzeren, aber schön gefältelten Petalen im Zentrum, die tiefer rosafarben getönt sind als der Blütenrand. 'Ispahan' spendet reichlich duftende, farb- und formbeständige Blüten für die Vase. Höhe 1,5 m.

In der alten deutschen Rosenliteratur ist 'Ispahan' – oder auch 'Rose d'Ispahan' – unter den Zentifolien zu finden.

'La Ville de Bruxelles' (Vibert 1849, F)
»Die Stadt Brüssel« ist eine Rose der Superlative. Sie hat einen kräftigen, gut verzweigten Habitus, üppiges hellgrünes Laub und sehr große Blüten, die wie Wildrosen duften. In ihrem Rosa findet sich schon ein Schimmer von Lachs, besonders im Inneren der Blüte, wo die kleinen Petalen sich muschelförmig wölben, schüsselförmig umschlossen von den breiten äußeren Blütenblättern. Die Blüten sind so schwer, daß sie oft im Laub fast versinken. Höhe 1,5 m.

'Leda' (vor 1838 in Kultur, GB)
syn. 'Painted Damask'
Leda war der griechischen Sage nach Königin in Sparta und erregte das Wohlgefallen des Göttervaters Zeus. Unsere 'Leda' ist eine unverwechselbare Sorte, denn schon der stark verästelte, breit wachsende Strauch mit dem dunklen Holz und dem vollen, düsteren Laub prägt sich ein. Erst recht die seltsam gequetschten Knospen, aus denen es wie rotbrauner Lack glänzt. Es werden große, ganz flache Rosetten daraus mit vielen plissierten Petalen, die

fast weiß sind. Nur die äußeren Blütenblattreihen haben auf ihrer Unterseite ein ganz schmales, karminrotes Käntchen. 'Leda' bringt viele duftende Blütenbüschel, die reizend ausschauen. Anspruchslos und problemlos wächst sie auch auf eigener Wurzel gut. Höhe 1 m. (Desportes-Katalog 1829, Nr. 2518 »Léda fleurs roses«)

Es gibt von 'Leda' auch einen rosafarbenen Sport, er wird unter 'Pink Leda' gehandelt. Dieser hat dunkler getönte Knospen, und die Blüten sind zartreinrosa. Niemand kann bis jetzt entscheiden, welche von beiden die ursprüngliche Form ist. Höhe 1 m.

'Marie Louise' (1813 in Malmaison entstanden)
Die Sorte bildet einen kompakten und schön belaubten Strauch, doch die Zweige biegen sich nieder unter der Last der vielen und schweren Blüten, die überaus groß sind. Die hübschen Knospen brechen zu unwahrscheinlich vollen, flachen Rosen auf, die gut duften. Ihr tiefes Rosa leuchtet von weitem. Höhe 1,2 m. (Prévost-Katalog 1829, Nr. 234 mit acht Synonymen)

'Mme Hardy' (Hardy 1832, F)
A.J. Hardy war der Leiter des seinerzeit berühmtesten Rosengartens in Europa, des Jardin du Luxembourg (Döll 1978, Seite 43). Simon-Cochet führt 85 seiner Rosenzüchtungen an (Simon-Cochet 1906, Seite VII). Derzeit befindet sich eine einzige Sorte davon im Handel, doch sie wird oft die schönste aller weißen Rosen genannt. Sicherlich ist sie keine reine Damaszener-Rose, sondern hat Zentifolien-Erbmasse. Der kräftige Strauch bildet immer einen sehr erfreulichen Anblick, weil das kleinblättrige, gesunde hellgrüne Laub so schön verteilt ist. An den Seitentrieben kommen büschelweise Knospen hervor, aus deren langen Kelchblättern es zartrosafarben schimmert. Dichtgefüllte, schneeweiße Blütenschalen blühen daraus auf, die rasch verflachen. Die Petalen des Blütenrandes rollen sich nach außen um, doch im Blüteninnern leuchtet in einer Mulde das berühmte hellgrüne Auge. Feiner Duft, reiche Blüte und stete Gesundheit empfehlen 'Mme Hardy'. Höhe 1,6 m.

'Mme Zoetmans' (Marest 1830, F)
Die großen, gefüllten, schalenförmigen Blüten sind manchmal sogar geviertelt. Wenn sich ihre zartrosa Farbe fast in Weiß verwandelt, geben sie das kleine grüne Auge frei. Die kleinen Büschel duftender Rosen sind schön verteilt über das mittelgrüne Blattwerk des gut verzweigten, aufrechten Strauches. Höhe 1,2 m.

'Petite Lisette' (Vibert 1817, F)
Das »Lieschen« hat keinen Stammbaum. In den alten französischen Katalogen wurde sie auch »alba hybrida cum bifera« genannt, in den deutschen Katalogen »Putzrose«. Thomas (1963) führt sie unter den Damaszener-Rosen. Wirklich klein (frz. petit) wirkt 'Lisette', was Statur, Blattwerk und Blütengröße angeht, dazu ist sie wenig stachlig, alles in allem aber eine reizende Erscheinung. Sie produziert fleißig niedliche Knospenbüschel, aus denen ganze Blütensträuße werden. Wie Mini-Puderquasten sehen die silberrosa Röschen zuerst aus, dann werden sie alle flach, schön rund und hübsch gefältelt. Der leichte Duft steht ihnen gut. Höhe 1 m.

'Rose de Rescht' (vor 1880 in Kultur, Persien)
syn. 'Rose de Resht'
Diese Sorte wurde nach dem Weltrosenregister »Modern Roses 8« (1980) von Nancy Lindsay aus Persien oder Frankreich mitgebracht. Nach Bean (1980, Seite 61) handelt es sich um eine persische Gartenrose, die anscheinend von dem Engländer Paul um 1880 als »Rosa Pissardii« nach Großbritannien eingeführt wurde. Als 'Gul e Reschti', also als Rose aus der nordpersischen Handelsstadt Rescht, fand sie C. Hausknecht in Bebehan (Südpersien), und sie wurde 1887 von Christ in seinem Buch »Rosae orientalis« erwähnt (Christ 1887, Seite 229). Josef Bornmüller, ein Dahlem-Absolvent, leitete seit 1904 das Weimarer Botanische Museum »Herbarium Hausknecht«. Vielleicht brachte auch er 'Rose de Rescht' von seinen Persien-Expeditionen in den Jahren 1892 oder 1902 nach Deutschland. Nachdem sie zwischenzeitlich in Vergessenheit geriet, wurde mir die vitale, herbstblühende Damaszener-Rose im Jahre 1970 als »Großmuttersrösle« von Martl Hald aus Leonberg zugesandt. Gerda Nissen fand sie 1975 in Hessen und Norddeutschland (Nissen 1984, Seite 46; H. und W. Grimm: »Der Rosenbogen« 1985, Heft 4, Seite 316).

Diese sehr dankbare und pflegeleichte Sorte scheint ideal für Anfänger und kleine Gärten. Der aufrechte Strauch hat kräftige Triebe und robuste, dunkle Laubblätter. Die fuchsienroten, ganz dicht gefüllten, nur 5 cm großen Rosettenblüten sind hübsch eingerahmt von den obersten Laubblättern, denn der Blütenstiel ist sehr kurz, ähnlich wie bei den Portland-Rosen. Es stehen immer mehrere von den gut duftenden Rosen beieinander. 'Rose de Rescht' blüht von Mitte Juni bis zum späten Herbst und steht selten ohne Blüten da. Sie ist absolut winterhart. In Kassel hat sie, auf Hochstamm okkuliert, ohne Schutz zwölf Winter überstanden. Sie braucht keine Pflanzenschutzmittel, läßt sich aus Wurzelrißlingen leicht vermehren und gedeiht auf eigener Wurzel prächtig. Aus 'Rose de Rescht' läßt sich billig eine praktische und dennoch schöne Rosenhecke ziehen. Höhe 1 m.

'St. Nicholas'
(James 1950, int. Hilling 1950, beide GB)
In dem berühmten Garten St. Nicholas in Yorkshire, England, wurde die Sorte entdeckt, die sich ebenso als Hecke wie als Einzelstrauch eignet. Die halbgefüllten, flachen Blüten sind kräftig rosafarben mit hellem Petalengrund, auf dem die goldenen Staubgefäße ruhen. Sie blühen in Büscheln, duften leicht, und im Herbst bilden die sich lange haltenden Hagebutten einen hübschen Kontrast zu dem dunkelgrünen, ledrigen Laub. Höhe 1 m.

'Versicolor' siehe Seite 50.

Portland-Rosen

Diese Vorläufer der Remontant-Hybriden werden in der alten Literatur auch als *Rosa damascena* f. *bifera* hort. bezeichnet oder gar teilweise als »Rosen von Trianon«. Die Klasse fällt auf durch ihren gemäßigten, meist sehr aufrechten Wuchs, ihre relativ gute Winterhärte und die geringe Anfälligkeit für Krankheiten. Für Portland-Rosen ist typisch, daß die Blüten, immer zu mehreren, dicht über dem letzten Laubblatt am Stengel sitzen. Es sind sehr gut duftende, meist rosafarbene Rosen, es befinden sich darunter auch einige dunkelrote, nur eine weiße, dafür aber eine panaschierte (gestreifte) Sorte. Portland-Rosen haben einen reichen Flor im Juni, darauf folgt im Hochsommer die stille Zeit mit sehr wenig Blüten und danach meist ein guter Herbstflor. Nur 'Mme Boll', die jetzt als 'Comte de Chambord' gehandelt wird, blüht wirklich den ganzen Sommer hindurch. Es folgen 'Jacques Cartier' und 'Mme Knorr' mit gutem Remontieren.

Alle Portland-Rosen lassen sich gut in unseren heutigen Gärten unterbringen. Der ein wenig steife Wuchs kann durch Unterpflanzung mit niedrigen Stauden ausgeglichen werden.

Verblühte Blumen sollte man sofort ausschneiden. Mäßiger Frühjahrsschnitt und nahrhafter Boden sind unbedingt notwendig. In normalen Wintern braucht nicht angehäufelt zu werden.

Rosa multiflora ist keine ideale Veredelungsunterlage für Portland-Rosen, denn auf ihr bauen die Rosenstöcke nach 15 Jahren ab. Man sollte sie vielleicht doch besser wie früher auf eigener Wurzel kultivieren. (Herkunft und Merkmale siehe Seite 54)

'Arthur de Sansal' (Cartier 1855, F)
Sämling von 'Géant des Batailles'
Im L'Haÿ-Katalog wird sie 1981 als Züchtung des Pariser Arztes Cartier ausgegeben und als Portland-Rose bezeichnet, im Gegensatz zu den Angaben von Simon-Cochet (1906) und Jäger (1960). Schon die dicken karminroten Knospen verraten die starke Füllung der mittelgroßen, flachen Blüten, deren dunkles, samtiges Karminrot sich mit purpurnen Schattierungen überzieht, um sich zuletzt ins Violettfarbene zu verfärben. Duftend. Der aufrechte Strauch remontiert gut. Höhe 1 m.

'Bernard' (Vibert um 1825, F)
Sport von 'Rose du Roi'
Zum Glück blieb die Sorte in Sangerhausen erhalten. Ihre rosa-lachsfarbenen, gefüllten, schalenförmigen Blüten könnten eine ungeahnte Bereicherung des Portlandrosen-Handelssortiments sein. Paul Täckelburg (Gartenbau-Ingenieur des Rosariums Sangerhausen) verleiht 'Bernard' die beste Duftnote, die es im Rosenverzeichnis des Rosariums Sangerhausen (1976, 3. Auflage) gibt. Wir haben nur noch so wenige Portland-Sorten und sollten 'Bernard' daher wieder vermehren. Höhe 90 cm.

'Blanc de Vibert' (Vibert 1847)
Dies ist die zur Zeit einzige weißblühende Portland-Rose, die im Handel angeboten wird. Einen ganz eigenen Reiz haben die großen, gefälteten Blütenrosetten mit dem zitronenfarbenen Schimmer im Zentrum, die zu dritt bis zu fünf beisammenstehen und angenehm frisch duften. Sie harmonieren ausgezeichnet mit dem weichen, gekrumpelten, auffallend hellen Laub, das nur sparsam über die aufrechten Zweige verteilt ist. Die Sorte ist eine kälteempfindliche Schönheit, die mit der Nachblüte geizt. Höhe 1,2 m.

'Comte de Chambord'
(Moreau et Robert vor 1860, F)
Die Rose ist dem verbannten französischen Thronprätendenten gewidmet, der sich seit 1844 Comte de Chambord nannte. Thomas beschrieb die Sorte (1963, Seite 210), fügte aber irrtümlicherweise 1967 im Sunningdale-Katalog (Seite 16) das Synonym

'Mme Boll', die beste aller Portland-Rosen, wurde von einem nach USA ausgewanderten Schweizer gezüchtet.

'Madame Boll' hinzu. Versehentlich schloß Nancy Steen in ihrem Buch (1966, Seite 113) daraus, daß der New Yorker Rosenkultivateur Daniel Boll seine Züchtung zuerst seiner Frau widmete, sie dann aber als 'Comte de Chambord' 1859 in Frankreich durch Boyau verbreiten ließ. In der Rosenliteratur erschien daraufhin 'Comte de Chambord' mit dem Stammbaum der 'Mme Boll', nach den alten Quellen jedoch handelte es sich um zwei verschiedene Rosensorten.

1. 'Comte de Chambord' ist eine rosafarbene Portland-Rose ohne Stammbaum. Robert et Moreau brachten sie 1860 in den Handel. Sie verschwand bald aus den Katalogen und fehlt sogar in der Rangliste der Züchter Moreau et Robert 1883 (Schneider 1883, Seite 96), lediglich in Simon-Cochet (1906) ist sie als Nummer 2401 verzeichnet.

2. 'Mme Boll' ('Baronne Prévost' × 'Portlandica') wurde 1843 von Daniel Boll gezüchtet, einem nach Amerika ausgewanderten Schweizer. Sie kam in Europa erst 1859 durch Boyau (Angers) in den Handel als 'Mme Boll' (Ellwanger in »The Rose« 1882, Seite 248). Bei der Rosenausstellung 1865 in Kassel gehörte die Boll-Züchtung bereits zu den »Matadoren des Rosensortiments« (Wesselhöft 1866, Seite 182). Das Rosenbuch von Jamain et Forney stellte sie mit Farbbild (Tafel 89) und präziser Beschreibung vor, jedoch als Boyau-Züchtung (1873, Seite 216). Dies wurde unmißverständlich korrigiert durch Schneiders dreisprachige, internationale »Rangliste der edelsten Rosen« (1883, Seite 120, 139). Demnach war die amerikanische Züchtung für

den Wiener Hofgärtner Rosenbaum die vollkommenste rosafarbene Remontant-Hybride, und Ellwanger bezeichnete sie als die beliebteste Sorte in Rochester (New York) (1882, Seite 102). 'Mme Boll' bewährte sich auf Steinfurts Rosenfeldern und im Rosarium von Gravereaux (Schultheis 1889, Seite 158, und L'Haÿ-Katalog 1900, Seite 54). In Frankreich gehörte 'Mme Boll' noch 1912, als die Zeit der Portland-Rosen schon längst vorbei war, zur Elite der 100 allerschönsten Rosen (»Les plus belles Roses« 1912, Seite 102). In Großbritannien pries Dean Hole, der spätere Präsident der National Rose Society, schon 1870 die Tugenden der 'Mme Boll' in seinem »A Book About Roses« (Seite 153 und 310). Dort wurde sie versehentlich als »Beaumann«-Züchtung deklariert, und heute befindet sie sich irrtümlich als 'Comte de Chambord' im Handel. Sortenbeschreibung siehe 'Mme Boll'.

'Delambre' (Moreau et Robert 1863, F)

Die dem französischen Astronom Jean Baptiste Delambre gewidmete Sorte zeichnet sich durch kompakten Wuchs und gesundes Laub aus. Im kühlen Klima Nordwestdeutschlands öffnen sich ihre vielen Knospen selten alle zu rosenroten, dicht gefüllten Blüten, und der zweite Flor kommt spät. Duftend. Höhe 1 m.

'Duchesse de Rohan' (vor 1858 in Kultur)

Schon 1858 wurde die Sorte unter die Portland-Rosen eingereiht (Otto 1858). Die Züchtung steht noch in Sangerhausen. Sie bringt große, gefüllte Blüten hervor. Violett-rosafarben ist ihre Grundfarbe, und die Petalenränder sind zartrosafarben getönt. Höhe 1 m.

'Jacques Cartier' (Moreau et Robert 1868, F)

Wir wissen nicht, ob die Züchter damit den Entdecker Kanadas ehrten oder den erfolgreichen Hobby-Rosenzüchter Dr. Jacques Cartier. Wer aufrechten, kompakten Wuchs bevorzugt, stutzt im Frühjahr den Strauch um ein Drittel; ist aber gefälliger Wuchs erlaubt, genügt das Auslichten der überalterten Zweige. Das außergewöhnlich dichte, stets gesunde dunkle Laub bedeckt die Zweige fast bis zu den Knospen, deren lange Kelchblätter manchmal gefiedert sind. Die aufblühenden großen Blüten sind lebhaft rosafarben und ihre vielen Blütenblätter hübsch plissiert, nur die schmalen Petalen, welche die Staubgefäße verdrängten, bleiben ganz fest nach innen eingerollt. Die gevierteilten, duftenden Blüten hellen sich im lichten Schatten kaum auf, in praller Sonne blei-

'Portlandica', bereits vor 1775 in Kultur, ist nun als 'Duchess of Portland' im Handel. Für naturnahe Gärten.

chen sie rasch aus. 'Jacques Cartier' wirkt auch im Verblühen adrett, denn die großen Petalen fallen sauber ab, und dem hellgrünen, flaschenförmigen Fruchtknoten bleibt nur eine Mütze aus kleinen gerollten Blütenblättern. Der reiche erste Flor läßt sich verlängern, indem man die kaum erbsengroßen Knospen im Mai ausdünnt. Dadurch verkürzt sich die obligate Portland-Sommerpause, und Mitte August beginnt die erstklassige Sorte wieder in voller Pracht zu blühen. Höhe 1 m und mehr.

'Jeune Henry' (Descemet vor 1815, F)
Descemet gilt als der erste bedeutende französische Rosenzüchter. 'Jeune Henry' war schon vor 'Rose du Roi' im Handel und gehörte zu den Rosen von Malmaison (Gravereaux 1912). Die Sorte wurde wahrscheinlich benannt nach der damals sehr beliebten Oper 'La chasse du Jeune Henry', die von Etienne Méhul, einem leidenschaftlichen Rosenliebhaber, stammt (im Prévost-Katalog 1829, Nr. 200, klassifiziert als einmalblühende Portland-Rose).

Aus Sangerhausen kam unser vitaler, gut verzweigter und dicht belaubter Strauch. Seit über zehn Jahren ist er allzeit gesund und winterhart, er blüht stets unglaublich reich. Die leuchtend-karminroten, fest gewickelten, duftenden Blüten öffnen sich langsam und erscheinen in Büscheln. Die Sorte wächst sehr gut auf eigener Wurzel, ist pflegeleicht, und die Blüten halten sich geschnitten sehr lange. Höhe 1 m.

'Marbrée' (Moreau et Robert 1858, F)
Wie es der Name verspricht, ist sie eine Züchtung mit marmorierten Blüten, und zwar mit bedeutend hellerer Maserung auf rosenrotem Fond. Die recht großen, aber nur halb gefüllten Blütenschalen sind mit ausdrucksvollen goldenen Staubgefäßen verziert. Die süß duftenden Blüten werden gern von Bienen besucht. Nicht nur im Juni sitzen die kleinen Rosensträuße im hellen Laub, sondern bis in den Herbst hinein. Der schmale, aufrechte Strauch wird nicht mehr als 1 m hoch.

'Marie de Saint-Jean' (Damaizin 1869, F)
Reinweiße, nicht sehr große, aber stark gefüllte Rosen bringt der mäßig hohe, stachlige Strauch hervor. Die Schalenblüten duften sehr gut, stehen zu dritt und erfreuen im Herbst noch einmal. Die Sorte gehörte einst zu den »les plus belles roses« von 1912 und findet sich noch im Sangerhausener Sortiment. Höhe 1 m.

'Miranda' (Sansal 1869, F)
Rein zartrosafarben schimmern die großen, nur halbgefüllten Blüten, die sich flach ausbreiten. Wie üblich erscheinen sie immer zu mehreren im Juni und nochmals im Spätsommer in üppiger Fülle. 'Miranda' hat typischen Portlandrosen-Wuchs, jedoch größere und tiefer grüne Blätter. Höhe 1,2 m.

'Mme Boll' (Züchter Boll, USA, verbreitet durch Boyau 1859/60, F)
'Baronne Prévost' × 'Portlandica'
Es ist bedauerlich, daß die Sorte nun unter dem falschen Namen 'Comte de Chambord' beschrieben und im Handel geführt wird, aber man kann nur das Loblied fortsetzen, das ihr seit 120 Jahren gesungen wird. Dies ist unbestreitbar die beste Portland-Rose durch ihr reiches und andauerndes Blühen. Rosafarben mit einem Hauch von Flieder sind die großen, flachen, im Inneren schön gevierteilten Blüten. Ihre breiten äußeren Petalen sind gewölbt. Die stark gefüllten, süß duftenden Blüten stehen zu mehreren auf aufrechten Stielen. Gesundes, hellgrünes Laub bedeckt den aufrecht wachsenden Strauch.

'Mme Boll' ist im Schultheis-Katalog von 1989 unter ihrer richtigen Bezeichnung zu finden, so wie vor 100 Jahren. Höhe 1,4 m. (Farbbild im »Journal des Roses« 1882, Seite 168, P. Cochet, Melun).

'Mme Knorr' (Verdier 1865, F)
Diese Rose gehörte ebenfalls zu den 100 allerschönsten von 1912 (»Les plus belles roses«, 1912, Seite 102). Der Strauch wächst höher und breiter als 'Mme Boll', die Blüten sind etwas weniger gefüllt. Im

Aufblühen zeigen sie ein lebhaftes Rosa, das sich zur Mitte hin vertieft. Erst wenn die Blüte ganz geöffnet ist, hellt sie von den Petalenrändern her auf. Zu loben ist der gute Duft. Die Reichblütigkeit und das Remontieren des dunkelgrün belaubten Strauches bedeuten weitere Pluspunkte. Höhe 1,4 m.

'Panachée de Lyon' (Dubreuil 1895, F)
Sport von 'Rose du Roi'

Die »Gestreifte von Lyon« wirkt wie ein Fremdling unter den übrigen Portland-Rosen, und man möchte fast an der Abstammung zweifeln. Die wenig bestachelten, hellgrünen Zweige wachsen nicht steil-aufrecht, und das hellgrüne Laub fühlt sich weich an. Die verhältnismäßig kleinen Blüten öffnen sich schüsselförmig und werden dann schalenförmig mit gefälteter Füllung. Die Blütenblätter wirken durchscheinend, wie Rote Grütze mit Rahm verrührt, und so duften sie auch. Die Sorte braucht nahrhaften Boden und Sonne, um reich zu blühen und ein bißchen zu remontieren. Höhe 1 m.

'Pergolèse' (Robert et Moreau 1860, F)
Giovanni Pérgolèse war ein Opern- und Kirchenmusik-Komponist in Neapel. Das interessante Farbspiel dieser Sorte gleicht dem der Gallica-Rosen. Sie hat kaum mittelgroße Blüten, die flach und hübsch geviertelt sind. Sie verfärben sich von Kirschrot bis Purpurlilafarben mit dunkleren Schatten, manchmal zeigen sie sogar ein grünes Auge. Die kleinen, duftenden Blütenbüschel sehen hübsch aus im dunkelgrünen Laub des aufrechten Strauches. Die Sorte blüht nicht immer nach. Höhe 1,2 m.

'Portlandica' (vor 1775 in Kultur, GB)
Die Stammform der Portland-Rosen wurde nach Bean (1980) erstmals 1775 in »Flora Anglica« erwähnt. Sie wurde vor 1783 von Gordon und Dermer (GB) gehandelt und in »Allgemeines Teutsches Garten-Magazin« 1811 beispielsweise als »Rosa sessiliflora« beschrieben. Redouté hat sie als »Rosier de Portland« gemalt, Pinhas als »Rosa sessiliflora«. Nach Thomas war sie als »Rosa Paestana« und 'Scarlet Four Seasons' bekannt. In »Modern Roses 8« ist sie noch als 'Duchess of Portland' verzeichnet. Die Sorte stammt keineswegs von der *Rosa chinensis*-Sorte 'Semperflorens', wie Hurst annahm (Bean 1980, Seite 75).

'Portlandica' eignet sich gut für naturnahe Gartenpartien, denn die halbgefüllten, hellroten Blüten ähneln der *R. gallica* var. *officinalis* und der niedrige, hellgrün belaubte Strauch treibt gern Ausläufer. Wer

zeitig die verblühten Blütenstände ausschneidet, wird mit einem guten Spätsommerflor belohnt. Höhe 80 cm.

'Rose de Rescht'
Mit den fuchsienroten Rosenblüten ist sie gewiß keine Portland-Rose, aber von der Verwendung her hier gut aufgehoben. Das Findelkind hat die besten Eigenschaften, die man einer *Rosa × damascena* var. *semperflorens* nur wünschen kann: Reichblütigkeit bis zum Frost, vorzüglichen Duft, gepaart mit bester Gesundheit des dichten Laubes, und sie friert selbst in harten Wintern nicht herunter. Vielleicht findet sich ein Züchter, der die wertvolle Erbmasse nutzt. Vorläufig ist sie nur eine hervorragende Gartenrose. Genaue Sortenbeschreibung siehe Seite 102.

'Rose du Roi' (Züchter Escoffey 1819, verbreitet durch Souchet, F)
syn. 'Lee's Crimson Perpetual' (GB), 'Königsrose' (D)

'Rose du Roi' war wichtig sowohl für den Handel als auch für die Züchtung, denn vor ihr existierte keine winterharte, remontierende Sorte mit gefüllten roten Rosen. Nach de la Roche (1978) erzielte Laffay mit diesem von 'Portlandica' und *R. chinensis* stammenden Zufallssämling viele der ersten Remontant-Hybriden. Schon Testu (1984) bemerkte, daß die berühmte 'Rose du Roi' nicht die von Redouté gemalte »Rosa bifera macrocarpa« oder 'Quatre Saisons Lelieur' ist, wie de la Roche annahm (1978, Seite 209, 213; Redouté 1980, Tafel 118). Es handelt sich um zwei verschiedene Züchtungen, aber beide sind mit Comte Lelieur verbunden, der 1811 sein Rosenbuch der Kaiserin Marie Louise, der Gattin seines Jugendfreundes Napoleon, widmete. Lelieur war Administrator der kroneigenen Parks, Baumschulen und Gärten. Ihm unterstand auch die Domäne St. Cloud, woher beide Sorten kamen.

1. »Rosa bifera macrocarpa«, 'Quatre Saisons Lelieur' (Sèvres, Lelieur vor 1811)

Thorys Beschreibung gibt an (1817–21): 20 bis 25 blaßrosafarbene Petalen, gelber Petalennagel, viele ungleiche Stacheln bis 1,6 cm Länge, Blütenstände 20 bis 30 (bis 40). Desportes beschreibt sie 1828 unter Nr. 290 mit dem Synonym »'Leleurii', rose pale«. Nickels (1845, Teil 3, Seite 13) kultivierte in Preßburg die blaßrosenrote, etwas gefüllte 'Leleurii'.

2. 'Rose du Roi' syn. 'Rose Lelieur'

Escoffey, der alte Obergärtner von Fleuriste de Sèvres, zu St. Cloud gehörig, fand 1819 in einer »wenig beachtlichen« Aussaat den Zufallssämling (Revue Horticole 1852; Lelieur-Biographie Seite 259ff., und

Viberts Entgegnung Seite 596). Der Duisburger Gärtner Erben verkaufte 1823 für 1,30 Bergisch Courant »die ohne Unterbrechung bis zum Frost blühende, hellpurpurne Königsrose«, die der Prévost-Katalog 1829 unter den roten, zuverlässig mehr als zweimal blühenden Portland-Rosen führte. Nickels begeisterte »der sehr süße Geruch der feurigrosenroten 'Du Roi'« (1845, Teil 3, Seite 17). Wesselhöft empfahl 1866 für Rosenbeete die »herrliche Königsrose«. Sie gehörte damals zu den gebräuchlichsten und bewährtesten Treibrosen, die den Handelsgärtnern im Winter eine reichliche Einnahme verschafften. Im Wesselhöft-Katalog von 1872 war 'Rose du Roi' bereits verdrängt von den großblumigen Remontant-Hybriden. Peter Lambert offerierte unter der Rubrik »Großvaters Rosen« bis zu seinem Tode 1939 die »alte, dankbare Sorte«.

Präzis ist die Sortenbeschreibung in Jamain et Forney (1872), aber fraglich bleibt die romantische Beschreibung von Alma de l'Aigle (1957, Reprint 1978). 'Rose du Roi' ist anspruchsvoller als die letzten Portland-Rosen, die aus Kreuzungen mit Remontant-Hybriden hervorgingen. Die mittelgroßen, purpurroten Rosen stehen meist zu dritt knapp über dem grünen Laub, und ihre leicht gefälteten rund 40 Blütenblätter, die zur Blütenmitte hin kleiner werden, ziert ein »Knopf« aus winzigen, eingerollten Petalen. Vorzüglicher Duft. Höhe 90 cm.

'Rose du Roi à Fleurs Pourpres' (1819, F)
Sport von 'Rose du Roi'
syn. 'Mogador', 'Roi des Pourpres'
Diese Sorte braucht optimale Bedingungen, um wirklich gut zu gedeihen. Der eher ärmliche Strauch trägt kleine hellgrüne Blätter. Die etwas mehr gefüllten Blüten sind weinrot mit purpurnen Schatten. Die Petalenränder verbrennen leicht bei greller Sonne. Die schalenförmigen Rosen duften und stehen zu mehreren. Die Spätsommerblüte des nur 90 cm hohen Strauches ist bescheiden. So ist unsere 'Rose du Roi à Fleurs Pourpres' aus Sangerhausen; sie ist längst nicht so prächtig wie der Typ aus L'Haÿ, den Charlotte Testu (1984) auf dem Umschlag ihres Buches präsentiert.

'Yolande d'Aragon' (Vibert 1843, F)
In den alten Katalogen wird sie niemals als 'Jolanda' geführt, wie es heutzutage manchmal geschieht. Die Sorte hat viele gute Eigenschaften und gibt sich weniger anspruchsvoll als die dunklen Portland-Rosen. Der aufrechte Strauch ist recht winterhart und hat für diese Klasse auffallend großblättriges, helles Laub. Er blüht wirklich öfter, und in ganzen Büscheln kommen aus rundlichen Knospen herrlich duftende Rosen hervor. Groß und ganz gefüllt sind die sich kuppelförmig öffnenden, nachher verflachenden Blüten. Jede leuchtend-rosarote Petale ist mit einem blaßrosa Saum verziert. Höhe 1,5 m.

Züchtungen aus Rosa × alba

Die »weißen Rosen«, wie der Volksmund sagt, blühen alle in hellen Farben. Von Weiß bis Rosa schimmern die herrlich duftenden Blütenbüschel, die in großer Fülle erscheinen. Die Alba-Rosen zeigen einen kräftigen, leicht überhängenden Wuchs. Sie sind langlebige, sehr winterharte Sträucher mit schönem graugrünen und gesunden Laub.

Die unbestrittenen Favoriten dieser Klasse sind 'Celestial', 'Königin von Dänemark' und 'Maiden's Blush'. Letztere verdankt ihren Namen der Farbe ihrer lieblich errötenden Rosen. 'Celestial' dagegen ist »himmlisch« rosafarben, aber nur leicht gefüllt, während die immer adrette 'Königin von Dänemark' besonders durch ihr schönes Laub und ihre musterhaft geformten rosafarbenen Blüten auffällt (siehe Schutzumschlag).

Bei der Auswahl der Sorten ist auf die sehr unterschiedliche Wuchshöhe zu achten. Der ganze Pflegeaufwand besteht im Auslichtungsschnitt nach dem reichen Juniflor. Bei der Pflanzung muß man für guten Boden sorgen. Alle Alba-Rosen gedeihen auch im Halbschatten, und so finden sich in dieser Klasse für jeden Gartentyp die passenden Sorten. Im naturnahen Garten und im Park sind die Arthybriden nicht zu entbehren. (Herkunft und Hybriden siehe Seite 11 f. und 54 f.)

'Amélia' (Vibert 1823, F)
Aus hübschen rötlichen Knospenbüscheln erblühen sehr große, rosafarbene, süß duftende Rosen. Die nur halb gefüllten Blüten zieren goldene Staubgefäße. 'Amélia' wächst aufrecht und hat frischgrünes Laub. Man könnte eine niedrige Rosenhecke davon pflanzen, und die Luft wäre erfüllt vom Duft. Höhe 1,2 m.

'Belle Amour'
(von Nancy Lindsay in Elbœuf gefunden)
Die »Schöne Allerliebste« ist ein Findelkind aus einem Klostergarten in Elbœuf in der Normandie. Sicherlich hat sie Damaszener-Erbmasse und wird daher manchmal in diese Klasse eingereiht. Auch mit

der Blütenfarbe tanzt sie aus der Reihe. In ihrem Rosaton findet sich ein korallenfarbener Schimmer. Becherförmig öffnen sich die Blüten. Ganz offen umlagern die drei Reihen herzförmiger Blütenblätter das Krönchen aus altgoldenen Staubgefäßen. Immer stehen mehrere der intensiv duftenden Blüten beieinander. Die überhängenden Zweige sind schön belaubt und tragen im Herbst Hagebutten. Höhe 1,5 m.

'Blanche de Belgique' (Vibert 1817, F)
syn. 'Blanche Superbe'
Die »Belgische Weiße« ist wirklich superb, was ihre Reichblütigkeit anlangt. Der wüchsige, buschige Strauch ist graugrün und gesund belaubt. Seine reinweißen, sehr großen Blüten sind nicht nur schön gefüllt und geformt, sie duften auch. Höhe 1,6 m.

'Blush Hip' (um 1840, GB)
Der Strauch wird mindestens mannshoch, und seine gesund belaubten Zweige hängen weit über. In den großen Blütenbüscheln mischen sich fast kirschrote Knospen mit mittelgroßen, flachen, rosafarbenen Blüten. Deren gute Füllung wird durch ein grünes Auge betont. Der frische Duft entspricht der Farbe. Die Sorte läßt sich gut für eine Einzelstellung oder als Hintergrundbepflanzung verwenden. Höhe 1,8 m.

'Celestial' (um 1800 in Kultur, NL?)
syn. 'Céleste'
'Céleste' bedeutet himmlisch auf Französisch, und so ist es kein Wunder, daß die Sorte von allen Rosenautoritäten hoch gelobt wird ob ihrer reinen Farbe, die als sanft, transparent, muschelrosafarben, unvergleichlich, leicht und luftig umschrieben wird – und wirklich, es stimmt alles. Die Büschel eben aufbrechender Knospen, die im Innern tiefer rosafarben scheinen, sind genauso liebenswert wie die offenen, sehr leicht gefüllten Blütenschalen, in deren Inneren sich die schönen Staubgefäße anfangs unter dem Kranz der Minipetalen verbergen. Der zarte, frische Duft, die aufrechte Strauchgestalt und das graugrüne Laubkleid lassen 'Celestial' zu einer klassischen Schönheit werden. Im Herbst zieren den Strauch ovale rote Hagebutten. Die Sorte kommt ohne Pflanzenschutzmittel aus und verträgt Halbschatten. Höhe 1,8 m.

'Chloris' (vor 1823)
syn. 'Rosée du Matin'
'Chloris', benannt nach der griechischen Göttin der Blumen, bringt ganz viele niedliche, zartrosafarbene

'Celestial' ist dank ihres gefälligen Wuchses und ihrer einmalig schönen, rosafarbenen Blüten eine ideale Rose.

Rosenbüschel hervor. Ein jedes Röschen ist hübsch gefüllt, im Innersten errötend, bis sich die Petalen des Blütenrandes auswärts rollen, um das Auge sichtbar werden zu lassen. Der wenig bestachelte Strauch trägt seine dunklen Laubblätter nahezu waagrecht. Höhe 1,5 m.

'Félicité Parmentier'
(seit 1834 oder 1836 in Kultur)
Wie Elfenbeinkugeln schauen die Knospen aus, und doch werden sie zu zartrosafarbenen, duftenden Blüten mit hellerer Abseite. Die stark gefüllten und gefältelten Blüten sind ganz offen perlweiß und grün geäugt, und wie üblich rollen sich die äußeren Petalen. 'Félicité Parmentier' blüht in so großen Büscheln, daß die Zweige des an sich kompakten Strauches überhängen. Das hellere Holz und Laub deuten auf Damaszener-Ahnen hin. Höhe 1,2 m.

'Jeanne d'Arc' (Vibert 1818, F)
syn. 'Anglica Minor'
Die großen, gut gefüllten Blüten, die im Aufblühen zart rosafarben schimmern, werden rasch elfenbeinfarben. Natürlich blüht 'Jeanne d'Arc' in Büscheln, und sie duftet auch ein wenig. Der kompakte Strauch trägt graugrünes Laub. Höhe 1,4 m.

'Königin von Dänemark'
(Booth 1816, 1826 im Handel, D)
Sämling von 'Maiden's Blush'

'Amélia', eine niedrige, rosafarben blühende Alba-Rose, kann auch als duftende Rosenhecke gezogen werden.

syn. 'Dronningen of Danmark', 'Reine de Danemark', 'Queen of Denmark', 'Naissance de Venus' Diese Sorte wird als einzige deutsche Alba-Züchtung noch gehandelt. James Booth, ein gebürtiger Schotte, gründete 1795 die »Flottbecker Baumschulen« bei Hamburg. Er vermehrte auch Rosen und brachte neue Sorten heraus. 1816 blühte in seiner Baumschule erstmals ein Sämling von 'Maiden's Blush'. Zuerst wurde er 'New Maiden's Blush' genannt, dann umgetauft in 'Königin von Dänemark' und im Katalog von 1826 für zwölf Mark angeboten. 1838 führten Booth und Söhne 1147 »Rosenspecies und -varietäten« (Lejeune 1983, Seite 23 bis 27). Die Flottbecker Baumschulen lagen 1826 vor den Toren Hamburgs. Sie gehörten zu Holstein, das seit 1806 mit Dänemark durch Personalunion verbunden war. 'Königin von Dänemark' war eine Huldigung an Marie Sophie Friederike, Gemahlin Friedrichs VI. von Dänemark, einer gebürtigen Prinzessin von Hessen-Kassel. 'Königin von Dänemark' beginnt den Flor mit Büscheln von dicken karminroten Knospen, die, umgeben von fiedrigen Kelchblättern, zu duftenden, großen, karminrosafarbenen Rosen erblühen. Anfangs bilden die Blüten flache Schalen, dicht gefüllt mit kurzen, substanzreichen Petalen. Auch bei Regenwetter werden daraus makellose, zartrosafarbene Rosen, die schön geviertelt sind. Die Randpetalen biegen sich leicht nach außen. Auch nach der langen Blütezeit bildet der kräftige, aber relativ niedrige Strauch noch ein Schmuckstück im Garten,

denn das dunkle, graugrüne Laub bleibt stets gesund. Höhe 1,2 m.

'Maiden's Blush' (vor 1629)
syn. 'Cuisse de Nymphe', *Rosa incarnata* Miller
Über die Herkunft und Zuordnung dieser Sorte herrscht Unstimmigkeit. Nach Bean (1980, Seite 50 f.) ist *Rosa incarnata* identisch mit der 'Cuisse de Nymphe' der französischen Gärten. Den volkstümlichen Namen 'Maiden's Blush' verwendete Miller selbst erstmals 1752. Er meinte gewiß dieselbe Rose, die Parkinson 1629 *Rosa incarnata* nannte.

'Great Maiden's Blush' ist nicht, wie in »Modern Roses 8« angenommen, *Rosa incarnata* Miller, sondern *Rosa × alba* var. *regalis*. So jedenfalls Thory (1817 bis 1821), Bean (1980) und de la Roche (1978, Seite 223).

'Maiden's Blush' bildet einen kräftigen Strauch mit überhängenden, wenig bestachelten Zweigen, die dicht graugrün belaubt sind. Aus den schönen rundlichen, cremefarbenen Knospen werden hellrosafarbene Blüten. Die sehr dicht gefüllten Blütenschüsseln voller kurzer Blütenblätter hellen vom Rand her auf. Der Strauch bringt so viele von den süß duftenden Blütenbüscheln hervor, daß sich die Zweige herunterbiegen. Höhe 1,5 m. (Farbbild Seite 20)

'Maxima' siehe Seite 55.

'Mme Legras de St. Germain' (1846 eingeführt)
Diese Alba-Rose ist nicht reinrassig. In gutem Erdreich wächst der fast stachellose Strauch aufrechter und buschiger. Sein graugrünes Laub bildet einen dezenten Hintergrund für die Büschel rahmweißer Blüten. Er hat große, duftende Blütenschalen, voll gefüllt mit kleinen Petalen. Auffallend ist der gelbliche Schimmer im Zentrum. Ganz offen sind die Blüten reinweiß und sehr flach. Nur bei schönem Wetter gibt es vollkommene Blüten. Höhe 1,3 m.

'Mme Plantier' (Plantier 1835, F)
Der Lyoner Gärtner Plantier züchtete neun Sorten, aber nur zwei davon sind noch im Sortiment. Wenn 'Mme Plantier' wirklich ein *R. moschata*-Abkömmling ist, überrascht die außergewöhnliche Winterhärte. Zudem blüht die Sorte früh und reich, ist pflegeleicht und langlebig. Die schlanken, fast stachellosen Zweige mit den kleinen hellgrünen Blättern hängen zur Blütezeit über unter der Fülle von weißen Blüten, die in großen, breiten Büscheln auf langen Stielen stehen. Die mittelgroßen, gefüllten Blüten wirken anfangs eher rahmfarben, dann blendendweiß und duf-

ten immer gut. Die Sorte läßt sich vielseitig verwenden. Früher wurde sie als Krinoline auf 2-m-Hochstamm gezogen. Auch für Rosenlauben und um Grabsteine zu beranken fand sie Verwendung. Höhe 1,8 m.

'Pompon Blanc Parfait' (Verdier 1876, F)

Der wüchsige, leicht überhängende Strauch ist zwar nicht allzu üppig graugrün belaubt, aber ganz schön stachelig. Dafür sind seine kleinen runden Knospen und die mittelgroßen Rosen, die den Trieben entlang aufblühen, recht hübsch und zahlreich. Die kleinen Büschel zartrosa schimmernder Rosetten duften leicht, sie werden später weiß. Wochenlang putzt sich der Strauch damit vortrefflich heraus und macht seinem Namen alle Ehre. Höhe 1,2 m.

'Princesse de Lamballe' (seit 1850 in Kultur)

Der Name ehrt die tapfere Oberhofmeisterin der französischen Königin Marie Antoinette. Sie teilte freiwillig deren Gefangenschaft und wurde 1792 vom Pöbel erschlagen. Der Strauch wächst hoch und aufrecht mit für *R. × alba* typischem Laub und blüht in Büscheln. Die Knospen, von langen Kelchblättern umgeben, wirken als gerade aufbrechende Blüten schön becherförmig. Es sind milchweiße, stark gefüllte, mittelgroße Rosen, die gut duften. Ganz erblüht werden inmitten der gefälteten Blütenblätter gelbe Staubfäden sichtbar. Wie bei allen Alba-Rosen ist ihre Winterhärte hervorragend. Höhe 2 m.

'Suaveolens' siehe Seite 55.

Zentifolien-Züchtungen

Die »Hundertblättrigen« wurden früher fälschlich oft »Provence-Rosen« genannt, was sehr irreführend ist. Ihre kugeligen, meist dicht gefüllten Rosen, die leicht nicken und nie ohne feinen Duft sind, bleiben jedoch unverwechselbar. Bei den reinblütigen Zentifolien gibt es als Blütenfarben Weiß und allenfalls rosarot schimmernde Töne, nur die von den Gallica-Rosen abstammenden Sorten zeigen rötlich-violette Färbungen, teils sogar kastanienbraune Schattierungen. Die niedrigsten Zentifolien sind kaum einen Meter hoch, doch es gibt auch einzelne, die bis zu 2 m groß werden. Allen gemeinsam ist der lockere Wuchs. Früher wurden Zentifolien ausschließlich wurzelecht kultiviert, weil sie dann gedrungener wachsen und angeblich besser blühen. (Abstammung, Merkmale und Naturformen siehe Seite 12 und 55f.)

Bei der Pflanzung ist zu bedenken, daß Zentifolien kaum eine Fernwirkung besitzen; sie wollen aus der Nähe betrachtet sein. Sie lieben einen sonnigen Platz und kräftige Düngung. Alle Sorten mit auseinanderfallendem Wuchs sollten schon im Mai aufgebunden werden, damit der reiche, einmalige Juniflor bei Regenwetter nicht auf der Erde liegt. Das schöne, rundliche Laub erweist sich im Hochsommer manchmal als nicht mehltauresistent, doch ebenso verhält es sich mit den modernen Rosen. Wenn nötig, ist ein Auslichtungsschnitt im Frühjahr und ein Verjüngungsschnitt nach dem Flor durchzuführen.

'Blanchefleur' (Vibert 1835, F)

Der kräftige Strauch mit den auffallend hellgrünen Blättern und den vielen Stacheln wächst ebenso breit wie hoch. Er erfreut mit schönen mittelgroßen Zentifolien-Blüten, die in Büscheln erscheinen. Anfangs kugelig, werden sie zu sehr gut gefüllten Schalen, aus deren Mitte es cremefarben schimmert. Leichter Duft. Höhe 1,2 m.

'Fantin Latour' (Herkunft unbekannt)

Die Sorte ist ein Findelkind von G. S. Thomas, das ganz den zarten Rosen auf den Bildern des französischen Malers Fantin Latour (1836 bis 1904) gleicht. Sicherlich handelt es sich um eine alte Sorte, die jedoch neu benannt wurde. Der stattliche, rundliche Strauch ist reich belaubt, und zwar mit großen, glänzenden, glatten Blättern, was an Chinensis-Erbmasse denken läßt. 'Fantin Latour' bringt kleine Sträuße fein duftender Rosen. Es sind schalenförmige, gut gefüllte Blüten, zart rosafarben und im tiefsten Inneren um einige Nuancen kräftiger gefärbt. In praller Sonne verblassen die Rosen schnell. Dies ist eine der wenigen alten Sorten, die in Großbritannien mit dem 'Award of Garden Merit' der Royal Horticultural Society ausgezeichnet wurden (1968).

In dem Reprint von Curtis (1980) schreibt Leonie Bell, daß der Findling 'Fantin Latour' die alte Bourbon-Hybride 'Céline' (Laffay 1825) sein müßte. Höhe 1,5 m.

'Juno' (Laffay 1847, F)

Der römischen Göttin Juno war der Juni, der Rosenmonat, geweiht. Obwohl die Sorte von Jäger (1960) zu den Gallica-Rosen und von Döll (1855, Seite 276) zu den gemischten Hybriden gerechnet wird, hat 'Juno' ausgesprochen hübsche Zentifolien-Blüten. All ihre vielen Blütenblätter besitzen einen karminrosafarbenen Saum, der den großen, schön kugeligen Rosen gut steht. Ganz offen sind es hellrosafarbene Schalen, noch immer dunkler gerandet, doch mit einem kleinen Auge. Lieblich duften die Blütenbüschel im dichten Laub des breiten, leicht überhängenden Strauches. Höhe 1,5 m.

'La Noblesse' (Züchter Pastoret, verbreitet durch Soupert et Notting 1857, L)

Über ihre Herkunft berichtet Jean Soupert im »Rosenjahrbuch« (1883, Seite 150: »General-Revue über die Rosen der letzten drei Dezennien«). Zwei Sämlinge hatte er als »Hybride remontante« von dem Züchter Pastoret gekauft, jedoch blühten sie nur einmal und glichen den Zentifolien. Soupert et Notting brachten die beiden Sämlinge dann als 'La Noblesse' und 'Tour de Malakoff' in den Handel.

Die Blüten erinnern sehr an *Rosa centifolia*, sind jedoch ein bißchen kleiner, dabei durchscheinend rosafarben, anfangs im Zentrum mehr rötlich. Bemerkenswert ist die späte Blütezeit des dicht belaubten, kompakten Strauches, der ebenso breit wie hoch wächst. Höhe 1,5 m.

'Ombrée Parfaite' (Vibert 1823, F)

Die »Vollkommene Schattierte« zeigt für eine Zentifolie wirklich ungewöhnliche Farbnuancen. In den nicht sehr großen, flachen Blüten mischen sich karminrosafarbene mit kastanienbraunen Schattierungen. Die vielen kleinen Petalen sind ganz unterschiedlich gefärbt. Die Sorte stellt ein Unikum unter den Zentifolien dar, denn sie benimmt sich wie eine Gallica-Rose. In der alten Literatur wird sie auch in dieser Klasse geführt. Die leicht duftenden Blütenbüschel sitzen im reichlichen, spitzblättrigen Laub des niedrigen, aber kräftigen Busches. Höhe 90 cm.

'Paul Ricault' (1845)

Diese Zentifolien-Hybride ist eine der am reichsten blühenden Alten Rosen mit starken, stacheligen Trieben und offenem Wuchs. Die schönen kugeligen, später geviertelten Blüten sind altrosafarben und duften süß. Höhe 1,5 m.

'Petite de Hollande' (vor 1800 in Kultur)

Der Blütengröße nach ist sie eine kleinere Ausgabe von *R. centifolia*. Trotz ihres schmalen und kompakten Habitus wächst sie hoch. Sie blüht reichlich mit schönen Büscheln gefüllter, kugeliger rosa Blüten, aus deren Tiefe es rosarot leuchtet. Duft. Höhe 1,4 m.

'Pompon de Bourgogne' siehe Seite 56.

'Reine des Centfeuilles' (Belgien 1824)

Die »Königin der Zentifolien« wächst passabel, ist gut belaubt und kann verschwenderisch blühen. Zahlreiche runde, rötliche Knospen umgeben die großen, dicht gefälteten, reinrosafarbenen Blüten, die zart duften. Höhe 1,5 m.

'Robert le Diable' (vor 1850 in Kultur)

»Robert der Teufel« war ein normannischer Herzog, dessen wechselvolles Leben 1035 auf einer Pilgerfahrt in das Heilige Land endete. Er ist der Titelheld der gleichnamigen Oper von Meyerbeer (1831). Vielleicht hat die unglaublich changierende Blütenfarbe den Züchter zur Namensgebung veranlaßt. Das leuchtende Purpurkarmin wechselt in Violett und Lila über und wird von weinroten Schattierungen überzogen. Im Verblühen erlöschen die Farben förmlich. Das Farbenspiel ist ausdrucksvoller bei warmem, trockenem Wetter. Die mittelgroßen Blüten sind flach mit leicht nach außen geneigtem Blütenrand, während alle anderen Petalen sich dem Zentrum zuwenden. Das Rollieren nach außen beginnt erst ziemlich spät. 'Robert le Diable' zeigt viele Merkmale der Gallica-Rosen. Der nur locker wachsende Strauch ist von kleinen, gesunden Blättern bedeckt. Höhe 1,2 m.

'Spong' (seit 1805 in Kultur)

Spong soll ein englischer Gärtner gewesen sein, der die Sorte in Mengen kultivierte. Der sehr niedrige, kompakte Strauch mit den rundlichen Blättern eröffnet die Zentifolien-Saison. Die kleinen, stark gefüllten, tiefrosafarbenen Blüten mit dunklerer Tönung in der Mitte öffnen sich becherförmig, um sich dann flach auszubreiten. Sie duften nur schwach, bleiben aber lange als Mumie am Strauch. Höhe 90 cm.

'The Bishop' (Herkunft unsicher)

»Der Bischof« ist vielleicht eine Form der sehr alten Gallica-Sorte 'L'Evêque', Mary Lawrence ordnete sie jedoch 1799 bei den Zentifolien ein. Es ist das beliebte Farbenspiel in Richtung Lila, das die Sorte begehrenswert macht, denn der Wuchs ist nur mäßig. Das Laub glänzt ein bißchen und ist gesund. Die mittelgroßen Blütenrosetten sind ganz flach und nur am Rand rolliert. Sie sind rot gefärbt, aber mit hohem lilafarbenen Anteil, der rasch soviel Rot verdrängt, daß nurmehr Violett bleibt. Im Verblühen schimmert die Blüte manchmal sogar grauviolett. Besonders eindrucksvoll wirkt die Sorte, da immer mehrere Blüten in verschiedenen Farbstufen an einem Stiel sitzen. Leichter Duft. Höhe 1,2 m.

'Fantin Latour' ist ein Findelkind mit Phantasienamen, aber sie hat wunderschöne Zentifolien-Blüten und duftet.

'Tour de Malakoff' wächst zu einem hohen Strauch heran, die großen Blüten mit heller Abseite verblauen.

'Tour de Malakoff' (Soupert et Notting 1856, L) Der »Turm von Malakoff« erinnert an die Sebastopoler Festung, die im Krimkrieg 1855 von den Franzosen erstürmt wurde. Es ist eine herrliche Sorte, wenn der hohe, lockere Strauch in nahrhafter Erde und im Halbschatten wachsen kann. Die aufbrechenden Knospen versprechen lilarosafarbene Blüten, doch dies trügt, denn nur die Abseite der Petalen zeigt diesen Farbton. Die sehr großen, anfangs schalenförmigen Blüten zeigen immer mehr Magentarot, jedoch in feinen Schattierungen. Wenn sie altern, tendieren sie zu Violett. Die graulilafarbene Abseite verleiht dann der päonienhaften Blüte eine besondere Note und wirkt sehr apart in Verbindung mit dem mattgrünen Laub. Der Duft paßt sich der Farbintensität an. Höhe 1,8 m.

'Unique Blanche'
(gefunden in Needham, Suffolk, 1775, GB)
eventuell Sport von *Rosa centifolia*
'Unique Blanche' ist wahrscheinlich nicht gleich 'Vierge de Cléry' wie vielfach angenommen. Letztere Sorte (Baron-Veillard 1888) kam in den Handel, als die nur einmalblühenden Zentifolien nicht mehr begehrt waren. Trotzdem wurde sie bald – neben 'Unique Blanche' – von vielen kontinentalen Rosengärtnern angeboten, wie zum Beispiel von den Gebrüdern Ketten, Luxemburg (bis 1934) und von den besten französischen Rosenexperten. Nur sechs Zentifolien wurden 1912 als die schönsten (»les plus belles«) Rosen erkoren, und dazu zählte sowohl 'Uni-

que Blanche' als drittbeste Zentifolie als auch 'Vierge de Cléry', die in größeren Büscheln blüht. 'Unique Blanche' ist in gutem Boden und bei schönem Wetter auch heute noch eine wundervolle Sorte, die aber nur wenig blüht. Weiße Knospen, rötlich gefleckt, umgeben von langen Kelchblättern, werden zu schalenförmigen Blüten, angefüllt mit vielen dünnen, fast durchsichtigen Petalen. Sie hat nur leichten Duft, wächst schwächer und gleicht in Wuchsform und Blattwerk ganz der *Rosa centifolia*. Höhe 1,2 m.

Moosrosen-Züchtungen

Moosrosen sind die altmodischsten aller Alten Rosen. Ihre schönen Knospen und die Blütenstengel scheinen wie von feinem Moos eingehüllt. Das grüne, bräunliche oder sogar rötliche »Moos« duftet harzig und gibt dem Rosenduft eine besondere Note.

In keiner anderen Rosenklasse gibt es so unterschiedliche Charaktere wie bei den Moosrosen. Ihre Blüten können reinweiß sein wie bei 'Blanche Moreau' oder dunkel-violettrot wie bei 'Nuits de Young'. 'Goethe' sieht einer Wildrose ähnlich mit fast einfachen, nur groschengroßen Blüten. 'Gloire des Mousseaux' dagegen prunkt wie eine Zentifolie mit großen, dicht gefüllten Blüten. Die vitale 'William Lobb' vermag mannshohe Pfeiler zu umranken, ihre rötlich-lilafarben schimmernden großen Blüten kann man nicht übersehen. Die niedlichen Knospen von 'Little Gem' werden als Ansteckblumen gebraucht, und der ganze Strauch gedeiht gut im Container. Das derzeitige Handelssortiment ist so umfassend, daß es alle Verwendungswünsche erfüllt. Dies ist möglich, weil Moosrosen ungeheuer überlebensfähig sind, auch unter miserablen Bedingungen.

Die ersten Moosrosen blühten nur einmal im Jahr, denn sie stammten ausschließlich von Zentifolien ab. Um 1840 begann dann die Einkreuzung mit remontierenden Sorten, anfangs waren es Portland-Rosen und Remontant-Hybriden, später sogar Teehybriden. 'Quatre Saisons Blanc Mousseux', ein Sport der herbstblühenden Damaszener-Rose, brachte ebenfalls remontierende Nachkommen. Meist jedoch entwickeln Moosrosen nur einen bescheidenen Nachflor. Eine rühmliche Ausnahme bildet 'Salet', die früh zu blühen anfängt und schon ihre erste Nachblüte bringt, wenn 'The Fairy' gerade ihren ersten Flor beginnt.

Die Pflege der Moosrosen besteht in guter Düngung und Entfernen des überalterten Holzes bei den Einmalblühenden. Bei den Remontierenden muß das Verblühte ausgeschnitten werden. In der alten Literatur wird empfohlen, die Moosrosen aus den gleichen Gründen wie die Zentifolien wurzelecht zu ziehen. (Herkunft und Naturformen siehe Seite 12f. und 56f.)

'A Longs Pédoncules' (Robert 1854, F)
»Auf langen Blütenstielen« – der Name sagt es – präsentieren sich die niedlichen, blaßgrün bemoosten

'Goethe', von Lambert als »halbrankende Moos-Polyantha« bezeichnet, paßt gut zu Wildstauden.

Knospen. Sie sind stets zu Sträußen vereint mit den graziös nickenden, schön gefüllten rosafarbenen Blüten. Der wüchsige, lockere Strauch mit den kleinen hellen Blättern bildet zur Blütezeit eine Augenweide. Höhe 1,5 m.

'Anni Welter' (Welter 1907, D)
R. centifolia 'Cristata' × 'La France'
Das hübsche Trierer Kind besitzt die guten Eigenschaften der berühmten Eltern. Der gut gewachsene Strauch mit rötlichen Stacheln und breiten, hellgrünen Blättern hat sehr große Zentifolien-Blüten, die schön bemoost und dunkelrosafarben sind und auch gut duften. Der sehr winterharte Strauch blüht reich, er blüht aber nur wenig nach. Höhe 1,2 m.

'Blanche Moreau' (Moreau et Robert 1880, F)
'Comtesse de Murinais' × 'Quatre Saisons Blanc Mousseux'
Der schlanke Strauch fällt auf durch seine dunklen Zweige und sein düsteres Laub. Dichtes, bräunliches Moos bedeckt die Blütenstiele und die rundlichen Knospen samt den Kelchblättern, aus denen reinweiße Blütenblätter hervorspitzen. Auch die nicht sehr großen, aber stark gefüllten, flachen Blüten sind schön. Die kleinen Blütensträuße duften würzig-harzig. Diese Sorte braucht einen luftigen, nicht zu trockenen Standort, da sie mehltauanfällig ist. Sie blüht bei uns nur einmal. Höhe 1,5 m.

'Captain Basroger' (Moreau et Robert 1890, F)
Der kräftige, aufrechte Strauch hat kleine, hellgrüne Blätter und blüht nur einmal, dafür aber in ganzen Büscheln. Die runden, wenig bemoosten Knospen blühen gut auf zu großen, stark gefüllten Blüten. Die flachen, karminroten Blütenschalen mit dunkleren Schatten duften leicht. Höhe 1,5 m.

'Captain John Ingram' (Laffay 1855, F)
Rötliches, kurzes Moos umgibt die Stiele und die niedlichen runden Knospen. Das kleinblättrige, dunkle Laub paßt gut zu dem kompakten, stachligen Busch. Die kleinen, stark gefüllten Blüten wirken ranunkelförmig und sind samtig dunkelrot mit seidig schimmernder lilarosafarbener Abseite. Höhe 1,4 m.

'Catherine de Württemberg' (Robert 1843, F)
Diese mädchenhafte Moosrose erinnert an eine württembergische Prinzessin, deren Familie schon 1785 in Hohenstein bei Stuttgart eine beachtliche Rosensammlung besaß. Catharina selbst sandte 1810 der Kaiserin Joséphine, ihrer Schwägerin, Rosen aus Kassel-Wilhelmshöhe nach Malmaison.

Für die Sorte typisch ist der schlanke Wuchs und der leicht rötliche Laubaustrieb. Rotbraunes Moos umhüllt die rundlichen Knospen, die sich zu großen, vollgefüllten Blüten öffnen, deren sanftes Rosalila zu dem zarten Duft paßt. Höhe 1,6 m.

'Comtesse de Murinais' (Vibert 1843, F)
Der schlanke, hellgrün belaubte Strauch blüht meist als erster der Moosrosen mit schönen kleinen, grün bemoosten Sträußen. Die rosafarbenen Knospen, umhüllt von langen Kelchblättern, harmonieren gut mit den halboffenen blaßrosafarbenen Blüten, die zuletzt fast weiß wirken und dabei artig gefältet und geviertelt sind. Süßer Duft. Höhe 1,7 m.

'Cumberland Belle' (Dreer 1900, USA)
Sport von 'Princesse Adelaïde'
Die Amerikanerin ist eine kletternde und etwas remontierende Moosrose mit langen, rankenden Zweigen. Die großen und gut bemoosten, schalenförmigen Blüten in Silberrosa sind stark gefüllt und duften gut. Die Sorte ist leider nur in Sangerhausen und neuerdings auch in Dänemark anzutreffen. Höhe bis 2 m.

'Deuil de Paul Fontaine' (Fontaine 1873, F)
Nach Simon-Cochet (1906) hat die Familie Fontaine aus Clamart mehr als 100 Sorten gezüchtet. Eine tief-purpurfarbene Rose mit dunklen Schatten nannten die Züchter »Trauer um Paul Fontaine«. Ihre Triebe und Knospen sind rötlich sowie stachelig bemoost. Die großen Blüten, reich gefüllt und geviertelt, duften leicht und erscheinen in Büscheln, manchmal noch im Spätsommer. Die Sorte ward oft gescholten wegen ihres unordentlichen Wuchses, doch der kalifornische Vermehrer Will Tillotson nannte sie »A Man's Moss Rose« (siehe sein Katalog »Roses of Yesterday and Today«). Höhe 1,2 m.

'Duchesse de Verneuil' (Portemer 1856, F)
Der reich belaubte Strauch ist gesund und zeigt viel dichtes grünes Moos bis zu den Kelchblättern der kugeligen Knospen. Die nicht sehr großen, reinrosafarbenen Blüten öffnen sich immer gut und wirken voller durch ihre hellere Abseite. Der aufrechte Strauch sieht stets adrett aus, auch ohne die schmückenden Blütenbüschel. Höhe 1,5 m.

'Eugénie Guinoisseau' (Guinoisseau 1864, F)
Der hohe, steife Strauch mit den dunklen, rundlichen Blättern steht besser im Hintergrund. Die aufrechten, kräftigen Blütenstiele sind eher fein bestachelt als bemoost. Die Knospen schauen plump aus, doch die prächtigen, großen, schalenförmigen Blüten mit den vielen gewölbten Petalen leuchten wie hellpurpurfarbener Samt mit violetten Schatten. Nachher verblassen sie vornehm. Die Blüten erscheinen meist zu dreien und sehr zahlreich im Juni, die Nachblüte fällt jedoch schwach aus. Höhe 1,5 m.

'Général Kléber' (Robert 1856, F)
Seltsam scheint es, eine so mädchenhafte Rose nach einem napoleonischen General zu nennen. Gefällig wirken ihr leicht überhängender Wuchs, das helle Laub und die reich bemoosten Knospen. Das feine Perlmuttrosa der großen gefüllten Blüten, die sich flach ausbreiten, machte die duftende Sorte in Großbritannien besonders beliebt. Höhe 1,3 m.

'Gloire des Mousseux' (Laffay 1852, F)
Der »Ruhm der Moosrosen« wird in Amerika nicht nur wegen der Blütengröße als klassische Schönheit geschätzt. Der kräftige Strauch mit überhängendem Wuchs trägt große, helle Blätter. Wie viktorianische Rosenbuketts wirken die samt den langen Kelchblättern reichlich bemoosten Knospen und die sehr großen, üppig gefüllten Blüten. Die rosafarbenen, im Innern tief erröteten Blüten öffnen sich langsam und wölben schließlich die sich überlappenden Blütenblätter nach außen. Die Farbintensität schwindet, doch der Duft bleibt. 'Gloire des Mousseux' liefert fülligen Vasenschmuck. Höhe 1,3 m.

'Goethe' (Lambert 1911, D)
Vom Züchter als halbrankende »Moos-Polyantha« bezeichnet, ist 'Goethe' gewiß die eigenwilligste aller Moosrosen. Der Strauch trägt nur groschengroße, fast einfache, leuchtend-karminrote Blüten mit hellem Petalengrund und schmückenden gelben Staubgefäßen. Dazwischen sitzen putzige Knospen, förmlich eingeigelt von bräunlichem, borstigem Moos. Die aufragende Gestalt des Strauches wird nicht verdeckt durch das kleinblättrige, blaugrüne, rauhe Laub, sondern betont durch das braune, bewehrte und bemooste Holz. Die Sorte 'Goethe' wächst auf eigener Wurzel niedriger und eignet sich am besten für Wildstauden-Pflanzungen. Höhe 1,7 m.

'Henri Martin' (Laffay 1863, F)
Der wuchskräftige, gut belaubte Strauch blüht immer reich. Die Knospenbüschel sind von flaumigem grünen Moos bedeckt und erblühen zu leuchtend-karminroten Rosen. Drei Reihen flacher Petalen breiten sich tellerförmig aus, und die wenigen muschelförmig gewölbten Blütenblättchen in der Mitte geben die Staubgefäße frei. Höhe 1,6 m.

'James Mitchell' (Verdier 1861, F)
Der breit wachsende, gesunde Strauch mit den zierlichen Blättern erfreut durch seine Blütenfülle. Fein bemooste Knospen, einzeln oder in Büscheln, blühen auf zu niedlichen, reinrosafarbenen Blüten, die flach und hübsch geviertelt sind. Höhe 1,5 m.

'James Veitch' (Verdier 1864, F)
Eine wertvolle Bereicherung des Sortiments bildet diese relativ niedrige und kompaktwachsende Sorte, die bei uns noch nie Mehltau hatte. Die kräftigen Zweige sind stachlig und dunkel belaubt, die rötlich bemoosten Knospen erblühen in Büscheln. Die großen, gefüllten Blüten wie aus purpurnem Samt öffnen sich flach und haben in der Mitte kurze, gekrisselte Petalen. Schieferfarbene und violette Schatten verfärben die Blüte und kontrastieren mit der helleren Abseite. Würziger Duft verschönt den reichen Sommerflor und die gute Nachblüte. Höhe 1 m.

'Jeanne de Montfort' (Robert 1851, F)
Der kraftvolle, hohe Parkstrauch braucht viel Platz, um sich voll entfalten zu können. Er trägt schönes, dunkelgrünes, glänzendes Blattwerk. Bronzefarbenes Moos und lange Sepalen sind der Schmuck der rosaroten Knospenbüschel, die sich zu großen Blüten in einem reinem Rosaton öffnen. Aus den flachen, gefüllten Blüten leuchten die goldenen Staubgefäße hervor. So ergibt sich eine reiche, duftende Pracht. Höhe 1,8 m.

'Little Gem' (Paul 1880, GB)
Auch für unsere Zeit bedeutet die Sorte einen »Kleinen Edelstein«, denn der niedrige, aufrechte Strauch kann im Container kultiviert werden. Er bringt reizende Büschel aus niedlich bemoosten Knospen und rosaroten Blütenrosetten, die leicht duften. Im Kaiserreich waren diese Röschen eine begehrte Ansteckblume für junge Mädchen. Lebl (1895) empfahl, die Sorte auf *R. canina* zu veredeln, um einen kleinen dichten Busch von 30 cm Höhe zu erhalten. Guter Boden und kurzer Schnitt, bei dem die inneren Triebe unterdrückt werden, bringt dann viele Blüten. Höhe 1 m.

'Maréchal Davoust' (Robert 1853, F)
Die effektvolle, farbenprächtige Sorte ist einem Kampfgefährten Napoleons gewidmet. Kleine spitze, dunkle Laubblätter zieren den aufrechten Busch. Aus dicken, bräunlich bemoosten Knospen werden große becherförmige, leuchtend-rosarote Rosen, die

bald ihre gefältelte Petalenfülle ausbreiten. Dann überziehen lilafarbene und weinrote Schattierungen die malvenfarbenen Blüten und das grüne Auge wird sichtbar. Ein reicher Blütenschmuck wird in kleinen Sträußen dargeboten. Höhe 1,5 m.

'Marie de Blois' (Robert 1852, F)
Diese gesunde Sorte blüht im Sommer zuverlässig und reich, aber der Herbstflor fällt bescheiden aus. Der ansehnliche, kräftige Strauch entwickelt starke Zweige und viel frischgrünes Laub. An den jungen Trieben sitzt rötlich schimmerndes Moos. Die sehr großen, glänzend-rosafarbenen Blütenkugeln wandeln sich in ein üppiges Blütenpolster mit zartem lilafarbenem Schimmer. Die sich langsam öffnenden Blütenbüschel bilden einen vollkommenen, duftenden Vasenschmuck. Höhe 1,5 m.

'Mme Louis Lévêque' (Lévêque 1904, F)
Die wunderschöne Sorte hat in der modernen Literatur immer eine falsche Geburtsurkunde, weil es noch drei Sorten gleichen Namens gibt (Jäger 1960, Seite 417). Der Züchter, Pierre Louis Lévêque, war Mitglied der Redaktionskommission von »Les plus belles Roses au début du XXe siècle« von 1912. Unter den remontierenden Moosrosen (Seite 99) finden wir die Angaben: Züchter Lévêque, hell-fleischfarbene, große, voll-kugelige Blüte; sehr wüchsig. Der vitale Strauch wächst steif-aufrecht wie eine Remontant-Hybride und hat ähnlich große Blätter. Das kurze Moos ist fast stachelig. Es ist eine unvergleichlich vornehme Rose von feinem, blassem Rosa. Die erst kugeligen Blüten wandeln sich in sehr große, duftende Schüsseln, randvoll gefüllt mit ganz vielen hauchdünnen, gefältelten Blütenblättern. Die Sorte blüht in großen Büscheln, und die zarten Blüten sind regenempfindlich. Der alte Gärtnertrick, einen Teil der Zweige im Frühjahr stärker einzukürzen und die erbsengroßen Knospen auszudünnen, bringt einen verlängerten, sicheren Flor. Die Sorte blüht dann auch besser nach. Höhe 1,2 m.

'Mousseline' (Moreau et Robert 1881, F)
Die damals brandneue Sorte hat Schneider, einer der besten und kritischsten Rosenkenner, im »Rosenjahrbuch« 1883 (Seite 226) beschrieben. Er tadelt die runde, unschöne Knospe, die nur mäßig-reich bemoost ist und der die Lieblichkeit der alten »gemeinen« Moosrose fehlt. Die mittelgroße, weißlich-rosafarbene Blume scheint ihm kugelförmig und geöffnet flattrig ohne Bau. Gelobt wird, daß die Sorte sehr gut remontiert. Diese Eigenschaft und der kompakte

Wuchs des meist nur 1 m hohen Strauches machen ihn begehrenswert für unsere kleinen Gärten. 'Mousseline' wirkt hübsch als reichblühende, lockere Hecke.

'Alfred de Dalmas' (Portemer 1855, F) ist, entgegen Thomas (1963), kein Synonym für 'Mousseline', sondern eine andere Sorte, wie aus den alten kontinentalen Rosenkatalogen klar hervorgeht. Zudem wurde diese Züchtung von dem zuverlässigen Luxemburger Jean Soupert ebenfalls im »Rosenjahrbuch« 1883 beschrieben (Seite 146).

'Mousseux du Japon' (Herkunft unbekannt)
syn. 'Moussu du Japon', 'Japonica'
Bei Jäger (1960) ist die Sorte unter »Muscosa japonica« zu finden, und Terpentinduft wird ihr nachgesagt. Wie mit einem hellgrünen dichten Moospelz sind die jungen Triebe, die Blütenstengel und Knospen überzogen, was einen hübschen Kontrast zu dem dunklen Laub des Strauchs bildet. An den kleinen Blütenbüscheln gefallen die drolligen Knospen und die mittelgroßen, halbgefüllten, lilarosafarbenen Blüten. Höhe 1 m.

'Nuits de Young' (Laffay 1845, F)
Die dunkelste aller Moosrosen hat kleine, samtige Rosetten, aus denen die gelben Staubgefäße hervorlugen. Die schöne Farbe wechselt von dunklem Purpurrot bis Purpurviolett mit kastanienfarbenen Nuancen. Die Blütenbüschel sind nur spärlich mit dunklem Moos besetzt, dafür schimmert das kleinblättrige, üppige und dunkle Laub bronzefarben und verdeckt den unordentlichen Wuchs. 'Nuits de Young' bildet einen schönen Kontrapunkt inmitten hell-laubiger, lichter Sorten. Höhe 1,5 m.

'Œillet Panachée' (Verdier 1888, F)
In England war bereits seit 1790 ein gestreifter Sport unter dem Namen 'Striped Moss' bekannt. 'Œillet Panachée', die »gestreifte Nelke«, bildet einen aufrechten Strauch und ist mit ihren panaschierten Blüten eine willkommene Abwechslung im fast unifarbenen Moosrosen-Sortiment. Die Sorte bringt große, hübsch bemooste Knospenbüschel hervor, die sich zu mittleren, duftenden Blüten öffnen. Karminrot gestrichelt und gestreift sind die vielen zartrosafarbenen Petalen der flachen Blüten, ganz wie bei den alten, panaschierten Nelken. Höhe 1,2 m.

'Pélisson' (Vibert 1848, F)
Die großen, vollen, leuchtend-rosafarbenen Blüten breiten sich flach aus und duften fein. Die Fülle des

'Henri Martin' fällt auf durch die sehr großen, leuchtendkarminroten Rosen, ihre Reichblütigkeit und Wuchskraft.

kleinblättrigen, hellgrünen Laubes ziert den breitwachsenden Strauch, doch die zahlreichen Blütenbüschel könnten stärker bemoost sein. Höhe 1,2 m.

'Reine Blanche' (Robert et Moreau 1858, F)
Die »Weiße Königin« hat einen anmutigen, buschigen Wuchs, trägt ein hellgrünes Laubkleid und schmückt sich mit kleinen Blumensträußen. Lange Kelchblätter und helles Moos zieren die Knospen. Die großen, flachen Blüten sind reich gefüllt und nicken ein wenig. Den milchweißen Rosen fehlt weder der zarte Duft noch das begehrte »Auge«, nur den Regen lieben sie nicht. Die Sorte fügt sich gut in kleine Gärten ein, da sie selten mehr als 1 m Höhe erreicht.

'Salet' (Lacharme 1854, F)
Ein fleißiges Lieschen vereint die Vorzüge der modernen Strauchrosen mit dem Charme der Alten Rosen. Schlanke bemooste Kelchblätter umgeben die leicht geschminkten rosafarbenen Knospen, die in Sträußen stehen. Beim Aufblühen arrangiert sich die reinrosafarbene Blütenfülle zu einer großen, oft geviertelten Blüte mit feinem Duft. 'Salet' erfreut mit frühem, reichem Juniflor und blüht dann immer wieder nach bis Allerheiligen. Der harte, gesunde Strauch ist schön mit hellgrünem Laub bedeckt und wird nur 1,2 m hoch.

'Sophie de Marsilly' (Robert et Moreau 1863, F)
Der vitale, mittelhohe Strauch blüht immer über-

reich. Rötliches, stachliges Moos umgibt die vielen Knospenbüschel und paßt gut zum dunkelgrünen Laub. Die großen, gefüllten Rosen breiten ihre vielen Blütenblätter flach aus. Die leuchtend-rosafarbenen Petalen sind artig weiß getüpfelt und fein gestreift. Liebliche, duftende Vasenblume. Höhe 1,5 m.

'Venus' (Welter 1904, D)
'Mme Moreau' × 'Deuil de Paul Fontaine'
Das leuchtende, glühende Rot von 'Venus' fällt selbst im umfangreichen Sangerhausener Moosrosen-Sortiment auf. Der aufrechte, wüchsige Strauch hat großblättriges, dunkelgrünes Laub und dunkles Moos. 'Venus' blüht nur einmal, aber reichlich. Trotz starker Füllung blühen die großen Rosen leicht auf. Im Katalog der Gräfin Chotek, der berühmten Preßburger Rosenkennerin, glänzt das Trierer Rosenkind als die schönste aller Moosrosen. Dank einer dänischen Rosenschule kehrt 'Venus' in unsere Gärten zurück. Höhe 1,5 m.

'Violacée' (Soupert et Notting 1876, L)
»Stahlblau mit bischofsviolett, in nelkengrau übergehend«, so hat Schultheis 1889 diese Sorte beschrieben. In sandigem Boden gezogen, erblühen unter westfälischem Himmel die großen, kugeligen Zentifolien hortensienrosa, um bald ins Violette zu spielen, wie es das Verb »violacer« verlangt. Später hellen die vollen Blütenschalen von den Petalenrändern her auf. Die dann zartrosé bis perlgrauen, extravaganten Blüten duften eher parfümiert als harzig, obwohl die dunkelrosafarbenen Knospen hübsch bräunlich be-

'Salet' ist die einzige Moosrose, die vom Juni bis zum Frost blüht. Die rosafarbenen Blüten duften gut.

moost sind. Der kaum einen Meter hohe, gefällige Strauch nimmt sich im Vordergrund gut aus. Umgeben von Polsterstauden, die nicht im Juni blühen, ergibt sich eine ideale Wirkung des Blütenreichtums von 'Violacée'. Der gesunde, winterharte Strauch liefert eleganten Tischschmuck. Höhe 1 m.

'William Lobb' (Laffay 1855, F)
syn. 'Duchesse d'Istrie'
Dieser mindestens mannshohe Strauch braucht genügend Platz. Die kräftigen, dunkel belaubten Zweige sind ganz schön stachelig und hängen weit über. Knospen und Stiele der breiten Blütenstände sind dicht grün bemoost. Die großen, nicht allzu gefüllten Blüten wölben sich zu Schalen und wandeln sich rasch von Karmin- zu Purpurrot mit dunkleren Schatten, bis Violett und Lilagrau dominieren. Petalengrund und -abseite hellen sich auf und verschönern die leicht duftenden Rosen. 'William Lobb' kann gut an einem hohen Gartenzaun gezogen werden. Höhe 1,8 m. (Farbbild Seite 14)

Moderne Züchtungen, die von Moosrosen abstammen

'Black Boy' (Kordes 1958, D)
'Minna Kordes' × 'Nuits de Young'
Der Strauch fällt auf durch den steifen, aufrechten Wuchs, das ledrige Laub und die vielen rötlichen Stacheln. Borstiges, hartes Moos umgibt die kurzkronigen Knospen, die sich zu schönen samtig-dunkelroten Blüten mit schwärzlichen Schatten öffnen, auch ganz offen wirken die großen Blüten ansehnlich. Die vielen Blütenblätter legen sich dachziegelartig übereinander und geben die gelben Staubgefäße frei. Der reichblühende Strauch braucht lichte Nachbarschaft im Garten und schenkt wunderbar duftende Vasenfüllungen. Höhe 1,3 m.

'Dresden Doll' (Moore 1975, USA)
'Fairy Moss' × unbekannter Moosrosen-Sämling
Diese niedliche Miniatur-Moorose wächst nur 30 cm hoch und trägt hübsch glänzendes, ledriges Laub. Sie ziert sich mit winzigen, bemoosten Knospen, die zu gefüllten, zartrosafarbenen, duftenden Röschen werden. Sie eignet sich gut als Topfrose oder Vorpflanzung, zumal sie remontiert.

'Gabriel Noyelle' (Buatois 1935, F)
'Salet' × 'Souvenir de Mme Kreuger'
Von einer lachsrosafarbenen Teehybride stammen ihre schlanke Blütenform und -farbe. Sie hat hüb-

sche, hellgrün bemooste, elegante, aprikosenfarbene Knospen und leicht gefüllte, lachsrosafarbene Blüten, die sehr rasch aufblühen und ausbleichen. Die reizenden Blütenbüschel duften. Der 1,5 m hohe, sparrige Strauch blüht nach und braucht Winterschutz.

'Golden Moss' (Dot 1932, E; int. Conard Pyle Comp., USA)
'Frau Karl Druschki' × ('Souvenir de Claudius Pernet' × 'Blanche Moreau')
Ein vielversprechender Name für eine im mitteldeutschen Klima unbefriedigende Sorte! 'Golden Moss' hat hellgelbe, gefüllte Blüten mit bemoosten Stielen und Kelchen und duftet. Sie blüht wenig, neigt zu Mehltau und verklebt bei Regen. Höhe 1,5 m.

'Parkjuwel' (Kordes 1950, D)
'Kordes Sondermeldung' × unbekannte rote Moosrose
Der robuste, arg stachlige Strauch wächst breit-ausladend. Das Laub ist sattgrün und gesund. Die üppigen, leuchtend-rosaroten Blütenkugeln blühen sehr langsam auf, weil sie so fest gefüllt sind. Ganz offen sind es Blütenschüsseln mit der Fülle und dem Duft Alter Rosen. Die Blütenbüschel blühen auch in der Vase gut auf. Der winterharte Strauch blüht einmal und reich. Höhe 1,7 m.

'Parkzauber' (Kordes 1956, D)
'Kordes Sondermeldung' × 'Nuits de Young'
Diese Moosrose hat mittelgroße, flache Rosettenblüten von dominierendem Fuchsienrot. Die Knospenbüschel sind mehr borstig als moosig. Der raumfordernde, sehr stachlige Strauch eignet sich gut als Parkrose vor immergrünem Hintergrund. Höhe 1,7 m.

'Robert Léopold' (Buatois 1941, F)
Der üppig belaubte Strauch liebt es, breit und überhängend zu wachsen. Seine delikate Blütenfarbe verlangt ausgewählte Nachbarschaft, denn er blüht reich und in ganzen Büscheln. Die grün bemoosten, gelblichen Knospen öffnen sich zu großen, schüsselförmigen Rosen mit einem Gewuschel von lachsfarbenen und blaßgelben Blütenblättern. Der angenehm fruchtige Duft ist ebenso ungewöhnlich wie Blütenform und -farbe. Anhäufeln ist empfehlenswert. Höhe 1,7 m.

'Yellow Moss' (Walter 1931, F; int. Jackson and Perkins, USA)
Der Strauch macht keine gute Figur. Die Knospen sind nur schwach bemoost, doch als außergewöhnlich können die halbgefüllten, gelben Schalenblüten mit rötlich getuschten Petalenrändern gelten. Leichter Duft. Der Juniflor schien mir passabel, angeblich soll es auch die Nachblüte sein. Eine alte, unbekannte Moosrose und die Pernet-Züchtung 'Mme Edouard Herriot' sind die Ahnen dieser ersten gelben Moosrose, aber nicht die Eltern, wie im Bericht des elsässischen Rosenzüchters Walter in der »Rosen-Zeitung« 1931, Seite 10, nachzulesen ist. Höhe 1,2 m.

'Yellow Moss' ist nicht gleich 'Golden Moss', auch wenn es so in »Modern Roses 8« steht!

Chinensis-Rosen

Die Vorfahren der Chinensis-Hybriden kamen aus China, doch bei ihrer Einfuhr um 1800 nahm man an, sie seien in Indien heimisch (siehe Seite 13). Daher stammt der Name »Bengal-Rosen«, der auf dem Kontinent bis zum Zweiten Weltkrieg in Gebrauch war. Volkstümlich wurden sie »Monatsrosen« genannt, weil sie im Gegensatz zu den einmalblühenden europäischen Gartenrosen vom Juni bis zum Frost blühten. Dafür sind alle Chinensis-Rosen längst nicht so winterhart wie die Einmalblühenden. Dies ist wohl auch der Grund dafür, daß sie so in Vergessenheit gerieten. Einerseits waren sie für moderne Gärten viel zu altmodisch und andererseits den Verehrern Alter Rosen nicht »antik« genug. Thomas beschrieb sie noch 1962 als »Shrub Roses of Today«. Für unsere immer kleiner werdenden Gärten sind diese reichblühenden Rosen jedoch wie geschaffen. Sie empfehlen sich durch zierlichen Wuchs und außergewöhnlich schönes Laub, das in der Jugend oft rötlich ist. Sie blühen in Büscheln und duften leicht.

Typisch für die Klasse ist 'Comtesse du Cayla' mit ihren spitzen Knospen, in deren fein duftenden, halbgefüllten Blüten sich lachs- und kupferfarbenorange Farbtöne mischen. Ganz anders wirkt 'Louis Philippe', die fast karminpurpurne Sorte, die früher als Topfrose verwendet wurde. Fein graugrün belaubt ist 'Hermosa', die »Schöne«, deren rosafarbene Blüten »Mini-Bourbon-Rosen« gleichen. Ihr kletternder Sport 'Setina', der leider nicht im Handel ist, ließe sich vielseitig verwenden. Die jungen Blüten der Kletterrose 'Sophie's Perpetual' sind zunächst uni rosafarben und überziehen sich später mit weinroten Schatten, ein Erbteil ihrer Stammutter 'Old Blush'. 'Alice Hoffmann' könnte fast eine niedrige Schwester von ihr sein.

Einfluß der chinesischen Rosen auf die neu entstehenden Rosenklassen (nach Rowley, Kommentarband zu Redouté)

Ort der Entstehung	Kreuzung zwischen Arten → Arthybriden	neue Klassen
Südostasien vor 1700	*R. chinensis* × *R. gigantea* → *R.* × *odorata*	Chinarosen, Bengal-Rosen, Teerosen
South Carolina 1802	*R. chinensis* × *R. moschata* → *R.* × *noisettiana*	Noisette-Rosen
Frankreich 1812	*R. chinensis* × *R. blanda* → *R.* × *l'heritieranea*	Boursault-Rosen
Réunion 1817	*R. chinensis* × *R.* × *damascena* → *R.* × *borboniana*	Bourbon-Rosen, *R. chinensis*-Hyriden
Frankreich 1827	*R. chinensis* × *R. gallica* → »*R.* × *bobellina*«	Portland-Rosen

Die Chinensis-Sorten brauchen einen warmen, sonnigen Standort, ausgiebige Düngung und Winterschutz, um zu überleben. Als ungewöhnlich winterhart darf 'Hermosa' gelten und deren kletternder Sport 'Setina'. Früher wurden diese Rosen oft auf eigener Wurzel gezogen, weil sie leicht als Stecklinge wurzeln.

Chinensis-Sorten bieten sich geradezu für die Verwendung in kleinen Gruppen an. Auch eine große Kollektion hat ihre Reize, bilden die Chinensis-Rosen doch die einzige Klasse, die man komplett auch in einem kleineren Garten unterbringen kann. Schön und brauchbar sind sie als »Patio-Rosen« und zur Containerkultur. Das Rosarium Sangerhausen besitzt 57 Chinensis-Sorten, ein ungehobener Schatz, der auf interessierte Rosenfreunde, einen geschickten Kultivateur und einen ideenreichen Gartenarchitekten wartet. (Herkunft und Formen siehe Seite 13 und 74 ff.)

'Alice Hoffmann' (Hoffmann 1897, D)
Albert Hoffmann, ein Amateurgärtner, war Mitbegründer des Sangerhausener Rosariums. Die 400 Rosensorten seines Privatgartens bildeten den Grundstock für das Rosarium-Sortiment. Welch eine schöne Rose hat Hoffmann seiner Tochter Alice gewidmet! Allein der niedrige, buschige Wuchs und die Reichblütigkeit machen sie begehrenswert, dadurch ist sie ideal für kleine Gruppen oder Beete. Die relativ großen Blüten, dicht gefüllt wie Bourbon-Rosenschalen, zeigen anfangs ein mattes Rosa mit leichten kirschroten Schattierungen, langsam dunkelnd bis zu Weinrot. Die sanften Farbnuancen der fast transparent wirkenden Blütenblätter kommen in der Vase voll zur Geltung. Auch die Kombination Fuchsien und Rosen ließe sich reizvoll damit verwirklichen, denn der Rosenzüchter Hermann Kiese widmete 1901 der Tocher des Freundes eine heute noch sehr geschätzte Fuchsien-Hybride. Höhe 70 cm. (Beschreibung »Rosen-Zeitung« 1897, Seite 33).

'Comtesse du Cayla' (Guillot 1902, F)
Der schmale Strauch trägt kleinblättriges Laub, das jung rötlich schimmert und gut zu den kupferfarbenen Knöspchen paßt. Einen korallenrosa Farbton mit Lachsschimmer zeigen dann die offenen, halbgefüllten Blüten, und auch die gelbliche Petalenabseite wirkt gefällig. Die gut duftende Sorte blüht öfters. Höhe 60 cm und mehr.

'Cramoisi Supérieur' (Cocquereau 1832, F)
syn. 'Agrippina', 'Eblouissante'
Der Name sagt es, karminrot sind die großen Büschel der sich schalenförmig öffnenden Blüten. Der Ausdruck »supérieur« gilt für die Blühwilligkeit, die anhält von Juni bis zum Herbst. Leider ist der Duft zu kurz gekommen. Der dunkelgrün belaubte Strauch wird etwa 1 m hoch.

'Climbing Cramoisi Supérieur'
(Couturier 1885, F)
Diese schöne, gesunde Kletterrose hält auch in sonniger Lage die Farbe. Sie wird etwa doppelt so hoch wie die Stammform.

'Fabvier' (Laffay 1832, F)
syn. 'Colonel Fabvier'
Oberst Fabvier, ein Held des griechischen Befreiungskampfes, wurde in seiner Heimat Frankreich mit einer roten Rose geehrt. Hellkarminrot sind die kleinen gefüllten Blüten, sie blühen in großen Büscheln und haben einen Hauch von Duft. Der ordentliche Wuchs prädestiniert die Sorte als Beetrose. Höhe 60 cm.

'Fellemberg' (Fellemberg 1857, F)
syn. 'La Belle Marseillaise'
Die sehr vielseitig zu verwendende, fast kletternde Sorte wird manchmal auch zu den Noisette-Rosen gerechnet. Die schlanken Triebe sind anfangs rötlich belaubt, später dunkelgrün, sie eignen sich ausgezeichnet zum »Niederhaken«, um auf diese Weise die Blütenfülle zu erhöhen. Ebensogut läßt sich mit 'Fellemberg' ein niedriges Spalier locker beranken. Die Sorte wirkt auch in Einzelstellung als kaskadenförmig wachsender Strauch. 'Fellemberg' ist sehr blühwillig. Bis zum Frost erfreut sie mit Büscheln von karminrosaroten, gefüllten Blüten, welche die gelben Staubgefäße zeigen und leicht nach Wildrose duften. Höhe 1,5 m.

'Hermosa' (Marcheseau 1840, F)
syn. 'Armosa', 'Mélanie Lemaire', 'Mme Neumann'
Diese klassische Sorte hält sich seit fast 150 Jahren im Handel und gedeiht stets gut, sowohl im Freiland als auch im Topf oder Blumenkübel. 'Hermosa' ist unentbehrlich in einem Garten mit Alten Rosen. Der niedrige Wuchs und ihr kleinblättriges, graugrünes Laub empfehlen sie als Vorpflanzung. »Hermosarosa« ist eine Farbe, die sich einfügt zwischen Silber- und Altrosa. In den kleinen, spitzen Knospen verbergen sich 36 Petalen, die sich zu perfekten Mini-Bourbonrosen anordnen. Die fast geviertelten Blüten duften, kommen sehr zahlreich und kehren nach Pausen wieder. Der 60 cm hohe Strauch ist recht winterhart.

'Hofgärtner Kalb' (Felberg-Leclerc 1913, D)
'Souvenir de Mme Eugène Verdier' × 'Gruß an Teplitz'
In der Deutschen Gartenbau-Ausstellung von 1913 in Breslau waren 60000 Rosenstöcke angepflanzt, 200 davon von einer »Bengalhybriden-Neuheit« aus Trier, die die Goldene Medaille der Stadt Breslau erhielt. Es war eine feine, duftende Beetrose mit buschigem, gleichmäßigem Wuchs und mittelgroßen, gesunden Blättern. 'Hofgärtner Kalb' zeichnet sich durch Blütenreichtum aus. Bis zu 20 der hübschen

'Alice Hoffmann', eine reichblühende Rarität aus dem Sangerhausener Rosarium, eignet sich gut als Beetrose.

Knospen stehen auf einem Stengel. Die schalenförmigen Blüten sind groß und gefüllt. Ihr karminrosa Farbton hellt sich zur Mitte hin zu Chamois auf, während die äußeren Petalen dunkelkarminrot getuscht sind.

Peter Lambert führte die ausdauernd blühende, wetterunempfindliche und winterharte Sorte bis 1939. In Sangerhausen erfreut sie noch heute, zusammen mit der schönen, mehr kupferfarbenen 'Frau Dr. Schricker' (Felberg 1927), welche die gleiche Erbmasse hat. Höhe 70 cm. (Farbbild »Rosen-Zeitung« 1913, Seite 85, und 1914, Seite 5)

'Irène Watts' (Guillot 1896, F)
Sämling von 'Mme Laurette Messimy'
Die französische Züchtung ist eine ideale Beetrose und zugleich eine feine Schnittrose. Sie blüht reich und bildet einen buschigen, dunkelgrün belaubten Strauch. Aus schlanken Knospen entwickeln sich für die Klasse sehr große, flache, geviertelte Blüten, die von lachsfarben schimmerndem Rosa zu Zartrosa variieren. Höhe 60 cm.

'Le Vésuve' (Laffay 1825, F)
Diese sehr alte Sorte zeigt ein hübsches Farbenspiel. Die großen, gefüllten Blüten sind erst karminrosafarben und dunkler geadert, dann gehen sie in Silberrosa über. Obwohl die offenen, duftenden Rosen flattrig wirken und nicken, sehen die Blütenbüschel mit den spitzen Knospen hübsch aus. Der niedrige Strauch mit kleinblättrigem, dunklem Laub blüht

'Fellemberg', eine halbkletternde, blühwillige Chinensis-Rose, erfreut uns bis Allerheiligen mit karminrosa Blüten und ist relativ winterhart.

öfter, am schönsten im Weinbauklima. Höhe 60 cm. (Farbbild in »Les plus belles Roses« 1912, Tafel 10)

'Louis Philippe' (Guérin 1834, F)
syn. 'Anthéros', 'Buret', 'Crown', 'Prince Eugène', 'Président d'Olbecque', 'Purple', 'Superbe du Bengale', 'Triomphant'
Die Sorte ist wahrscheinlich dem französischen »Bürgerkönig« Louis Philippe gewidmet. Aus der »Ungarischen Rosenzeitung« (1889, Seite 56) wissen wir, daß die Sorte damals massenweise aus Stecklingen gezogen wurde. Verwendung fand sie »als Topfrose in den Wohnungen der ärmeren Volksklasse, wo sie selbst bei notdürftiger Behandlung noch sehr dankbar blüht«.

Veredelt scheint die Sorte anspruchsvoller zu sein und nicht so reich zu blühen, sie wächst dann auch weniger buschig. Dunkelkarminrot bis purpurrot sind die mittelgroßen, leicht gefüllten und trotzdem schalenförmigen Blüten. Der nicht sehr üppig blaugrün belaubte Strauch erreicht Ausmaße von 60 × 60 cm.

'Mme Laurette Messimy' (Guillot 1888, F)
Es ist eine gesunde, öfterblühende, ziemlich winterharte Beetrose. Der aufrechte Strauch ist vollkommen bedeckt mit kleinblättrigem, glänzendem Laub. Ganze Büschel schlanker, nickender Knospen werden zu ziemlich großen, leicht gefüllten Blüten. Die helllachsrosafarbenen Blütenblätter schimmern gelblich am Petalengrund, die Abseite ist kupferfarben geadert. Auch der Duft fehlt nicht bei der 70 cm hohen Sorte.

'Mutabilis' siehe Seite 76
'Old Blush' siehe Seite 76

Aus dem 19. Jahrhundert stammt die reizende Kurparkszene mit der kletternden 'Setina'.

'Rouletii'
syn. 'Rosa Rouletii Correv.'
Henri Correvon bekam 1917 aus Onnens bei Mauborget im Schweizer Jura Stecklinge einer Zwergrose, die dort im Topf kultiviert wurde. Colonel Roulet hatte sie im benachbarten Mauborget entdeckt. 1920 führte Correvon sie unter »Rosa Rouletii« ein. 1929 brachte der Wuppertaler Staudenzüchter Georg Arends diese Sorte aus England mit und vermehrte sie. Peter Lambert und Wilhelm Kordes fanden, daß 'Rouletii' die alte 'Pompon de Paris' sei, die schon 1839 im Handel war (siehe Krüssmann 1974, Seite 90). 1980 heißt es von 'Pompon de Paris', sie wachse niedriger, die Knospe sei spitzer, die Blüte mehr gefüllt und tiefer rosafarben als bei 'Rouletii' (»Modern Roses 8«).

Unsere 'Rouletii' ist eine hübsche Zwergrose von 30 cm Höhe, dabei halbwegs buschig gewachsen. Durch das kleinblättrige, graugrüne Laub sind die Zweige sichtbar. Sie bringt mit Pausen, aber die ganze Saison hindurch winzige karminrote Knospen hervor. Die leicht gefüllte Blüte wirkt später sternförmig und wesentlich heller gefärbt. Von dieser gesunden, anspruchslosen und winterharten Sorte kann man niedliche Kindersträuße schneiden, aber die Knospen dürfen dann gerade erst Farbe zeigen. 'Rouletii' ist eine feine Sache, auch für ein Kinderbeet oder für die Topfkultur. Höhe 30 cm.

'Semperflorens' siehe Seite 76

'Setina' (Henderson 1879, USA)
Kletternder Sport von 'Hermosa'
syn. 'Hermosa Grimpante', 'Cetina'
'Setina' gleicht in allem der Muttersorte, wird aber bis zu 3 m hoch. Sie bringt einen reichen ersten Flor und blüht etwas nach. Früher wurde sie mit Begeisterung für Girlanden verwendet, so zum Beispiel im Tetschener Schloßpark. Zwischen Hochstämmchen hängen festonartig Seile, an denen die Zweige befestigt werden. Durch Kronprinzessin Victoria wurde diese englische Mode in Deutschland populär. 'Setina' ist

ideal für kleine Gärten; es wäre so viel damit anzufangen, wenn wir sie aus dem Sangerhausener Dornröschenschlaf erweckten.

'Sophie's Perpetual' (Herkunft unbekannt)
Diese alte Sorte fand Humphrey Brooke, ein Kenner Alter Rosen und Freund Sangerhausens, in England. Der Findling kam 1960 in Großbritannien wieder in den Handel. In Sangerhausen ist 'Sophie's Perpetual' als Pfeilerrose gepflanzt und wird etwa 1,8 m hoch. Die fast stachellosen, eleganten Zweige sind schön belaubt. Die großen, gefüllten Rosen sind kugelig, ehe sie sich schalenförmig öffnen. Sie wirken hell-karminrosafarben, wie mit weinroten Schattierungen getuscht, die im Verblühen nachdunkeln. Die transparente Substanz der Blütenblätter bietet einen wundervollen Anblick im Abendlicht. Man sollte dies bei der Auswahl des Standortes berücksichtigen.

'Sophie's Perpetual' ist wahrscheinlich eine Züchtung des russischen Botanikers Schouvaloff. Seine Tochter, Gräfin Sophie von Benckendorf (1855 bis 1928), kultivierte die Sorte im englischen Lime Kiln (»The Rose«, Mai 1986, Seite 97).

'Viridiflora' siehe Seite 77.

Teerosen

Das Ursprungsland dieser edelsten und empfindlichsten aller Rosen ist China. Von dort brachte zuerst Peter Osbek 1752 die zartrosafarbene Sorte 'Odorata' nach Uppsala. Ihren Namen jedoch verdanken die Teerosen der heute noch bestehenden berühmten Fa-Ti Gärtnerei in Kanton. Aus dieser kamen die 1808 nach Großbritannien eingeführten Exemplare von 'Odorata'. 1824 folgte aus derselben Gärtnerei die hellgelbe 'Ochroleuca'. Aus den »Rosen von Fa-Ti« wurden im englischen Sprachgebrauch dann fälschlich »Tea-Roses«, Teerosen. Es war also die Herkunft dieser Rosen und nicht, wie so oft behauptet wird, ihr Duft nach Tee, der ihnen den Namen gab. Der Wohlgeruch dieser Klasse ist keineswegs einheitlich, sondern genau wie bei anderen Rosen kommen sehr unterschiedliche Duftnoten vor. Als Beispiel nur sei 'Niphetos' genannt, die eher herb duftet wie ein Herrenparfüm, und als Gegenstück dazu 'Devoniensis' mit einer ausgesprochen femininen Duftnote. Das Ideal des Rosenduftes verkörperte 'Maréchal Niel', die heute jedoch zu den Noisette-Rosen gerechnet wird.

An Teerosen gefallen besonders die eleganten, nikkenden Knospen, die 'Niphetos' in Vollendung hat. Man kann gar nicht glauben, daß sich daraus eine so große, weiße, dicht gefüllte Blüte entwickeln kann. Die alten Teerosen-Züchtungen haben häufig sehr sanfte Farben – fein rosafarben getönt und leicht getuscht oder mit gelblichen Nuancen. Selten sind korallenfarbene Blüten wie bei 'Archiduc Joseph', während Karminrot bei den späteren Züchtungen durchaus häufiger vorkommt. Ein wirklich tiefes, haltbares Gelb, sogar mit einem orangefarbenen Schimmer, hat 'Lady Hillingdon' (1910); sie ist jedoch nach ihrer Chromosomenzahl schon keine echte Teerose mehr.

Früher wurden Teerosen auch als Beetrosen verwendet, doch ihre Zweige sind meist zart und ihre schmalen, glänzenden Blätter decken selten. Die Schönheit der einzeln stehenden Blüten und der elegante Wuchs kommen auf Hochstamm gezogen jedoch besser zur Geltung. Auch die kletternden Sports der Teerosen, die sogenannten Climbing-Formen, wirken anmutiger als die eher schmächtigen Teerosen-Sträucher.

Alle Teerosen sind zarte, kälteempfindliche Geschöpfe, daher ist ein sehr geschützter Standort unumgänglich. Stauende Nässe bedeutet Gift für sie, und im Winter darf sich vor allem nicht die Kaltluft am Boden stauen. Beetrosen sollten noch angehäufelt und mit Reisig eingedeckt werden. Die kletternden Sorten muß man umlegen und mit Reisig und Erde abdecken.

Schnitt: Kletternde Sorten nur vorsichtig auslichten, für Beetrosen Normalschnitt.

Die Kultur in Containern und auf eigener Wurzel eröffnet neue Möglichkeiten der Verwendung für den Liebhaber dieser an Anmut nicht zu übertreffenden Rosen. (Herkunft siehe Seite 16)

'Adam' (Adam 1833, F)
syn. 'The President'
Der Katalog der luxemburgischen Gebrüder Ketten von 1911 vermerkt zu dieser Sorte lakonisch: »'Adam' aus Reims; 'The President' kam aus Amerika, Verbreiter A. Paul 1860.« 'Adam' wird häufig als erste in Europa entstandene Teerose bezeichnet, im Stuttgarter Gumpper-Katalog von 1828 wurden jedoch bereits vier Teerosen-Sorten angeboten. Das Auftauchen von 'The President' im Jahr 1860, der angeblich brandneuen amerikanischen Züchtung, die sich dann als der alte 'Adam' aus Reims entpuppte, bedeutet den ersten Re-Import einer europäischen Sorte, aber nicht den letzten. Das Ganze

läßt sich nur aus der geradezu besessenen Neuheitensucht der Gründerzeit verstehen.

'Adam' überlebte in Sangerhausen. Die Sorte wird dort kaum höher als die übrigen Teerosen, eben 70 cm. Sie ist verhältnismäßig gut dunkelgrün belaubt. Die großen, fast voll gefüllten Blüten sind schalenförmig und leicht geviertelt. Die duftenden Rosen sind blaßrosafarben mit kupfrigem Schein.

'Archiduc Joseph' (Nabonnand 1892, F)
Sämling von 'Mme Lombard'
Erzherzog Joseph war wie viele Mitglieder des Hauses Habsburg ein passionierter Gärtner, und man gewann ihn als Protektor des Ungarischen Landesgartenbau-Vereins. Seine Rosensammlung im Alscuther Schloßpark war berühmt, und er ließ es sich nicht nehmen, eine Abordnung des Vereins im Jahr 1895 höchstpersönlich durch sein Rosarium zu führen (»Ungarische Rosenzeitung« 1895, Seite 47).

'Archiduc Joseph' ist eine farbenprächtige Teerose, reich an Petalen und Nuancen, die sich flach ausbreitet. Die Blüten sind krabbenrosa- bis orangefarben, zur Mitte hin kupfergelb mit helleren Rändern. Der nicht sehr üppige Strauch hat aber schmalblättriges, dunkles Laub, und die duftenden Blüten stehen meist zu mehreren zusammen. Die Sorte ist verhältnismäßig winterhart. Höhe 80 cm.

'Cathérine Mermet' (Guillot 1869, F)
Die hübschen Knospen blühen leicht zu schön gefüllten, zartrosafarbenen Rosen auf. Sie duften gut und stehen auf langen Stielen. Bemerkenswert ist die eigenwillige Blütenform – über dem hohen, geschlossenen Zentrum rollen sich die übrigen Petalen tütenförmig nach außen. Der kräftige Wuchs, das dunkle, gesunde Blattwerk und die Reichblütigkeit machten sie einst zur begehrten »Rangrose«. Höhe 60 cm.

'Climbing Devoniensis'
(Pavit, int. Curtis 1858, GB)
Sport von 'Devoniensis' (Foster 1838, GB)
Der volkstümliche Name der aus der englischen Grafschaft Devon stammenden Sorte ist »Magnolia Rose«. Ihre Abstammung ist unbekannt. Sie ist eine Teerose mit außerordentlich großen, rahmfarbenen, ganz dicht gefüllten Blüten, deren krause Mitte in »Malmaisonrosa« übergeht. Die Sorte duftet zart und gut. Die sehr kräftigen Zweige tragen schönes, mattgrünes Laub, doch erst etablierte Pflanzen blühen reich. In Westfalen brachte 'Climbing Devoniensis' nur wenige Nachblüten. Die Sorte muß unbedingt einen geschützten Standort haben und zusätz-lichen Winterschutz. Ein Prachtexemplar ist in Regensberg zu finden, oberhalb des Zürichsees, am Haus der Rosenmalerin Lotte Günthart. Dort klettert 'Devoniensis' bis zum zweiten Stock hinauf. Im rauhen Kasseler Klima wird sie an der Außentreppe des Hauses hochgezogen und im Winter auf die Erde niedergelegt. Im Seeklima Westfalens wuchs und blühte sie in einem geschützten Atrium-Garten über das Dach eines Bungalows hinaus; nach Allerheiligen wurde sie sorgfältig in Tannenreisig eingebunden. Die Mühe lohnte sich, bis der harte Winter 1985/86 dem Blütentraum ein Ende setzte.

'Freiherr von Marschall' (Lambert 1903, D)
'Princesse Alice de Monaco' × 'Rose d'Evian'
Dem Engländer Peter Beales verdanken wir die Wiederentdeckung der Sorte, die in der reichen Lambert-Sammlung des Sangerhausener Rosariums fehlte. Auffällend ist die dichte Belaubung und das rötliche junge Laub der buschigen Pflanze. Es ist eine dankbare, duftende Sorte mit vielen großen, gefüllten, dunkelkarminroten Blüten, besonders im Herbst. Ganz offen wirken die Blüten ein bißchen flattrig. Im Garten der Deutschen Botschaft in Istanbul warb 'Freiherr von Marschall' diskret, aber wirkungsvoll für die deutsche Rosenzucht. Sie fand auch das Wohlgefallen des deutschen Botschafters, dem sie zugeeignet ist. Höhe 70 cm. (»Rosen-Zeitung« 1906, Seite 83)

'Fürstin Infantin von Hohenzollern'
(Bräuer 1898, D)
'Comtesse de Leusse' × 'Marie van Houtte'
Um die Jahrhundertwende verlebte die »feine Gesellschaft« den Winter an der Riviera. So »geruhte Hoheit höchstselbst huldvoll« eine der Rosenzüchtungen des deutschen Obergärtners Bräuer in San Remo als Patenkind auszuwählen. Die langstieligen, duftenden Teerosen mit großen Blüten, lilafarben auf ockerfarbenem Grund, fanden das Wohlgefallen der Fürstin. Der relativ kräftige Strauch bewährte sich als reichblühende Gruppenrose selbst in den eisigen Sangerhausener Wintern, doch ohne Rivierasonne bleibt wenig von der besonderen Färbung. Höhe 80 cm. (Berichte von Paul Bräuer über Rosenzucht und -kultur an der Riviera siehe »Rosen-Zeitung« 1899, Seite 46 ff.)

'Homère' (Robert et Moreau 1858, F)
Homer wurde im 19. Jahrhundert von allen Gebildeten gelesen, und die Züchter kannten aus der Ilias die Passagen, in denen zum ersten Mal in der euro-

'Niphetos', einst die feinste weiße Treibrose, blüht in Sangerhausen im Freiland.

päischen Literatur Rosen erwähnt werden. Demnach wurde der Schild des Achill mit Rosen geschmückt, und Aphrodite salbte Hektors Leichnam mit Rosenöl. So bedeutet die Teerose 'Homère' eine späte Huldigung für den sagenhaften griechischen Epiker, der im 9. Jahrhundert v.Chr. gelebt haben soll. 'Homère' ist eine der frühen und doch erstaunlich winterharten Züchtungen; sie trägt schalenförmige, gefüllte Blüten mit leichtem Duft. Die rosa Blütenfarbe erscheint in vielen Nuancen, jedoch bleibt das Zentrum heller. Der fast stachellose Strauch mit dunklem Laub blüht gut und zeigt im Herbst kräftigere Farben. Höhe 60 cm.

'Kaiser Wilhelm' (Drögemüller 1899, D)
'Mme Bérard' × 'Perle des Jardins'
An der wüchsigen, reichblühenden Kletterrose fällt das rötliche junge Laub auf. Die großen, sehr gefüllten flachen Blüten stehen in Büscheln. Sie sind meist gelblich mit rosigem Hauch und duften gut. 'Kaiser Wilhelm' hatte bereits 1886 die Große Silberne Medaille des Vereins Deutscher Rosenfreunde erhalten. Diese Sorte gehört zum Sangerhäuser Sortiment. Höhe 2,5 m.

'Lady Hillingdon' (Lowe and Shawyer 1910, GB)
'Papa Gontier' × 'Mme Hoste'
Obwohl sie zu den letzten Teerosen-Züchtungen zählt, ist sie eine recht empfindliche, doch exquisite und sehr beliebte Schönheit. Der buschige Strauch hat zartes, bronzegrünes Laub und trägt schlanke, elegante Knospen auf relativ langen Stielen. Die großen Blüten sind nur locker gefüllt und zart-aprikosenfarben, das Innere ist kräftiger getönt. Der intensive Teerosenduft der etwas nickenden Blüten ist bei der kletternden Form leichter zu genießen. Der Winterschutz darf nicht vergessen werden. Höhe 60 cm.

'Climbing Lady Hillingdon' (Hicks 1917, GB)
Der kletternde Sport gleicht vollkommen der Stammsorte, die Wuchshöhe variiert je nach Klima sehr stark. Ich sah die Sorte nur 2 m hoch, doch für England werden 4,5 m und für Frankreich 7 m angegeben, was vielleicht an der Riviera zutreffen kann. In den meisten Gebieten Deutschlands ist perfekter Winterschutz eine Lebensnotwendigkeit.

'Marie d'Orléans' (Nabonnand 1883, F)
Dies ist nicht nur ein schöner Strauch mit reichem und gesundem Laub, sondern er blüht auch beständig. Fast ziegelrot mit starkem rosafarbenen Schein sind die großen, sehr dicht gefüllten, flach aufblühenden, weithin duftenden Rosen. Höhe 60 cm.

'Marie van Houtte' (Ducher 1871, F)
'Mme de Tartas' × 'Mme Falcot'
Sie war in Deutschland immer eine sehr beliebte Sorte und wurde bis zum Zweiten Weltkrieg gehandelt. Obwohl die Zweige mit den tiefgrünen, festen Blättern zart wirken, bringt die Sorte doch große, gut gefüllte Blumen. Die Petalen sind elfenbeinfarben mit breitem karminrosafarbenem Rand, die Blüten schön rund und mit erhöhter Mitte. 'Marie van Houtte' bringt duftende Rosen bis weit in den Herbst hinein. Höhe 60 cm.

'Mme Jean Dupuy' (Züchter Mari, F., verbreitet durch Lambert 1902, D)
Während der Weltausstellung 1901 in Paris wurde diese Sorte ausgezeichnet. Sie ist eine der sechs Züchtungen des Gärtners Mari aus Nizza. Peter Lambert kaufte die Neuheit, widmete sie der Gattin des französischen Landwirtschaftsministers und ließ die Schöne malen (ein wundervolles Farbbild erschien in der »Rosen-Zeitung« 1905, Seite 1). Formschöne, rötlichgelbe Knospen erblühen langsam zu dicht gefüllten, üppigen Blüten, die rahmgelb sind und lachsrosafarben geschminkt scheinen. Diese gut duftende, schöne Beetrose zeichnet sich durch üppige Belaubung und wiederkehrenden Flor aus. Höhe 60 cm.

'Niphetos' (Bougère 1843, F)
Diese zarteste aller weißen Rosen war einst die feinste Schnittrose mit beständigem Duft. Alma de l'Aigle

liebte die Sorte und porträtierte sie romantisch (1958). Sie wird meist nur als Topfrose oder im Glashaus kultiviert, wirkte aber im Sommer 1984 in Sangerhausen auch im Freiland absolut perfekt. Die edlen, sehr schlanken, nickenden Knospen wandeln sich zögernd in große, becherförmige Teerosen von vollkommener Füllung. Ganz aufgeblüht sind die weißen, herb duftenden Rosen etwas geviertelt. Der schön verzweigte, mattgrün belaubte Rosenstock blüht nicht allzu reich, aber er blüht beständig nach. Höhe 70 cm.

'Climbing Niphetos'
(Keynes, Williams and Co 1889, GB)
Der kletternde Sport mit den gleichen Eigenschaften wird bis 3 m hoch.

'Princesse de Sagan' (Dubreuil 1887, F)
Eine der ausgezeichneten, dunkelroten Teerosen von Dubreuil, damals vielfach prämiert, überzeugt heute noch in Sangerhausen durch ihre Qualitäten. Der relativ robuste, buschige Strauch bringt einzeln stehende, schmale Knospen auf langen Stielen. Offen sind sie eine duftende Schale mit dicht übereinandergelegten Blütenblättern von karminrotem Samt, überzogen von dunklen und purpurnen Schatten. Remontiert nach dem guten Juniflor. Höhe 60 cm.

'Souvenir d'un Ami' (Bélot-Desfougères 1846, F)
Die köstliche »Erinnerung an einen Freund« verströmt einen unvergeßlichen Duft und hat große, zartrosafarbene Blüten mit kupferfarbenem Schein. Diese wirken erst fast kugelig, dann bilden sie eine Schale aus muschelförmigen Blütenblättern, in der das Krönchen schimmert. Der wüchsige, schön dunkelgrün belaubte Strauch blüht gut und erwies sich in Sangerhausen als ziemlich winterhart. Höhe 60 cm.

Zu dem Farbbild in »Rosen-Zeitung« 1890, Seite 65, bemerkt C. P. Strassheim, die Sorte sei die Züchtung eines unbekannten Amateurs und Bellot-Desfougères habe sie nur in den Handel gebracht.

Dagegen schreibt Curtis im 1853 erschienenen 2. Teil seines Buches (Seite 13), der Züchter der Sorte sei Bellot, Gärtner in Fougères bei Moulines.

Noisette-Rosen

»The Two Roses of Charleston« nannte Leonie Bell ihren aufsehenerregenden Artikel in »The Rose Annual« 1983 (Seite 167 bis 176). Sie bewies damit, daß nicht 'Rosier de Philippe Noisette' die erste dauerblühende Kletterrose war, sondern 'Champney's Pink Cluster'. Aus dieser war 'Rosier de Philippe Noisette' als Sämling hervorgegangen.

Noisette-Rosen haben fast alle kletternden, eleganten Wuchs, schönes Laub, und ihre Blütenbüschel duften besonders fein. Bei der Blütenfarbe herrscht seit der Einkreuzung der Teerose 'Ochroleuca' (siehe Seite 16) Gelb in allen Nuancen vor. Es gibt auch sehr schöne weiße Rosen in dieser Klasse, doch kräftiges Rosa oder gar Rot sind selten.

'Gloire de Dijon', die winterharte und reichblühende Sorte, gehört mit ihren gelblichrosafarbenen Blüten mit Recht zu den klassischen Rosen. 'Maréchal Niel' ist schon fast ein Mythos wegen ihres einmaligen Dufts und der unnachahmlich eleganten, nickenden, blaßgelben Rosen. Leicht orangegelb mit aprikosenfarbenem Schein blüht 'Crépuscule', die besonders gut duftet. Die kirschrote 'Deschamps' steht nur in Sangerhausen, doch die vitale 'Mme Alfred Carrière', die so viele ihrer schönen weißen Blüten mit dem zartrosigen Schein bringt, wird schon lange vielerorts gepflanzt.

Noisette-Rosen sind im Weinbauklima fast durchblühende, hochwachsende Kletterrosen, doch ein Teil von ihnen gedeiht an geschützten Standorten fast überall. Viele Sorten sind besonders für Atriumgärten empfehlenswert, einige auch für Containerkultur.

Bedächtiger Schnitt ist angebracht, nur überaltertes und dünnes Holz sollte entfernt werden. Auf *Rosa canina* veredelt oder auf eigener Wurzel sollen Noisette-Rosen gute Ergebnisse bringen. (Herkunft siehe Seite 17 f.)

'Aimée Vibert' (Vibert 1828, F)
'Champney's Pink Cluster' × Sempervirens-Hybride?; syn. 'Bouquet de la Mariée'
Gar viele hübsche kleine »Brautsträuße« bringt der stark rankende, fast stachellose Strauch hervor. Seine ganze Gestalt ist bedeckt von gefälligem, schmalblättrigem, hellgrünem Laub. Rundliche, leicht geschminkte Knospen blühen auf zu nicht sehr großen, aber ganz gefüllten flachen Rosen. Aus ihrem reinen Weiß spitzen die goldenen Staubgefäße hervor, doch dem Duft fehlt die Frische. Die ziemlich winterharte Sorte vermag bei idealen Bedingungen reich und öfters zu blühen. Höhe 2 m.

'Alister Stella Gray' (Gray 1894, GB)
syn. 'Golden Rambler'
Der locker wachsende Strauch, dessen wenig bewehrte Zweige ein sanftgrünes Laubkleid tragen,

wirkt in Erdbodennähe oft kahl. Er wird meist als Kletterrose gebraucht. Die Sorte kann an einer geschützten Hauswand bis zu 4 m hoch werden. Als freistehender Strauch erreicht sie nur 2 m Höhe. Die nicht sehr großen, orangegelben Knospen leuchten zwischen den sich eben öffnenden, sehr formschönen Blüten, die mehr zu Safrangelb hin neigen. Viel zu schnell werden flache, geviertelte Blüten daraus, voller schmaler Petalen, aber nunmehr sind sie hellgelb mit einem wärmeren Ton im Zentrum. Vom Rand her aufhellend, bleibt schließlich Weiß, und auch der Duft wird schwächer. So trägt ein jeder Blütenstiel einen farblich harmonisch abgestimmten Strauß. In günstigen Lagen blüht 'Alister Stella Gray' die ganze Saison hindurch.

'Annie Vibert' (Vibert?, F)

Weil diese Sorte winterhärter ist als die übrigen Noisette-Hybriden, soll sie trotz ihrer ungewissen Herkunft hier nicht fehlen. Der sehr gesunde, gut belaubte Strauch von nur 1,5 m Höhe hat kräftige Zweige. 'Annie Vibert' blüht reich und remontiert gut. Sie trägt Blütenbüschel aus rötlichen Knospen und nur mäßig große, pomponartige, zartrosafarbene Blüten, die fein duften.

'Bouquet d'Or' (Ducher 1872, F)

Sämling von 'Gloire de Dijon'

Der »Goldene Strauß« hat die Blütenform und -tracht der Stammsorte: erst becherförmig, dann flach, übervoll mit Petalen, hübsch geviertelt und duftend. Die Blütenfarbe ist jedoch ein tieferes Gelb als das der 'Gloire de Dijon'. Die Rosen schimmern im Zentrum kupferfarben, ganz aufgeblüht verblassen sie zunehmend. Die Blütenbüschel hängen, denn die großen Rosen sind schwer. Die Sorte wächst niedriger und buschiger als die Stammsorte, blüht jedoch ebensoviel und ausdauernd. Der Herbstflor fällt besonders schön und farbintensiv aus. Gesundes, glänzendes Laub und eine passable Winterhärte zeichnen den 2 m hohen Strauch aus, der sich auch als Kletterrose verwenden läßt.

'Crépuscule' (Dubreuil 1904, F)

»Dämmerung« nannte Dubreuil die prächtige Sorte, deren aprikosenfarbene, schlanke Knospen aus dem gesunden, ledrigen Laub leuchten. Die großen, nur lose gefüllten, schmetterlingshaften Blüten zeigen die schönen Staubgefäße. Die Ränder der Petalen sind leuchtender gefärbt, selbst die verblassenden Blütenbüschel duften fruchtig. Obwohl der Sorte nur bedingte Frosthärte nachgesagt wird, gedeiht sie gut im

kontinentalen Klima Sangerhausens, wo sie als Pfeilerrose gezogen wird. Höhe 2 m.

'Deschamps' (Deschamps 1877, F)

Rote Noisette-Hybriden bedeuten eine Rarität, und die besten Rosenkenner Frankreichs wußten 1912 noch sehr wohl die Qualitäten der schon alten 'Deschamps' zu schätzen. Sie ließen sie für ihre Sammlung der allerschönsten Rosen malen. Auch wir könnten unsere Gärten mit dieser Seltenheit bereichern, denn Sangerhausen besitzt sie noch. Die wüchsige, großlaubige Kletterrose bringt kirschrote Knospen hervor, die ein bißchen nicken und zu großen rosaroten Blütenschalen mit duftiger Füllung aufblühen. 'Deschamps' blüht überreich und remontiert gut. Sie wächst in Sangerhausen als Pfeilerrose 2 m hoch.

'Desprez à Fleurs Jaunes' (Desprez 1830, F)

'Blush Noisette' × 'Ochroleuca'?

syn. 'Jaune Desprez'

Romain Desprez († 1871) besaß in Yèbles eine berühmte Rosensammlung und züchtete aus Liebhaberei (Jäger 1960, Seite 205f., 764). »Desprez Gelbe« gilt als wenig winterhart, doch Gerda Nissen fand sie verwildert auf einem alten Friedhof in Büsum und charakterisierte sie treffend (1984): »Blankpoliertes, spitziges Laub an drahtigen, stachellosen, biegsamen Trieben, die in wunderlichem Zickzack wachsen.« Die aprikosenfarbenen Blüten senden einen überwältigenden Duft aus und sind geformt wie große, gefüllte, flache Schalen. Diese büschelblütige Kletterrose will in mildem Klima hoch hinaus. Höhe 4 m.

'Emilia Plantier' (Schwartz 1878, F)

Diese winterharte Sorte schätzte Peter Lambert sehr, sie bewährte sich gut in Sangerhausen. Der sparrig wachsende, kletternde Strauch ist üppig bekleidet mit großblättrigem, gesundem Laub. Die Blütenbüschel werden von langen Stielen getragen. Die mittelgroße Einzelblüte wölbt sich zur Schalenform, sie ist gut gefüllt und hat eine krause Mitte. Die duftenden, elfenbeinfarbenen Rosen mit lachsgelbem Schimmer erscheinen bis in den Herbst hinein. Hübsche Schnittblume. Höhe 3 m.

'Fürst Bismarck' (Drögemüller 1886, D)

Sport von 'Gloire de Dijon'

Drögemüller war Schulrektor in Neuhaus an der Elbe, anfangs Mitarbeiter der »Rosen-Zeitung« und auch Amateur-Rosenzüchter. Die Sorte war unter den Zeitgenossen ebenso umstritten wie der Namenspatron. Der Ketten-Katalog von 1911 schreibt: »Gleicht 'Belle Lyonnaise', rein gelb, blühbarer als die Stammsorte. Rangrose!« Eigenen Beobachtungen zufolge handelt es sich um eine erhaltenswerte, mehr gelbe Varietät von 'Gloire de Dijon'. Höhe 2 m.

'Fürstin Bismarck' (Drögemüller 1887, D)
'Gloire de Dijon' × 'Countess of Oxford'
Beide Drögemüllerschen Züchtungen sind allgemein unter den Teerosen verzeichnet, doch 'Gloire de Dijon' wird heutzutage unter die Noisette-Hybriden eingereiht. So haben diese Sorten nichts mehr bei den Teerosen zu suchen. Außerdem ist 'Countess of Oxford' eine Remontant-Hybride. 'Fürstin Bismarck' wächst üppiger als die Muttersorte, ihr Laub ist dunkelgrün und glänzt. Die Blütenfarbe variiert von Rosa bis Kirschrot. Die großen, sehr stark gefüllten Blüten brauchen gutes Wetter, um sich wirklich zu öffnen, dann wirken sie allerdings prachtvoll. Höhe 3 m.

'Gloire de Dijon' (Jacotot 1853, F)
'Desprez à Fleurs Jaunes' × 'Souvenir de la Malmaison'?
Es scheint ein Amateur gewesen zu sein, der diese wundervolle Rose züchtete. Die Sorte hat Dijon Ehre gemacht, denn sie wurde weltberühmt, führte lange die Ranglisten an und verschwand nie ganz aus dem Handel. Sie gilt als Klassiker der Rosenwelt und ist die Stammmutter vieler Züchtungen. 'Gloire de Dijon' hat sehr große Blüten, die sich langsam öffnen zu flachen, stark gefüllten, schön geviertelten Schalen. Meist zeigt sie ein helles Gelb mit aprikosen- und rosafarbenen Schattierungen. Die Farbe variiert sehr stark je nach Standort und Wetter, doch der gute Duft bleibt immer gleich. Die hervorragende Kletterrose hat kräftige Triebe, die mattgrün belaubt sind, jedoch gern unten kahl bleiben. Sie blüht reich im Juni und ist selten ohne Blüten, aber der bescheidenere Herbstflor fällt farbenprächtiger aus. 'Gloire de Dijon' wächst auch gut im Halbschatten und sollte keinesfalls an eine heiße Mauer gepflanzt werden. Kurzstielige Schnittrose. Höhe 3 m.

'Marie Dermar'
(Geschwind 1888, Österreich-Ungarn)
Sämling von 'Louise d'Arzens'
Cremeweiß mit rosigem Schimmer sind die mittelgroßen, schön gefüllten Blütenschalen, die gut duften. Der mannshohe, buschig wachsende Strauch ist dicht belaubt, er friert in Sangerhausen sehr selten

'Crépuscule' hat die elegante Blütenform und den feinen Duft von ihren Vorfahren, den Tee-Noisetterosen, geerbt.

zurück. Die Sorte wird manchmal fälschlicherweise als Remontant-Hybride bezeichnet. Höhe 1,7 m.

'Maréchal Niel' (Züchter Pradel 1857, F; verbreitet durch Victor Verdier 1864)
Im Jahr 1864 war der Sieger der Schlacht von Solferino im französisch-österreichischem Krieg sehr populär. Der Ruhm des Generals ist längst verblaßt, doch der Zauber der weltberühmt gewordenen Rose hält seit 125 Jahren an. Der Verlag Eugen Ulmer brachte 1925 »Der Rose Zucht und Pflege« heraus, das beste praktische Rosenbuch seiner Zeit. Stephan Olbrich hatte es nach 40jähriger Praxis geschrieben und räumte dem Ursprung der 'Maréchal Niel' ein eigenes Kapitel ein: »Pradel jr., ein Gärtner in Montauban, pflanzte für einen Kunden eine Rosengruppe 'Chromatella' an. Es fehlte ihm eine Pflanze und er nahm als Ersatz einen Rosenstock, der von einer seiner Aussaaten stammte. 1857 veredelte M. Rupin erstmals einige Pflanzen davon. 1858 sah der Pariser Rosenzüchter Verdier, der als Preisrichter in Montauban bei einer Rosenausstellung war, die Sorte. Er glaubte eine 'Chromatella' vor sich zu haben. Erst nachdem ihm diese Rose mehrmals begegnete, okulierte er selbst davon. Sie entwickelten sich prachtvoll, und Verdier stellte sie in Paris aus, mit großem Erfolg. Als Verdier 1864 die Sorte als 'Maréchal Niel' in den Handel gab, besaß Pradel jun., der glückliche Finder, nicht mehr ein einziges Exemplar. Verdier hatte alle existierenden Pflanzen aufkaufen lassen.« (Gekürzte Fassung)

'Gloire de Dijon' war seit 1853 in Deutschland immer im Handel, denn sie ist langlebig und reichblühend.

Folgen wir Olbrich, so ist 'Maréchal Niel' also ein Zufallssämling ohne Stammbaum.

Früher wurde die Sorte massenhaft kultiviert für die Binderei. Heute besitzt sie nurmehr Liebhaberwert. Im Freiland braucht sie Weinbauklima, um optimal zu gedeihen, doch auch eine Kultur im Kübel ist bei sorgsamer Pflege möglich. Die hängenden, eleganten Knospen und die gerade aufbrechenden, becherförmigen Blüten aus mattem Gelb haben sie ebenso berühmt gemacht wie ihr unvergleichlicher Duft. Das spärliche, zarte, hellgrüne Laub ist hübsch verteilt über die stark kletternden Triebe. Wuchshöhe unter Glas bis 8 m.

Zur Kultur im Freiland siehe Betten 1903, Seite 111 ff., und Lebl 1895, Seite 275 ff.

'Meteor' (Geschwind 1887, Österreich-Ungarn)
Die winterharte, gesunde und sehr dankbare Geschwind-Sorte mit kleinblättrigem, dunklem Laub, aus dem karminrot die großen, gefüllten Blütenschalen leuchten, hat einen herrlichen, kräftigen Duft. Der vitale Strauch remontiert gut. 'Meteor'-Blüten sind schön in der Vase. Sangerhausener Sortiment. Höhe bis 2 m.

'Mme Alfred Carrière' (Schwartz 1879, F)
Sie vermag mit ihrem schönen, sattgrünen Laubwerk eine ganze Hauswand zu bedecken, bildet aber auch freistehend einen ansehnlichen Strauch. Von den Noisette-Hybriden ist sie eine der winterhärtesten, zudem gesund und fast dauerblühend. Die großen, rahmweißen Rosen schimmern zart-rosig, sind rund gebaut, genug gefüllt und duften. Die Sorte enttäuscht nie. Höhe 2 bis 4 m.

'William Allen Richardson' (Ducher 1878, F)
Sport von 'Rêve d'Or'
Diese Kletterrose braucht absolut ideale Bedingungen, nur dann blüht sie wirklich zufriedenstellend. Die mittelgroßen, gefüllten Blüten leuchten intensivorangegelb aus dem dunkelgrünen Laub, ehe sie verblassen. Der Duft verändert sich mit der Farbintensität der Blüten. Die Sorte remontiert immer. Höhe 2,5 m.

Bourbon-Rosen

Ihre Urform soll vor 1817 entstanden sein auf einer Insel im Indischen Ozean, damals Bourbon genannt, heute Réunion. Keine andere Klasse vereinigt so viele berühmte Namen in sich wie diese. Allen gemeinsam ist der gute Duft, doch im übrigen weisen sie sehr unterschiedliche Eigenschaften auf: Niedrig bleibt die einmalige Beetrose 'Souvenir de la Malmaison', die bis zum späten Herbst blüht. Mannshoch dagegen wächst die Strauchrose 'Variegata di Bologna', die sich nur im Juni mit zahllosen dicht gefüllten Blütenschüsseln schmückt. Alle Blüten sind weiß und karminrot gemustert, aber nie gleicht eine der andern. Die härteste aller Bourbon-Rosen ist die kraftstrotzende, stachellose Kletterrose 'Zéphirine Drouhin', die es nach Dietrich Woessner selbst in Höhenlagen schafft, reich zu blühen. Weit leuchtet das helle Karminrot ihrer leicht gefüllten, stark duftenden Rosen. Aus Österreich-Ungarn kam der recht stachelige 'Zigeunerknabe', ein vorzüglicher, gesundbleibender Parkstrauch, der zur Rosenzeit mit purpurroten Blüten erfreut. Alle Bourbon-Rosen sind schön belaubt, und ihre schalenförmigen Blüten wirken meist im Herbst noch perfekter geformt. Der Gartenwert der einmalblühenden, sich überreich verschenkenden Bourbon-Rosen sollte nicht unterschätzt werden.

Das derzeitige Bourbonrosen-Sortiment bietet so vielfache Wuchsformen an, daß es kein Problem bedeutet, selbst für einen Reihenhausgarten geeignete Sorten zu finden. Erst recht gilt dies für größere Privatgärten und Parkanlagen. Bourbon-Rosen lieben kräftigen Boden. Sie vertragen auch Formschnitt, wenn es an Platz mangelt. Doch Vorsicht, Bourbon-Rosen blühen am ein- und am mehrjährigen Holz. Bei den öfterblühenden Sorten müssen die verwelkten Blüten gleich ausgeschnitten werden. Nur im Weinbauklima kann im Winter auf Anhäufeln verzichtet werden. Wurzelecht gedeihen sie gut, besonders wenn die Stecklinge im September geschnitten werden. (Herkunft siehe Seite 16 f.)

'Acidalie' (Rousseau 1838, F)
»Nachtfalter« heißt diese Sorte, und wirklich, die großen weißen Blüten leuchten, wenn die Nacht hereinbricht und alle anderen Farben schon längst erloschen sind. Am Tag begeistern die feine zartrosafarbene Schattierung der rundlichen, vollen Blüten und der liebliche Duft. Durch die schlanken Zweige wirkt der Strauch recht graziös, er blüht nach. Höhe 1,6 m.

'Adam Messerich' (Lambert 1920, D)
'Frau Oberhofgärtner Singer' × ('Louise Odier' × 'Louis Philippe')
Die Sorte ist einem Rosenfreund in der Eifel gewidmet, in dessen Garten sich diese Bourbon-Rose trotz des rauhen Klimas besonders gut bewährt hatte. Allzeit zuverlässig und erfreulich ist der hochwachsende, lockere Strauch, der zeitig sein hellgrünes Laub trägt und schon früh einen reichen Flor zeigt. Leuchtendrosafarben sind die leicht gefüllten, großen Blütenschalen mit den gelben Staubgefäßen. Gut duftende, regenfeste, haltbare Blütenbüschel auf langen Stielen erfreuen bis in den Herbst hinein. Ein gesunder, winterharter Strauch. Höhe 1,6 m.

'Baron J.B. Gonella' (Guillot 1859, F)
Sämling von 'Louise Odier'
Die Sorte wird manchmal auch zu den Remontant-Hybriden gezählt. Der recht winterharte, wenig bestachelte Strauch wächst aufrecht, blüht reich und remontiert gut. Die großen, gefüllten, schön becherförmigen Blüten sind hellrosa mit kupferfarbenem Schein, und die Blütenblätter bekommen einen lilarosafarbenen Saum. Die rundum befriedigende Sorte duftet auch gut. Höhe 2 m.

'Blairi No. 1' (Blair 1845, GB)
Diese Sorte ist viel weniger bekannt als 'Blairi No. 2', aber ebenfalls eine Kletterrose, die sich als sogenannte Trauerrose eignet. Wahrscheinlich handelt es sich um einen Schwesternsämling von 'Blairi No. 2' oder um die Stammsorte. Die großen Blüten sind stärker gefüllt als die von 'Blairi No. 2', sie gefallen durch ihr sanftes, reines Rosa. Höhe 2 m.

'Blairi No. 2' (Blair 1845, GB)
Der kräftige Strauch ist reich belaubt, blüht aber in England reicher als bei uns. An den großen, locker gefüllten Blüten, deren Rosaton sich zur Mitte hin vertieft, hellen die Blütenränder auf. Die gut duftenden Rosen stehen oft einzeln. 'Blairi No. 2' blüht nur im Juni, sie kann anfällig für Mehltau sein. Höhe 2,50 m.

'Boule de Neige' (Lacharme 1867, F)
'Blanche Lafitte' × 'Sappho'
Wie kleine »Schneebälle« – ganz fest, aber leicht getuscht – sehen die halboffenen Knospen aus. Sie öffnen sich zu reinweißen, flachen, duftenden Blüten. Die attraktiven Blütensträuße bilden einen hübschen Kontrast zu dem dunklen, glänzenden Laub. Der aufrechte, nur 1 m hohe Strauch blüht öfter, er ist dankbar für Winterschutz.

'Bourbon Queen' (Züchter Bréon, F., verbreitet durch Mauget 1835, F)
syn. 'Reine de l'Îles Bourbon'
Es besteht kein Zweifel, daß es sich um eine französische Züchtung handelt. Simon-Cochet nennt 1906 Bréon als Züchter der 'Reine de l'Îles Bourbon' (Nr. 9364) und führt unter Nr. 9252 'Queen of Bourbon' als falsch benannt an.

Heute ist diese Sorte irrtümlich nur als 'Bourbon Queen' im Handel und in den Katalogen zu finden, versehen mit dem Synonym 'Souvenir de la Princesse de Lamballe', das Thomas 1963 in » The Old Shrub Roses« (Seite 215) gebrauchte. Dieses Synonym ist zu streichen, denn selbst Thomas verwendet es 1980 in Bean (Seite 174) nicht mehr. Bréons ausgezeichnete Züchtung blühte im Sommer 1988 im Dortmunder Rosarium in verschwenderischer Fülle, an einem 3 m hohen Pfeiler gezogen. Das apfelgrüne Laub war fast völlig verdeckt von mittelgroßen, rosafarbenen Knospen und nahezu gefüllten Rosen, deren duftende Blütenschüsseln von den Petalenrändern her aufhellen. Die ganzen Blütenstände glichen in Farbe und Form genau der Tafel 38 in dem Buch »Roses et Rosiers« aus dem Jahr 1873. Die außerordentliche Wuchskraft bestätigt eigentlich nur Robert Buists Beobachtung (1844, Seite 143). Der eher niedrige Strauch der »Königin« wächst bei idealem Standort und Klima so hoch wie gewünscht.

'Cathérine Guillot' (Guillot 1861, F)
Sämling von 'Louise Odier'
syn. 'Michel Bonnet'
In gutem Boden entwickelt sich ein kräftiger Busch mit vielen großen, gefüllten, hell-purpurfarbenen

Blüten von schöner Schalenform. Ihr Duft ist besonders angenehm. Ausgezeichneter Herbstblüher. Höhe 1,2 m.

'Charles Lawson' (Lawson 1853, GB)

Nachdem wir 1984/85 und 1985/86 zwei außergewöhnlich harte Winter hatten, sollten wir diese besonders winterfeste Sorte nicht vergessen. Sie ist wüchsig genug, um als Kletterrose verwendet zu werden. Mit derbem dunklem Laub bedeckt, bringt der Strauch im Juni eine Fülle großer rosaroter Blüten. Sie sind nur locker gefüllt, aber ganz offen hübsch rosafarben mit dunkleren Schattierungen. Höhe 1,6 m.

'Commandant Beaurepaire'
(Moreau et Robert 1874, F)

Rosa mit Purpur schattiert und gestreift, darin eine weiße Marmorierung – alles ist vereint in einer Rose und doch gleicht keine der gefüllten becherförmigen Blüten der anderen. Das zartgrüne Laub des aufrechten Busches besteht aus schmalen und eleganten Blättern. Im Juni wird die ganze Blütenpracht in duftenden Buketts dargeboten. Im Spätsommer entwickeln sich meist nur einzelne große, aber besonders schöne Blüten. Höhe 1,5 m.

'Coupe d'Hébé' (Laffay 1840, F)

Süßer Duft entströmt den rosafarbenen, großen, gefüllten Blütenbechern, und einer ist so hübsch geformt wie der andere. Reich geschmückt mit Blütensträußen ist das üppige hellgrüne Laubkleid des hohen Strauches, der auch Pfeiler berankt. Der Sortenname bezieht sich auf die kostbare Schale, in der Hebe, die Göttin der Jugend, den olympischen Göttern den Nektar kredenzt. Höhe 1,8 m.

'Great Western' (Laffay 1840, F)

Der kräftige Strauch mit dem kleinblättrigen hellen Laub bringt große, dicht gefüllte, flache Blüten hervor, hübsch karminrot mit purpurnen Schatten und süß duftend. Die Sorte blüht nur einmal, aber sehr reich in Büscheln. Höhe 1,5 m.

'Héroine de Vaucluse' (Robert et Moreau 1863, F)

Der nur 1,25 m hohe, aufrechte Strauch blüht reich und remontiert, ein Glücksfall für den kleinen Garten. Die großen, schön gefüllten runden Blüten haben die Farben der Chinensis-Rosen. Es ist ein lebhaftes, fast samtiges Rosa mit karminfarbenen Tönungen. Die Blüten stehen in kleinen Sträußen. Höhe 1,2 m.

'Honorine de Brabant' (Herkunft unbekannt)

Leider habe ich bisher noch keine Spur in der alten Literatur entdeckt von der hübschen, duftenden, zart panaschierten und etwas marmorierten Sorte. Dezentes Zartrosa, Dunkelrosa und Hellkarminrot finden wir in den fast kugeligen, dann schüsselförmigen, ansehnlichen Rosen. In kleinen Sträußen sitzen sie im großblättrigen, üppigen Blattwerk des hohen, aufrechten Strauches. Ein paar Blüten kommen auch noch im September vor. Höhe 1,8 m.

'Kathleen Harrop' (Dickson 1919, GB)
Sport von 'Zéphirine Drouhin'

Diese mädchenhafte Rose fügt sich im Garten gut ein. Sie hat einen anmutigen, leicht überhängenden Wuchs, keine Stacheln und kleinblättriges zartgrünes Laub. Die Blütenfarbe ist Pastellrosa, der Duft süß und lieblich. 'Kathleen Harrop' hat schlanke Knospen, die ein wenig nicken und nur leicht gefüllt sind, dafür aber immer in Büscheln erscheinen. Die offenen Blüten wirken ein bißchen flatterhaft und verblassen. Die Sorte blüht früh und fleißig, macht aber dann lange Ferien bis zum Spätsommer. Höhe 1,5 m.

'Kronprinzessin Viktoria' (Späth 1888, D)
Sport von 'Souvenir de la Malmaison'

Der Volksmund nannte sie »Gelbe Malmaison«. Sie gleicht in allen Eigenschaften der Stammutter, bis auf das »Kolorit«, wie man es damals nannte. Die rahmweißen Blüten zeigen einen zitronengelben Schimmer im Inneren. 'Kronprinzessin Viktoria' ist eine feine, duftende Beetrose, die früh und fast andauernd blüht.

I. C. Vollert (Lübeck) entdeckte den Sport und gewann 1886 damit in Hamburg eine Silbermedaille; die berühmte Berliner Baumschule Späth brachte die Sorte in den Handel. Es war eine Huldigung an die Rosen liebende älteste Tochter der Queen Victoria, die spätere Kaiserin und Gemahlin Friedrichs III. Sie war die erste Protektorin des Vereins Deutscher Rosenfreunde, und die nach ihr benannte Sorte war eine internationale Rangrose, die 1912 in Frankreich unter den 100 allerschönsten zu finden war (»Les plus belles Roses«, Seite 89). Der Engländer Peter Beales hat die Sorte jetzt wieder populär gemacht. Höhe 80 cm.

'Louise Odier' (Margottin 1851, F)

Sie gehört seit hundert Jahren zur Elite der Bourbon-Rosen. Bei der Rosenprämierung 1887 erreichte sie Platz 3 und blieb bis zum Zweiten Weltkrieg in Peter

'Mme Isaac Pereire' gefällt durch üppig gefüllte Rosen, die herrlich duften und die ganze Saison über erscheinen.

Lamberts Sortiment. Der gesunde, wüchsige, mattgrün belaubte Strauch blüht reich und öfter. Die Einzelblüte erreicht etwa 5 cm im Durchmesser und ist perfekt geformt. Es wandeln sich die reinrosafarbenen, kugeligen Rosen zu ganz gefüllten Blütenschüsseln, die bis zuletzt ihre Rundung und den Duft bewahren. Die reizenden Blütenbüschel ergeben haltbare Sträuße. Höhe 1,5 m und mehr.

'Martha' (Zeiner 1912, DK)
Sport von 'Zéphirine Drouhin'
Die Sorte wurde 1909 von Knudsen (Dänemark) gefunden und in Deutschland besonders von Lambert verbreitet. Die Blütenfarbe ist selten bei den Bourbon-Rosen: ein lachs- bis kupferfarben schimmerndes Rosa, das sich in Gelbrosa verwandelt. Die großen, flachen, gefüllten Blüten harmonieren gut mit dem metallisch glänzenden Laub. 'Martha' ist stachellos, blüht reich und öfter und stellt ein duftendes Schmuckstück für die ganze Saison dar. Sie kann gut als Spalierrose gezogen werden. Höhe 1,5 m.

'Mlle Blanche Lafitte' (Pradel 1851, F)
Sie stammt vom gleichen Züchter wie die berühmte 'Maréchal Niel'.
Schon der winterharte, buschige Strauch mit dem dunkelgrünen, rundblättrigen Laub und der wünschenswerten Höhe von 1 m bedeutet eine Zierde für den Garten. Im Juni und im Herbst schmückt er sich mit ganzen Sträußen von rötlichen Knospen, die zu hübschen Bourbon-Rosen aufblühen. Farbe und Duft ähneln der 'Souvenir de la Malmaison', aber die Sorte bleibt in allem kleiner und bescheidener. Wer Rosen mit zarten Farben liebt und ihr im Garten alle grell blühenden Nachbarn fernhält, wird seine Freude daran haben. Höhe 1 m.

'Mme Ernest Calvat' (Schwartz 1889, F)
Sport von 'Mme Isaac Pereire'
Die schöne, dankbare Sorte blüht stark und immer wieder. Der wüchsige, buschige Strauch mit rötlichem Austrieb hat kräftige Zweige, die mittelgrün belaubt und mit Hakenstacheln bewehrt sind. Die Blüten entwickeln sich, ganz typisch für Bourbon-Rosen, von Kugeln zu Schüsseln. Sie sind so stark gefüllt, daß sie im Inneren geviertelt erscheinen. Die Intensität der Blütenfarbe variiert, doch herrscht ein lichtes Rosa mit dunklerer Abseite vor. Der kräftige Duft ist weithin wahrnehmbar. Die Sorte ist gut als Halbkletterer zu gebrauchen. Höhe 1,5 m.

'Mme Isaac Pereire' (Garçon 1881, F)
Diese Züchtung ist eine imposante, viel gepriesene Rose. Der hohe, reich belaubte, kräftige Busch prunkt mit Büscheln von sehr großen, stark gefüllten Blüten. Die Farbe ist ein leuchtendes Karminrosarot, und die Petalen des Blütenrandes rollen sich nach außen, so daß sich innen ein hübscher Blütenwirbel bildet. Ganz aufgeblüht wirken die duftenden Rosen etwas hängend. Die Sorte braucht tiefen und guten Boden, um gesund zu bleiben und mehrmals befriedigend zu blühen. Begehrt ist sie sowohl als Strauch- als auch als Kletterrose. Höhe 1,7 m.

'Mme Lauriol de Barny' (Trouillard 1868, F)
Die Sorte wird in Großbritannien oft niedergehakt, um einen größeren Blütenreichtum zu erzielen, aber sie kann sich auch zu einem mittelhohen, gesunden und wüchsigen Strauch entwickeln. Die schönen, fruchtig duftenden Blüten sind ganz voll gefüllt, hübsch geviertelt und silberrosa. Diese großblumige Sorte blüht früh, aber nur einmal. Höhe 1,4 m.

'Mme Pierre Oger'
Sport von 'Reine Victoria'
Die kugeligen Blüten der empfehlenswerten Variation der Stammsorte sind transparent muschelrosa, manchmal auch mehr elfenbeinfarben. Die Petalen-

'Charles Lawson' (Lawson 1853), eine der härtesten Bourbon-Rosen, blüht einmal überreich im Juni.

ränder wirken bei warmem Wetter lilarosa getuscht. Ansonsten gleicht die Sorte ganz 'Reine Victoria'. Man sollte sie nicht an extrem heiße Plätze pflanzen, denn sie kommt auch im Halbschatten gut voran. 'Mme Pierre Oger' hat keine Fernwirkung, sieht aber aus der Nähe sehr lieblich aus. Hübsche Rose für Sträuße. Höhe 1,6 m.

'Mrs Paul' (Paul 1891, GB)
Sämling von 'Mme Isaac Pereire'

Sie ist eine der wenigen britischen Bourbonrosen-Züchtungen und bildet einen aufrechten Strauch mit dunklem, rauhblättrigem Laub. Manchmal soll sie mehltauanfällig sein, was sie durch reiches und mehrmaliges Blühen ausgleicht. Die großen, gefüllten Blüten zeigen besonders im Herbst sehr schöne Farbschattierungen. Rahmfarben und ein bißchen rosa getuscht sind die duftenden, ein wenig zerzaust wirkenden Blüten. Höhe 1,5 m.

'Parkzierde' (Züchter Geschwind, verbreitet durch Lambert 1909, D)

Der Züchter, Forstmeister Geschwind, gibt keine Abstammung an (»Rosen-Zeitung« 1909, Seite 95), aber Jäger (1960) schreibt, es handle sich um eine »Gallica–Bourbon-Kreuzung«.

Scharlachkarminrot sind die großen gefüllten, schalenförmigen Blüten, geschmückt mit gelben Staubgefäßen. Sie sitzen in Büscheln und duften leicht. Der sehr frostharte, aufrechte Strauch verschwendet sich in einem frühen Flor. Das kleinblättrige, frischgrüne Laub bleibt nicht immer ganz gesund. Die langstieligen Blumenbüschel eignen sich gut zum Schnitt. Höhe 1,8 m.

'Reine Victoria' (Schwartz 1872, F)

Auch Thomas (1980) schreibt nun nicht mehr 'La Reine Victoria'! Schmaler, aufrechter Wuchs und reicher, wiederkehrender Flor empfehlen die Sorte für kleine Gärten. Luftiger Standort und guter Boden hilft das hübsche, spitzblättrige Laub gesund zu erhalten. Die mittelgroßen Blüten, altrosafarben und zuerst fast kugelrund, haben viele breite, muschelförmig gewölbte Petalen, die später eine Halbkugel bilden. 'Reine Victoria' blüht stets in kleinen Sträußen und duftet leicht. Höhe 1,5 m.

'Robusta' (Soupert et Notting 1878, L)

Die Sorte hält, was der Name verspricht. Der sehr wuchskräftige Strauch wird leicht 2 m hoch, die starken Zweige sind dunkelgrün belaubt und mit großen Stacheln bewehrt. Große, schön geformte, samtig dunkelrote Rosen mit purpurnem Schimmer stehen in Büscheln und duften. 'Robusta' blüht nur einmal, aber reich. Bitte nicht verwechseln mit 'Robusta' (Kordes 1979).

'Souvenir de la Malmaison' (Béluze 1843, F)
'Mme Desprez' × unbekannte Teerose

Der Name erinnert an den berühmten Rosengarten der Kaiserin Joséphine, die schon 1814 starb. »Eine niedrige Beetrose mit schönem hellgrünem, breitfiedrigem Laub. Aus dicken, hausbackenen Knospen quillt eine rosige Fülle, den Kreis immer weiter vergrößernd. Die zarten Blütenblätter sind von einem kühlrosigen Hauch durchblutet, der nicht fade wird. Das Innere der großen, flach gebauten Blüte ist im Fünfstern angeordnet, die äußeren Blütenblätter streben zum vollkommenen Kreis. Der Duft ist zart wie die Farbe. Unermüdlich blühend, winterhart und von großer Lebenskraft.« So hat die Rosenpoetin Alma de l'Aigle (1958) die unübertreffliche Rose porträtiert.

Dietrich Woessner empfiehlt, das »Bijou« als besondere Beetrose an gut sichtbarer Stelle im Garten anzupflanzen. 'Souvenir de la Malmaison' ist eine erstaunlich langlebige Sorte, auch auf eigener Wurzel. Tagelanger Regen mißfällt der »Queen of Beauty and Fragrance«, wie sie in Amerika oft genannt wird. Eine Schale, gefüllt mit Malmaisonblüten, ist eine besondere Köstlichkeit. Höhe 70 cm.

Sports von 'Souvenir de la Malmaison'

'Climbing Souvenir de la Malmaison'
(verbreitet durch Bennett 1893, GB)

Der in Australien gefundene Sport klettert bis 2,5 m hoch, blüht im Juni nicht so reich wie die Stammsorte, und auch der Herbstflor fällt in unseren Breiten meist bescheiden aus.

'Kronprinzessin Viktoria' (Späth 1888, D)
Die Beetrose trägt elfenbeinfarbene Blüten mit gelblicher Mitte (siehe Seite 131).

'Leweson Gower' (Béluze 1845, F)
Dunkelrosafarben mit lachsrotem Schimmer; sehr blühwillig und duftend. Gleicht in Wuchs und Blütenform der Stammsorte.

'Souvenir de la Malmaison rouge'
(Gonod 1882)

Samtig dunkelroter Sport, der jedoch nicht mehr zu existieren scheint.

'Souvenir de St. Anne's' (Thomas 1950, GB)
Sport von 'Souvenir de la Malmaison'
Der fast einfach blühende Sport wurde im Garten von Lady Ardilaun, St. Anne's, gefunden.

Die ganz zartrosafarbenen, leicht duftenden Blüten sitzen in Büscheln an dem öfterblühenden, niedrigen Strauch. Höhe 70 cm.

'Variegata di Bologna' (Bonfiglioli 1909, I)
Bei luftigem Standort und guter Ernährung ist dies eine ausgezeichnete und zuverlässige Sorte. Sie hat einen kräftigen Wuchs und helle, aufrechte Zweige mit länglichen, spitzen Blättern. Die Knospen sind schön kugelig und stehen in großer Zahl beieinander. Sie öffnen sich – typisch für Bourbon-Rosen – zu dicht gefüllten Blütenschüsseln. All ihre Blütenblätter erscheinen in unendlich vielen Variationen in Weiß und Hellrosa, dabei karminrot gestreift und marmoriert. Die Farben verblassen kaum, und auch der süße Duft ist beständig. Die Sorte blüht bei uns verschwenderisch, aber nur einmal. Phantastischer Vasenschmuck. Auffallend winterhart. Höhe 1,6 m.

Neuerdings wird ein roter Sport von 'Variegata di Bologna' angeboten.

'Vivid' (A. Paul 1853, GB)
Im Volksmund wurde sie auch »Rosier de Normandie« genannt, weil sie dort häufig vorkommt, und zwar meist auf eigener Wurzel kultiviert. Ohne viel Pflege überranken die kräftigen, überhängenden, stacheligen Zweige Mauern und Zäune. Das üppige, leuchtendgrüne Laub strotzt vor Gesundheit. Im Juni prangen darin ganze Büschel großer, lebhaft karminrosafarbener Blütenrosetten, die je nach Witterung mehr kirschrot oder malvenfarben nuanciert sind. Höhe 2 m.

'Zéphirine Drouhin' (Bizot 1868, F)
syn. 'Charles Bonnet' (CH), 'Mme Gustave Bonnet' (GB), 'Ingegnoli Prediletta' (I)
Nach Ketten hat der Lyoner Züchter die Rose einer Schönheit aus Sémur gewidmet.

In der Schweiz ist die stachellose 'Zéphirine Drouhin' sehr beliebt. Sie hat sich im Alpinen Rosenprüfgarten Braunwald, der 1200 m hoch liegt, gut bewährt. Der öfterblühende Strauch ist auch als Kletterrose geeignet, wenn ein luftiger Standort das schöne Laub vor Mehltau bewahrt. Erstklassig ist der Duft der mäßig gefüllten großen Schalenblüten, und ihr helles Karminrot, das oft eher einem leuchtenden Pink gleicht, fällt in einem Garten mit Alten Rosen allemal auf. Höhe 1,8 m.

'Zigeunerknabe' (Züchter Geschwind, verbreitet durch Lambert 1909, D)
syn. 'Gipsy Boy'
Die Sorte wird als Bourbon-Rose klassifiziert, doch der Züchter Rudolf Geschwind gibt an, sie sei ein Sämling der alten 'Russeliana' (»Rosen-Zeitung« 1909, Seite 95). Bei den großen, gefüllten Schalenblüten wandelt sich die Farbe von dunklem Karminrot in Violett-Purpur. Aus den ganz aufgeblühten Rosen leuchten goldgelbe Staubgefäße hervor. Herrliche Blütenbüschel erscheinen in verschwenderischer Fülle. Der kräftige, üppig belaubte Strauch schmückt sich im Herbst mit leuchtenden runden Hagebutten und ist sehr frosthart.

Remontant-Hybriden und ähnliche Teehybriden

Die »öfterblühenden Hybriden« wurden in Großbritannien »Hybrid Perpetual« genannt, aber sie blühen keineswegs fortwährend. Diese Klasse bringt Ende Juni einen überwältigenden Blütenreichtum hervor, danach legen fast alle Sorten eine lange Ruhepause ein. Der wesentlich bescheidenere Spätsommerflor entwickelt sich nicht bei allen Sorten gleich gut.

Remontant-Hybriden eignen sich nicht als Beetrosen. Sie wollen strauchartig wachsen. »Bauernrosen« wurden sie bei uns daheim genannt, und sie blühten einst rundum in den Dörfern. Robust und stämmig ist ihr Wuchs. Angetan mit großblättrigem, festem Blattwerk putzen sich die »Bauernrosen« mit behäbig rundlichen, oft prall gefüllten Blüten, die freigiebig duften. Cremeweiß blühen nur wenige Remontant-Hybriden, sehr viele aber rosafarben, von Zart-Silbrigrosa bis Kräftig-Rosarot. Am beliebtesten waren früher die Tief-Dunkelroten, die Samtenen. Reines Weiß brachte erst Peter Lamberts 'Frau Karl Druschki', die als 'Schneekönigin' weltberühmt wurde. Die rosafarbene 'Paul Neyron' war wegen ihrer Riesenblüten einmal als Ausstellungsrose beliebt, doch die formschönere 'Heinrich Münch' nimmt es mit ihr auf und duftet. 'Prince Camille de Rohan' hat keine großen, aber süß duftende Blüten, und über seine dunkelroten Rosen legt sich ein samtartiger kastanienbrauner Schimmer. 'Reine des Violettes' bringt es im Verblühen wirklich zu violetten Rosen.

Lustig sind die Launen der Natur, die Sports. 'Vick's Caprice' gibt sich gestreift und getüpfelt,

'Baron Girod de l'Ain' säumt die karminroten Blütenblätter ganz schmal weiß ein. 'Ferdinand Pichard' hat keinen Stammbaum, ist auch erst 1921 geboren, aber dennoch die beste Panaschierte in bezug auf Wuchskraft und Blühfreudigkeit innerhalb dieser Klasse.

Remontant-Hybriden wirken gut in Dreiergruppen oder in Einzelstellung als natürlich wachsender Strauch, umgeben von niedrigen Stauden. In Großbritannien hakt man gern die Zweige nieder, dies ergibt eine vermehrte Knospenbildung, aber von der Strauchgestalt bleibt nichts mehr übrig, doch das ist schließlich Geschmacksache.

Alle Remontant-Hybriden sind winterhart und lieben kräftigen Boden. Die dunkelfarbenen sollten nicht an exponierten Standorten gepflanzt werden. Die Blüten verbrennen sonst leicht, und das Laub ist anfälliger für Rost.

Ohne das Ausschneiden der verwelkten Blütenstände geht es nicht, denn manche Sorten bilden Hagebutten. Überaltertes Holz muß entfernt werden, mäßiger Formschnitt darf sein. Wenn nicht angehäufelt wird, muß auf jeden Fall die Veredlungsstelle mindestens 5 cm tief unter der Erdoberfläche liegen. Remontant-Hybriden sind auf eigener Wurzel noch langlebiger als veredelt.

Unter den frühen Edelrosen-(Teehybriden-)Züchtungen gleichen manche in Wuchs und Blütenform den Remontant-Hybriden. Da sie, was Verwendung und Pflege betrifft, genauso zu behandeln sind wie diese, haben wir sie hier eingegliedert.

'Alexandre Dumas' (Margottin 1861, F)
Der Dichter der »Kameliendame« verschenkte gerne Blumen. Die nach ihm benannte Rose bringt ganze Sträuße samtig dunkelroter Blüten an dem breitwachsenden Strauch hervor. Die großen, gefüllten Blütenbecher duften süß. 'Alexandre Dumas' eignet sich für kleinere Gärten, da die Sorte nur 1 m hoch wird und öfter blüht.

'Anna Scharsach' (Geschwind 1891, Österreich-Ungarn)
'Baronne Adolphe de Rothschild' × 'Mme Lauriol de Barny'
Die recht winterharte Züchtung stammt von dem in Österreichisch-Ungarn wirkenden Forstmeister Rudolph Geschwind. Große, gefüllte, frischrosafarbene Blütenschalen, im Zentrum lebhafter gefärbt, stehen einzeln oder zu dritt und duften viel stärker als die Vaterrose 'Mme Lauriol de Barny'. Der gedrungen wachsende Strauch blüht gut und remontiert. Höhe 1,2 m.

'Archiduchesse Elisabeth d'Autriche'
(Moreau et Robert 1881, F)
Als ob sie aus plissierter, hellrosafarbener Seide wären, sehen die großen vollen Blüten aus. Gar viele duftige Buketts schmücken das dichte hellgrüne Laubkleid der aufrechtwachsenden »Erzherzogin«. Die Sorte erfreut immer wieder mit Blüten, besonders im Spätsommer. Höhe 1 m.

'Baron de Bonstetten' (Liabaud 1871, F)
'Général Jacqueminot' × 'Géant des Batailles'
Der wüchsige, kompakte Strauch erweist sich als recht winterhart. Er blüht relativ spät, aber reich und remontiert. Die tief-dunkelroten Blüten duften angenehm; groß und stark gefüllt blühen sie kamelienartig auf. Höhe 1,3 m.

'Baron Girod de l'Ain' (Reverchon 1897, F)
Sport von 'Eugène Fürst'
Ein Gärtner aus der Lyoner Gegend fand diesen attraktiven Sport mit den großen, gefüllten, karminroten Blüten, deren leicht gewellte Petalenränder ausgerandet und ganz schmal weiß gesäumt sind. Die schalenförmigen Rosen stehen meist zu dritt und duften. Der schwachwüchsige, niedrige Strauch blüht nach. Höhe 1 m.

'Baronne Adolphe de Rothschild' (Pernet 1868, F)
Sport von 'Souvenir de la Reine d'Angleterre'
syn. 'Baroness Rothschild'
Der sehr ordentliche Strauch wächst aufrecht und kompakt. Er fällt zudem durch sein schönes, großblättriges Laub auf. Die dicken rosaroten Knospen sitzen wie bei Portland-Rosen dicht über dem letzten Laubblatt, einzeln oder auch zu mehreren. Die hellrosafarbenen Blütenschalen erreichen Durchmesser von fast 10 cm, gefüllt mit 40 breiten Blütenblättern von bester Substanz. Silbrige Reflexe ziehen darüber hin, die Petalen wölben sich wie bei Pfingstrosen. Leichter Duft. Der vielseitig verwendbare Strauch blüht früh und remontiert. Höhe 1,2 m.

'Baronne Prévost' (Desprez 1842, F)
Der aufrechte Strauch mit ledrigem Laub ist im Juni voller Büschel karminrosafarbener Blüten. Die Einzelblüte ist groß und flach, die vielen Petalen sind zur Rosette geordnet. 'Baronne Prévost' duftet gut und blüht nach. Höhe 1,4 m.

'Bischof Dr. Korum' (Lambert 1921, D)
'Frau Karl Druschki' × 'Laurent Carle'
Die dem damaligen Trierer Bischof gewidmete Rose

wurde in Sangerhausen von Eberhard Smekal wiederentdeckt. Der buschige, kräftige Strauch mit hellgrünem Laub bringt sehr große, gefüllte, gelblichrosafarbene Blüten. Die Blütenmitte ist hübsch gefältelt, die breiten äußeren Petalen rollen sich um. Die feine Schnitt- und Gartenrose mit herrlichem Duft blüht reichlich und ausdauernd. Höhe 1 m.

'Champion of the World'
(Woodhouse 1894, USA)
'Hermosa' × 'Magna Charta'; syn. 'Mrs de Graw'
Ein »Weltmeister« ist die hübsche, öfterblühende Sorte mit den 6 cm großen Blüten nicht, aber Mühe gibt sich der leicht überhängende Strauch schon. Das hellgrüne Laub ist zwar nur kleinblättrig, aber die reinrosafarbenen, dicht gefüllten Blüten duften süß. Die karminroten Knospen blühen ballförmig auf und rollen die äußeren Petalenreihen zurück. Die Sorte blüht öfter. Höhe 1,2 m.

'Charles Lefèbvre' (Lacharme 1862, F)
'Général Jacqueminot' × 'Victor Verdier'
syn. 'Marguerite Brassac'
Eine echte Rangrose! Winterhart, reichblühend, remontierend. Die großen, granatroten, duftenden Blüten breiten ihre unglaubliche Fülle flach aus. Der hellgrün belaubte, kräftige Strauch bringt ganze Blütensträuße hervor, mit denen sich schnell eine Vase füllen läßt. Höhe 1,2 m.

'Clio' (Paul 1894, GB)
Im alten Rom war Clio die Muse der Geschichte, im Garten ist sie ein robuster, stacheliger Strauch mit großblättrigem, mattgrünem Laub. Sie ziert sich mit vielen zartrosafarbenen Knospen, die kugelförmig aufblühen. Ohne Dauerregen öffnen sie sich gut zu großen, duftenden Blütenschüsseln voll feiner gefältelter Seide. Man kann im Frühjahr einen Teil der Zweige stärker zurückschneiden und im Mai die erbsengroßen Knospen ausdünnen bis auf drei bis fünf Stück an jedem Blütenstiel. 'Clio' dankt es mit reichem, lange anhaltendem Flor, und sie remontiert dann besser. Höhe 1,1 m.

'Commandeur Jules Gravereaux'
(Croibier 1908, F)
'Frau Karl Druschki' × 'Liberty'
Für den Aufbau der berühmten Roseraie de L'Haÿ wurde Gravereaux 1908 zum Kommandeur des Ordens du Mérite Agricole ernannt. Ein leuchtendes Rot ist seiner Rose eigen, überzogen von samtartigen, kastanienfarbenen Nuancen. Die Blüten werden gern einzeln präsentiert und duften exquisit. Fast wie eine Päonie wirkt die große, lockere Blume, denn jede der breiten Petalen ist individuell ausgebogt. Der brillante und effektvolle Strauch remontiert. Grandiose Dekorationsrose! Höhe 1,2 m.

'Druschki rubra' (Lambert 1929, D)
'Frau Karl Druschki' × Teehybride 'Luise Lilia'
Rotblühende »Druschki«-Sämlinge sind selten. Dieser ist eine gute, öfterblühende Gartenrose. Der recht buschige Strauch bringt schön spitze, einzeln stehende Knospen. Große, duftende, karminrote Rosen werden daraus mit breiten, gewölbten Blütenblättern. Doch die Blüten sind nicht sehr gefüllt. Duft und Farbe hat die »Rote Druschki« von 'Luise Lilia' geerbt. Höhe 1 m.

'Duc de Cazes' (Touvais 1861, F)
Den breitwachsenden, dunkel belaubten Strauch zieren große, dunkelpurpurfarbene Rosen mit einem violetten Schimmer. Die gefüllten, schalenförmigen Blüten duften süß und entwickeln sich immer in Büscheln. Die Sorte blüht nicht nur einmal. Höhe 1,2 m.

'Dupuy Jamain' (Dupuy-Jamain 1868, F)
Nach Simon-Cochet (1906) ist dies die einzige Züchtung, welche die Pariser Gärtnerei Dupuy-Jamain in den Handel brachte, aber die Sorte gehörte noch 1912 zu den viel zitierten »les plus belles«, den Allerschönsten. Der aufrechte Strauch mit dem gesunden, üppigen, graugrünen Laub bringt auf starken Stielen große, gefüllte, kirschrote Rosen hervor. Leichter Duft. Höhe 1,2 m.

'Eclair' (Lacharme 1883, F)
Sämling von 'Général Jacqueminot'
Der Name ist nur verständlich, wenn man bedenkt, daß es damals noch keine signalroten Rosenzüchtungen gab. Diese kamen erst mit den Pernet-Kreuzungen und noch mehr mit dem Erbgut von 'Kordes Sondermeldung'. Den Zeitgenossen schien 'Eclair' (französisch für Blitz, Aufleuchten) leuchtend-feuerrot, und so steht es auch bei Jäger (1960). »Modern Roses 8« hingegen beschreibt die Sorte als sehr dunkelrot, schwärzlich schattiert. Bei Peter Beales werden daraus fast schwarze Blumen. Mir scheinen die behäbigen, dicht gefüllten Rosen warmrot. Ganz geöffnet sind sie flach und nehmen sich gut aus auf dem Strauch mit seinem hellgrünen Laub. Der Duft und der erste Flor sind gut, aber dann kommt nicht mehr viel nach. Höhe 1,2 m.

'Frau Karl Druschki', Peter Lamberts berühmte 'Snow Queen', im Garten des Klosters von Monreale, Sizilien.

'Empereur du Maroc' (Verdier 1858, F)
Sämling von 'Géant des Batailles'
Den »Kaiser von Marokko« hat Guinoisseau gezüchtet, und die Sorte kann als erste wirklich dunkelrote gelten. Einzeln oder in Büscheln kommen die ein wenig hängenden, mittelgroßen Blüten. Das dunkle, samtige Rot der vielen kleinen Petalen zeigt kastanienfarbene und violette Schattierungen in den flachen, manchmal geviertelten Rosen. Der reiche, duftende Juniflor entschädigt für die eher magere Nachblüte des gut belaubten Strauches, wenn auch die Blätter klein sind. Höhe 1,2 m.

'Eugène Fürst' (Soupert et Notting 1875, L)
Sämling oder Sport von 'Baron de Bonstetten'
syn. 'Général Korolkow'
Samtig-karminrot mit dunkleren Schattierungen sind die vielen kurzen Petalen der großen schalenförmigen Blüten. Die hellere Blütenblattunterseite verschwindet, wenn sich die Blütenblätter nach außen wölben, dafür zieren dann die gelben Staubfäden die

süß duftenden, fast violettroten Rosen. Das helle, gesunde Laub des kräftigen, aber nur 1 m hohen Strauches bildet einen schönen Kontrast zu den vielen Blütenbüscheln. Die Züchter ehrten mit dieser Rose den Vorsitzenden der Praktischen Gartenbaugesellschaft Frauendorf (Bayern), Eugen Fürst, der sich um die Verbreitung der Rosenkultur verdient gemacht hat.

'Ferdinand Pichard' (Tanne 1921, F)
Herkunft unbekannt
Diese ganz unproblematische Panaschierte gibt sich stets wüchsig und gesund, sie blüht reich und öfter. Helle karminrosa und karminrote Marmorierungen überziehen die breiten Petalen der großen, gefüllten Schalenblüten. Die attraktiven, duftenden Blütenbüschel erfreuen auch in der Vase. Höhe 1,2 m.

'Fisher et Holmes' (Verdier 1865, F)
Sämling von 'Maurice Bernardin'
Geliebt wegen des wundervollen Duftes und viel auf

Hochstamm gezogen, um die leicht nickenden Blüten besser genießen zu können, so kannte man einst die Sorte. Der schön buschige, winterharte Strauch trägt sattgrünes Laub, aber er darf nie an extremen Standorten gepflanzt werden, weil er dort anfällig für Mehltau ist. Die roten, länglichen Knospen erscheinen in Büscheln, sie öffnen sich leicht kugelförmig mit erhöhtem Zentrum zu großen scharlachfarbenen Rosen. Wenn sich die rund 30 feinen Blütenblätter wie bei einer Kamelie ausbreiten, nehmen die samtig-dunkelkarminroten Schattierungen immer mehr zu. 'Fisher et Holmes' war früher eine begehrte Schnittsorte, wenige Blüten erfüllen einen ganzen Raum mit Duft. Der 1 m hohe Strauch remontiert.

'Frau Karl Druschki' (Lambert 1901, D)
'Merveille de Lyon' × Teehybride 'Mme Caroline Testout'
syn. 'Snow Queen', 'Reine des Neiges', 'White American Beauty'
Die erste deutsche Rosenzüchtung mit Weltgeltung wurde Stamm-Mutter vieler Sorten. Karl Druschki war damals Präsident des Vereins Deutscher Rosenfreunde (VDR). Der kraftvolle, winterharte Strauch mit dem großblättrigen, sattgrünen Laub trägt die ovalen, etwas rosa getuschten Knospen auf starken Stielen. Die sich bedächtig öffnende Blüte, schneeweiß und extra groß, aber nicht sehr gefüllt, behält lange das spitze Zentrum. Einem prächtigen Juniflor folgt die herbstliche Nachblüte. 'Frau Karl Druschki' ist eine gute, aber regenempfindliche Schnittrose. Höhe 1,6 m.

(Farbbild in »Rosen-Zeitung« 1902. Das Nachkommen-Verzeichnis in »Rosen-Zeitung« 1929 ist nicht vollständig.)

'Georg Arends' (Hinner 1910, D)
'Frau Karl Druschki' × Teehybride 'La France'
syn. 'Fortuné Besson'?
Die Sorte ist dem berühmten Wuppertaler Staudenzüchter Georg Arends gewidmet. Damals gepriesen und heute geschätzt sind die sehr großen, reinrosafarbenen Blüten von edelster Form und der köstliche Zentifolienduft. Die schönen, frischgrünen, langen Zweige mit gesundem Laub blühen bei guter Düngung reich, besonders wenn sie niedergehakt werden. Remontiert. Höhe 1,6 m. (Farbbild in »Rosen-Zeitung« 1916.)

'Gloire de Chédane-Guinoisseau'
(Chédane-Pajotin 1907, F)
Sämling von 'Gloire de Ducher'

Der »Stolz« des berühmten Rosen-Etablissements in Angers, das sehr viel für die Erhaltung der alten Sorten getan hat, ist ein kräftiger, reichlich und dunkelgrün belaubter Strauch. Vorsorge gegen Mehltau ist angebracht, damit die wenigen Herbstblüten auch aufblühen. Die Mühe lohnt sich um der sehr großen, voll gefüllten, karminrosaroten Blütenschalen willen. Sehr ansehnlicher, duftender Sommerflor. Höhe 1,3 m.

'Gloire de l'Exposition de Bruxelles'
(Soupert et Notting 1890, L)
'Souvenir de William Wood' × 'Lord Macaulay'
Es ist wirklich ein zungenbrecherischer Name, der oft verballhornt wird, besonders in den angelsächsischen Ländern. Der »Ruhm der Brüsseler Ausstellung« entsprach dem damaligen Schönheitsideal und brachte dem Züchter viele Preise ein. Durch die sehr dichte Füllung öffnen sich die großen purpurfarbenen Blüten langsam, und die weinrote Abseite bleibt sichtbar, bis sich die Blüte als samtige, dunkelrote Rosette darbietet. Der lockere Strauch schenkt viele sehr »wohlriechende« Blüten, auch im Herbst. Höhe mindestens 1 m.

'Ferdinand Pichard' blüht von allen gestreiften und gefleckten Remontant-Hybriden am reichsten.

139

'Gloire Lyonnaise' (Guillot fils 1884, F)
'Baronne Adolphe de Rothschild' × 'Mme Falcot'
Guillot fils gehörte schon zur dritten Generation der berühmten Rosenzüchter-Dynastie. Er widmete diese sehr schöne Züchtung seiner Vaterstadt Lyon. Zart-hellgelb sind die leicht gefüllten, aber sehr großen flachen Blüten. Die Mitte der Blüte ist kräftiger getönt und die Petalenränder sind fast weiß. Die duftenden Blüten stehen einzeln oder zu mehreren auf starken Stielen. Der aufrecht wachsende, winterharte Strauch zeichnet sich durch Reichblütigkeit aus. Sein dunkelgrünes Laub bleibt gesund, und er remontiert. Er braucht wenig Raum. Höhe 1 m, Breite 60 cm.

'Heinrich Münch' (Züchter Hinner, D, verbreitet durch Münch und Haufe 1911)
'Frau Karl Druschki' × ('Mme Caroline Testout' × 'Mrs W.J. Grant')
Münchs Dresdner Baumschule hatte viel Erfolg mit dieser idealen Rose für Ausstellungen, die auch im Garten dekorativ wirkt. Der vitale, reich belaubte Strauch paßt zu den dicken Knospen auf starken Stielen und zu den üppig gefüllten, sehr großen, verschwenderisch duftenden Rosen. Die perlrosafarbenen Blüten haben breite, feste Petalen, deren Ränder sich einrollen. 'Heinrich Münch' blüht recht gut und remontiert. Höhe 1 m. (Farbbild in »Rosen-Zeitung« 1911)

'Heinrich Schultheis' (Bennett 1882, GB)
'Mabel Morrison' × 'E.Y. Teas'
Der Name erinnert an den Begründer des erwerbsmäßigen Rosenanbaues in der Wetterau, der die Bennett-Züchtungen in Deutschland populär machte. 'Heinrich Schultheis' ist eine typische Remontant-Hybride mit extra großen, stark duftenden, hellrosafarbenen Blüten. Früher wurde das erhöhte Blütenzentrum gepriesen, heute gefällt die ganz aufgeblühte, gefüllte, schalenförmige Blume mit dem lebhafter schattierten Herz. Eine winterharte, etwas mehltauanfällige, remontierende Sorte. Höhe 1 m.

'Hon. Ina Bingham' (Dickson 1905, GB)
Die feine irische Teehybride brachte Oskar Scheerer von Sangerhausen nach Zweibrücken mit. Unter seiner Leitung wurde der im Krieg zerstörte Zweibrücker Rosengarten wieder aufgebaut, und Oskar Scheerer war damals der erste, der sich für die Erhaltung und Verbreitung der älteren Rosensorten einsetzte.
'Hon. Ina Bingham' wächst wie eine niedrige Strauchrose, bedeckt mit großblättrigem, dichtem Laub. Von reinstem klaren Rosa sind die leicht gefüllten, großen Schalenblüten. Die fein geaderten, breiten Blütenblätter von bester Substanz umrahmen goldgelbe Staubgefäße. Ein Blütenstiel trägt immer mehrere Rosen, deren Duft man als frisch und lieblich empfindet. Ein schöner Flor, der wiederkehrt. Höhe 1 m.

'Hugh Dickson' (Dickson 1905, GB)
'Lord Bacon' × 'Gruß an Teplitz'
Reiches und wiederholtes Blühen sowie gesundes Laub zeichnen den hochwachsenden, fast kletternden Rosenstrauch aus. Die großen gefüllten Blüten haben schon fast Teehybriden-Form und sind leuchtend-karminrot mit scharlachrotem Schein. Vorzüglicher Duft. Höhe 1,7 m.

'John Hopper' (Ward 1862)
'Jules Margottin' × 'Mme Vidot'
Die vitale, winterharte Sorte entwickelt kräftige, aufrechte Zweige, die üppig belaubt sind. Sie trägt rosenrote, feste runde Knospen, die schon die Füllung ahnen lassen. Die tiefrosafarbenen Blütenkugeln geben bedächtig nach und nach die breiten Blütenblätter frei, so wie es die Zentifolien tun. Das Rosa der prächtigen großen Blüten vermischt sich mit einem Hauch von Flieder. Köstlicher Duft! Für die Vase sollte man sie nicht zu knospig schneiden, sonst gehen die Blütenbüschel nicht auf. Die anspruchs- und problemlose Sorte blüht im Spätsommer noch einmal. Höhe 1,3 m.

'Kaiser Wilhelm' (Ruschpler 1878, D)
Von Paul Ruschpler, dem Altmeister der Dresdener Rosenkultur (Lejeune 1983, Seite 118 bis 132), überlebte in Sangerhausen eine aparte, erhaltenswerte Züchtung. Die großen, kugeligen, purpurfarbenen Blüten erscheinen im Aufblühen violett schattiert. Sie rollen die Petalenränder ganz schmal ein und zeigen die graulilafarbene Abseite. Die Intensität des Duftes gleicht dem Farbenspiel. Der Blütenreichtum des schön belaubten, stachellosen Strauches ist erstaunlich. Höhe 1,2 m.

'Leonie Lambert' (Lambert 1913, D)
'Frau Karl Druschki' × 'Prince de Bulgarie'
Die Züchtung hat alle Tugenden einer musterhaften Remontant-Hybride und ehrt des Züchters Ehefrau. An dem winterharten, kräftigen Strauch sind die starken Zweige mit dunkelgrünem, breitblättrigem Laub bedeckt. Die Sorte blüht dankbar bis zum Frost. Dicke kirschrote Knospen blühen behäbig auf

zu sehr großen, rosafarbenen Blütenkugeln, deren breite Petalen sich schmal nach außen umrollen. Der Duft ist so üppig wie die Rosen. Höhe 1,2 m.

'Magna Charta' (Paul 1876, GB)

Bei der Pflanzung sollte man bedenken, daß die Sorte breit und kompakt wächst. Durch das dichte, glänzende Blattwerk eignet sie sich gut als Deckstrauch, der zudem reich und öfter blüht. Die schön runden, recht großen gefüllten Rosen duften gut. Die Blüten stehen meist zu mehreren, und ihr helles Rosa wird belebt durch karminrote Schattierungen. Höhe 1,4 m.

'Maharajah' (Cant 1904, GB)

Peter Lambert schätzte die prunkende Parkrose mit dem vitalen, etwas kletternden Wuchs und dem robusten, dunklen Laub. Als »samtig dunkelkastanienbraunrot« bezeichnete er die großen, fast einfachen Blüten mit den kontrasierenden goldenen Staubgefäßen. Süß wie Zentifolien duften die Blütenbüschel und halten sich gut, am Strauch wie in der Vase. Der reiche und wiederkehrende Flor erlaubt, große Sträuße zu schneiden. Höhe 1,5 m.

'Marchioness of Londonderry'
(Dickson 1893, GB)

Peter Lambert war hellauf begeistert von dieser irischen »Goldmedaillenrose«, die in London einen Preis nach dem anderen gewann. Er ließ sie für die »Rosen-Zeitung« porträtieren (»Rosen-Zeitung« 1895, Heft 4) und führte sie in Deutschland ein. Die sehr reich- und öfterblühende Sorte bedeutet auch heute noch einen Gewinn für unsere Gärten. Schon der 1,5 m hohe, steif-aufrecht wachsende Strauch fällt auf durch das üppige, großblättrige, dunkelgrüne Laub. Erst recht imponieren aber die großen elfenbeinfarbenen Knospen, die zartrosafarben getuscht sind. 50 feste, gerundete Petalen verbergen sich darin, um sich langsam aufzuwölben zu vollkommenen runden Rosen. Die äußeren Blütenblätter biegen sich leicht zurück, während das Innere einwärts gewölbt bleibt. Die ganz geöffneten rahmweißen Blüten haben einen Durchmesser von 11 cm und wirken doch nicht plump. Natürlich fehlt auch der Duft nicht.

'Mme Ferdinand Jamin' (Ledéchaux 1875, F)
syn. 'American Beauty'

Ledéchaux, ein Gärtner aus Villecresne, gab 1875 eine seiner Züchtungen in den Handel und widmete sie der Frau eines Gehölzzüchters aus Bourg la Reine, Mme Ferdinand Jamin. 1886 kam eine amerikanische Neuheit nach Europa, die den klangvollen Namen 'American Beauty' trug. Sie war mit viel Reklame im gleichen Jahr von Bancroft, Henderson und Field in den USA in den Handel gegeben worden. Alle Welt schrieb von der sensationellen Treibrose, und die europäischen Rosenvermehrer kauften für teures Geld Veredlungsmaterial. Damals kostete eine Neuheit leicht das Zehnfache einer bereits marktgängigen Sorte. Friedrich Harms aus Hamburg, damals der beste deutsche Rosenkenner, sah als erster, daß die »amerikanische Schönheit« nur die altbekannte französische 'Mme Ferdinand Jamin' war, die längst international gehandelt wurde (»Rosen-Zeitung« 1887, Seite 54 und Seite 68). Der neue verkaufsfördernde Name verschaffte der Sorte in Amerika eine ungeheure Beliebtheit, die bis heute anhält. Obwohl in der botanischen Nomenklatur prinzipiell das Prioritätsrecht gilt, finden wir diese Rose in unseren Katalogen oft nur unter 'American Beauty'. Mehr als 1,2 m hoch wird der aufrechte, ordentlich belaubte Strauch selten. Die Blütenbüschel stehen auf langen, starken Stielen, und die großen, becherförmigen Rosen sind gefüllt mit rund 50 Petalen. Die Grundfarbe Kirschblütenrosa wird fast überdeckt von starken karminroten Schattierungen. Die Blüten duften gut, aber nicht wie Zentifolien. Remontiert.

'Mrs John Laing' (Bennett 1887, GB)
Sämling von 'François Michelon'

An eine Londoner Gärtnersfrau erinnert dieser Klassiker der Rosenzüchtung. Der anspruchslose, langlebige und kräftige Strauch mit gesundem, hellem Laub hat einen wiederkehrenden, wetterfesten Flor. 'Mrs John Laing' gedeiht auch in Höhenlagen gut. Die großen, schön reinrosafarbenen Blütenschalen sind mit mehr als 40 breiten und stabilen Petalen gefüllt. Der Duft ist zuverlässig und gut. Höhe 1,3 m.

'Paul Neyron' (Levet 1869, F)
'Victor Verdier' × 'Anna de Diesbach'

Die imponierende Rose fehlte einst in keinem Katalog und keiner Rangliste und wurde sehr oft bei Ausstellungen gezeigt. Ihre Riesenblüten haben sie berühmt gemacht. Sie erblühen aus dicken runden Knospen, und auch die jungen Blüten sind kugelig, bis sich die breiten äußeren Petalen zu einer Schale formen und das gefältelte Innere freigeben. »Neyronrosa« entspricht einem blaustichigen Rosa. Ihm fehlt die Frische des hellen Rosa und die Wärme des Rosarot. 'Paul Neyron' hat auffällig lange, starke Stiele, die meist mehrere der nur ein bißchen duftenden

Blüten tragen. Der robuste, breitwachsende Strauch ist von großblättrigem, frischgrünem Laub bedeckt. Er bringt einen guten Flor und remontiert. Höhe 1,5 m.

'Prince Camille de Rohan' (Verdier 1861, F)
'Sämling von 'Maurice Bernardin'
syn. 'La Rosière', 'Edouard Dufour'
Die Sorte fasziniert durch die Farbe ihrer Blüten. Samtig dunkel-kastanienbraune Schattierungen legen sich auf einen tiefroten Untergrund. In den großen Blütenschalen haben die rund 100 Petalen nur deshalb Platz, weil sie sich schindelartig überdekken. Die nickenden Rosen blühen willig auf. Sie stehen immer zu mehreren und duften lieblich. Man hat an dem kräftigen, aufrechten Strauch viel Freude, wenn er in gutem Boden und nicht in praller Sonne steht. Ein *Alchemilla*-Teppich zu seinen Füßen ist nützlich und sieht besonders schön aus, wenn beide Pflanzen zur gleichen Zeit reich blühen. Es lohnt sich, alles Verblühte auszuschneiden, auch wenn die Nachblüte nicht sehr reichlich ausfällt. Höhe 1,5 m.

'Prince Noir' (Boyeau 1854, F)
Der »Schwarze Prinz« ist ein hoher, kräftiger Strauch, der reich und öfter blüht. Das helle Laub bildet einen hübschen Kontrast zu den Büscheln von dunkel-karminroten Rosen, die schön verblauen. Süßer Duft entströmt den großen, schalenförmigen, gefüllten Blüten. Höhe 1,4 m.

'Prinzessin Hildegard' (Lambert 1914, D)
'Frau Karl Druschki' × 'Friedrich Harms'
In Zweibrücken steht sie als eine reizende Erinnerung an die junge bayerische Prinzessin, die 1914 den Rosengarten einweihte. Schön wirkt der breitwachsende Strauch mit dem großblättrigen, glänzenden Laub und erst recht die vielen sehr großen, ganz vollen Blüten. Sie sind rahmfarben, schimmern zur Mitte hin gelblich und duften lieblich. Die »Prinzessin« blüht reich am vorjährigen Holz und remontiert. Höhe 1,2 m.

'Reine des Violettes' (Millet-Mallet 1860, F)
Die »Königin der Violetten« beschenkt uns mit Sträußen von flachen, dicht gefüllten Rosen, die sich wie Blüten von Gallica-Rosen gebärden, das Blüteninnere geviertelt und am Rande alle Petalen nach außen gerollt. Anfangs sind die Blüten purpurviolett mit hellrotem Herz. Wenn die Rottöne schwinden, bleiben Violettöne in allen Schattierungen. Der fast

stachellose, winterharte Strauch braucht guten Boden, um reich und mehrmals zu blühen und nach Flieder zu duften. Höhe 1,5 m.

'Reinhard Bädecker' (Kordes 1918, D)
'Frau Karl Druschki' × 'Rayon d'Or'
Dies ist eine der ersten Kordes-Züchtungen und einem Hamburger Rosenfreund gewidmet. Sie wurde einst als Schnittrose eingeführt. Heute gefallen der niedrige Wuchs des aufrechten, dunkelgrün belaubten Strauches und die altmodische Form der hellgelben Blüten. Die großen gefüllten Rosen duften leicht. Remontiert. Höhe 1 m.

'Roger Lambelin' (Schwartz 1885, F)
Sport von 'Fisher & Holmes'
Der reich belaubte Strauch blüht nur bei bester Kultur gut und öfter. Die Blüten sind mittelgroß, leicht gefüllt und von samtigem Karminrot. Sie haben gewellte, unregelmäßige Petalen, deren Ränder ausgebogt und weiß eingefaßt sind. Die Blüten wirken fast wie gefüllte Petunien und blühen in Büscheln. Höhe 1,2 m.

'Ruhm von Steinfurth' (Weigand 1920, D)
'Frau Karl Druschki' × 'Général Mac Arthur' (Teehybride)
Von der Muttersorte stammt die Remontant-Hybriden-Statur, von der Vatersorte der gute Duft und die Farbe. Die sehr großen, mäßig gefüllten Rosen formen sich zu kirschroten Blütenschalen. Sie stehen immer zu mehreren auf ihren starken, langen Stielen. Der aufrechte Strauch hat dunkles, ledriges Laub und remontiert. Höhe 1 m.

'Sachsengruß'
(Neubert 1912, int. Hoyer und Klemm, D)
'Frau Karl Druschki' × 'Mme Jules Gravereaux'
syn. 'Tendresse'
Lieblich hellrosa auf weißem Grund und zur Mitte hin lebhafter rosafarben sind die sehr großen, der Sorte 'Druschki' ähnlichen Blüten, jedoch stärker gefüllt und duftend. Der locker wachsende, gesunde Strauch blüht gut und remontiert. Höhe 1,6 m.

'Souvenir d'Alphonse Lavallé' (Verdier 1884, F)
Nur in gutem Boden wächst der aufrechte, üppig belaubte Strauch befriedigend, und nicht immer öffnet er seine Blüten gut. In Büscheln erblühen die mittelgroßen Rosen, die ihre Petalen ziegelförmig übereinanderlegen. Sie haben alle Schattierungen, die wir von den Granatsteinen her kennen, und spie-

Die Remontant-Hybride 'Captain Hayward' eignet sich durch ihren aufrechten und mäßigen Wuchs auch für kleinere Gärten.

len von dunklem Johannisbeerrot bis fast ins Kastanienbraune. Im Verblühen legen sich violette Schatten über die Blüten. Der Duft ist ausgezeichnet, aber es gibt nur eine bescheidene Nachblüte des 1,5 m hohen Strauches.

'Souvenir de Jeanne Balandreau'
(Vilin-Robichon 1899, F)
Sport von 'Ulrich Brunner Fils'
Der Strauch, aufrecht und gut gewachsen, bringt große, gefüllte Blütenschalen hervor in einer fröhlichen Farbkombination, ganz Ton in Ton. Ihr Kirschrosa ist nicht nur hellrosa geflammt, sondern auch noch mit rosaroten Sommersprossen verziert. Die Rose wirkt so heiter wie ihr leichter Duft. Remontiert. Höhe 1,2 m.

'Souvenir du Dr. Jamain' (Lacharme 1865, F)
'Général Jacqueminot' × 'Charles Lefèbvre'
Diese beliebte Remontant-Hybride bildet ein Andenken an den Bruder des berühmten französischen Rosenbuchautors Hippolyte Jamain. Es ist eine

schöne und dankbare Sorte, wenn man sie in gutem Boden und im Halbschatten kultivert. Wenn die gefüllten, schalenförmigen Rosen voll erblüht sind, werden die gelben Staubgefäße sichtbar. Die duftende Sorte variiert je nach Boden und Witterung in Größe und Farbe. Sie gehört in den alten Katalogen zu den »Violett-Weinfarbigen«. Der wüchsige, schwach bestachelte Strauch blüht wenig nach. Höhe 1,2 m.

'Tom Wood' (Dickson 1896, GB)
Die Sorte bietet sich an für kleine Gärten, denn der aufrechtwachsende, aber niedrig bleibende Strauch (1 m) ist außergewöhnlich üppig belaubt. Die kirschroten, sehr dicht gefüllten, schalenförmigen großen Rosen duften wirklich gut. 'Tom Wood' erfreut mit vielen schönen Blütenbüscheln im Juni, aber die Nachblüte ist sehr mäßig.

'Ulrich Brunner Fils' (Levet 1882, F)
Sport oder Sämling von 'Anna de Diesbach', oder Sport von 'Paul Neyron'?
Zur Ehre des Lausanner Rosenkultivateurs gedeiht

diese unkomplizierte und zuverlässige »Rangrose« überall. Sie bildet einen kräftigen, fast stachellosen Strauch mit schönem gesundem, glänzendem Laub. Die kugeligen rötlichen Knospen, immer zu mehreren, öffnen sich zu kirschroten Blütenschüsseln, die gut duften. Ihre rund 30 Petalen sind groß und breit und haben eine hellere Blattunterseite. 'Ulrich Brunner Fils' blüht früh, reich und öfters, daher war sie um die Jahrhundertwende bei uns eine der verbreitetsten Schnittrosen. Höhe 1,6 m.

'Venus' (J. C. Schmidt 1895, D)
'Général Jacqueminot' × 'Princesse de Béarn'
Hermann Kiese züchtete sie, als er noch Obergärtner bei Schmidt in Erfurt war. Seine Kletterrose 'Tausendschön' hat sich bis heute in den Katalogen gehalten, doch nun kehrt auch 'Venus' über eine dänische Baumschule zurück. Allerdings findet man sie unter den Bourbon-Rosen. Wertvoll ist die Sorte wegen dem guten Herbstflor und dem kräftigen Duft. Die großen gefüllten Blüten werden getragen von langen, starken Stielen, die Triebe sind wenig bestachelt. Die samtigen, karminpurpurnen Rosen leuchten vor dem dunklen Laubhintergrund des aufrechten Strauches. Höhe 1,2 m. (Farbbild in »Rosen-Zeitung« 1895, Seite 15)

'Vick's Caprice' (Vick 1882, USA)
Sport von 'Archiduchesse Elisabeth d'Autriche'
Die Amerikanerin ist eine hübsche Laune der Natur, echt »handpainted«. Dicke rötliche Knospen entfalten sich zu großen Blütenschalen, reich gefüllt mit kurzen, aber breiten Petalen. Die Blütenblätter sind harmonisch marmoriert in Zartrosa, Altrosa und Weiß. Die hübschen, duftenden Blüten stehen zu mehreren im hellgrünen, gesunden Laubwerk des wüchsigen, fast stachellosen Busches. Die Sorte blüht reich und remontiert. Höhe 1,2 m.

Moderne Gartenrosen als Begleiter Alter Rosen

Die Mehrzahl der Alten Rosen blüht nur in der Zeit von Juni bis Juli. Es empfiehlt sich daher, Pflanzungen Alter Rosen mit solchen moderner, öfterblühender Sorten zu ergänzen. Daneben gibt es auch moderne Rosen, die sich besonders gut mit Alten Rosen kombinieren lassen. Um die Auswahl zu erleichtern, folgen im Anschluß die Kurzbeschreibungen einiger für gemischte Pflanzungen besonders geeignete Sor-

ten. Obwohl die nachfolgend genannten Sorten zu den modernen Gartenrosen gerechnet werden, befinden sich darunter auch über hundert Jahre alte Sorten, denn die strenge Klassifikation besagt, daß Rosen aus Klassen, die nach Einführung der Teehybriden entstanden, zu den modernen Gartenrosen zu rechnen sind.

Einfachblühende Edelrosen

'Dainty Bess'
(Archer 1925, GB)
Nur mittelgroße Blüten, aber hellrosafarben mit dunkleren Schattierungen und rotbraunen Staubgefäßen. Duft.

'Lagoon' (Harkness 1970, GB)
Zartlilafarbene, sehr große, einfache Blüten schmücken sich mit schönen Staubgefäßen. Duft. Glänzendes Laub.

'Lilac Charme' (Le Grice 1962, GB)
Ein Juwel. Große zartlilafarbene Blüten mit goldenen Staubgefäßen. Duft. Der kompakte, dunkellaubige Strauch blüht außerordentlich reich.

'Mrs Oakley Fisher' (Cant 1921, GB)
Tiefgelbe Blüten mit orangefarbenem Schein. Duft. Dunkles, bronzefarbenes, glänzendes Laub.

'White Wings' (Krebs 1947, USA)
Die Blüte besitzt nur fünf weiße, gewellte Petalen und violettrote Staubgefäße. Schlanke, spitze Knospen, schmetterlingshafte, duftende Blüten.

Alle aufgeführten einfachblühenden Edelrosen lassen sich auch als niedrige Sträucher verwenden, wenn ihnen der Standort zusagt und wenig geschnitten wird.

Klassische Edelrosen (Teehybriden)

'Kaiserin Auguste Viktoria' (Lambert 1891, D)
'Coquette de Lyon' × 'Lady Mary Fitzwilliam'
Der erste Züchtungserfolg Peter Lamberts war zugleich jahrzehntelang die begehrteste Brautrose. Ihre schlanken Knospen öffnen sich nur langsam, denn es werden wahrhaftig hundertblättrige Rosen daraus. Aus dem Inneren der fein duftenden, weißen Blüten schimmert es grünlich. Die zarte Schönheit ist regenempfindlich, und der Strauch erweist sich als nur mäßig winterhart. (Herrliches Farbporträt in »Rosen-Zeitung« 1891, Seite 17)

‘La France’ (Guillot 1867, F)
Herkunft unbekannt
Einst das Ideal für Rosenduft und Schönheit, erscheint sie auch heute noch durchaus gartenwürdig. Winterharte und auf eigener Wurzel langlebige, gute Liebhaberrose, etwas sparsam belaubt. Große rundliche, seidig-rosafarbene Blüten, deren schmal umgerollte Petalen die hellere Unterseite zeigen, aber auch die starke Füllung. Regenempfindlich.

‘Mme Caroline Testout’ (Pernet-Ducher 1890, F)
‘Mme de Tartas’ × ‘Lady Mary Fitzwilliam’
Blüht immer in Büscheln und öffnet sich auch bei schlechtem Wetter zu runden, gefüllten, rosafarbenen Rosen. Sie halten die kugelige Form und den leichten Duft bis zuletzt. Langlebige, gesunde Sorte, die den ganzen Sommer über blüht.

‘Ophelia’ (Paul 1912, GB)
Sehr reizvoll sind die spitzen Knospen und der liebliche Farbenschmelz. Ganz zart-lachsrosafarben, nur mäßig gefüllte Blüten. Manchmal auch mit gelblichem Schein aus dem Innern. ‘Ophelia’ duftet vorzüglich, blüht reich und ist im Herbst farbintensiver. Früher oft zur Züchtung benutzt, außerdem gibt es 21 Sports. Buschiger Wuchs, gutes Laub.

Sports von ‘Ophelia’

‘Climbing Ophelia’ (Dickson 1920, GB)
Besonders formschöne Blüten. Höhe 3 m und mehr.

‘Lady Sylvia’ (Stevens 1926, GB)
Blüten in tieferem Rosa mit aprikosenfarbenem Schein.

‘Madame Butterfly’ (Hill 1918, GB
Hellrosafarben mit etwas gelblichem Schimmer.

Zuverlässig blühende Climbing-Formen

‘Climbing Gruß an Aachen’ (Kordes 1937, D)
Eine winterharte Form, deren gut belaubte Zweige eine Fülle altmodisch wirkender, weißlicher Blüten hervorbringen. Höhe 2 m.

‘Climbing Mme Caroline Testout’
(Chauvry 1901, F)
Die sehr wüchsige, winterharte Kletterrose ist im Juni bedeckt mit Blüten, die weithin leuchten. Sie sind kräftiger rosa gefärbt als die der Stammsorte. Höhe 3 bis 4 m.

‘Frau Dr. Hooftmann’ (Buismann 1935, NL)
Wird in Sangerhausen als rankende ‘Gruß an Aachen’ bezeichnet, sie ist entschieden kräftiger in den Farben als die zuvor beschriebene Sorte. Weißrosafarbene Blüten mit tief-lachsfarbener Mitte. Höhe 1,7 m.

‘Perle von Heidelberg’ (Scheurer 1906, D)
Sport von ‘La France’
Bildet in Sangerhausen immer eine Augenweide. Welch ein Duft, wenn Dutzende ‘La France’ zur gleichen Zeit an einem Strauch erblühen! Blütezeit Ende Juni. Winterschutz erforderlich. Die von Henderson 1893 gefundene Climbing-Form scheint nach Testu (1984, Seite 181) weniger blühfreudig. Höhe 3 m.

Niedrige, büschelblütige Beetrosen

‘Alice Amos’ (Spek 1922, NL)
Große Büschel einfacher kirschrosafarbener Blüten, weiß geäugt. Höhe 50 cm.

‘Baby Faurax’ (Lille 1924, F)
Büschelblütig. Dunkelviolette, kleine gefüllte, duftende Röschen. Höhe 30 cm.

‘Bluesette’ (Lens 1984, B)
Lila- bis malvenfarbene, gefüllte Blüten in Asternform. Hübsches Laub. Höhe 30 cm.

‘Deutsches Danzig’ (Lambert 1935, D)
Einfache kleine karminrote Blüten, auf dem weißen Petalengrund leuchtendgelbe Staubgefäße. Büschelblütig. Die Pflanze ist sehr gut mit schmalblättrigem, glänzendem Laub bedeckt, das im Austrieb auffällig rotbraun ist. Blüht enorm reich und fortwährend. Höhe 40 cm. (Sortiment Sangerhausen)

‘Frau Oberhofgärtner Schulze’
(Lambert 1909, D)
Blüten von hellem Lilarosa. Wenn die verwelkten Blüten ausgeschnitten werden, bringt die Sorte unermüdlich große Büschel kleiner, leicht gefüllter Blüten hervor. Gesundes, hellgrünes Laub. Erstklassig! Höhe 40 cm. (Sortiment Sangerhausen)

‘Gruppenkönigin’ (Kordes 1935, D)
Hat von der Mutterrose ‘Gruß an Aachen’ das dichte Laub geerbt, ebenso den Wuchs. Größere Blüten, lachsfarben aufblühend, später rosa. Blüht reich und duftet wie Teerosen. Höhe 50 cm. (Sortiment Sangerhausen)

'Gruß an Aachen'
(Züchter Hinner 1908, verbreitet durch Geduldig, D)
Bildet eine ideale Ergänzung zu Alten Rosen. Wegen
ihres gesunden Laubes und ihres gleichmäßigen,
niedrigen Wuchses stellt 'Gruß an Aachen' eine gute
Beetrose dar. Großblumige, dicht gefüllte, rahmweiße Blüten mit gelblichrosa Schimmer. Duft. Sehr
reich blühend und winterhart. Höhe 50 cm. (Farbbild in »Rosen-Zeitung« 1912, Seite 32)

'Rosa Gruß an Aachen' (Spek 1930, NL)
Sport mit rosa Grundfarbe.

'Weiße Gruß an Aachen' (Vogel 1944, D)
Voll erblüht ein reinweißer Sport.

'Katharina Zeimet' (Lambert 1901, D)
Mutterrose der Neuheit 'Braunwald'. Professor Karl
Mayer, der gelehrte Gärtner, nannte sie nur »das
fleißige Kätchen«. Sehr winterharte und langlebige
Sorte, die große Blütenstände aus kleinen, reinwei-
ßen Rosetten bringt. Leichter Duft. Höhe 50 cm.
(Farbbild in »Rosen-Zeitung« 1902, Seite 41)

'Little White Pet' (Henderson 1879, GB)
Niedriger, öfterblühender Sport der Kletterrose 'Fé-
licité et Perpétue'. Niedliche rosa Knospen, die in
Büscheln stehen und zu weißen Rosetten aufblühen.
Viel spitzes, kleinblättriges, gesundes Laub. Aller-
liebst und praktisch, recht winterhart. Höhe 40 cm.

'Marie Pavič' (Alegatière 1888, F)
Trägt ihren Namen zu Ehren der kroatischen »Ro-
senmarie« aus Zagreb (Schultheis 1889 und »Rosen-
Zeitung« 1911, Seite 107). Als unendlich dankbare
Gruppen-(Polyantha-)Rose hat Peter Lambert sie
einst bezeichnet. Kleine, elegante weißrosafarbene
Teehybriden-Blüten. Büschel von bis zu 30 duften-
den Rosen. Fast stacheloser Strauch. Höhe 40 cm.

'Merveille des Rouges' (Dubreuil 1910, F)
Blüten in warmem, samtigem Karminrot, wie es
sonst bei keiner anderen alten Polyantha-Rose vorkommt. Elegante Sträuße von becherförmigen Blüten. Der Strauch bleibt immer niedrig und hat gesundes Laub. Höhe 40 cm.

'Mlle Cécile Brunner' (Ducher 1880, F)
In Amerika als 'Sweetheart Rose' bezeichnet. Zierliche, lachsfarbene Knospen. Die flachen, zart-lachs-
rosafarbene Blüten sind hübsch geviertelt und duften
zart. Hellgrünes Laub. Höhe 50 cm.

'Gruß an Aachen', eine erstklassige Beetrose, harmoniert
mit ihrem sanften Farbton hervorragend mit Alten Rosen.

'Rotkäppchen'
(Geschwind 1887, Österreich-Ungarn)
Das österreichisch-ungarische Märchenkind hat
kleine, dicht gefüllte und geviertelte Bourbon-Rosen.
Sein Name erklärt sich aus der Farbe der Blütenbü-
schel, die im Verblühen zu Karminlila tendieren.
Duftet leicht. Höhe 50 cm. (Sortiment Sangerhau-
sen)

'Schneewittchen' (Lambert 1901, D)
Große, leicht duftende Büschel kleiner, halbgefüllter,
reinweißer Röschen mit gelben Staubgefäßen. Gesundes, schönes Laub. Höhe 50 cm.

Besondere Strauchrosen

'Alma de L'Aigle' (Kordes 1955, D)
Große, gefüllte Blüten in lichtem Rosa, die leicht nik-
ken und fein duften. Helles, elegantes Laub, im
Herbst sehr große Blütenbüschel. Eine etwas sensible
Schöne. Höhe 1,5 m.

'Anja' (Scholle 1975, D)
Der Duft und die frühe Blütezeit stammen von 'Maigold', doch woher hat sie die feinen, rosafarbenen,
altmodischen Schalenblüten, die bis zuletzt die Form
bewahren? Hellgrünes Laub. Blüht nach. Höhe 1,6 m.

'Aurora' (Kordes 1956, D)
Eine außergewöhnliche Blütenfarbe: Rosa mit Bern-

stein vermischt. Wohl mit 'Café' verwandt. Große, gefüllte Blüten bedecken im Juni den ganzen Busch. Duft. Höhe 1,7 m. (Sortiment Sangerhausen)

'Bloomfield Abundance' (Howard 1941, USA)
In den USA wird die Sorte nun als 'Spray Cécile Brunner' geführt, da sie ihre großen lockeren Blüten-stände pyramidenförmig aufbaut wie Spray-Nelken und ein Sport der alten Polyantha-Rose sein soll. Schmaler Strauch mit kleinblättrigem Laub, rei-zende rosafarbene Mini-Teehybriden-Blüten mit sehr langen, schmalen Kelchblättern. Winterschutz erfor-derlich. Höhe 1,3 m. (»The Rose Annual« 1982, Seite 28 bis 31; Philipps and Rix 1988, Seite 67).

'Blue Boy' (Kordes 1958, D)
Große, Edelrosen-ähnliche Blüten, die sich von Röt-lichviolett bis Dunkelviolett verfärben. Guter Duft. Hellgrünes Laub. Einmalblühend. Höhe 1,2 m.

'Dr. Müller's Rote' (Dr. Müller 1920, D)
Sehr gut duftende, fest gefüllte Teehybride(?) aus dem Nachlaß Dr. Müllers, die strauchartig wächst und remontiert. Tiefpurpurrote Blüten und helles Laub. Höhe 1,3 m.

'Heideröslein' (Lambert 1932, D)
Einfache, zartlachsrosa Blüten mit gelben Staubge-fäßen in großen Büscheln. Im Verblühen aufhellend. Leichter Duft. Höhe 1,2 bis 1,5 m.

'Heinrich Conrad Söth' (Lambert 1919, D)
Die einfachen, leuchtend-rosafarbenen Blüten sind weiß geäugt, und die Blütenstände gleichen großen Phloxdolden. Schlanke, überhängenden Zweige, die glänzendgrünes Laub tragen. Höhe 1,2 m.

'Ilse Haberland' (Kordes 1956, D)
Behäbig wirkende, rundliche, stark gefüllte Blüten in Tiefrosa. Sehr gut duftend. Die großen Blüten öffnen sich jederzeit gut. Langlebiger, hellgrün belaubter Strauch, der reich blüht bis zum Herbst. Höhe 1,2 m.

'Les Rosati' (Züchter Dr. Müller, D; verbreitet durch Gravereaux 1907, F)
Endlich ist dieser schöne Müllersche 'Persian Yel-low'-Nachkömmling wieder im Handel. Die großen, gefüllten Rosen sind kamelienförmig und leuchten karminrot, noch erhellt vom lebhaften Gelb des Peta-lengrundes. Verblüht lachsrosafarben. Reicher, duf-

'Heideröslein' ist eine winterharte, dauerblühende Strauchrose, die sich gut einfügt.

tender Juni- und guter Herbstflor. Galt 1912 in Frankreich als eine der schönsten Rosen. Höhe 1 m.

'Magenta' (Kordes 1954, D)
Von Lila bis Mauvefarben oder gar in helles Violett spielen die großen, gut duftenden Rosen. Ganze Sträuße der dicht gefüllten Blütenrosetten stehen vom Juni bis in den Herbst hinein auf den leicht nickenden Stielen. 'Magenta' kam als Floribunda-Rose in den Handel und ist doch eine niedrige Strauchrose, ganz im alten Stil. Höhe 1,2 m.

'Rhodophile Gravereaux'
(Pernet-Ducher 1900, F)
Schon Mitte Mai entfaltet sich ein Blütenfest unzäh-liger rosaroter, großer, halbgefüllter Blüten, aus deren Grund es gelb leuchtet. Die Blütenfülle und der kräftige Strauch zeigen sehr gut, welche Vitalität ursprünglich in den sogenannten Pernetiana-Sorten steckte. Höhe 3 m. (Sortiment Sangerhausen)

'Waldfee' (Reimer Kordes 1960, D)
Keine andere moderne Sorte hat so großblättriges, dichtes Laub, und bei keiner erinnert der Wuchs so an Remontant-Hybriden. Blutrot und außergewöhn-lich groß sind die becherförmigen Blüten, die sich kameliengleich öffnen und leicht duften. Der sehr winterharte, mannshohe Strauch blüht in kleinen Büscheln und liefert langstielige Schnittrosen.

Einmalblühende Kletterrosen

'Bloomfield Courage' (Thomas 1920, USA)
Nur einfache kleine Blüten, aber dunkel-samtigrot. Ihr weißer Grund ist bestickt mit goldenen Staubgefäßen. Die großen Sträuße harmonieren gut mit dem dunklen Laub. Schafft es sicher, in Bäume zu klettern. Höhe 4 bis 6 m.

'Chevy Chase' (Hansen 1939, USA)
Eine hohe Kletterrose, die sich mit tief-dunkelroten Samtrosetten schmückt. Die 60 Petalen sind adrett angeordnet. Guter Duft. Niemals kurz schneiden. Höhe 4 m.

'Hackeburg' (Kiese 1912, D)
Zartfliederfarbene, lange Büschel mittelgroßer Rosen. In der helleren Blütenmitte goldene Staubgefäße. Die stachellose, winterharte Sorte blüht reich. Höhe 3 m.

'Johanna Röpke' (Tantau 1931, D)
Hat die Reichblütigkeit von 'Dorothy Perkins', aber Blütenfarbe, Form und Duft von 'Ophelia' geerbt. Die großen Blütenbecher sind fast pastellrosa. Höhe 2,5 m.

'Madeleine Seltzer' (Walter 1926, F)
Von einem elsässischen Liebhaber gezüchtet, wurde durch Marianne Beuchert wieder populär. Kein einziger der fast stachellosen Zweige war in den vergangenen harten Wintern zurückgefroren, und über dem breitblättrigen, glänzenden Laub erschien wie immer eine Fülle von elfenbeinfarbenen, duftenden Rosen. 'Madeleine Seltzer' trägt große Büschel anfangs kugelförmiger Blüten, die sich dann zu gut gefüllten Schalenblüten öffnen. Wetterfest. Höhe 2 m.

Beet- und Kletterrosen mit besonderen Farben

Beetrosen

'Amberlight' (Le Grice 1961, GB)
Hell-goldbraune, halbgefüllte Blüten, die später verblassen.

'Brownie' (Boerner 1959, USA)
Flache, gefüllte, goldgelbe bis bronzefarbene Blüten. Duft.

'Brown Velvet' (McGredy 1985, Neuseeland)
Rotbraun. Eine Neuheit vom Floribunda-Typ.

'Café' (Kordes 1956, D)
Milchkaffeefarbene Sorte mit ein wenig Rosa. Flache, duftende, gefüllte Blüten. Noch immer eine hervorragende Sorte.

'Goldtopas' (Kordes 1963, D)
Bernsteinfarbene, gefüllte Blüten. Ein winterharter, langlebiger, exzellent belaubter Strauch. Floribunda-Typ. Schnittrose.

'Grey Dawn' (Le Grice 1975, GB)
Blüten mit 10 bis 12 cm Durchmesser, 40 bis 50 Petalen, grau, Unterseite rosafarben und golden erhellt. Duft. Buschig wachsender Strauch mit glänzendem Laub, blühfreudig. Schnittrose.

'Jocelyn' (Le Grice 1970, GB)
Mahagoni- bis purpurbraune, stark gefüllte, flache Blüten. Schnittrose.

'Julia's Rose' (Wisbech Plant 1976, GB)
Bräunlich-pergamentfarbene, leicht gefüllte Blüte, elegante Knospe. Erhielt 1983 den Casino-Preis Baden-Baden. Eine Rose für die Floristik.

'Tom Brown' (Le Grice 1964, GB)
Zweifarbig bräunlich, gefüllt.

'Vesper' (Le Grice 1966, GB)
Pastellfarben orangebraun.

Kletterrosen
Einmalblühende Kletterrosen mit lila-violettfarbenen Blüten
'Améthyste' (Nonin 1912, F)
'Aurelian Igoult' (Igoult 1924, I)
'Bleu Magenta' (F)
'Donau' (Praskac 1913, A)
'Gilda' (Geschwind 1887, A)
'Hackeburg' (Kiese 1912, D)
'Helene' (Lambert 1897, D)
'Lisbeth v. Kamecke' (Kiese 1919, D)
'Mosel' (Lambert 1920, D)
'Paul Kadolizigue' (Lambert um 1912, D)
'Rosemarie Viaud' (Igoult 1924, I)
'Schloß Friedenstein' (Schmidt 1915, D)
'Sweet Lavender' (Paul 1912, GB)
'Veilchenblau' (Schmidt 1908, D)
'Violetta' (Turbat 1921, F)

Alle Sorten sind im Rosarium Sangerhausen zu besichtigen.

Interessante Neuheiten

'Bonica 82' (Meilland 1981, F)
(*R. sempervirens* × 'Mlle Marthe Carron') × 'Picasso'
Rundliche, rosafarbene Blüten. Extrem frostharter Strauch. ADR-Sorte. Höhe 80 cm

'Braunwald' (Meilland 1985, F)
'Katharina Zeimet' × 'Sea Foam'
Benannt nach dem berühmten Alpinen Rosenprüfgarten, den Dietrich Woessner, der Schweizer Rosenvater, schuf. Die Sorte ist vom Wuchs her robust und winterhart bis in alpine Lagen. Sie hat gesundes, schönes Laub und blüht zuverlässig und beständig. In den lockeren Blütendolden vereinen sich schön spitze, errötende Knospen mit hauchzart-rosa schimmernden Blütenschalen und weit aufgeblühten, schneeweißen, großen Blüten mit gelben Staubgefäßen. Die Blüte hat nur fünf Petalen, und doch handelt es sich um eine perfekte, wetterfeste Rosenzüchtung. Höhe 0,8 bis 1,2 m.

'Eagle Wings' (Lens 1982, B)
Sämling × 'Picasso'
Große, einfache, duftende Blüten. Zarte, wechselnde Pastellfarben. Erhielt 1982 die Silberne Medaille Baden-Baden. Höhe 80 cm.

'Lady of the Dawn' (Interplant 1985, NL)
'Interdress' × 'Stad Den Helder'
Halbgefüllt, zartlachsfarben, geöffnet zartrosa, gewellte Petalen. Erhielt die Goldmedaille Baden-Baden 1986 und den Ehrenpreis des Vereins Deutscher Rosenfreunde. Höhe 60 cm.

'Lavender Dream' (Interplant 1984, NL)
'Yesterday' × 'Nastarana'
Lavendelfarbene, kleine, halbgefüllte Blüten. Riesige Blütenbüschel, gedrungener Wuchs. Ideale Vorpflanzung zu Alten Rosen. Erhielt 1986 die Goldmedaille Baden-Baden. Höhe 60 cm.

'Maria Mathilda' (Lens 1980, B)
Sämling × ('New Penny' × 'Jour de Fête')
Weiße, leicht zartrosafarbene, gefüllte Blüten mit gefransten Petalen. Erhielt 1981 die Goldmedaille L'Haÿ. Höhe 60 cm.

'Maria Teresa' (Lens 1984, B)
Sämling × *R.* 'Macrantha'
Porzellanrosa Blütenschalen auf frischgrünem Laub. Exquisite Schnittsorte. Höhe 80 cm.

'Oleanderrose' (Interplant 1985, NL)
'Liverpool Echo' × Sämling
Die Blüte trägt fünf gewellte, leuchtend-lachsfarbene Petalen. Blüht überreich in großen Büscheln. Aparte, aber dominierende Farbe. Höhe 60 cm.

'Puccini' (Lens 1984, B)
Rundliche Sträuße aus kleinen, einfachen, zartrosafarbenen Blüten. Erhielt 1986 in Lyon die Auszeichnung »Grande Rose du Siècle«. Höhe 60 cm.

'Roseromantic' (Kordes 1984, D)
Sämling × 'Tornado'
Einfache, zartrosafarbene Blüten mit schönen Staubgefäßen. Breitwachsender Strauch mit großen Blütenbüscheln. Vielseitig verwendbare Sorte, die sich gut einfügt. Erhielt 1983 die VDR-Medaille Baden-Baden. Höhe 60 cm.

'Sally Holmes'
(Holmes; Fryer's Nurseries 1976, GB)
'Ivory Fashion' × 'Ballerina'
Einfache cremefarbene Blüten in großen Büscheln. Ergibt eine fein duftende Rosenhecke. Höhe 2 m.

'Schubert' (Lens 1984, B)
Fliederfarbene, Phlox-ähnliche Blütenbüschel. Erhielt 1982 die Silbermedaille Baden-Baden. Höhe 80 cm.

'Summerwine' (Kordes 1984, D, verbreitet durch Mattock 1985, GB)
In Großbritannien bereits unter diesem Namen im Handel. Große, dunkelrosafarbene Blüten mit weinroten Schatten. Nur halbgefüllt, aber mit weinroten Staubgefäßen. Leichter Duft. Kletter- und Strauchrose. Eine Schönheit. Erhielt 1986 die Silbermedaille Baden-Baden. Höhe 2 m.

Rosen-Verwendung in Parks und Gärten

»Alles, worauf sich der Mensch ernstlich einläßt, ist ein Unendliches.«

»Man lernt nichts kennen als was man liebt, und je tiefer und vollständiger die Kenntnis werden soll, desto stärker, kräftiger und lebendiger muß Liebe, ja Leidenschaft sein.«

(Johann Wolfgang von Goethe)

»Wen die Weltfülle bedrückt, der suche neue Wege, Herr über sie zu werden.«

(Karl Foerster)

Grundsätzliches

Es gibt viele Rosenbücher auf dem Markt, die sich mit der Anlage von Rosenbeeten und der Anpflanzung von Edelrosen zum Schnitt beschäftigen. Wir wollen im folgenden zu einigen anderen, weniger konventionellen Möglichkeiten der Rosen-Verwendung anregen. Unsere Ausführungen betreffen neben den Alten Rosen folgende Themen: Rosenhecken, Rosen als Solitär, Rosen in Pflanzungen mit Gehölzen und besonders mit Stauden und Gräsern, »Frühlingsrosen« als Partner von Schwertlilien, Rosen für extrem heiße, trockene Standorte, für Steingärten, Rosen für flächige Pflanzungen (Bodendecker), für Dachgärten, für die Landschaft, für das öffentliche Grün. Wir werden auf Probleme bei der Anzucht von Wildrosen aus Samen hinweisen und wir werden uns für die Vermehrung und ein verstärktes Angebot von wurzelechten Rosen einsetzen, die für die Verwender von großem Nutzen wären.

Manche Vorschläge werden nicht die uneingeschränkte Zustimmung von Rosen-Anbauern einerseits und von einigen Ideologen andererseits erhalten. Sie beruhen aber auf einer liebevollen, vier Jahrzehnte langen Beschäftigung mit Rosen. Wir bitten, sie zu diskutieren und sie unvoreingenommen zu prüfen.

Wenn wir von Alten Rosen sprechen, so meinen wir hauptsächlich Sorten von Rosenklassen, die vor Einführung der öfterblühenden Arten und Varietäten aus dem »Reich der Mitte« wie *Rosa chinensis* 'Semperflorens', *R. × odorata*, *R. × odorata* 'Ochroleuca', *R. multiflora* 'Nana' die Gärten des Abendlandes im Frühsommer mit ihrem Duft erfüllten. Es sind Sorten von *R. gallica*, *R. × alba*, *R. × damascena*, *R. centifolia*, *R. centifolia* 'Muscosa'; auch die öfterblühenden Portland- und Bourbon-Rosen werden meist zu den Alten Rosen gezählt. Manche Autoren lassen allerdings selbst noch die Remontant-Hybriden als Alte Rosen gelten – was fragwürdig ist – und lassen die modernen Rosen erst mit 'La France' als der ersten Teehybride einerseits und den Polyantha-Rosen andererseits beginnen. Danach würden auch noch ältere *Rosa chinensis*-Sorten wie 'Cramoisi Supérieur' zu den Alten Rosen gehören.

Wenn wir von den letztgenannten Klassen einmal absehen, blühen fast alle Alten Rosen nur im Frühsommer, und die meisten haben herrliche Düfte. Neben der ureigensten Blütenfarbe der Rosen, dem Rosa, sind an Farben vertreten: Weiß, Purpurrot, Violett und Lila. Dagegen fehlen gelbe und besonders signalrote bis orangerote Farben, die erst in unserem Jahrhundert in modernen Züchtungen auftraten. Orangerote Töne gibt es besonders seit 'Kordes Sondermeldung'.

Erfreulicherweise haben Alte Rosen ihres Duftes und Charmes wegen in den letzten Jahren wieder an Beliebtheit gewonnen, und neuerdings beschäftigt sich eine größere Anzahl von Gärtnern und Hobbygärtnern mit diesen Rosen. Zum Glück bieten einige Rosenschulen in Großbritannien, in der Bundesrepublik Deutschland, in Dänemark, in der Schweiz, in den USA und in anderen Ländern solche Rosen an. Der kürzeren Blütezeit stehen die bessere Winterhärte, die Anspruchslosigkeit und geringe Anfälligkeit für Sternrußtau als positive Eigenschaften gegenüber. Ein Segen für alle Verbraucher wäre es, wenn auch die Alten Rosen wurzelecht angeboten würden.

Nahezu alle – wenn nicht alle – lassen sich durch Stecklinge vermehren.

Wie sollte man Alte Rosen in Gärten verwenden? Da die meisten gefüllte bis sehr stark gefüllte Blüten tragen, eignen sie sich – im Gegensatz zu einfachblühenden, vielblütigen Rosen – nicht für eine naturnahe Verwendung mit anderen Pflanzen, besonders Stauden, die gleichzeitig blühen. In Gärten früherer Epochen waren die Rosen oft auf Beeten regelmäßig angeordnet, die von Buchs eingefaßt waren. Auf solche historischen Vorbilder wird man gelegentlich zurückgreifen. Sicher eignen sich Alte Rosen für lockere Hecken, als »Rosenhag«, da sie besonders vor Mauern gut zur Geltung kommen. Als Partner könnte man ihnen verschiedene »altmodisch« anmutende Stauden beiordnen, bevorzugt auch solche, die eine mehr dienende Rolle spielen. Auch Heil- und Gewürzkräuter kommen in Frage. Wir sollten bei der Frage zur Verwendung Alter Rosen nicht engherzig sein, sondern das Sortiment je nach Bedarf mit heutigen anpassungsfähigen Sorten ergänzen.

Gartenwürdige Kreuzungen zwischen Alten und modernen Rosen

Wilhelm Kordes war einer der ersten Züchter, wenn nicht der erste, der Kreuzungen von Alten mit modernen Rosen durchführte. Ihm folgten in jüngerer Zeit besonders David Austin und Harkness in Großbritannien. In Kronshagen bei Kiel führt Rolf Sievers seit einigen Jahren derartige Kreuzungen durch, die jetzt durch die Firma Jensen (Flensburg) in den Handel gekommen sind. Einige einmalblühende Rosensorten aus Kreuzungen von Alten Sorten mit modernen sind zum Beispiel 'Black Boy', 'Blue Boy', 'Chianti', 'Constance Spry' und 'Raubritter'.

Austin-Züchtungen
David Austin hat 'Constance Spry' und 'Chianti' wieder mit Floribunda- und ähnlichen Rosen gekreuzt und dadurch öfterblühende Sorten erhalten, von denen einige hervorragend zu Alten Rosen passen und gut duften.

Öfterblühende Rosen im Alten Stil

'Canterbury'
('Monique' × 'Constancce Spry') × Sämling
Halbgefüllte, große Blüten in tiefem Lachrosa, die sauber fallen und hervorragend duften. Paßt vielleicht eher zu Stauden und modernen Rosen, empfohlen auch für öffentliche Grünanlagen. Höhe 1 m.

'Charles Austin' (1973) 'Chaucer' × 'Aloha'
Sie ist die starkwüchsigste der hier erprobten Sorten und wird mannshoch. Knospen tief-aprikosenfarben, sie hellen zu zartrosa auf. Die dicht gefüllten Blüten erinnern weniger in der Farbe als in der Form stark an Alte Rosen. Starker, guter Duft.

'Chaucer' (1970)
'Duchesse de Montebello' × 'Constance Spry'
Stark gefüllte und gefältelte Blüten (wie Alte Rosen), im Innern tiefrosa schimmernd, nach außen übergehend in Klar-Rosaweiß, stark duftend. Höhe 1,5 m.

'Dame Prudence' (1969)
'Ivory Fashion' × ('Constance Spry' × 'Ma Perkins')
Blüten tiefrosa im Inneren, nicht ganz gefüllt. Duft nicht so stark. Höhe etwa 60 cm.

'Lilian Austin' (1973)
'Aloha' × 'The Yeoman'
Blüten etwas stärker gefüllt als bei 'Canterbury', klare Form, lachsrosafarben, duftend. Wächst 1,2 m hoch und breit.

'The Friar' (1969)
'Ivory Fashion' × Sämling
Blüht in ganzen Sträußen; die Form der Blüten erinnert mehr an Teerosen als an Alte Rosen. Blüten zunächst aprikosenfarben getönt, ältere Blüten stark rosaweiß gefüllt. Stiele eher dünn. Der Züchter gibt »Teerosen-Duft« an. Die Floristin Marianne Beuchert meint, die Sorte sei für Gestecke verlockend. Höhe 1,2 m.

'The Prioress' (1969)
'La Reine Victoria' × Sämling
Blüten halb-kugelig (Trollblumen-Form), rosaweiß mit sichtbaren Staubgefäßen und gutem Duft. Eine der schönsten dieser Sorten. Wächst 1,3 m hoch und breit.

'The Reeve' (1979)
Blüten in einem kühlen tiefen Rosa, ziemlich stark gefüllt, duftend, schön. Wächst 1,2 m hoch und breit.

Die drei folgenden Sorten gehen auf 'Chianti' zurück, doch haben sie mich nicht ganz so überzeugt wie etwa 'The Prioress' und andere. Es wäre verlockend, diese Sorten mit der herrlich duftenden, rein lilafarbenen 'Harry Edland' zu kreuzen.

'The Knight' (1969)
'Chianti' × 'Zigeunerknabe'
Gedrungener, rund tischhoher Wuchs. Gefüllte, tiefpurpurfarbene Blüten im Stil der Alten Rosen.

'Glastonbury' (1981)
'The Knight' × 'Chateau de Clos Vougeot'
Niedriger, breiter Strauch. Die dunkelroten, gefüllten Blüten werden purpur. Im Gegensatz zu den beiden folgenden Sorten duftet diese stark.

'The Squire' (1976)
'The Knight' × 'Chateau de Clos Vougeot'
Stark gefüllte und gefältelte, purpurfarbene Blüten, die nicht verblassen.

'Wife of Bath' (1969)
'Mme Caroline Testout' × ('Ma Perkins' ×
'Constance Spry')
Das Blüteninnere wirkt noch tiefer rosafarben als bei 'Chaucer', Blüten stärker gefüllt, reich blühend, nicht so stark duftend. Höhe 1 m.

Im Spätsommer 1987 hatte ich Gelegenheit, auf Feldern in Pinneberg etliche neuere derartige Kreuzungen zu sehen, da die Rosenschule Jensen eine General-Lizenz für die Austin-Züchtungen erhalten hat. Es handelt sich fast durchweg um öfterblühende Sorten, überwiegend um solche mit gefüllten bis stark gefüllten Blüten, die meisten mit gutem bis sehr starkem Duft. Auch einige einfachblühende Sorten ('Red Coat', 'Dapple Dawn') waren zu sehen, die sich für Kombinationen mit Stauden und anderen Pflanzen gut eignen. Persönlich schätze ich Sorten mehr, die noch Staubgefäße entwickeln, da sie für Bienen nützlicher sind als die vollgefüllt blühenden Sorten. Besonders bemerkenswert erschien mir die Tatsache, daß bis auf wenige Ausnahmen fast alle Sorten – wie die bisher besprochenen – auch ohne chemischen Pflanzenschutz ganz gesund waren. Ich möchte einige aussichtsreiche Sorten nennen, die natürlich zusammen mit vielen anderen noch länger geprüft und verglichen werden müßten.

Eine große Anzahl dieser Sorten blüht in verschiedenen rosa Farbtönen, die ja die eigentlichen Rosenfarben sind.

Neuzüchtungen mit rosafarbenen Blüten

'Abraham Darby' (1985)
Lange, gebogene Triebe. Gefüllte Blüten mit Staubgefäßen, von zartem Aprikosengelb in Zartrosa übergehend. Die Sorte putzt sich einwandfrei, duftet stark, hat gesundes, glänzendes Laub. Höhe 1,5 bis 2 m.

'Cymbeline' (1982)
Triebe bogig überhängend, mehr als 100 cm lang. Blüten zartrosafarben, gefüllt und gefältelt.

'Gertrude Jekyll' (1986)
Die Sorte ist benannt nach der berühmten britischen Gartenarchitektin. Aufrechter Wuchs. Leuchtend-tiefrosafarbene Blüten, stark gefüllt, mit starkem Duft. Sehr gesund. Höhe 1,5 bis 1,8 m.

'Heritage' (1984)
Starker, buschiger Wuchs. Blüten klein bis mittelgroß, hellrosafarben, gefüllt, doch mit Staubgefäßen. Sehr starker, würziger Duft. Höhe rund 1,2 m.

'Hero' (1982)
Reinrosafarbene, nicht ganz gefüllte Blüten mit Staubgefäßen. Würziger Duft. Blüht reich, von Bienen geschätzt. Höhe 1,2 m.

'Jacquenetta' (1983)
Starker Wuchs. Anfangs zartaprikosenfarbene, dann zartrosa Blüten, halbgefüllt, duftend. Reichblühend, sehr gesund. Höhe 1,2 bis 1,5 m.

'Lucetta' (1983)
Buschiger, überhängender Wuchs. Blüten groß, mehr als 12 cm im Durchmesser, zartrosafarben, aufhellend, halbgefüllt. Wenig Duft. Robust. Höhe 1,2 m.

'Mary Rose' (1983)
Aufrechtwachsender, verzweigter Strauch. Blüte in frischem, tiefem Rosa, gefüllt, gefältelt. Auch für Hecken zu empfehlen. Höhe 1,2 m.

'Sir Walter Raleigh' (1985)
Dichter, buschiger Wuchs. Sehr große Blüten, gefüllt, mit Staubgefäßen, in warmem, tiefem Rosa. Würziger Duft wie 'Constance Spry'. Dunkelgrünes Laub, gesund. Höhe 1,2 bis 1,5 m.

'The Countryman' (1987)
Entstand aus einer Kreuzung mit einer Portland-

Rose. Wächst aufrecht, dicht belaubt. Blüten mittelgroß, rosafarben, rötlich getönt, sitzen mehr im Laub als bei den zuvor genannten Sorten. Schwächerer Duft. Gesund, besonders für Hecken geeignet. Höhe 1,0 bis 1,3 m.

Neuzüchtungen mit purpurroten Blüten

'Othello' (1986)

Aufrechtwachsender Strauch. Blüten sehr groß, dicht gefüllt, gefältet, von Rot nach Purpurfarben »verblauend«. Putzt sich einwandfrei. Starker Duft. Gesund. Höhe 1,5 m.

'Wise Portia' (1982)

Eine einzigartige, unvergleichliche Sorte. Niedriger Wuchs. Mittelgroße, gefüllte Blüten, die auffallend regelmäßige Rosetten bilden, die dadurch besonders betont werden, daß die Blütenblätter eine Spitze aufweisen. Die bemerkenswerte Blütenfarbe kann etwa mit Lilapurpur angedeutet werden. Duft.

Neuzüchtungen mit gelben Blüten

Gelb ist bei den Alten Rosen kaum vertreten und mit rosa Farbtönen nicht gut zu kombinieren, eher dagegen mit violetten und purpurfarbenen.

'Graham Thomas' (1983)

Die höchst bemerkenswerte Sorte kann bis mannshoch werden. Das Gelb wirkt nicht »scharf«, sondern ist eher weich und verträglich, es ließe sich als Bernsteingelb kennzeichnen und hellt auf. Die ziemlich großen, gefüllten Blüten sind schalenförmig und auch offen herrlich. Weniger starker Duft. Sehr reichblühend, sehr gesund.

'Yellow Charles Austin' (1981)

Der zitronengelbe Sport von 'Charles Austin' besitzt alle guten Eigenschaften der Muttersorte.

Neuheiten von anderen Züchtern

Von Rolf Sievers (Kronshagen) gibt es einige aufregende Züchtungen. Neben einmalblühenden finden sich darunter auch einige öfterblühende Sorten. Die Züchtungen sollten an verschiedenen Orten getestet und im einzelnen beschrieben werden. Ich möchte nur auf einige wenige hinweisen, die jetzt zum Teil bei der Rosenschule Jensen erhältlich sind.

'Charming Mix'

'Red Blush' × 'Mainzer Fastnacht'
Purpurrosarot oder lilarosarot. Öfterblühend, stark duftend. Sehr winterhart.

'Dainty Moss'

'Morgengruß' × R. centifolia 'Muscosa rubra'
Rosafarbene Blüten, zum Rand hin etwas aufhellend, duftend.

'Morning Blush'

'Maiden's Blush' × 'Hamburger Phoenix'
Weißgrundig mit gelben Reflexen, gefüllt. Duftend, einmal reichblühend. Höhe 1,5 m.

'Northern Yellow'

(Abstammung von R. × francofurtana und R. kordesii)
Niedriger Strauch. Zartgelbe, zu drei Viertel gefüllte Blüten. Öfterblühend, leichter Duft. Ich halte diese Züchtung für sehr vielversprechend, sie läßt sich auch zusammen mit Stauden gut verwenden.

'Red Blush'

'Maiden's Blush' × 'Hamburger Phoenix'
Purpurrot, ziemlich gefüllt. Einmalblühend, stark duftend. Gesund, völlig winterhart.

'Royal Blush'

'Maiden's Blush' × 'Goldrausch'
Sehr stark gefüllt, großblütig. Stark duftend, einmalblühend.

'White Blush'

'Maiden's Blush' × 'Elegance'
Pastellcremegelb, außen cremig weiß, stark gefüllt. Duftend, einmal blühend. Höhe bis 2,5 m.

'Yellow Blush'

'Maiden's Blush' × 'Goldrausch'
Hellgelbe, stark gefüllte Zentifolien-Blüten. Sehr stark duftend. Sehr gesund und winterhart. Blüht vor allen anderen Sorten Anfang Juni. Starkwüchsig. Höhe 2 m.

'James Mason' (Beales 1982)

'Scharlachglut' × 'Tuscany'
Etwa hüfthoher Strauch. Große, rote, halbgefüllte, flache Blüten, nach purpur »verblauend«, helle Staubgefäße.

'News' (Le Grice 1968)
'Lilac Charm' × 'Tuscany Superb'
Großblütig, halbgefüllt, purpurfarben. Duftend, öfterblühend. Wüchsiger Strauch bis Tischhöhe.

Partner für Alte Rosen in zarten Farben

Sehr behutsam sollte man moderne, vielblütige Rosensorten auswählen. Solche mit »knalligen« Farben würden nur »Farbenkrach« erzeugen. Eine der schlechthin idealen Sorten für diesen Zweck verdanken wir wiederum Wilhelm Kordes: 'Lavender Lassie' zeigt rosalilafarbene, gefüllte, »altmodische« Blüten mit angenehmem Duft auf gesunden, robusten Sträuchern bis zum Herbst. Es scheint typisch, daß die Sorte in Großbritannien viel populärer ist als bei uns.

Auch Sorten wie die folgenden könnte ich mir als Partner zu Alten Rosen vorstellen:

'Cardinal Hume' (Harkness 1984) (Eltern: lilafarbene Rosensorten, *R. pimpinellifolia, R. californica*)
'Gruß an Aachen' (1908)
'Ilse Haberland' (Kordes 1956)
'Lyric' (de Ruiter 1951)
'Rosika' (syn. 'Radox Bouquet', Harkness 1980)
'The Fairy' (Bentall 1932, zumal sie später blüht als die meisten Alten Rosen)
'Yesterday' (Harkness 1974)

'International Herald Tribune' (Harkness 1984)
'Mainzer Fastnacht' × ('Lilac Charm' × 'Sterling Silver') × ('Orangeade' × 'Lilac Charme') × ('Orangeade' × 'Allgold') × *R. californica.*
Die Sorte hatte ich als Nummern-Bezeichnung vor Jahren von der Rosen-Union zur Erprobung erbeten. Ich schätze sie seither sehr als eine ungewöhnliche Rose mit guten Eigenschaften; auch auf der IGA 83 München war sie bemerkenswert.

Es handelt sich um eine relativ kleine Rose von rund 60 bis 70 cm Höhe und eher kleinen Blüten mit rund 20 Petalen in einer bei modernen Rosen kaum vertretenen Farbe, die man als mittleres Violettpurpur mit hellerem Auge bezeichnen könnte, das durch die goldenen Staubgefäße noch hervorgehoben wird.

Die Sorte putzt sich einwandfrei (im Gegensatz etwa zu 'Violet Hood'), duftet ein wenig und paßt einerseits zu Alten Rosen, läßt sich aber ebenso zusammen mit Stauden verwenden! Im Palmengarten Frankfurt wächst sie neben weißem, lilarosafarben geäugtem *Phlox maculata* 'Omega'. Die Sorte blüht reichlich und bleibt bemerkenswert gesund.

Die drei folgenden Rosen sind eigentlich »moderne« Sorten, doch passen sie als Partner zu den Alten Rosen und lassen sich auch in Staudenbeeten verwenden.

'Harry Edland' (Harkness 1977)
('Lilac Charm' × 'Sterling Silver') × ('Mainzer Fastnacht' × ('Sterling Silver' × 'Africa Star'))
Die Sorte ziehe ich anderen wie 'Shocking Blue' oder 'Deutsche Welle' vor. Sie wächst breiter und wirkt gefälliger als 'Mainzer Fastnacht'. Blüten in klarem Lila mit wunderbarem Duft. 'Harry Edland' zeichnet sich durch eine bemerkenswerte Gesundheit aus. Wächst etwa tischhoch.

'Margaret Merril' (Harkness 1977)
'Rudolf Timm' × 'Dedication' × 'Pascali'
Sie mag als eine der ganz wenigen »vollkommenen« Rosen gelten, als eines der »Ereignisse« seit 'Crimson Glory'. Rosigweiße Knospen in der Form von Edelrosen öffnen sich zu dreiviertel gefüllten, weißen Blüten, die auch voll geöffnet herrlich sind und berauschend duften. Wenn man die Nase zu den Blüten senkt, muß man aufpassen, nicht gestochen zu werden – so sehr lieben auch Bienen diese Sorte. Etwa tischhoch.

'Felicia' (Pemberton 1928)
'Trier' × 'Ophelia'
Sie paßt sehr gut zu Alten Rosen. Diese öfterblühende Strauchrose ist mir unter den »Moschata-Hybriden« die liebste. Die rosafarbenen Blüten mit einem Hauch von Aprikot sind ziemlich stark gefüllt und haben einen intensiven, angenehmen Duft. Ich habe vor rund zwei Jahrzehnten zwei wurzelechte 'Felicia'-Sträucher an die Burgruine in Badenweiler gepflanzt, wo sie seither ohne jede Pflege und Schutz gedeihen, eine Wuchshöhe von mehr als Tischhöhe erreichen und überreich blühen.

Hybriden der *Rosa rugosa* passen nur bedingt zu Alten Rosen, am ehesten vielleicht solche wie 'Mme Georges Bruant', 'Rose à Parfum de L'Haÿ', 'Sarah van Fleet'.

Auch einige große Strauchrosen anderer Abstammung mit mehr oder weniger gefüllten Blüten könnte man sich als Partner für Alte Rosen denken, wie 'Fritz Nobis', 'Frühlingsduft', 'Ewald Scholle' oder 'Anja' ('Duftwolke' × 'Maigold'). Die beiden zuletzt genannten stammen von dem Hobbyzüchter Ewald Scholle (Seppenrade).

Zur Verwendung wurzelechter Rosen

Seit Jahren setze ich mich für die Vermehrung und den Vertrieb von wurzelechten Rosen ein. Ich selbst habe seit Jahrzehnten immer wieder versucht, Rosen aus Stecklingen zu ziehen, was bei Rosen aller Klassen mit Ausnahme von Teehybriden gelang. (Bei ihnen mag die eine oder andere Sorte auf eigenen Wurzeln wohl nicht befriedigen.) Es ist daran zu erinnern, daß jahrzehntelang eine Rose nur dann in den Handel kommen konnte, wenn sie sich mit den üblichen Unterlagen vertragen hat. Ein Sämling hatte anderenfalls bei besten Eigenschaften keinerlei Chance, jemals ins Angebot zu gelangen. Mit den heutigen modernen Methoden wie Sprühnebel und eventuell dem Einsatz von Bewurzelungshormonen dürfte es kaum noch Schwierigkeiten bei der Stecklingsvermehrung geben.

Die Rosenschulen Meilland und Strobel haben zu Beginn der achtziger Jahre begonnen, Rosen im großen Umfang durch Stecklinge zu vermehren. Es ging dabei besonders um Rosen für das öffentliche Grün, die pflegeleicht sein müssen. In fünfjährigen Versuchsreihen konnten sie beweisen, daß die durch Stecklinge vermehrten Rosen keinerlei Nachteile gegenüber den veredelten der gleichen Sorten zeigen. Der extreme Winter 1984 bis 1985 zeigte ferner, daß Rosen auf eigenen Wurzeln keineswegs stärker unter Frost leiden als veredelte. Sorten, die als Bodendecker wachsen, werden dort künftig von vornherein als Stecklingspflanzen getestet.

Die Rosenschulen Georges Delbard haben damit begonnen, Rosen über In-vitro-Kultur zu vermehren. Diese neueste Vermehrungsmethode ermöglicht es, sehr schnell sehr große Stückzahlen zu produzieren.

Ich selbst konnte die Vermehrung nur so »nebenbei« und in geringsten Stückzahlen praktizieren. Ich pflege dünnere Stengel unmittelbar im Stadium des Verblühens im Sommer zu nehmen, wobei ich drei Blätter noch daranlasse. Im ersten Winter habe ich die Pflanzen in Töpfen im Gewächshaus kultiviert. (Man bedenke, daß eine verkaufte, veredelte Pflanze immerhin drei Jahre alt ist.) Nur bei wenigen Rosen hatte ich keinen Erfolg, wie bei 'Rose des Quatre Saisons' und *R.primula*. Spezialisierte Anzuchtbetriebe könnten diese möglicherweise auch zur Bewurzelung bringen.

Eines der häufigsten Gerüchte, die sich um wurzelechte Rosen ranken, betrifft die angeblich geringere Winterhärte. Dabei hat schon Wilhelm Kordes darauf hingewiesen, entgegen seinen Erwartungen habe sich eine Steigerung der Winterhärte durch die Unterlagen nicht erwiesen. Auch Fachleute empfehlen, veredelte Rosen so zu pflanzen, daß die Veredlungsstelle unter die Erdoberfläche kommt. Die Rosen haben dann unter Umständen die Möglichkeit, eigene Wurzeln zu bilden und sich damit von der »Unterlage« frei zu machen. Nun hat man, zumal für öffentliche Grünanlagen, nicht nur unbedingt zuverlässige Gärtner, die solches auch zu 100 Prozent erfüllen. Selbst auf der IGA 83 München waren schon zahlreiche Strauchrosen von den Trieben der Unterlagen stark bedrängt. In öffentlichen Grünanlagen kann man allenthalben sehen, wie auch starkwüchsige Rosen wie 'Frühlingsgold' und 'Frau Dagmar Hastrup' von den Unterlagen überwachsen und verdrängt werden. Wer bei einer älteren 'Frühlingsgold' oder 'Eddie's Crimson' von etwa 5 m Druchmesser versucht hat, wilde Triebe zu beseitigen, wird die Veredlung nicht mehr als die für den Verwender wünschenswerte Vermehrungsart ansehen.

In Hausgärten sieht man immer wieder *R.canina*, die einst nur die Unterlage von Kletterrosen war. Veredelte Wildrosen sterben gelegentlich ab, da sie sich auf die Dauer nicht mit der fremden Wurzel vertragen.

Ich selbst habe seit Jahrzehnten alle möglichen Rosen wurzelecht verwendet und nie Verluste zu beklagen gehabt oder auch nur eine geringere Winterhärte bei öfterblühenden, vielblütigen Rosen feststellen können. Gleiche Erfahrungen haben Hedi und Wernt Grimm in Kassel gemacht.*

Wenn vielblütige Rosen derzeit eine so bedeutsame Rolle in der Gartengestaltung spielen, so liegt das an der langen Blütezeit, die von Juni bis Oktober dauert, an der inzwischen erreichten Winterhärte und an der Fähigkeit, in vielen verschiedenen Klimazonen zu gedeihen. Dietrich Woessner hat in der Schweiz bewiesen, daß Rosen selbst in Gebirgslagen noch befriedigend gedeihen können.

---

* Anmerkung: Bruno Müller führt uns als Zeugen dafür an, daß die Stecklingsvermehrung möglichst das Okulieren auf fremder Unterlage ablösen sollte. Wir stimmen dieser Meinung nicht für alle Sorten zu. Genauere Untersuchungen über das unterschiedliche Verhalten der einzelnen Sorten erscheinen uns notwendig. Hedi und Wernt Grimm

Rosen für Hecken

Von alters her bilden Rosen den Rosenhag, einen »umhegten« Bereich. Mit ihren wehrhaften Stacheln bietet die Rose dann Schutz vor Eindringlingen. Rosen werden derzeit nicht in gleichem Maße wie

'Harry Edland' (Harkness 1977) ist ein in Farbe und Duft passender moderner Partner zu Alten Rosen.

früher als Heckenpflanzen geschätzt. Es kann nicht oft genug betont werden, daß man für Hecken keine veredelten Rosen, sondern ausschließlich wurzelechte verwenden sollte. Selbstverständlich lassen sich Rosen kaum für streng geschnittene Hecken verwenden, will man doch zumindestens Blüten und möglichst auch Hagebutten erleben. Für freistehende Rosenhecken sind in erster Linie dichtbuschige Arten und deren Abkömmlinge günstig. Allerdings treiben gerade solche Arten mehr oder weniger stark Ausläufer, so daß sich die Hecken schwer begrenzen lassen.

Auf eine Rose möchte ich hier hinweisen, die jahrzehntelang von den Rosenschulen W. Kordes unter dem Namen »Rosa canina × gallica« verbreitet wurde. Die angegebene Abstammung überrascht und erstaunt insofern, als diese blaßrosafarben blühende Rose ungewöhnlich stark bestachelt ist, wesentlich stärker als beide Eltern. Vögel sind in diesen Sträuchern selbst vor Katzen sicher. Die etwa mannshohe Rose sollte unbedingt wurzelecht angeboten werden, denn wer wollte aus einer Stachelhecke wilde Triebe entfernen.

Sicherlich eignen sich auch moderne, öfterblühende Rosen – vornehmlich Floribunda-Rosen – für Hecken. Allerdings sind viele als Sträucher nicht in gleichem Maße stabil wie die Sorten aus anderen Rosenklassen. In kalten Gegenden und extremen Wintern werden sie unter Umständen mehr oder weniger stark zurückfrieren. Aber einige Rosenzüchter in verschiedenen Ländern der gemäßigten Zone versuchen immer wieder, andere Kreuzungen zu erzielen, die uns auch für Hecken neue Möglichkeiten verheißen, wie beispielsweise unter den »English Roses« 'Dame Prudence', 'Wife of Bath' oder 'Morgenrot' von Kordes sowie Rosen von Rolf Sievers (Kronshagen), Günter Horstmann (Schneverdingen), ebenso einige Sorten aus Kanada, Iowa, Rhode Island. Will man an öfterblühenden, vielblütigen Rosen von Sommer bis Herbst Blüten erleben, sind ausreichende Düngung und rechtzeitiges Abschneiden verblühter Rispen wichtig. Bei Sorten von *Rosa rugosa* erscheinen dagegen noch Blüten neben Hagebutten.

Einige für Hecken geeignete Rosen
Rosa × alba 'Belle Amour'
    'Königin von Dänemark'
    'Maiden's Blush'
    'Mme Plantier'
R. beggeriana
R. canina × R. gallica
R. centifolia 'Muscosa'
    'Général Kléber' (Moosrose)
    'Salet' (Moosrose)
R. × damascena
    'Celsiana'

'Fritz Nobis' (Kordes 1940), die einmal, aber üppig blühende *R. rubiginosa*-Hybride mit feinem Duft, eignet sich als Solitärrose für Gärten und Parkanlagen.

Die *R. moyesii*-Hybride 'Nevada', mit einfachen weißen Blüten.

'Mme Hardy'
'Rose de Quatre Saisons'
R. × francofurtana (bildet Ausläufer)
R. gallica (wuchernd)
  'Complicata'
  'Conditorium'
  'Officinalis' (wuchernd)
  'Tuscany'
  'Tuscany Superb'
  'Variegata' (wuchernd)
R. × harisonii (wuchernd)
R. × kochiana
'Mariae-Graebnerae'
'Mme Georges Bruant' (*R. rugosa*-Hybride)
R. × micrugosa 'Walter Butt'
R. pimpinellifolia (wuchernd)
  var. *altaica*
  'Carnea Plena'
  'Red Nelly'
R. × prattigosa
R. × reversa
  'Rose d'Amour' (syn. *R. virginiana* 'Plena')
R. rubiginosa
  'Magnifica'
R. rugosa (wuchernd)
  'Alba' (wuchernd)
  'Carmen'
  'Fimbriata'
  'Frau Dagmar Hastrup'

'Jens Munk'
'Moje Hammarberg'
'Scabrosa'
'Schneezwerg'
'White Hedge'
sowie Sorten von Karl Baum, Elmshorn
40 bis 60 cm hoch:
'Rosa Zwerg', 'Rotes Meer',
'Schneekoppe'
80 bis 100 cm hoch:
'Montblanc', 'Monte Cassino', 'Monte Rosa'
R. × rugotida (wuchernd)
  'Dart's Defender' (wuchernd)
  'The Miller'
R. villosa (syn. *R. pomifera*)
R. virginiana (wuchernd)
  'Harvest Song'

Rosen als Solitär

»Vielgestaltiger Wunderstrauch, abgerückt von allen Pflanzen der Erde – nach jahrtausendealter Volkstümlichkeit noch im Anfang der Entfaltung voll alljährlicher Überraschungen jeder Art!«

(Karl Foerster)

Edle Sträucher zeigen die stärkste Wirkung und bieten das größte Erlebnis, wenn sie sich einzeln (oder zu zweit, zu dritt) aus flächigen Stauden-Pflanzungen oder aus Rasenflächen erheben oder abheben

'Pike's Peak' (Gunter 1940) fügt sich gut in eine Staudenpflanzung ein.

können und nicht, wenn sie zwischen anderen Sträuchern eingeklemmt sind. Unter den kaum übersehbaren vielen Wildrosen-Arten aus dem Reich der Mitte gibt es zahlreiche, die sich für diesen Zweck besonders gut eignen und dem Gartenbesitzer oder Besucher von Grünanlagen das ganze Jahr über einen reizvollen Anblick bieten mit Wuchs, Verzweigung, Stacheln, Blättern, Blüten und Hagebutten; einige erfreuen auch mit ihrer Herbstfärbung.

Wenn Rosen in dieser Hinsicht eine so geringe, fast keine Rolle spielen, mag das zum Teil damit zusammenhängen, daß man sie in der Regel nur als einjährige Veredlungen zu kaufen bekommt und sie sich nicht – wie etwa Rhododendron – in jedem Alter und jeder Größe beliebig verpflanzen lassen. Trotzdem sollten die Baumschulen nach Wegen suchen, wenigstens einige hervorragende Arten und Sorten als Solitäre heranzuziehen und anzubieten.

Unverständlicherweise wird immer noch *R.moyesii* angeboten. Die Auslese 'Geranium' ist dagegen in jeder Hinsicht besser als der im Handel verbreitete sparrige Klon. 'Geranium' bildet wesentlich bessere, gedrungenere Sträucher, zeigt eine hervorragende Blütenfarbe, und der prachtvolle Hagebutten-Schmuck währt in großer Fülle von September bis manchmal Februar. 'Geranium' mag als ein großartiges »Geschenk« für Gärten und Grünanlagen gelten. Dabei eignet sie sich besser als viele andere Arten, auch in Rasenflächen gepflanzt zu werden, da sie nicht so stark überhängt (im Gegensatz zum Beispiel zu der auch sehr wertvollen *R.sweginzowii* 'Macrocarpa').

Unter dem Namen *R.nanothamnus* lernte ich vor Jahrzehnten im Botanischen Garten München-Nymphenburg eine bezaubernde Wildrose kennen, die übrigens nach einem »Katastrophen-Winter« dort neben *R.sweginzowii* eine der wenigen Arten war, die nicht gelitten hatte. Diese Rose wurde erst in Badenweiler veredelt, konnte aber inzwischen aus Samen nachgezogen werden. Diese *R.nanothamnus* wirkt in jeder Beziehung noch zierlicher und feiner als die gleichfalls wertvolle, kaum genug geschätzte *R.multibracteata*, der sie sicherlich nahesteht. Jene blüht gleichfalls auffallend spät mit tief-purpurrosafarbenen Blüten und hellen Staubgefäßen. Sie hat entzückende flaschenförmige Hagebutten. Auch im Winter ist der lockere Strauch mit den feinen, geraden Stacheln eine Zierde.

Eine einmalige, unvergleichliche Art ist die chinesische *R.roxburghii* (syn. *R.microphylla*), die sich in ihrem Wuchsverhalten meines Erachtens von den anderen Arten unterscheidet. Sie scheint weniger in den

Zweigen zu »vergreisen«, sondern jahrzehntelang an den Zweigspitzen weiterzuwachsen wie viele andere Sträucher. Im Laufe der Jahrzehnte werden die Sträucher recht gewaltig, wie man zum Beispiel im Botanischen Garten Berlin-Dahlem sehen kann. Nach einigen Jahren fällt auch noch die abblätternde und in »Fetzen« ablösende Borke auf. Schade, daß die Hagebutten nicht auch noch farbiger sind – sie kommen über eine grüne Färbung kaum hinaus und erinnern dann irgendwie an stachelige Roßkastanien. Es überrascht, daß auch diese einzige Vertreterin einer Sektion (Platyrhodon) sich mit anderen Rosen-Arten kreuzen läßt. ('Käthe Duvigneau' soll aus einer Kreuzung 'Baby Château' × *R.roxburghii* entstanden sein.)

Nicht für Einzelstellung zu empfehlen ist *R.foetida* mit ihren Sorten, allein schon wegen der großen Anfälligkeit für Sternrußtau, der zur Folge hat, daß die Sträucher dann meist schon im August ohne Blätter dastehen. Auch Hagebutten-Schmuck ist von ihnen nicht zu erwarten.

Von den vielblütigen Öfterblühenden wird man sicher nicht so »magere« wie 'Hamburg' – die in der Züchtung eine wichtige Rolle gespielt hat – verwenden und auch nicht so steif wirkende wie 'The Queen Elizabeth Rose'. Im ganzen gesehen scheint die Verwendung edler Rosensträucher als »Solitär« noch ein kaum ausgeschöpftes Thema zu sein. Mögen Garten- und Landschaftsarchitekten wie Gartenbesitzer diese Kostbarkeiten mehr als bisher »ins rechte Licht« rükken.

Geeignete Solitär-Rosen

Arten und Kreuzungen von Wildrosen

Rosa californica 'Plena'
'Canary Bird'
R.cantabrigensis
R.davidii
R.elegantula f. *persetosa*
'Fenja'
R.forrestiana
'Golden Chersonese'
R.hemsleyana
R. × highdownensis
R.latibracteata
R.moyesii 'Geranium'
R.multibracteata
R.nanothamnus
R.omeiensis f. *pteracantha*
   'Atrosanguinea'
   'Heather Muir'

R. pendulina
R. pendulina 'Bourgogne'
R. prattii
R. primula
R. × *pruhoniciana* 'Hillieri'
R. × *pteragonis* 'Red Wing'
R. roxburghii
R. setipoda
R. sweginzowii 'Macrocarpa'
R. webbiana
R. willmottiae
R. xanthina f. *spontanea*

Große Strauchrosen

Rosa × *alba* 'Semiplena'
'Cerise Bouquet'
'Eddie's Crimson'
'Eddie's Jewel'
'Ewald Scholle'
'Fritz Nobis'
'Frühlingsanfang'
'Frühlingsduft'
'Frühlingsgold'
'Frühlingsmorgen'
'Glory of Edzell'
'Herbstfeuer'
'Marguerite Hilling'
'Nevada'
'Robusta'
'Scharlachglut'
'Waldfee'

Beispiele für vielblütige öfterblühende Sorten

'Centenaire de Lourdes'
'Florence Mary Morse'
'Märchenland'
'Schneeschirm'
'Westerland'.

Rosen in Verbindung mit anderen Pflanzen

»Ich denke, daß wir regelmäßige Rosenbeete in Massenanwendung einer Sorte und in zaghafter Rahmung gegen Rasen und Kies nicht mehr lange aushalten mögen. Es sind dies alles so verzweifelt einfache Lösungen.«

(Karl Foerster 1934 in seinem Buch »Garten als Zauberschlüssel« zum Thema »Ketzergedanken zur Rosenanwendung im Kleinen und Großen«.)

Rosen bedeuten unter den Gartenpflanzen der gemäßigten Zonen etwas Besonderes. Die Züchtung hat uns im 20. Jahrhundert neuartige Rosen geschenkt, wie sie sich die Menschen früherer Jahrhunderte kaum vorstellen konnten. Unzählige Züchter in Deutschland, Großbritannien, Dänemark, Frankreich, Holland, Belgien, USA, Kanada und anderen Ländern arbeiten an der Weiterentwicklung der Rosen. Züchter wie Peter Lambert, Wilhelm und Reimer Kordes, Mathias Tantau (Vater und Sohn), Poulsen, neuerdings auch Züchter aus Kanada und in den extrem winterkalten Gebieten der USA haben die Winterhärte auch öfterblühender, vielblütiger Rosen erfreulicherweise steigern können. »Die Rose ist ein Strauch«, sagte Wilhelm Kordes oft und war sehr enttäuscht, daß die – nicht zuletzt aufgrund seiner züchterischen Tätigkeit – wesentlich frosthärter gewordenen Rosen weiterhin schematisch »heruntergesäbelt« werden.

Seit 'Kordes Sondermeldung' gibt es signalrote Blütenfarben, die man sich bis dahin bei Rosen kaum vorstellen konnte. Mancher allzu knalliger Farben wurden viele von uns inzwischen überdrüssig, vor allem dann, wenn sie in Massen dargeboten werden. Inzwischen schätzt man auch wieder zartere Farben und wagt selbst wieder Vorstöße nach Lila und Violett. Auch den jahrzehntelang vernachlässigten Duft berücksichtigen die Züchter aufgrund der Nachfrage wieder stärker. Manchen von uns schien es geradezu ein Kulturverfall, wenn ein Strauß roter »Edelrosen« ('Baccara') keinerlei Duft verströmte. Es war, als hätte die Rose ihre Seele verloren.

Ebenso scheint manchen von uns die seit Jahrzehnten übliche Vermassung der Rosen in Beeten bedauerlich und nicht geeignet, den besonderen Charakter der Rosensorten auszuschöpfen. »Beetrosen« werden oft ohne Rücksicht auf ihre Wuchskraft auf 30 bis 40 cm Abstand gepflanzt, im Spätwinter und nach jeder Blühfolge wieder stark zurückgeschnitten und notgedrungen alle zehn bis 14 Tage gegen Pilzkrankheiten und Schädlinge gespritzt. Rosen sind dadurch zu einer Art Teppichbeet-Pflanzen geworden. Verständlich, wenn Prof. Karl-Heinz Meyer (Hannover-Herrenhausen) zu sagen pflegte, Polyantha-Hybriden seien keine Rosen, sondern nur noch Farbe.

Als ich in den ersten Nachkriegsjahren »Planten un Bloomen« in Hamburg kennenlernte, wurden dort in gleicher Weise Sorten wie 'Käthe Duvigneau', 'Schneeschirm', 'Märchenland', 'Gloria Dei' und viele andere verwendet. Dabei erreicht 'Märchenland' bei freier Entfaltung im dritten Standjahr eine Höhe und Breite von rund 2 m, und 'Schneeschirm' wächst bei etwa 1 m Höhe mindestens 2,5 m in die Breite. 'Gloria Dei' kann mannshohe Sträucher bilden, die dann in einem harmonischen Verhältnis zu den großen Blüten stehen. Eine der besten rot- und öfterblühenden Strauchrosen, der zur Vollkommenheit nur der Duft fehlt, 'Florence Mary Morse', wurde in Deutschland (im Gegensatz zu Großbritannien) deshalb nie populär, weil sie als »Beetrose« im Angebot war. 'Florence Mary Morse' blüht nicht nur an den Enden langer Triebe (wie etwa 'Silberlachs'), sondern die Blüten erscheinen über den mannshohen Strauch verteilt bis in den Winter hinein.

Karl-Heinz Meyer war im übrigen ein Vorkämpfer für die Idee, nicht eine Pflanzengattung sozusagen »steril« für sich allein zu verwenden, sondern sie mit anderen Pflanzen zu kombinieren und einzubinden.

Karl Foerster hat schon vor Jahrzehnten die Verbindung von Kletterrosen mit Rittersporn und Madonnenlilien gepriesen. Ebenso hat Foersters Schüler Gottfried Kühn (Köln) immer wieder vorbildliche Kombinationen von Rosen mit anderen Pflanzen realisiert.

Die vielleicht großartigste Demonstration von Rosen in Verbindung mit anderen Pflanzen, die je auf einer Gartenschau gezeigt wurde, gelang wohl Karl Plomin auf der IGA 1963 in »Planten un Bloomen« in Hamburg. Aber Plomins Rosenhügel und Rosenhöfe, wo Rosen in Nachbarschaft mit anderen Gehölzen, Stauden wie Rittersporn, Schleierkraut, Katzenminze und vielen bodendeckenden Pflanzen zu sehen waren, hätten eigentlich unter Denkmalschutz gestellt werden müssen! Das beispielhafte »Planten un Bloomen« wurde leider dem Kongreß-Zentrum geopfert und völlig verändert.

Oskar Scheerer in Zweibrücken hat in »seinem« Rosengarten gleichfalls in nachahmenswerter Weise Rosen mit anderen Pflanzen verbunden und in seinem liebenswerten, unentbehrlichen Rosenbuch für diese Idee geworben.

Ich selbst habe 1958 in Badenweiler (Süd-Schwarzwald) auf dem Schloßplatz meine Idee verwirklichen können, Pflanzungen zu schaffen, in denen die Rosen zahlenmäßig den Stauden unterliegen. Einzeln, zu dritt oder zu zehnt gepflanzt, kamen sie dafür um so stärker zur Wirkung. Die Rosen wurden im März um etwa ein Drittel zurückgeschnitten und ausgelichtet. Auf Spritzungen mit Pflanzenschutzmitteln konnte verzichtet werden, zumal weit-

gehend resistente Sorten ausgesucht wurden. Später kamen Rosen in ähnlicher Verwendung auf den Terrassen des neuen Kurhauses in Badenweiler – also auf Dachgärten – dazu. Technisch waren die Terrassen jedoch so mangelhaft ausgeführt, daß die Bepflanzung aus den undichten Pflanzbecken bald beseitigt werden mußte.

Seit 1977 habe ich im Palmengarten Frankfurt Rosen in Stauden-Pflanzungen, zunächst am Musikpavillon und vor dem Restaurant, später auch am neu entstandenen Bach und »Karl-Foerster-Weg« in ähnlicher Weise verwendet.

Selbstverständlich eignen sich die zuvor beschriebenen Wildrosen und deren Hybriden als »Solitär« in solchen Pflanzungen. Aber unentbehrlich sind daneben auch vielblütige Rosen, die als öfterblühende Strauchrosen, Floribunda-Rosen und Polyantha-Hybriden bezeichnet werden. Wenn man die Stammbäume der modernen Rosen zurückverfolgt, wird man erkennen, daß sich praktisch keine Unterschiede in bezug auf die Erbmasse bei diesen Rosengruppen mehr feststellen lassen. Sie haben Erbgut von folgenden Arten:

Rosa chinensis
  'Semperflorens'
  'Minima'
R. multiflora
  'Nana'
R. × odorata
  'Ochroleuca'
R. gallica
R. moschata
R. × damascena (R. gallica × R. phoenicia)
R. × damascena var. *semperflorens (R. gallica × R. moschata)*
R. × alba (R. damascena × R. canina)
R. foetida 'Persian Yellow'
R. wichuraiana
R. roxburghii
R. rubiginosa ('Magnifica')
R. multibracteata
R. pimpinellifolia var. *altaica*
R. rugosa
R. kordesii (R. rugosa × R. wichuraiana)
R. carolina

Bei der Wuchshöhe der Sorten gibt es stufenlose Übergänge von Knie- bis über Mannshöhe. Wenn wir Rosen in eine echte Partnerschaft zu anderen Pflanzen, besonders Stauden setzen wollen, sollten wir einfachblühende bis halbgefüllte Sorten auswählen. Teehybriden, auch Edelrosen genannt, sind für diesen Zweck meines Erachtens nicht geeignet. Ihre große Bedeutung liegt in ihrer Eignung als Schnittblumen. Für die hier vorgeschlagene Verwendung von Rosen in Verbindung mit anderen Pflanzen scheiden sie aus.

Rosen, die zu Stauden passen

Die ureigenste Farbe der Rose ist natürlich das Rosa, das von dieser Pflanze seinen Namen erhalten hat. Viel stärker begehrt war und ist jedoch in Mitteleuropa das Rot, und wie wir von Rosenschulen erfahren, sind rund zwei Drittel der verkauften Rosen rote Sorten. Es kommt hinzu, daß die gemäßigten Zonen – im Gegensatz zu tropischen – sehr wenige reinrote Wildblumen haben, zumal das reine Rot sozusagen von den Blüten besuchenden Vögeln herausgezüchtet wurde – und solche Vögel fehlen bei uns völlig. (In Nordamerika gibt es einige Pflanzenarten mit reinroten Blüten, die von Kolibris beflogen werden.) Erst mit den modernen Taglilien (*Hemerocallis*-Hybriden) stehen uns reinrot blühende, winterharte Stauden in großer Vielfalt zur Verfügung. Da bei Rosen nunmehr das Rot in vielen Farbnuancen auftritt, sollte man sorgfältig prüfen, ob »kaltes« Rot oder Rosa (also mit Anteilen von Blau) in Nachbarschaft zu »warmem« Rot bis Orangerot Disharmonien erzeugen kann. Auch braunrote *Helenium*-Arten lassen sich kaum mit roten Rosen kombinieren.

Bei den Rosen kommt bekanntlich kein reines Blau vor, und daher sind blaublühende Pflanzen wie Rittersporn *(Delphinium)* als Partner für Rosen besonders begehrt. Im Weinbauklima sind blaue *Ceanothus*-Hybriden (Säckelblumen) wie 'Gloire de Versailles' oder 'Topaz' ideale Partner, zumal sie eine ähnlich ausgedehnte Blütezeit wie die Rosen haben. Lavendel ist nicht nur für Alte Rosen eine ideale Begleitpflanze, sondern durchaus auch für moderne Pflanzungen nützlich. *Nepeta faassenii* (Katzenminze) benötigt gut durchlässige Böden, um mehrere Jahre lang zu befriedigen.

Weiß ist zum »Neutralisieren« von bunten Farben immer wieder unentbehrlich. Die *Erigeron*-Hybride 'Sommerneuschnee' (Feinstrahl), eine Karl-Foerster-Züchtung, bedeutet mit ihrer zwei- bis dreimaligen Blüte einen unentbehrlichen Partner für moderne Rosen. Violettblaue *Erigeron*-Hybriden passen gut zu rosa- oder lilafarbenen und gelben Rosen. Rosafarbene Rosen harmonieren gut mit weißen, karminroten, purpurfarbenen, violetten und blauen, aber sicherlich nicht mit derben gelben Blüten.

Gelbe Stauden stehen uns für die Zeit von Hochsommer bis Herbst in großer Fülle zur Verfügung.

Der Bedarf an gelben, vielblütigen Rosen ist sicherlich gegenüber anderen Rosenfarben geringer.

Unentbehrlich scheinen uns auch staudige Gräser in Pflanzungen mit Rosen, seit Karl Foerster uns die Augen für deren Schönheit in seinem Buch »Einzug der Gräser und Farne in die Gärten« (1988) geöffnet hat; er brachte darüber hinaus die meisten der heute häufig verwendeten Gräser-Arten und -Auslesen in die Stauden-Gärtnereien.

Ich begrüße es, wenn man sich bei Pflanzungen mehr für den grünen oder mehr für den silbergrauen Aspekt entscheidet. Ich habe in den folgenden Listen die Pflanzen, die mehr dem letzteren Aspekt zuzuordnen sind, mit einem »G« gekennzeichnet. Natürlich ist daran zu denken, daß öfterblühende, vielblütige Rosen im Gegensatz zu verschiedenen graublättrigen Pflanzen ausreichend Nährstoffe und auch Wasser erhalten müssen, wenn man eine volle Leistung bis zum späten Herbst von ihnen erwartet. Verblühte Rispen sind abzuschneiden, da der Kraftaufwand für Hagebutten auf Kosten der Blüten geht; allerdings besitzt zum Beispiel auch eine mit roten Beerenperlen übersäte 'Ballerina' ihren besonderen Reiz. Schließlich habe ich bei Pflanzen, die sich mehr für das Weinbau-Klima eignen, angegeben, daß in kühleren Lagen Winterschutz erforderlich wird. Die im folgenden genannten Sorten eignen sich zusätzlich zu den ab Seite 160 aufgeführten.

Sorten mit roten Blüten
Vielblütig, öfterblühend
'Altissimo'
'Boy's Brigade'
'Cappa Magna'
'Cocktail' (Meilland 61)
'De Ruiter's Herald'
'Dirigent'
'Eagle Wings' (hellrot)
'Esperanza'
'Eyepaint'
'Frank Naylor'
'Fuggerstadt Augsburg'
'Gruß an Bayern'
'Käthe Duvigneau'
'Lampion'
'La Sevillana'
'Lichterloh'
'Morgenrot'
'Olala'
'Paprika'
'Picasso'
'Prairie Fire' (hellrot)

'Red Blanket'
'Sonnenuntergang'
'Sundra'
'Tornado'

Kleinblütig
'Cramoisi Supérieur'
'Maria Lisa' (rosarot, einmalblühend)
'Red Yesterday' (syn. 'Marjorie Fair')

Zwergrosen
'Robin Redbreast'
'Scarlet Meillandina'

Rosa-Kordesii-Hybriden
'Dortmund'
'Parkdirektor Riggers'
'Rote Max Graf'
'Sylt'

Große Strauchrosen
'Carmen' (purpurkarmin)
'Eddie's Jewel' (karmin)
'James Mason' (karminpurpur)
'Robusta'
'Scharlachglut'
'Soldier Boy'

Sorten mit rosafarbenen Blüten
Vielblütig, öfterblühend
'Angela'
'Appeljack' (besonders winterhart)
'Bella Sacra'
'Betty Prior'
'Canterbury'
'Clair Matin'
'Cosmopolitan' (syn. 'Cosmopolit')
'Dainty Bess' (einfache Teehybride)
'Dainty Maid'
'Erfurt'
'Fair Play'
'Fleurette'
'Gay Vista'
'Heideröslein' (nicht 'Nozomi'!, Lambert 32)
'IGA 83 München'
'Kathleen Ferrier'
'Leersum 700'
'Maytime' (besonders winterhart)
'Morning Jewel'
'New Face'
'Oleander Rose'

Die gelben Blüten von *R. × harisonii* werden durch das violettblühende *Geranium × magnificum* hervorgehoben.

'Pink La Sevillana'
'Pink Meidiland'
'Poulsen's Pearl'
'Prairie Flower' (besonders winterhart)
'Roseromantic'
'Rosy Carpet'
'Rosy Cushion'
'Rudolf Timm'
'Rush'
'Saskia'
'Sparrieshoop'
'Summerwine'
'Vanity'

Kleinblütig, öfterblühend
'Ballerina'
'Menja'
'Mozart'
'Puccini'

Zwergrosen
'Giesebrecht' (für Steingärten)
'Minerette'
'Petit Four'

Rosa-Kordesii-Hybriden
'Burg Baden'

'Golden Chersonese' (Allen 1967) erfreut durch die überreiche und frühe Blüte.

Andere Strauchrosen
'Belle Amour' *(R. × alba)*
'Celeste' (syn. 'Celestial' *(R. × alba)*)
'Complicata' *(R.gallica)*
'Cymbeline'
'Ewald Scholle'
'Frühlingsmorgen'
'Glory of Edzell'
'Marguerite Hilling'
'Pike's Peak' *(R.acicularis)*
'Prairie Dawn'
'Shropshire Lass'
'The Prioress'

Sorten mit lila- oder lilarosa-farbenen Blüten
Vielblütig, öfterblühend
'Escapade' (lilarosa)
'Lilac Charm' (lila)
'International Herald Tribune' (violett)

Kleinblütig, öfterblühend
'Lavender Dream' (lilarosa)
'Running Maid' (lilarosa)
'Yesterday' (lilarosa)

Zwergrosen
'Bluenette' (violett)

Sorten mit weißen Blüten
Vielblütig, öfterblühend
'Georgette'
'Heidesommer'
'Ivory Fashion'
'Kathleen'
'Maria Mathilda'
'Moonlight'
'Notre Dame'
'Sally Holmes'
'Schneeschirm'
'Smarty'
'Trier'
'White Wings' (einfachblühende Teehybride)

Große Strauchrosen
'Semiplena' *(R. × alba)*
'Frühlingsanfang'
'Nevada'
R. × richardii
'Schneezwerg'

Sorten mit gelben Blüten
Vielblütig, öfterblühend
'Bright Smile'
'Golden Showers'
'Sunny June'

Große Strauchrosen
'Aicha'
'Frühlingsgold'
'Golden Wings'

'Burg Baden'. Diese *R.*-Kordesii-Hybride wurde von Bruno Müller sehr geschätzt, von ihm benannt und vermehrt. Sie kam nicht in den Handel (siehe Seite 172).

Sorten mit orangeroten Blüten

Vielblütig, öfterblühend

'Bischofsstadt Paderborn'
'Maria'
'Playboy'
'Sangria'
'Sarabande'
'Stargazer' (Zwergrose)
'Westerland'
R. chinensis 'Mutabilis'

Begleitpflanzen für Alte Rosen

Gehölze

Buxus sempervirens var. *sempervirens*	Buchsbaum
Buxus sempervirens 'Suffruticosa'	Einfassungs-Buchsbaum
Ilex-Arten	Stechpalmen
Prunus amygdalopersica 'Pollardii'	Mandel-Pfirsich-Bastard
Rosmarinus officinalis 'Backnang'	Auslese mit der besten Winterhärte
Taxus baccata	Eibe

Stauden und Zwiebelblumen

Aconitum-Arten	Eisenhut
Allium schoenoprasum	Schnittlauch
Anaphalis triplinervis-Sorten	Silber-Immortelle
Aquilegia vulgaris	Akelei
Aster amellus-Sorten	Berg-Aster
Aster pringlei 'Monte Cassino'	Myrten-Aster
Chrysanthemum-Koreanum-Hybriden	Herbst-Chrysanthemen
Cyclamen-Arten	Alpenveilchen
Dianthus plumarius-Sorten	Federnelken
Dicentra spectabilis	Tränendes Herz
Filipendula hexapetala 'Flore Pleno'	Mädesüß
Fragaria vesca-Sorten	Monats-Erdbeeren
Fritillaria imperialis	Kaiserkrone
Galanthus nivalis	Schneeglöckchen
Geranium-Arten	Storchschnabel
Gypsophila-Arten	Schleierkraut
Hyssopus officinalis ssp. *aristatus*	Ysop
Iberis-Arten	Schleifenblume
Iris-Barbata-Sorten	Schwertlilien
Lavandula-Arten	Lavendel
Lavatera thuringiaca	Thüringer Malve
Leucojum-Arten	Märzenbecher
Lilium candidum	Madonnen-Lilie

Muscari-Arten	Traubenhyazinthen
Narcissus-Arten	Narzissen
Nepeta faassenii	Katzenminze
Paeonia-Arten	Pfingstrose
Pimpinella saxifraga 'Rosea'	Bibernelle
Ruta graveolens 'Jackman's Blue'	Weinraute
Salvia azurea 'Grandiflora'	Herbstsalbei
Salvia lavandulifolia	Lavendelblättriger Salbei
Salvia officinalis 'Berggarten'	Apotheker-Salbei
Salvia officinalis 'Purpurascens'	Purpurblättriger Salbei
Santolina neapolitana und andere *Santolina*-Arten	Heiligenkraut
Saxifraga umbrosa und Sorten	Porzellanblümchen
Scilla-Arten	Blausternchen
Sedum spurium 'Album Superbum'	Fetthenne, bildet einen fast nicht blühenden Teppich
Stachys byzantina (syn. *S. olympica*) 'Silver Carpet'	Eselsohr, Woll-Ziest nicht blühende Auslese
Teucrium chamaedrys 'Nanum'	Gamander
Thymus × citriodorus 'Silver King'	Thymian
Thymus vulgaris 'Compactus'	Thymian
Tulipa-Arten	Tulpen
Vinca minor 'Bowle'	blaues Immergrün
Vinca minor 'Gertrude Jekyll'	weißes, kleinblättriges Immergrün
Viola odorata 'Königin Charlotte'	Duftveilchen
Waldsteinia geoides	Golderdbeere

Partner in Pflanzungen mit öfterblühenden, vielblütigen Rosen

Gehölze

Abelia-Arten (Winterschutz)
Acer griseum
− *sempervirens* (Winterschutz)
Amelanchier asiatica
− *laevis*
− *sanguinea*
Arctostaphylos uva-ursi
Artemisia abrotanum (G*)
Austrocedrus chilensis, winterharte Typen (Winterschutz, G)

---

* G = Für Pflanzungen mit überwiegend graulaubigen, silbrigen Arten aus trockenen Bereichen.

Berberis-Arten, immergrüne
Buddleia alternifolia 'Argentea' (G)
Buxus-Arten
Callicarpa-Arten
Caryopteris-Arten (wichtig, G)
Ceanothus-Hybriden (wichtig, Winterschutz)
– 'Azureus Grandiflorus'
– 'Gloire de Versailles'
– 'Topae'
Cedrus deodara 'Paktia' (G)
– *libani* (wichtig, G)
Cercis-Arten (G)
Choenomeles-Arten
Chamaecyparis obtusa 'Nana Gracilis'
Chionanthus virginicus
Clematis-Arten und -Hybriden (zu Kletterrosen)
Cornus officinalis
Cotinus 'Flame' (G)
Cotoneaster-Arten und -Sorten (G)
Crataegus canbyi
– × *grignonensis*
– *laciniata* (syn. *C.orientalis*, G)
– × *lavallei* (syn. *C.* × *carrierei*)
– *laevigata* (syn. *C.oxyacantha* 'Punicea')
– *monogyna* 'Pendula Rosea'
– *phaenopyrum*
– *pinnatifida* 'Major'
– *succulenta* (syn. *C.macracantha*)
Cupressus bakeri 'Matthewsii' (G)
– *arizonica* (syn. *C.glabra*) (Winterschutz, G)
Cydonia sinensis (Winterschutz)
Cytisus-Arten (G)
Daphne × *burkwoodii* 'Somerset' (G)
– × *napolitana* (Winterschutz, G)
Deutzia chunii
– *compacta* 'Lavender Time'
– *monbeigei*
Euonymus japonica 'Robustus' (Winterschutz)
Genista-Arten (G)
Hibiscus syriacus 'Blue Bird' (syn. 'Oiseau Bleu', G)
Hypericum 'Hidcote'
Ilex-Arten
Juniperus-Arten (G)
Kerria japnica 'Golden Guinea'
Koelreuteria-Arten (G)
Kolkwitzia-Arten
Lespedeza thunbergii (Winterschutz, G)
Ligustrum quihoui (Winterschutz)
Lonicera korolkowii 'Aurora' (G)
– *olgae* (G)
Mahonia-Arten
Malus coronaria 'Charlottae'

– *halliana*
– 'Golden Hornet'
– 'Crittenden'
– *toringo*
–– var. *sargentii*
– *toringoides*
– *trilobata* (G)
– *tschonoskii* (G)
– 'Van Eseltine'
Neviusia alabamensis
Osmanthus-Arten (Winterschutz)
Paeonia-Suffruticosa-Hybriden
Parrotia-Arten (großer Platzbedarf!)
Parrotiopsis jacquemontiana
Paxistima (syn. *Pachistima*) *canbyi*
Perowskia-Arten (wichtig, G)
Philadelphus microphyllus
Photinia beauverdiana 'Notabilis'
– *fraseri* 'Red Robin', 'Robusta' (Winterschutz)
– *serrulata* (Winterschutz)
– *villosa*
Pinus aristata (G)
– *densiflora* 'Umbraculifera' (G)
– *bungeana* (G)
– *koraiensis* (G)
– *nigra* 'Helga' (G)
– *sylvestris* 'Argentea Compacta' (G)
Potentilla fruticosa-Sorten
–– 'Primrose Beauty' (G)
Prunus cistena (G)
– *davidiana*
– *dulcis* 'Cargazon' (G)
– × *amygdalopersica* 'Pollardii' (G)
– *fenzliana* (G)
– 'Hally Jolivette'
– *kurilensis* 'Ruby'
– *laurocerasus*, verschiedene Sorten
– *lusitanica* 'Myrtifolia' (syn. 'Angustifolia', 'Pyrami-
  dalis'; Winterschutz)
– *mume*, verschiedene Sorten (Winterschutz)
– 'Okamé'
– *pumila depressa*
– *serrulata* 'Amanogawa'
– *subhirtella* 'Fukubana'
Pyracantha-Arten
Quercus libani (G)
– *myrsinifolia* (Winterschutz)
– *phillyraeoides* (Winterschutz)
– *trojana* (G)
– × *turneri* 'Pseudoturneri'
Rhus chinensis (Winterschutz)
– *copallina*

Rosmarinus officinalis 'Backnang' (härteste Sorte, dennoch Winterschutz unbedingt erforderlich, G)

Sorbus cashmeriana
- *esserteauiana* 'Flava'
- *folgneri* (G)
- 'Joseph Rock'
- *koehneana*
- *kurzii*
- *prattii* 'Subarachnoidea'
- *scalaris*
- *serotina*
- *thibetica* (G)
- *vilmorinii*

Stranvaesia-Arten (Winterschutz)

Syringa afghanica
-- 'José'
- *laciniata*
- *meyeri* 'Palibin'
- *microphylla* 'Superba'
- *patula* (syn. *S.velutina*)

Taxus-Arten

Thuja koraiensis

Tsuga chinensis (Winterschutz)
- *mertensiana*

Umbellularia californica (Winterschutz unbedingt erforderlich)

Viburnum bitchiuense
- × *burkwoodii*
- *carlesii* 'Aurora'
- *henryi* (Winterschutz)
- *plicatum*, verschieden Sorten
- *pragense*
- *prunifolium*
- *setigerum*
- *tinus* (Winterschutz, G)
- *utile*
- *wrightii* 'Hessei'

Vitex-Arten (Winterschutz, G)

Stauden und Blumenzwiebeln

Acaena-Arten (G)

Achillea-Hybride 'Clypeolata' (G)
- 'Coronation Gold' (G)
- 'Schwellenburg' (G)

Agapanthus-Hybriden, z.B. Headbourne Hybrids (winterharte Typen)

Alchemilla epipsila
- *mollis*

Allium christophii (syn. *A.albo-pilosum*; G)

Anaphalis triplinervis, verschiedene Sorten (G)

Arabis procurrens
- × *suendermanii*

'Regensberg' (McGredy 1979). Die Rose trägt karminrosafarbene Blüten mit weißen Randstreifen.

Artemisia schmidtiana 'Nana' (G)
-- 'Powis Castle' (Winterschutz, G)

Aster amellus-Sorten (G)
- *divaricatus* (wichtig)
- *frikartii* 'Wunder von Stäfa' (wichtig)
- *laevis*
- *pringlei* 'Monte Cassino'
- *pyrenaeus* 'Lutetia'

Athamanta turbith ssp. *haynaldii* (G)
- *cretensis* (G)

Azorella-Arten

Campanula carpatica (G)
-- var. *turbinata*, verschiedene Sorten
- *lactiflora*, verschiedene Sorten
- *portenschlagiana* 'Birch Hybrid' (wichtig)

Ceratostigma plumbaginoides (G)

Chiastophyllum oppositifolium

Chionodoxa-Arten

Chrysanthemum-Maximum-Hybriden
- Koreanum-Hybriden, besonders 'L'Innocence' (Winterschutz)

Cotula-Arten

Crocus-Arten

Delphinium-Arten (wichtig)

Dryas × *suendermannii* (G)

Echinops ritro 'Veitch's Blue' (G)

Epilobium glabellum (unbedingt Winterschutz)

Erigeron-Hybride 'Sommerneuschnee' (wichtig)
- verschiedene blaublühende Sorten (wichtig)

Eryngium planum 'Blauer Zwerg'

Galanthus-Arten
Galtonia candicans (Winterschutz)
Gaura lindheimeri (Winterschutz, G)
Gentiana septemfida var. *lagodechiana*
Geranium-Arten
Gypsophila-Arten (wichtig, G)
Helianthemum-Arten (G)
Helianthus microcephalus
Heliopsis-Arten
Hemerocallis-Arten und -Hybriden
Heuchera-Arten
Heucherella-Sorten
Hyssopus officinalis ssp. *aristatus* (G)
Iberis-Arten (G)
Iris halophila var. *sogdiana* (G)
– *foetidissima* 'Citrina' (Winterschutz)
– *spuria*, viele Sorten (G)
Lavandula-Arten (wichtig, G)
Liatris-Arten (G)
Lilium candidum (wichtig, G)
Limonium gmelinii (G)
– *latifolium* (G)
Linum narbonense (G)
Muscari-Arten (G)
Narcissus-Arten
Nepeta × *faassenii* (G)
Paeonia, frühe Arten
– frühe Hybriden wie 'Burma Ruby', 'Rubinschale'
Platycodon grandiflorus
Ruta graveolens 'Jackman's Blue' (Winterschutz, G)
Salvia azurea var. *grandiflora* (G)
– *lavandulifolia* (G)
– *nemorosa*, verschiedene Sorten (wichtig, G)
Santolina-Arten
Satureja alternipilosa (syn. *S.repandens* (G)
Saxifraga canaliculata
– *trifurcata*
– *umbrosa* 'Elliott'
Scabiosa caucasica, verschiedene Sorten
Scilla-Arten
Scutellaria incana (G)
Sedum album, verschiedene Sorten (G)
– *floriferum* 'Weihenstephaner Gold' (G)
– *hybridum* 'Immergrünchen'
– *kamtschaticum* (G)
– *spurium* 'Album Superbum'
– *telephium* 'Herbstfreude' (G)
Silene maritima 'Weißkehlchen' (G)
Solidago caesia
–Hybride 'Leraft'
Stachys byzantina (syn. *S.lanata*, *S.olympica*) 'Silver Carpet' (wichtig, G)

Stokesia laevis
Teucrium chamaedrys 'Nanum' (G)
Thymus praecox (G)
– × *citriodorus* 'Golden Dwarf' (Winterschutz, G)
–– 'Silver King' (Winterschutz, G)
–– 'Variegatus'
– *vulgaris* 'Compactus' (Winterschutz, G)
Tulipa-Arten
Verbena bonariensis (unbedingt Winterschutz, G)
Vinca minor
Viola-Cornuta-Hybriden (kurzlebig)
Waldsteinia-Arten

Gräser

Aechnatherum arundinacea var. *brachytricha* (wichtig)
Andropogon gerardii (G)
– *scoparius* (G)
Helictotrichon sempervirens 'Pendula' (G)
Cortaderia selloana 'Pumila' und andere Sorten (unbedingt Winterschutz)
Festuca-Arten
Miscanthus sinensis 'Yakushima Dwarf' und andere Sorten
Molinia arundinacea (syn. *M.altissima*), verschiedene Sorten
Panicum virgatum-Sorten
Pennisetum alopecuroides (syn. *compressum*) 'Hameln'
– *orientale* (G)
Stipa gigantea und andere Arten (G)
Themeda triandra var. *japonica*
Sorghastrum avenaceum (syn. *Chrysopogon nutans*; G)

Rosen in Pflanzungen mit Bart-Iris

Jahrhundertelang waren Bart-Iris *(Iris germanica)* und ähnliche Arten bzw. Hybriden in den Gärten Mitteleuropas sehr beliebt. An Weinbergen und Ruinen finden wir noch gelegentlich verwilderte Schwertlilien.

Nach dem Zweiten Weltkrieg haben sie durch viele amerikanische Züchter und neuartige Kreuzungen einen sensationellen Aufschwung erlebt und sind mit den Worten Karl Foersters zur »feierlichsten Frühlingsblume« geworden. Ihre Blütezeit ist wie die der Pfingstrosen relativ kurz, aber da die Prachtentfaltung genau in die Zeit zwischen die Tulpen-Blüte und die der meisten Rosen fällt, sind Iris für Gärten unentbehrlich. Leider sind sie – wenn wir von so beispielhaften Pflanzungen auf der Bundesgartenschau Köln 1971 und der Internationalen Gartenschau München 1983 absehen – auf Gartenschauen meist nicht entsprechend repräsentiert, da man sie schon zwei Jahre vor Eröffnung einer solchen Schau pflanzen muß. Eher noch weniger sind auf Gartenschauen die idealen Partner der Bart-Iris, nämlich die großen, Ende Mai bis Anfang Juni blühenden »Frühlingsrosen« zu erleben, da diese eigentlich erst im dritten Standjahr zeigen können, wozu sie imstande sind. Wilhelm Kordes war beglückt, erleben zu können, daß seine »Frühlingsrosen« unter ganz anderen Klima- und Bodenverhältnissen Eindrücke hervorrufen können, wie sie in anderer Art im mild-feuchten Westen Großbritanniens und in Irland die Rhododendren zu erzielen vermögen. Unbedingt in den Handel kommen sollte ein »Kind« Ewald Scholles mit gleichem Namen. 'Ewald Scholle' entstand aus 'Herbstfeuer' × 'Frühlingsgold'. Der mannshohe Strauch blüht Ende Mai bis Anfang Juni voll mit fast einfachen Blüten in einem frischen, kühlen, tiefen Rosa. Der Strauch blüht bis zum Herbst nach. Dabei duftet die Sorte hervorragend. Sie läßt sich weder mit 'Marguerite Hilling' noch mit anderen Sorten vergleichen. Sicher ist sie auch gut für kleinere Gärten geeignet, während zum Beispiel 'Frühlingsgold' gewaltige Dimensionen erreichen kann. Bei den nachstehend angeführten »Frühlingsrosen« sollte man vor der Verwendung die Wuchshöhen beachten.

Von den öfterblühenden, vielblütigen Rosen kommen naturgemäß kaum Sorten so früh zur Blüte. Im Palmengarten in Frankfurt waren aber meist schon mannshohe Exemplare von 'Cocktail' zur Iris-Zeit mit Blüten überschüttet. Diese dauerblühende Strauchrose sollte zumindestens im Weinbauklima nicht vergessen werden. Es handelt sich hier um die Strauchrose 'Cocktail' (Meilland 1957) mit den Eltern ('Independence' × 'Orange Triumpf') × 'Phylis Bide'. Inzwischen hat bedauerlicherweise eine ganz andere Züchtung gleichfalls den Namen 'Cocktail' erhalten.

Als ich vor einigen Jahren als Iris-»Richter« Anfang Mai im sehenswerten Iris-Garten am Piazzale Michelangelo in Florenz war, sah ich dort mit Vergnügen auch 'Cocktail' in voller Blüte. In der Toscana kann man im übrigen lange Streifen der lilafarbenen *Iris pallida* var. *dalmatica* sehen – die, wie auch *Iris germanica* var. *florentina*, zur Parfüm-Herstellung (»Veilchenwurzel«) felderweise angebaut wird – und nicht selten stehen daneben niedrige Hecken aus *Rosa chinensis* 'Old Blush' in voller Blüte.

Bei uns beginnt auch 'Picasso', die von 'Frühlingsmorgen' herstammt, früher zu blühen als die meisten übrigen Vielblütigen. In der folgenden Liste sind die nicht so großen Rosen, die sich auch für Gärten besser eignen, gekennzeichnet.

»Frühlingsrosen« als Partner zu Bart-Iris
'Canary Bird'
R.cantabrigensis
'Claus Groth' (für Gärten)
'Eddie's Crimson'
'Eddie's Jewel'
'Ewald Scholle' (für Gärten)
'Frühlingsanfang'
'Frühlingsduft'
'Frühlingsgold'
'Frühlingsmorgen' (für Gärten)
'Frühlingsschnee'
'Frühlingszauber'
'Glory of Edzell' (für Gärten)
'Golden Chersonese' (für Gärten)
'Marguerite Hilling'
'Morgenrot' (zu späten Bart-Iris, für Gärten)
'Nevada'
R.primula (für Gärten)
'Robusta' (für Gärten)
'Sarah van Fleet' (für Gärten)
R.xanthina f. *spontanea*

Rosen für extrem trockene, heiße Standorte

An Südseiten von Häusern ist die Erwärmung naturgemäß am stärksten, überraschend gesteigert noch, wenn beispielsweise von Platten Wärme zurückgestrahlt wird. Kommt dann noch ein Balkon hinzu, der den Regen abhält, so entstehen Bedingungen, unter denen die meisten Rosen kaum überleben können. Pflanzenliebhaber werden unter Umständen ein »Fest« aus solchen Bedingungen zaubern und Pflanzengemeinschaften schaffen, die unter allgemein günstigeren, für sie jedoch nachteiligen Bedingungen nicht gedeihen können.

Ein solcher extremer Standort läßt an eine ausgefallene Rose denken, die an »normalen« Standorten nicht gedeihen kann – *R.persica*. Diese erstaunliche Art hat im Gegensatz zu allen anderen Rosenarten der Welt ungefiederte, bläuliche Blättchen. Möglicherweise bedeutet dies eine sekundäre Anpassung an extrem trockenheiße Standorte. Russische Botaniker haben sie als eigene Gattung *Hulthemia* von *Rosa* abgetrennt. Wilhelm Kordes hegte dieses »Kamelfutter aus Afghanistan« in einem Gewächshaus und ließ keine anderen »Zweibeiner« zum Gießen an sie heran. Dabei erweist sie sich unter entsprechend trockenen Bedingungen offenbar als völlig winterhart, denn im Botanischen Garten München-Nymphenburg lebt sie seit vielen Jahrzehnten an einer nach Süden geneigten Trockenmauer. Sie entwickelt dort weit streichende Ausläufer, die jedoch kaum eigene Wurzeln bilden. Hagebutten mit keimfähigen Samen reifen nicht heran. Sofern das nicht dem Mangel an Sommerwärme zuzuschreiben ist, wäre mangelnde Fremdbefruchtung eine plausible Erklärung dafür. Hans Simon (Marktheidenfeld) gelang es, Sämlinge von Samen aus botanischen Gärten im asiatischen Teil der Sowjetunion zu erzielen. Die Art wird etwa einen halben Meter hoch. Die reingelben Blüten mit braunroten Grundflecken haben Kenner immer wieder begeistert. Eine solche Farbkombination gibt es bei keiner anderen Rose. Aus Kreuzungen mit anderen Rosen entstand R. × hardii (R.persica × R.clinophylla (aus Indien), syn. *Hulthemosa hardii*). Sie gilt als nicht ausreichend winterhart.

Auch in Wageningen und bei Gustav Strobel wurden ähnliche Versuche angestellt. Nunmehr bietet Harkness eine Kreuzung aus R.persica × 'Trier' unter dem Namen 'Tigris' an, die die bezaubernde Farbkomposition der *R.persica* offenbar übernehmen konnte. Harkness schreibt in bezug auf die Blütenfarbe von frischem Gelb mit scharlachroten Markierungen. Die halbgefüllten Blüten wirken rosettenartig. 'Tigris' soll auch etwa 50 cm hoch werden. Die Blütezeit ist Juni bis Juli, an heißen Standorten vielleicht sogar früher. Wurzelecht dürfte auch diese Züchtung mehr Trockenheit vertragen als »normale« Rosen.

Eine nicht so extreme und doch von allen anderen abweichende Art haben wir in der amerikanischen *R.stellata* 'Mirifica' vor uns. Selbstverständlich kann man von einer solchen Art nicht erwarten, daß sie sich beispielsweise in humosen, sauren Sandböden, bei hohem Grundwasserstand und im kühlfeuchten Klima Nordwest-Deutschlands wohlfühlen und die Winter gut überstehen würde. An heißen, trockenen Standorten ist diese Art jedoch bei uns vollkommen winterhart. Zur Sektion Hesperhodos gehörig, erinnert sie in der Belaubung entfernt an Stachelbeeren. Wurzelecht treibt diese etwa kniehohe Art mäßig Ausläufer. Die borstigen Hagebutten wirken nicht attraktiv, dafür bezaubern aber die reinlilarosafarbenen Blüten mit auffallend hellgelben Staubgefäßen. Ich hatte die Rose seinerzeit in Badenweiler an die Südseite der Burg in durchlässigen Kalkboden unter anderem zusammen mit *Cistus cyprius*, Cistus 'Silver Pink', *Euphorbia characias* ssp. *wulfenii* und anderen Arten gepflanzt.

Auch die afghanische, kaum brusthohe *R.ecae* eignet sich, wurzelecht gezogen, gut für extrem trockene Standorte. Hans Simon in Marktheidenfeld vermehrt sie durch Stecklinge. Für manche Rosenkenner ist sie eine der bezauberndsten Arten. Sie überrascht durch das reine Gelb der eher kleinen Blüten im Mai. Die jungen Blätter besitzen einen Weihrauchduft, allerdings weniger ausgeprägt als bei *R.primula*. Leider haben wir keine Hagebutten an *R.ecae* entdecken können, was vermutlich dem Mangel an Fremdbefruchtung zuzuschreiben ist. So bleibt zu hoffen, von Botanischen Gärten der asiatischen Sowjetunion Samen zu erhalten, um dann *R.ecae* auch mit roten Hagebuttenkugeln erleben zu können.

R.serafinii wurde nach dem Krieg in einem fast weißen Typ als Veredlung angeboten. Es gelang mir dann, vom botanischen Garten Edinburgh Samen zu erhalten. Diese Sämlinge von etwa 30 cm Höhe gehören zu den kleinsten Wildrosen, die ich kenne, sie entzücken mit rosaroten Blüten und orangeroten Hagebutten. Sie wuchern überhaupt nicht und haben bisher nie auch nur eine Spitze durch Frost verloren. Ihrer Heimat entsprechend, sollten auch sie trockene Standorte gut bewältigen.

Zu meinen Favoriten gehört *R.pulverulenta*, die ich Erhard Smekal in Kiel verdanke. Diese etwa tischhohe Rose hat überraschend große, »dicke« orangerote Hagebutten, die durch die zahlreichen Borsten besonders auffallen. Auch diese Rose sollte nur als Sämling angeboten und auch an sonnig-trockenen Stellen verwendet werden.

Rosen in Steingärten

Für Steingärten kommen kleine Wildarten wie *R.serafinii* (Sämlinge) und *R.stellata* 'Mirifica' in Frage.

Die meisten Zwergrosen haben stark gefüllte Blüten, die wohl Edelrosen in verkleinerter Form kopieren sollen. Solche Rosen passen nicht zu Steingarten-Stauden. Ich kenne jedoch einige wenige Ausnahmen – es mag noch mehr geben –, die mir für Steingärten empfehlenswert erscheinen.

'Giesebrecht' (syn. 'Bashful'), als Zwerg-Polyantharose bezeichnet, wird üblicherweise auf *R.multiflora* veredelt. Die sehr kleinen Blüten sind rosarot, ganz einfach, etwa wie die der beliebten 'Mozart'. Als Stecklingspflanze gehört 'Giesebrecht' zu den allerkleinsten Rosen. Die Pflanzen sind in Badenweiler über 20 cm Höhe kaum hinausgekommen.

'Veilchenblau' gehört zu den stachellosen Kletterrosen, friert selten zurück, und der violette Juniflor duftet gut.

Von den mehr zu *R. chinensis* gehörenden Zwergrosen scheint mir 'Sparkie' ((*R. wichuraiana* × 'Floradora') × 'Little Buckaroo') bei weitem nicht genügend gewürdigt zu sein. Die etwa 30 cm hohe Sorte läßt sich sehr leicht durch Stecklinge vermehren und wächst offenbar mit eigenen Wurzeln besser als auf fremden. Diese entzückende Rose öffnet ihre einfachen rosaroten Blütchen schon im späten Frühling und beendet ihre Blüte im späten Herbst. Im Steingarten des Palmengartens in Frankfurt lebt sie seit zehn Jahren ohne Pflege und Schutz und blüht unermüdlich, wobei mit mehr Pflege noch eine Steigerung der Wirkung möglich wäre. Hans Simon in Marktheidenfeld vermehrt diese Rose seit Jahren durch Stecklinge. Es wäre wünschenswert, daß sie wieder im Handel angeboten wird.

Bei der Internationalen Rosenprüfung in Baden-Baden sind mir einige Zwergrosen von Ilsink (Interplant) und Meilland aufgefallen, die meiner Meinung nach ein neues Kapitel in der Zwergrosen-Züchtung einleiten könnten. Für Steingärten dürfte die blutrote, ganz einfach und enorm reich blühende 'Robin Redbreast' sehr gut geeignet sein.

Auch 'Bluenette' mit violettlilafarbenen, halbgefüllten Blüten von de Ruiter könnte für Steingärten in Betracht kommen.

Schließlich möchte ich auf eine alte, fast vergessene Sorte aufmerksam machen, auch wenn sie nicht gerade spektakulär ist: Ich entdeckte 'De Ruiter's Her-

ald' in der Pforzheimer Alpenpflanzen-Gärtnerei und konnte inzwischen eine Stecklingspflanze auch im Steingarten des Palmengartens testen. Die ziemlich kleinen, blutroten, einfachen Blüten entwickeln sich in großen, lockeren Rispen. Nicht genug hervorzuheben ist die Widerstandsfähigkeit der Sorte gegen Blattkrankheiten, sie kommt bei einer Verwendung im Steingarten ohne jede Spritzung aus. Die Sorte stammt von der früher sehr populären, gefülltblühenden 'Orange Triumph' (Kordes) ab.

Rosen als Bodendecker

In den letzten Jahren sind Rosen als Bodendecker sehr propagiert worden. Mir erscheint es jedoch fragwürdig, »bodendeckende« Rosen als Ersatz für die langweiligen *Cotoneaster*-Flächen – derer viele von uns überdrüssig sind – hervorzuheben, und zwar aus verschiedenen Gründen. Daß »bodendeckende« Rosen wurzelecht gezogen sein müßten, erscheint selbstverständlich und unbedingt notwendig. Wer wollte aus stachligen Flächen »wilde« Triebe heraushacken? Je höher eine Sorte wächst, um so wichtiger wird dieses Problem. Immerhin werden für flächige Pflanzungen Rosen empfohlen, die 1,20 m und mehr Höhe erreichen und dabei auch entsprechend in die Breite wachsen.

Aber selbst wenn Rosen für flächige Pflanzungen wurzelecht angeboten werden, erscheinen großflächige Pflanzungen sehr problematisch. Mitteleuropa weist ein ausgesprochenes Waldklima auf. Jede Pflanzung neigt dazu, sich ohne Kontrolle durch den Menschen wieder zum Wald hin zu entwickeln. Es wird sich kaum verhindern lassen, daß durch Vögel oder Wind herbeitransportierte Sämlinge von Holunder, Hartriegel, aber auch Spitzahorn und anderen Gehölzen zwischen den Rosen aufgehen.

Diese beiden Gründe sprechen dafür, Rosen nicht in großen Monokulturflächen, sondern in Verbindung mit Stauden und nicht mit stacheligen oder dornigen Kleingehölzen zu verwenden. Unter dieser Voraussetzung bedeuten sie allerdings eine begrüßenswerte Bereicherung. Bodendeckende Rosen sollten unbedingt sauber verblühen.

Die Rosen, die man am ehesten als »Bodendecker« bezeichnen kann, gehen überwiegend auf *R. wichuraiana* aus Japan zurück. Diese weit kriechende, ganz flachwüchsige Art ist wintergrün und sicher für absonnige Standorte gut geeignet. Sie blüht später und lange mit reinweißen Blüten.

Die kleinblütige 'Ballerina' (vorne) paßt gut zu Stauden. Hier blüht sie neben Rittersporn und 'Bobby James'.

Züchter versuchen, die wintergrüne Tendenz in den Nachkommen zu verstärken, um möglichst zu immergrünen bodendeckenden Rosensorten zu kommen. Diese sollen das Aufkommen von Unkräutern auch im Spätwinter bis Vorfrühling vermindern. Inwieweit man dieses Ziel angesichts mitteleuropäischer Winter erreichen wird, scheint zumindestens fraglich. Die bekannten Dendrologen de Belder aus Kalmthout (Belgien) brachten von einer Studienreise nach Japan eine hübsche kleine Rose mit kriechendem Wuchs und zu drei Viertel gefüllten, rosigweißen Blüten mit, die zunächst unter dem provisorischen Namen »Rosa yakushimanense plena« von Simon durch Stecklinge vermehrt wird.

Eine besonders gedrungene, fast kissenförmig wachsende Rose mit gefüllten, weißen Blüten heißt 'Snow Carpet'. Sorten wie 'Immensee', 'Repandia' und viele andere stellen eine sehr gute Bienenweide dar und gewinnen dadurch zusätzlich an Wert.

Von den heimischen Arten kann allenfalls *R. arvensis* hier genannt werden, die wegen ihrer Fähigkeit, Halbschatten zu ertragen, wichtig erscheint. Die Triebe sind im Winter auffallend grün. Von der Art gibt es eine gleichfalls kriechende Sorte namens 'Splendens' mit locker gefüllten, rosigweißen, nach Myrrhe duftenden Blüten, die etwas stärker wächst.

Inwieweit eine so extrem starkwüchsige Rose wie *R.* × *paulii* (syn. *R. rugosa* 'Repens Alba') (*R. arvensis* × *R. rugosa*) aus den oben geschilderten Gründen empfohlen werden soll, scheint nachdenkenswert. Immerhin kann diese Rose 5 bis 6 m breit werden, die Triebe schieben sich bis zu 1,50 m hoch. Wurzelecht bildet sie Ausläufer. Im Gegensatz zu *R. rugosa* remontiert sie nicht und entwickelt auch keinerlei Hagebutten. Ahorn- und andere Sämlinge aus einem solchen Stachelgewirr heraushacken zu müssen, bedeutet geradezu eine Zumutung. Die hübsche *R.* × *paulii* 'Rosea' hat eine nicht ganz so unbändige Wuchskraft und scheint mir eher akzeptabel.

'Max Graf' (syn. *R. rugosa* × *R. wichuraiana*) mit reinrosafarbenen Blüten hat den Vorzug, ganz flach über den Boden zu kriechen. Sie ist steril. Zu den größten Zuchterfolgen Wilhelm Kordes gehört *R. kordesii*, die als tetraploide 'Max Graf' entstanden und voll fertil ist. Sie hat das Öfterblühen von *R. rugosa* geerbt, das bei den Sorten mehr oder weniger stark ausgeprägt ist. Zu den *Rosa*-Kordesii-Hybriden gehören als besonders flach wachsende Sorten 'Rote Max Graf' und 'Sylt', die allerdings wie 'Max Graf' wenig nachblühen.

Zu den breitwüchsigen, öfterblühenden Rosen zählt 'Burg Baden'. Ich »verliebte« mich in diese tief reinrosafarben und einfach blühende *Rosa*-Kordesii-Hybride, als sie zusammen mit 'Dortmund' und anderen in die Rosen-Prüfungsgärten kam. Damals »handelten« einfachblühende Rosen nicht genügend. Wilhelm Kordes erlaubte mir, von der betreffenden Sorte Reiser zu nehmen. Da ich mir Nummern weniger gut merken kann, nannte ich diese Rose 'Burg Baden', zumal ich sie an dieser Burg in Badenweiler gepflanzt hatte. Sie hat sich als besonders winterhart und widerstandsfähig gegenüber Blattkrankheiten erwiesen. Sie wächst etwa bis Tischhöhe und erreicht etwa die doppelte Breite. Wenn man die verblühten Rispen nicht abschneidet, entwickelt sie hübsche orangerote Hagebutten, blüht dann allerdings wenig nach.

Man sollte sich gut überlegen, ob man niedrig-aufrechte, wuchernde Arten und Art-Hybriden auf größeren Flächen verwenden soll. Als niedrigste Rose ist *R. nitida* zu nennen, die mit Blüten, Hagebutten und mit ihrer Herbstfärbung schmückt. *R. × rugotida* und 'Dart's Defender' werden derzeit besonders häufig auch an Böschungen verwendet. Allerdings werden beide Rosen hüfthoch, im Park Wilhelmshöhe steht auf eigener Wurzel ein übermannshoher breiter Strauch 'Dart's Defender'. Sie vertragen etwas mehr Salz als die meisten anderen Rosen, reagieren aber wie *R. rugosa* empfindlich auf zu hohen Kalkgehalt.

Von den Sorten der *R. rugosa* wurden in den letzten Jahren besonders 'Frau Dagmar Hastrup' und 'Moje Hammarberg' verwendet – meist aber als Veredlung. Sehr häufig sieht man bei diesen beiden Sorten, wie die »Unterlagen« durchgetrieben sind.

Aus *R. pimpinellifolia* (syn. *R. spinosissima*) hat Baum (Elmshorn) eine »Repens«-Form ausgelesen, die mit ihrem sehr flachen Wuchs nützlich scheint.

Bodendecker-Rosen
'Alba Meidiland'
Rosa arvensis
'Fairyland'
'Ferdy'
'Immensee'
'Max Graf'
'Nozomi'
R. × paulii 'Rosea'
'Repandia'
'Rote Max Graf'
'Snow Carpet'
'Splendens' (*R. arvensis* 'Splendens')
'Sternenflor'
'Sylt'
'The Fairy'
R. wichuraiana
»Rosa yakushimanense plena«

Breitwüchsige, öfterblühende Rosen
'Burg Baden' (*Rosa*-Kordesii-Hybride)
'Candy Rose'
'Dortmund'
'Fair Play'
'Fleurette'
'Heidesommer'
'New Face'
'Pink Meidiland'
'Roseromantik'
'Rosy Carpet'
'Rosy Cushion'
'Schneeschirm'
'Smarty'
'Sommerwind'
sowie die bereits erwähnten Baum'schen *R. rugosa*-Sorten.

Rosen für Dachgärten

Die Bedeutung von Dachgärten scheint noch nicht genügend erkannt zu werden. Eher mutet man Menschen den Anblick trostloser toter Dachflächen zu, als daß man bereit wäre, die Kosten für die Schaffung und nicht zuletzt für die Pflege von Dachgärten zu übernehmen.

Bei einer Substrat-Stärke von 30 bis 40 cm eignen sich durchaus verschiedene wurzelechte Rosen in Verbindung mit anderen Pflanzen dafür. Es entstehen damit viele neue Möglichkeiten der Verwendung von Rosen. Wenn das Substrat gut gemischt wird mit Stoffen, die Wasser speichern, es aber auch an die Pflanzen abgeben können, wie etwa Bimskies und Vermiculite, ist die Gefahr des Vertrocknens wesentlich geringer als zum Beispiel in Kübeln. Für Dachgärten sicher wenig geeignet sind sehr groß werdende Rosen wie *R. canina*, *R. moyesii* (besonders der gewöhnliche Klon), *R.setipoda*, *R.macrophylla*-Sorten und ähnliche. Ebensowenig wird man steil-aufrecht wachsende Sorten wie 'The Queen Elizabeth-Rose' dafür verwenden.

Es bieten sich für diesen Zweck eine Reihe niedriger Wildarten und deren Hybriden an. Allerdings gibt es darunter etliche, die mehr oder weniger stark wuchern.

Interessant sind Züchtungen aus *R.rugosa* von Karl Baum (Elmshorn), von denen auf eigener Wurzel je drei in Weiß, Rosa und Karminrot in etwa 40 (bis 60) cm und 80 (bis 100) cm Höhe angeboten werden. Als sehr wichtige Eigenschaft darf hervorgehoben werden, daß die Sorten sich selbst reinigen. Sorten, die in dieser Hinsicht nicht befriedigen, bieten einen schlechte Anblick, zumal ein ständiges Nachputzen in der Regel weder möglich noch sinnvoll ist. Baums Sorten haben zwar mehr oder weniger gefüllte Blüten, doch besitzen diese genügend fertile Staubgefäße, so daß die Insekten sie gern besuchen. Wie *R.rugosa* selbst produzieren sie orangerote Hagebutten, die unseren Vögeln willkommen sind.

Günter Horstmann (Schneverdingen) schätzt 'Jens Munk' ('Schneezwerg' × 'Frau Dagmar Hastrup') als besonders niedrige, extrem winterharte und öfterblühende Züchtung aus Kanada. Sie trägt große Blüten mit rund 25 rosafarbenen Petalen und duftet stark.

Als neues »Wunder« preist Horstmann einen Typ von *R.arkansana* an, den er selber in Kanada intensiv gesucht und schließlich gefunden hat – eine Rose, die bei Kniehöhe und extremer Winterhärte nicht nur am zweijährigen, sondern wie *R.rugosa* auch am einjährigen Holz blüht in reinem Rosarot. Für die Verwendung im Dachgarten, und nicht nur für diese, bedeutet dies eine aufregende Neueinführung. (Was Horstmann unter dem Namen *R.arkansana* in Botanischen Gärten und Rosarien bis dahin gefunden hatte, stellte sich bei genauer Nachprüfung als die nicht öfterblühende *R.acicularis* heraus.) Einige gegen Krankheiten genügend widerstandsfähige Zwergrosen könnten wurzelecht gezogen für Dachgärten Bedeutung erlangen. An anderer Stelle wurde bereits auf 'Sparkie' hingewiesen. Neben 'Zwergkönig 78' scheinen neue Sorten wie 'Robin Redbreast', 'Petit Four' und 'Minerette' gute Möglichkeiten zu bieten.

Unter den gedrungen wachsenden, öfterblühenden Rosen gibt es auch welche, deren Wert wohl noch nicht genügend gewürdigt wird und die für Dachgärten neue Bedeutung gewinnen könnten. So war mir Tantaus 'Lampion' mit großen Schirmen reinroter einfacher Blüten in Badenweiler jahrzehntelang durch außerordentliche Widerstandsfähigkeit gegen Pilzkrankheiten ohne jede Spritzung aufgefallen.

Kleine Wildarten (aus Samen oder Stecklingen) und Hybriden von Wildarten (aus Stecklingen) für Dachgärten

Rosa arkansana (wuchernd)

R.blanda

R.ecae

R.foliolosa (treibt Ausläufer)

R.gallica (wuchernd)
    'Pumila Rosea'

R.horrida

R.nitida (wuchernd)

R.pendulina

R.pendulina f. *pyrenaica*

R.pimpinellifolia (syn. *R.spinosissima*, wuchernd)
    Zwergform (25 bis 30 cm) Herkunft Röm von Horstmann
    'Repens' (wuchernd)
    'Red Nelly'

R.pulverulenta (syn. *R.glutinosa* var. *dalmatica*)

R. × *richardii* (syn. *R.sancta*)

R.rugosa 'Rosa Zwerg', 'Rotes Meer', 'Schneekoppe' 40 bis 60 cm
    'Montblanc', 'Monte Cassino', 'Monte Rosa' 80 bis 100 cm
    'Jens Munk'

R. × *rugotida* (wuchernd)

R. × *rugotida* 'Dart's Defender' (wuchernd)

R.serafinii

R.sicula (treibt Ausläufer im Gegensatz zu *R.serafinii*)

R.stellata 'Mirifica' (wenig Ausläufer)

R.tuschetica (*R.pimpinellifolia* var. *tuschetica*, wächst über kniehoch)

Stecklingsvermehrte Zwergrosen

'Bluenette'

'Elegant Pearl'

'Giesebrecht' (= 'Bashful')

'Little Buckaroo'

'Maidy'

'Minerette'

'Petit Four'

'Robin Redbreast'

'Reflection'

'Sparkie'

'Stargazer'

'Zwergkönig 78'

Bodendecker siehe Seite 170ff.

Breitwüchsige, öfterblühende Rosen siehe Seite 172

'Poulsen's Pearl' (Poulsen 1948) mit ihren zahlreichen einfachen Blüten in rosigem Perlweiß zählt Bruno Müller zu den robusten Rosen für das öffentliche Grün.

Gedrungene Sorten von öfterblühenden, vielblütigen Rosen

'Ballerina'
'Boy's Brigade'
'Bright Smile'
'Buzy Lizzie'
'Edelweiß'
'Erica' (syn. 'Eyeopener', syn. 'Tapis Rouge)
'Fairy Damsel'
'Fuggerstadt Augsburg'
'International Herald Tribune'
'Lampion'
'Lavender Dream'
'Picasso'
'Regensberg'
'Roseromantic'
'Rudolf Timm'
'Sarabande'
'Sommerwind'
'Tornado'
'Yesterday'

Kletterrosen in Bäumen

Mai in Südtirol, im Tessin, in Florenz oder an der Riviera – Hunderttausende gelber und weißer Blüten von *R. banksiae* erstrahlen an den bis 20 m hoch in Bäume kletternden Sträuchern. Leider ist dies in unserem kalten Mitteleuropa ein kaum erfüllbarer Traum. Nach dem Winter 1984–1985 war von den hier gepflanzten, schon etwa 4 m hohen Sträuchern nicht viel übrig geblieben. Im April 1984 habe ich übrigens in Geisenheim an einer Südmauer eine von einem Sämling gewonnene Stecklingspflanze gesehen. Sie war von oben bis unten mit Knospen bedeckt. Die Rose hat dort die kalten Winter 1984–1985 und 1985–1986 überstanden.

In Großbritannien sieht man immer mal wieder Kletterrosen wie *R. filipes* 'Kiftsgate' oder *R. longicuspis*, wie sie in riesigen Exemplaren Bäume überwachsen. Auch lassen die Briten gelegentlich abgestorbene Bäume von Rosen überspinnen.

Aber selbst im rauhen Klima von Kassel-Wilhelmshöhe haben Hedi und Wernt Grimm eine ganze Reihe starkwüchsiger Kletterrosen mit gutem Erfolg in Bäume wachsen lassen. Es sollte sich dabei möglichst um Bäume handeln, die eine genügend lockere Krone aufweisen und auch im Wurzelbereich mit den Rosen nicht zu stark konkurrieren.

Eine ideale Baumart für einen solchen Zweck scheinen mir Eiben *(Taxus baccata)* zu sein. Sie ertragen mehr Beschattung als die meisten anderen Bäume und wachsen von Natur aus genügend unregelmäßig, so daß nicht etwa ein »architektonischer« Wuchs wie bei vielen anderen Nadelbäumen gestört würde. Schließlich ist das Wachstum – etwa im Gegensatz zu Douglasien *(Pseudotsuga menziesii)* – der Eiben so mäßig, daß die Rosen mithalten können.

Ich hatte seinerzeit in Badenweiler eine *Rosa rubus* in eine große Eibe wachsen lassen und war später überwältigt von den rahmweißen Girlanden vor dem dunklen Hintergrund. Leider mußte der Baum dem Kurhaus-Neubau weichen. Auf der Südseite des Burgberges lebt dort noch eine *R. brunonii* in einer Eibe. Allerdings friert sie in extrem kalten Wintern ein wenig zurück.

Im Palmengarten versuche ich *R. helenae* und *R. filipes* 'Kiftsgate' in Eiben klettern zu lassen. Die letztere scheint härter zu sein als befürchtet. Vorzugsweise sollte man sie wie auch *R. longicuspis* und 'Treasure Trove' eher im Weinbauklima versuchen. Insgesamt gibt es mehr Rosen, die klettern können, sofern die Situation danach ist, als man erwarten würde. So sah ich bei Anny Jacob in Marl zwischen den Zweigen einer Fichte die lieblichen Blüten von 'Erfurt'. Nie hätte ich erwartet, daß sie so lange Triebe entwickeln könnte. Jedenfalls sind die Möglichkeiten, Kletterrosen in Bäume wachsen zu lassen, in Mitteleuropa sicherlich bei weitem nicht ausgeschöpft.

'Lavender Dream' (Interplant 1986), ADR-Rose, in einer Staudenpflanzung im Palmengarten Frankfurt.

Kletternde Rosen sind Hakenkletterer (sie klettern mit ihren Stacheln) und Spreizklimmer. Sie bilden keine Ranken wie Weinreben oder Gurken und schlingen nicht wie Winden oder Jelängerjelieber, daher sind Bezeichnungen wie »Rankrosen« oder »Schlingrosen« nicht richtig. Es widerspricht auch den natürlichen Tendenzen der Rosen, sie an »Pyramiden« zu befestigen, die oben enger sind als unten.

Auch müssen »Trauerrosen« oder »Kaskaden-Rosen« als etwas sehr Künstliches und Widernatürliches angesehen werden. Es gibt keine Rose, die von Natur aus einen einzelnen Stamm bilden würde. Die Rose ist eben ein Strauch. Rosen-Hochstämme entsprechen einer Geisteshaltung des Barock und Neo-Barock, wo Menschen glaubten und glauben, die Natur beherrschen – vergewaltigen – zu können und ein hoher Arbeitsaufwand gegen die Natur keine Rolle spielte. Edel- und Floribunda-Rosen auf Hochstämmen fallen in der Regel strengen Wintern zum Opfer. Es erscheint mir fraglich, Hochstämme von Rosen zu pflanzen in einer Zeit, wo Menschen zunehmend dem Natürlichen zuneigen und nicht gegen, sondern mit der Natur wirken möchten.

Kletterrosen

Rosa brunonii (für geschützte Lagen)
R. filipes 'Kiftsgate' (für geschützte Lagen)
R. helenae
R. longicuspis (für geschützte Lagen)
R. multiflora
    'Carnea' (für geschützte Lagen)
    'Cathayensis'
R. rubus (syn. *R. ernestii*)
'Bobbie James'
'Brenda Colvin'
'Flammentanz'
'Francis E. Lester' (für geschützte Lagen)
'Kew Rambler'
'Long John Silver'
'Lykkefund'
'Paul's Himalayan Musk Rambler'
'Polstjärnan'
'Princesse Marie' (für geschützte Lagen, wird in Großbritannien bis 12 m hoch)
'Ritter von Barmstede'
'Rose Marie Viaud'
'Russeliana'
'Splendens' (*R. arvensis* 'Splendens')
'Till Uhlenspiegel'
'Treasure Trove' (für geschützte Lagen, Abkömmling von 'Kiftsgate')
'Wedding Day'

Rosen für die Landschaft, für Böschungen an Straßen

Die typische Vegetationsform in Mitteleuropa ist der Wald. Als zu Beginn unserer Zeitrechnung die Römer nach Norden vordrangen, erlebten sie riesige dunkle Waldgebiete, die für sie etwas Bedrohliches, Beängstigendes hatten. Von Natur aus wäre Mitteleuropa, mit Ausnahme von Mooren und Felsregionen, zumindest in den Ebenen und im Hügelland fast ausschließlich von Rotbuchen-Wäldern bedeckt. Die lockeren Eichen-Wälder des Mittelalters waren dem Menschen zu verdanken, der die Eiche der Schweinemast wegen zuungunsten der Buche förderte. Jahrhundertelang verschaffte der Mensch durch Kultivierung auch Sträuchern und Kräutern, nicht zuletzt den heimischen Rosen, viele Standorte.

So gibt oder gab es in den Mittelgebirgen Hude-Weiden auf Kalkhängen mit einzelnen Eichen als Schattenbäumen, wo Hirten Schafe und Kühe hüteten. Wildrosen und Weißdorn widerstehen dem Schafverbiß und können sich sogar nach gelegentlichem Abbrennen regenerieren. Im vorigen Jahrhundert sind die Hude-Weiden aufgeforstet worden. Allmählich wurden und werden die Möglichkeiten für Pflanzen und deren Lebensräume aber immer bedrohlicher eingeengt. Der ökonomisch dicht aufgepflanzte Wald und die ökonomisch mit Maschinen betriebene Landwirtschaft lassen keine Rosenstandorte mehr zu. Katastrophal wirkt sich der verstärkte Einsatz von Herbiziden auf die Pflanzenvielfalt aus. Von mehr oder weniger unberührter Natur kann man vielleicht nur noch im Nationalpark Bayrischer Wald und kaum mehr im Hochgebirge sprechen. Dabei bietet die Kulturlandschaft auch für Wildrosen viele Standorte an Waldrändern, Hecken, »Knicks« (die in den letzten Jahrzehnten leider vielfach verschwunden sind) und ganz besonders an den Rändern und Böschungen von Landstraßen und Autobahnen. Die Kenntnis von den heimischen Wildrosen scheint sehr wenig verbreitet zu sein. Wer aber die »Pflanzensoziologische Exkursionsflora« von Erich Oberdorfer (1983) zur Hand nimmt, wird verwirrt sein von den vielen heimischen Rosenarten, deren Namen unbekannt sind.

Die Baum- und Rosenschulen bieten meist nur *R. canina*, *R. rubiginosa*, *R. pimpinellifolia* (syn. *R. spinosissima*), gelegentlich noch *R. glauca* (syn. *R. rubrifolia*) an. *Rosa canina* ist übrigens eine merkwürdige Art, sie hat zwar fertile Blüten, die Samenbildung erfolgt in der Regel jedoch nicht nach der Verschmelzung von männlicher und weiblicher Zelle, sondern apomiktisch. Danach wächst Gewebe aus der Fruchtwand in die weibliche Zelle hinein. Das erklärt, daß jede geringe Mutation weitgehend »echt« aus Samen reproduziert wird. Es soll Botaniker gegeben haben, die aus der Art *R.canina* Hunderte eigener Arten gemacht haben.

Bei *R.rubiginosa* soll es sich ähnlich verhalten. Sicher wäre es wünschenswert, die verschiedenen Unterarten der entsprechenden Gegenden regional gesondert zu vermehren und aufzupflanzen. Erstrebenswert wäre darüber hinaus, die Vielfalt heimischer Wildrosen zu erhalten und sie für entsprechende Standorte in der Kulturlandschaft heranzuziehen.

Die meisten heimischen Wildrosen lieben Licht und kalkreiche Böden. Ausgerechnet die als »Ackerrose« bezeichnete *R.arvensis* ist diejenige Wildart, die nicht an Äckern, sondern an Waldrändern beheimatet ist und mehr Beschattung verträgt als die anderen Arten. Wärmere Lagen bevorzugen *R.rubiginosa*, *R.micrantha*, *R.elliptica* und *R.tomentosa*. Hedi Grimm weist bei *R.marginata* (syn. *R.jundzillii*) auf den Reichtum an großen Blüten und lang ausdauernden, tiefroten Hagebutten hin.

R.gallica ist selten – in Weinbau-Gebieten – zu finden. Wie auch *R.villosa* (syn. *R.pomifera*) ist sie teilweise aus Klostergärten ausgewildert. Auch die mehr in den Bergen heimische *R.majalis* (syn. *R.cinnamomea*) findet man vielfach an Burgruinen.

Eine von Natur aus in den Bergen heimische, sehr interessante Art ist *R.glauca* (syn. *R.rubrifolia*). Die besondere Laubfärbung hebt sie von allen anderen Arten ab.

Wildrosen wie *R.montana* (nicht zu verwechseln mit Tantaus 'Montana'), die beispielsweise in den Bergen der Dauphiné vorkommen, könnten insbesondere für sehr trockene Standorte interessant sein. Erstaunlicherweise finden wir *R.pimpinellifolia* (syn. *R.spinosissima*) sowohl in Gebirgen als auch in kalkhaltigen Dünen. Sie ist eine der am häufigsten verwendeten Arten.

Für Alpenwanderer bedeutet *R.pendulina* (syn. *R.alpina*), die Alpenrose, immer wieder ein Erlebnis. Sie ist sogar noch oberhalb der Baumgrenze zu finden. Auch die wenig bekannte *R.vosagiaca* (syn. *R.dumalis*) ist eine hochmontan-subalpine Art.

Ich habe nicht ohne Grund darauf hingewiesen, daß Wildrosen in der Kulturlandschaft Standorte finden, die in dichten Buchenwäldern nicht vorhanden wären. Ich möchte daher einige Vorschläge entwickeln, die sicher der eine oder andere aus bestimmten Gründen ablehnen wird. Vor einigen Jahrzehn-

ten sprachen manche von »arischen« Gehölzen, wonach ein Kreuzzug gegen fremdländische Arten geführt wurde. Wer so argumentiert, verschließt die Augen davor, daß sich unsere Pflanzen- und Tierwelt in den letzten Jahrtausenden seit Abklingen der Eiszeit ständig entwickelt und gewandelt hat und ein Endzustand nicht zu erwarten ist. Unsere Heimat hat durch die Eiszeiten unendlich viele Arten verloren, im Gegensatz zu klimatisch vergleichbaren Gebieten in Ostasien, wo sich die Eiszeiten offenbar nicht so stark ausgewirkt haben, und zu Nordamerika, wo die Pflanzen infolge der von Norden nach Süden verlaufenden Gebirge südlich ausweichen und nach den Eiszeiten wieder nordwärts vorstoßen konnten.

Ich meine daher, man sollte es an Straßenböschungen und ähnlichen Standorten auch mit einigen Wildrosen aus anderen Ländern versuchen, wenn auch unsere Kenntnisse über deren Ansprüche noch sehr unvollkommen sind. Einige dieser Arten konnten wir außerdem bisher nur in Form von Veredlungen kennenlernen. Lediglich *R.multiflora* und *R.rugosa* in der purpurkarminfarbenen und weißen Form sind schon fast eingebürgert, nicht zuletzt dank der heimischen Tierwelt. Allerdings unterscheidet sich *R.rugosa* von den einheimischen Arten in mehrfacher Hinsicht. Sie ist unter den allgemein bekannten Arten die einzige extrem winterharte, die mehrmals blüht und dadurch Insekten und Vögeln über Monate hinweg willkommen ist. So soll sie auf Kamtschatka bis −40 °C ertragen und teilweise monatelang in Staunässe stehen können. Während *R.multiflora* extrem kalkhaltige Standorte schon weniger schätzt als unsere heimischen Arten, ist die Empfindlichkeit der *R.rugosa* gegen zu hohen Kalkgehalt noch stärker ausgeprägt; die Pflanzen werden dann chlorotisch und können schließlich absterben. Dafür hat an Straßenrändern ihre Fähigkeit, etwas mehr Salz zu vertragen als die meisten anderen Rosenarten, große Bedeutung. In dieser Hinsicht sind auch ihre Kreuzungen mit *R.nitida* × *R.rugotida* lobenswert. Wollen wir weitere Arten für Böschungen an Straßen und ähnliche landschaftliche Bereiche erproben, müßten diese unbedingt als Sämlinge verwendet werden. Das ist viel schwieriger, als es zunächst erscheinen könnte, da in den meisten Botanischen Gärten die Rosenarten dicht beieinander aufgepflanzt sind und Sämlinge davon ein heilloses Bastard-Gemisch ergeben. Arten wie *R.moyesii* scheinen besonders leicht zu bastardieren.

Man müßte also zunächst unbastardiertes Saatgut ernten können. Erfahrungsgemäß gelingt dies bei den meisten Arten ohne Probleme. Es gibt jedoch wenige Arten, die weitgehend oder hochgradig selbststeril sind wie *R.ecae* und *R.primula* oder auch *R.elegantula* f. *persetosa*. Von solchen Arten müßte man also mindestens zwei Sämlinge oder Klone haben, um Samen ernten zu können. Auch mit Inzucht-Defekten ist bei manchen Arten zu rechnen. Sicher werden die meisten fremdländischen Arten sich von allein weniger oder kaum durch Samen weiterver-mehren, im Gegensatz besonders zu *R.canina* (die für öffentliche Grünanlagen recht lästig werden kann).

Von *R.moyesii* sollte man eventuell die Sorte 'Gera-nium', vielleicht zusammen mit einem anderen guten Klon, als Samenproduzenten verwenden. Allerdings sind *R.moyesii*-Hybriden für unsere Landschaft inso-fern problematisch, als wir so rote Blüten bei unseren heimischen Pflanzenarten praktisch nicht vorfinden. Nichtsdestoweniger werden die Blüten von *R.moyesii* auffallend stark von Bienen und anderen Insekten angeflogen. Übrigens soll *R.moyesii* in ihrer Heimat nicht nur in diesem unter Wildrosen einmaligen Rot auftreten, sondern die Blüten sollen bis hin zu Rosa variieren. Wir werden uns also bei den Sämlingen vermutlich mit der Variationsbreite in der Blüten-farbe abfinden müssen.

Darüber hinaus würde ich als Straßenrand-bepflanzung auch gewisse starkwüchsige Hybriden vorschlagen, die unbedingt einfache Blüten haben müssen. ('Moje Hammarberg' und 'Hansa' eignen sich somit nicht.) Dabei sind *R.moyesii* 'Geranium' und wohl auch 'Scharlachglut' der roten Farbe wegen problematisch. 'Robusta' dürfte aufgrund des fast grellen Rottones für eine landschaftliche Verwen-dung ausscheiden und mehr für öffentliche Grünan-lagen geeignet sein.

Schließlich sei noch darauf hingewiesen, daß Ha-gebutten einen extrem hohen Vitamin-C-Gehalt auf-weisen, manche enthalten sogar mehr Vitamin C als Zitronen. Auch in dieser Hinsicht sollte man den Wildrosen eine größere Bedeutung zumessen.

Fremdländische Rosenarten für eine versuchsweise Verwendung in der Landschaft

Rosa beggeriana
R.ecae
R.helenae
R.hugonis
R.latibracteata
R.moyesii
R.multibracteata
R.multiflora
R.pendulina

R.pimpinellifolia var. *altaica*
R.prattii
R.primula
R.roxburghii f. *normalis*
R.rugosa
R.setipoda
R.sweginzowii 'Macrocarpa'
R.virginiana
R.willmottiae

Strauchrosen (aus Stecklingen gezogen)

'Andersonii'
'Burg Baden'
'Canary Bird'
'Complicata'
'Düsterlohe'
'Eddie's Jewel'
'Fenja'
'Frau Dagmar Hastrup'
'Frühlingsanfang'
'Frühlingsmorgen'
'Glory of Edzell'
'Kiese' (*R.canina* 'Kiese')
'Lucy Bertram' *(R.rubiginosa)*
'Mariae-Graebnerae'
'Maria Lisa'
R. × micrugosa
R.moyesii 'Geranium'
R. × paulii 'Rosea'
R.pimpinellifolia 'Red Nelly', 'Single Red'
R. × prattigosa
R.reversa
R. × rugotida
'Scharlachglut'

Rosen für das öffentliche Grün

Für das öffentliche Grün eignen sich selbstverständ-lich alle zuvor genannten Rosen. Darüber hinaus können auch Rosen mit mehr oder weniger gefüllten Blüten verwendet werden, sofern sie robust und bei richtiger Verwendung hochgradig widerstandsfähig gegenüber Krankheiten sind. Sorten wie 'Fritz Nobis' – eine der vollkommenen Züchtungen – bie-ten sich für das öffentliche Grün an.

Unter den vielblütigen, öfterblühenden Rosen fin-det sich eine Vielzahl genügend starkwüchsiger, ge-sund bleibender Sorten, die für das öffentliche Grün gut geeignet sind. Bedauerlicherweise sind einige äu-ßerst bewährte Sorten aus den deutschen Sortimenten fast oder ganz verschwunden. Auf einige wurde an anderer Stelle hingewiesen.

Ins öffentliche Grün passen auch einige der »Englischen« oder »Canterbury«-Rosen, die David Austin aus Kreuzungen von *R.gallica*-Sorten mit Floribunda-Rosen erzielte. Die meisten besitzen herrliche Düfte, wie wir sie bei Rosen suchen und lieben.

Eine der lieblichsten Rosen ist für mich 'Poulsen's Pearl'. Sie blüht in zartestem Rosa, kontrastiert durch dunkelrote Staubfäden. Die hüfthohen, aufrechten Pflanzen sind äußerst dankbar und gesund. In Badenweiler stehen sie – außer 'Betty Prior' – seit Jahrzehnten in einem »unzumutbaren« Pflanzstreifen, nämlich inmitten von *Hypericum calycinum* zwischen Fußweg und Straße. In Weihenstephan – an einem für Rosen nicht optimalen Standort – fällt aufgrund ihrer besonderen Gesundheit 'Cosmopolitan' (syn. 'Cosmopolit') auf. Die zumindest halbgefüllten Blüten in kühlem Dunkelrosa erscheinen an sehr gefälligen, überhängenden Trieben, und zwar nicht nur an den Triebspitzen wie bei 'Silberlachs', von der 'Cosmopolitan' abstammt. 'Cosmopolitan' sollte als schöne und gesunde Sorte wieder angeboten werden.

'Rush' (Lens 1983), entstanden aus ('Ballerina' × 'Britannia') × *R.multiflora* 'Adenocheta') ist eine neue Sorte, die bei der Internationalen Rosenprüfung in Baden-Baden eine Silbermedaille erzielte. Im Palmengarten Frankfurt wächst sie zwischen *Hemerocallis* und anderen Stauden. Die etwa hüfthohen Sträucher dehnen sich mehr in die Breite aus, bedecken den Boden und sind bis zum späten Herbst mit wundervoll reinrosafarbenen, einfachen großen Blütenschalen bedeckt. 'Rush' wirkt nicht zuletzt auf geneigtem Gelände, wie es eben im Palmengarten der Fall ist, überwältigend schön.

Strauchrosen für das öffentliche Grün
Zusätzlich eignen sich alle Arten und Sorten, die für die Verwendung in der Landschaft bereits genannt wurden
'Abbotswood' *(R.canina)*
'Aicha'
R. × alba 'Semiplena'
'Belle Amour' *(R. × alba)*
'*R.californica* 'Plena'
'Celeste' (syn. 'Celestial') *(R. × alba)*
'Chianti'
'Claus Groth'
'Constance Spry'
'Dart's Defender' *(R.rugotida)*
'Ewald Scholle'

'Flammentanz'
R.foliolosa
'Fritz Nobis'
R. × francofurtana (R.gallica 'Splendens')
'Frühlingsduft'
'Frühlingsgold'
'Frühlingsschnee'
'Frühlingszauber'
'*R.gallica* 'Officinalis'
'Golden Chersonese'
'Golden Wings'
R. × harisonii
'Heather Muir' *(R.sericea)*
'Herbstfeuer'
'Maigold'
'Marguerite Hilling'
'Mme Georges Bruant'
'Nevada'
'Northern Pink' (Sievers) ('Morgengruß' ×
    R. × francofurtana)
R.omeiensis f. *pteracantha*
    'Atrosanguinea'
'Pike's Peak' *(R.acicularis)*
'Prairie Dawn'
'Red Wing'
'Robusta'
'Rose d'Amour' (syn. *R.virginiana* 'Plena')
'Sarah van Fleet'
'Schneezwerg'
'Shropshire Lass'
'Soldier Boy'
'Stanwell Perpetual'
'The Miller'
'Thérèse Bugnet'
'Waldfee'

Rosa-Kordesii-Hybriden
'Burg Baden'
'Dortmund'
'Parkdirektor Riggers'
'Rote Max Graf'

Robuste, gesunde, öfterblühende, vielblütige Rosen
'Altissimo'
'Andalusien'
'Angela'
'Anna Zinkeisen'
'Ballerina'
'Betty Prior'
'Bischofsstadt Paderborn'
'Canterbury'

'Cappa Magna'
'Castella'
'Centenaire de Lourdes'
'Charles Austin'
'Chaucer'
'Chinatown'
'Cocktail'
'Cosmopolitan' (= 'Cosmopolit')
'Dame Prudence'
'Decor Rose'
'Dirigent'
'Elfe' (Tantau 51)
'Erfurt'
'Escapade'
'Fair Play'
'Felicia'
'Fleurette'
'Florence Mary Morse'
'Gruß an Bayern'
'Händel'
'Käthe Duvigneau'
'Kathleen Ferrier'
'Lady of the Dawn' (Interplant)
'Lampion'
'Lavender Dream'
'Lavender Lassie'
'Lichterloh'
'Lichtkönigin Lucia'
'Lilian Austin'
'Lilli Marleen'
'Lyric'
'Märchenland'
'Margaret Merril'
'Montana'
'Moonlight'
'Mountbatten'
'Mozart'

'Olala'
'Poulsen's Pearl'
'Red Yesterday' (syn. 'Marjorie Fair')
'Romance'
'Roseromantic'
'Rudolf Timm'
'Rush'
'Sally Holmes'
'Schneeschirm'
'Schneewittchen'
'Sparrieshoop'
'Sundra'
'The Fairy'
'The Prioress'
'Trier'
'Westerland'
'Wife of Bath'

Lassen Sie uns das Kapitel schließen mit einem Wort von Wilhelm Kordes, einem der größten Rosenfachleute aller Zeiten:

»Es ist Ihre Aufgabe, meine Damen und Herren, in Gärten, die im Aufbau oder im Unterhalt Ihnen anvertraut sind, zuweilen Rosen zu pflanzen. Ich bitte Sie, bei der Verwendung der Rosen zu bedenken, daß die Rose eine Seele hat; daß es unerträglich ist, Rosen wie Pflastersteine zu behandeln. Denken Sie daran, daß Rosen auch Imponderabilien sind, die erst das Maß unserer Kultur bestimmen.«

»Denn die Rose ist der vollendetste Ausdruck, ja das Symbol einer edlen Frau, ist Zartheit, Schönheit, Anmut, Eleganz, Süße zugleich und Reiz des Damen-Ideals seit Troubadours und Minnesängers Zeiten.«

(Biesalskim 1952)

Die Pflege der Alten Rosen

In den gängigen Rosenbüchern finden wir ausführliche Kapitel über die Rosenpflege. Die Alten Rosen gelten als pflegeleicht, sie sind in ihren Ansprüchen bescheiden, danken aber eine gute Bodenvorbereitung, sorgfältiges Pflanzen, richtigen Schnitt und ausreichende Nährstoffgaben durch üppiges Wachstum und reiches Blühen. Zu Fragen der allgemeinen Pflege können wir das Buch »Rosen für den Garten« von Dietrich Woessner (1988) und »Die neue Rosenfibel« von Karl Heinz Hanisch (1987) empfehlen. Wir beschränken uns hier auf eigene Erfahrungen, die die Rosen unseres Themas betreffen.

Bodenvorbereitung und Grunddüngung

Um die Lebensdauer und Blühfreudigkeit zu begünstigen, ist bei der Verwendung sowohl im Garten als auch im Park und in der Landschaftspflege bei der Neuanlage eine sorgfältige Boden- und Pflanzlochvorbereitung wichtig. Die Rosen sollen lange Jahre am selben Standort stehen und gedeihen. Festgefahrene, verdichtete Böden müssen aufgelockert, stehende Nässe soll durch Dränage abgeleitet werden, der Boden muß eine Mindest-Grunddüngung erhalten.

Die Untersuchung einer Bodenprobe durch eine Landwirtschaftliche Untersuchungs- und Forschungsanstalt (LUFA) oder ein privates Bodenuntersuchungs-Institut ist zu empfehlen. Diese Untersuchung kostet nicht viel, und man kann sich zugleich Düngeempfehlungen geben lassen. Hat man ein Institut am Ort, hole man sich dort einen Bohrstock und genaue Anweisungen für die Probenahme. Man kann die Probe auch mit einem Spaten nehmen. An verschiedenen Stellen des Pflanzquartiers werden 25 bis 30 cm tiefe Löcher ausgehoben und mit einer Handschippe von der Oberfläche bis zur Sohle ein kleiner Streifen Erde abgestochen. Die gezogenen Proben mischt man gut durch, füllt etwa 500 bis 1000 g dieser Erde in einen Beutel und schickt diese Probe an das untersuchende Labor mit der Bitte um Untersuchung, wobei man genau angibt, was man pflanzen und in welcher Form man düngen will, und ob man eine Düngeempfehlung wünscht. Das Labor ermittelt den pH-Wert, also den Säuregrad des Bodens, der für Rosen zwischen 6 und 7 liegen sollte, was einem schwach sauren Boden entspricht. Ist der Boden zu sauer, liegt also der pH-Wert unter 6, so düngt man mit Kalk, am besten Hüttenkalk.

Zusätzlich teilt das Labor den für die Pflanzen verfügbaren Gehalt des Bodens an den Nährstoffen Phosphorsäure (P_2O_5), Kaliumoxid (K_2O), Magnesiumoxid (MgO) in mg pro 100 g Boden mit. Angaben zu dem wichtigen Nährstoff Stickstoff (N) können nicht gemacht werden, weil die in den Bodenproben vorhandenen Stickstoffmengen zu starke Zufallsschwankungen zeigen würden. Voll ausreichend zur Abdeckung des Nährstoffbedarfs für Rosen sind je 100 g Boden 40 bis 50 mg P_2O_5, 40 bis 60 mg K_2O, 10 bis 15 mg MgO. Bei einer Unterversorgung kann die fehlende Nährstoffmenge mit einem Volldünger, zum Beispiel Nitrophoska permanent, gedeckt werden oder mit Einzeldüngern, bei P_2O_5 mit Thomasmehl, bei K_2O und MgO mit Kalimagnesia. Es fehlt dann die im Volldünger enthaltene Stickstoffgabe. Bei der Düngergabe kommt es auch auf das richtige Verhältnis der Nährstoffe zueinander an. Chlorhaltige Düngemittel (das sind beispielsweise alle roten Volldünger) werden von Rosen schlecht vertragen. Als optimales Nährstoffverhältnis wird Stickstoff (N) : Phosphor (P_2O_5) : Kalium (K_2O) = 1 : 0,5 : 1,5 angesehen.

Pflanzung

Nicht nur im Garten, sondern auch im Landschaftsbau sollten Rosen sorgfältig gepflanzt werden. Sofern keine langfristige Pflanzlochvorbereitung möglich ist, hat es sich bewährt, ein zwei Spaten tiefes Loch zu graben, auf dessen Grund man eine gute Handvoll Thomasmehl, mit Erde vermischt, geben kann. Man bedeckt den Dünger mit Erde, damit die Rosenwurzeln nicht mit ihm in Berührung kommen. Die Wurzeln werden beschnitten und kommen gut ausgebreitet nach unten zeigend ins Pflanzloch, wobei man die Pflanze so tief in das Pflanzloch setzt, daß bei veredelten Rosen die Veredlungsstelle 5 cm unter die Erdoberfläche kommt. Das Ganze wird mit Erde aufgefüllt, mit der Hand angedrückt (nicht mit dem Fuß antreten) und gewässert. Schließlich formt man einen Erdhügel bis zu 20 cm Höhe über der Pflanze, so daß die Triebe beim Anwachsen nicht eintrocknen können. Da dazu meist Erde fehlt, sollte man den Aushub mit gut verrottetem Kompost oder Gartenerde mischen. Man sollte der Füllerde keine organischen Bestandteile beimengen, die faulen und dabei den Wurzeln schaden können.

Vor dem Pflanzen sind Rosen, die aus dem Kühlhaus kommen, 24 Stunden lang ganz in Wasser zu legen. Sie dürfen beim Pflanzen nicht an der Luft trocken werden.

Erhaltungsdüngung

Im ersten Jahr nach der Pflanzung sollte kein mineralischer Dünger gegeben werden. Die jährliche Düngung in den Folgejahren kann im Frühjahr mit einem Volldünger erfolgen. Man gibt je m² eine gute Handvoll.

Nach Ende Juni sollte kein Stickstoffdünger mehr gegeben werden, weil sonst das Holz der Rosen vor dem Winter nicht genügend ausreift und dann leichter Frostschäden entstehen können. Als Bremse für die Wachstumsentwicklung gibt man möglichst schon im Juli gut verteilt eine kleine Handvoll Kalimagnesia je m² bzw. je Strauch.

Die Düngung kann auch in organischer Form gegeben werden, mit Hornspänen, Guano, organischen Mischdüngern oder auch gut verrottetem Rindermist. Bei rein organischer Düngung muß man darauf achen, daß der Kaliumbedarf der Rosen auch gedeckt wird.

Für die unterschiedlichen Bodenverhältnisse können wir hier keine Düngerezepte mit festen Mengenangaben geben. Wer nur mineralisch düngt, erzeugt nicht den für das Wachstum notwendigen Humus. In Großbritannien schwört man in der Rosenkultur auf gut verrotteten Kuhmist. Er wird dort bei der Boden-

vorbereitung und als Mulchdecke verwendet. Da sich verrotteter Mist schwer beschaffen läßt, sollte man wenigstens in jedem Garten aus Küchen- und Gartenabfällen Kompost herstellen.

Die Düngung der Strauchrosen im Park Wilhelmshöhe

Dieses Beispiel soll nicht zur Nachahmung dienen, sondern nur dazu anregen, in jedem Fall über die Düngung nachzudenken.

Es handelt sich hier um die Tätigkeit eines Vereins in einem öffentlichen Park. Die Bodenverhältnisse der einzelnen Pflanzflächen sind dort sehr unterschiedliche. Es kommen Basalt- und Buntsandstein-Verwitterungsböden, tertiärer Kasseler Meeressand, Tonböden und Aufschüttungen vor. Die Neupflanzung der Strauchrosen war aus gartenhistorischen Gründen an die Ränder der Baum- und Strauchpflanzungen gebunden, die die Gartenräume des englischen Landschaftsparks einrahmen. Die Rosen stehen in Konkurrenz mit den Baumwurzeln (»Baumdruck«) und benötigen daher eine erhöhte Düngung. Eine Bodenuntersuchung vor der ersten Pflanzung 1977 ergab einen pH-Wert von 4,5 bis 5,9, was einen für Rosen zu sauren Boden bedeutet. Der P_2O_5-Gehalt lag bei 4 bis 12 mg pro 100 g Boden. Es lag daher eine Unterversorgung mit Phosphorsäure vor. Der K_2O-Gehalt von 3 bis 16 mg pro 100 g Boden sprach für eine Kalium-Unterversorgung gegenüber einer ausreichenden Versorgung mit Magnesiumoxid von 14 bis 16 mg pro 100 g Boden. Insgesamt war der Parkboden wenig humos, es handelte sich um ein seit je ungedüngtes, aber ständig gemähtes Grasland.

Wochen vor der ersten Pflanzung wurden die Pflanzlöcher für die Strauchrosen in 40 bis 60 cm Durchmesser zwei Spaten tief ausgehoben und die Erde mit 600 g Hüttenkalk, 500 g Thomasphosphat unnd 100 g Kalimagnesia gemischt. Mit diesen sehr hoch erscheinenden Vorbereitungsgaben wollte man für einen den Rosen zuträglichen pH-Wert und eine ausreichende Grunddüngung sorgen. In den folgenden Jahren erhielt man oft unerwartet Rosen, so daß eine solch intensive Pflanzloch-Vorbereitung nicht mehr möglich war. Bei der Pflanzung wurden in diesen Fällen zwei Hände voll Thomasphosphat (14% P_2O_5 + 45% CaO) am Grund des Pflanzlochs mit Erde gemischt und mit einer Schaufel Erde bedeckt. Der Erdaushub wurde mit Erde von Maulwurfshaufen und Kompost gemischt, die gepflanzten Rosen wurden zum Schutz vor Verdunstung angehäufelt.

Im ersten Jahr erhielten die Rosen nur eine Kompostgabe im Mai. Der Kompost wurde in jedem Jahr aus sieben Ballen Torf, der dreifachen Menge Lauberde, 150 kg Hüttenkalk und 75 kg Horngries (Schweineborsten) hergestellt. Das Gemisch wurde durch eine Erdmühle geworfen und abgelagert. Diese jeweils für einen Teil der Strauchrosen jährlich wiederholte Kompostgabe hat sich sehr bewährt, sie regte das Bodenleben an, erfüllte eine gewisse Düngerwirkung und crlcichtcrtc durch die mulchartige Oberschicht das Sauberhalten der Pflanzscheiben.

Im zweiten Jahr der Pflanzung wurden im Frühjahr nach dem Abrechen des Fallaubes je Pflanze 60 g Horngries (Schweineborsten), 40 g Guano und Ende Mai noch einmal 40 g Nitrophoska permanent sowie im August 50 g Kalimagnesia gegeben. Da man den ziemlich dichten Baumlaubfall immer erst spät räumen konnte, wurde in den letzten Jahren der Horngries bereits vor dem Laubfall Ende Oktober–Anfang November gegeben. Der Horngries gibt den Stickstoff erst nach einiger Zeit und bei bestimmten Temperaturen frei. Im Frühjahr, nach dem Abräumen des Laubes, zeigte sich auf den im Herbst mit Schweineborsten gedüngten Baumscheiben eine mürbe Schicht garen Bodens.

Erneute Bodenuntersuchungen in den Jahren 1980 und 1984 zeigten durchschnittliche pH-Werte von 6,1 bis 6,4, einen Humusanteil des Bodens von 6,6 bis 12,3 %, was bestem Gartenboden entspricht, sowie eine ausreichende Versorgung mit Phosphor von durchschnittlich 35,9 mg P_2O_5 pro 100 g Boden und eine Überversorgung von 76,5 mg K_2O und 41,5 mg MgO. Auf eine zusätzliche Volldüngergabe wurde darum 1985 verzichtet. Bewährt hat sich in den folgenden Jahren, dort wo die Rosen im Wettbewerb mit den Baumwurzeln stehen, eine Flüssigdüngergabe von 50 g Hakaphos in 10 l Wasser je Strauchrose. Außerdem erhielt jede Strauchrose alle zwei Jahre eine gute Handvoll Hüttenkalk.

Rosenschnitt

Die Auffassungen über den Rosenschnitt gehen sehr weit auseinander. Der Rosenschnitt bedeutet ein Pflegemittel, auf das wir auch bei Strauchrosen nicht verzichten können.

Von den Beet- und Edelrosen sind wir es gewohnt, daß sie im Frühjahr bis auf wenige Augen heruntergeschnitten werden und daß man alle abgeblühten Rosen abschneidet. Die öfterblühenden Rosen blü-

hen an jedem frischen Trieb. Die nur einmal blühenden Rosen blühen dagegen am zweijährigen Holz. Kürzt man die Triebe im Herbst oder Frühjahr ein, wie das meist bei öfterblühenden Beetrosen geschieht, nimmt man dem Strauch den kommenden Flor und Fruchtschmuck. Alle kranken und verletzten Triebe müssen jedoch herausgeschnitten werden, außerdem sollte man Wild- und Strauchrosen alle vier bis fünf Jahre durch das Herausnehmen eines oder mehrerer alter Triebe verjüngen. Mit der Astschere oder Astsäge entfernt man dazu abgetragene Triebe im Frühjahr direkt über dem Boden. Auch bei öfterblühenden Strauchrosen ist alle paar Jahre ein Verjüngungsschnitt angebracht, weil die Sträucher sonst vergreisen. Bei Kletterrosen gilt die Regel, nur altes und krankes Holz an der Basis zu entfernen. Ein Schnitt kann auch als Pflanzenschutzmaßnahme zweckmäßig sein. Die *Rosa wichuraiana*-Abkömmlinge, insbesondere 'Excelsa', bekommen in oder nach der Blüte leicht Mehltau; vorbeugend wirkt hier das Entfernen der abgeblühten Ranken an ihrer Basis.

Auch beim Rosenschnitt helfen eigene Überlegungen und Erfahrungen mehr als alle Rezepte.

Rosenpflege

Rosen sind für eine offene, nicht verkrustete Pflanzscheibe dankbar. Der Boden muß sich im Frühjahr erwärmen können und gut durchlüftet sein. Zur Durchlüftung hat sich die Rosengabel bewährt, eine Grabegabel mit nur zwei Zinken. Sie läßt sich durch Absägen der äußeren Zinken herstellen. Durch Einstechen und leichtes Drehen kann man den Boden lockern, ohne oberflächennahe Wurzeln zu schädigen. Eine nicht zu dichte Mulchdecke, die den Luftaustausch nicht behindern darf, ist erst ab Ende Mai angebracht und soll dann die Bodenfeuchtigkeit erhalten. Rosen lieben feuchten Boden, man sollte sie aber nie von oben sprengen wegen der Gefahr, daß sich Sternrußtau entwickelt. Im Bedarfsfall den Boden gründlich wässern. Ein Teil der Rosenwurzeln wächst flach unter der Bodenoberfläche. Beim Hakken, um die Pflanzscheibe von Unkraut freizuhalten, muß darum die Hacke betont oberflächlich geführt werden. Runter auf die Knie (es gibt dazu Knieschützer) und mit einem einzinkigen Haken den Boden lockern und unkrautfrei machen ist der einfachste Weg der Pflege. Unterpflanzungen erschweren die Pflege, die Pflanzscheibe sollte auch frei bleiben.

Winterschutz

In harten Wintern sind vor allem diejenigen Rosen frostgefährdet, die in ihrer Erbmasse Anteile von *Rosa chinensis*, *R.wichuraiana*, *R.moschata*, *R.sempervirens* und bedingt auch *R.multiflora* haben. All diese Rosen stammen aus feuchtwarmen, subtropischen Gebieten. Sie bilden meist die Vorfahren unserer heutigen öfterblühenden Strauch-, Kletter- und Beetrosen. So ist das Zurückfrieren unserer Gartenrosen in den drei Wintern von 1984 bis 1987 zu erklären. Als bester Winterschutz hat sich ein Anhäufeln der Rosen bewährt.

Alle mit Erde bedeckten Teile sind geschützt und erfrieren kaum, darum biegt man auch die Stammrosen, deren Veredlungsstelle oben am Stamm sitzt, zur Erde herunter und bedeckt sie mit Erde. Bei besonders harten Wintern mit tiefen Temperaturen nützt ein Einbinden der Stammrosen mit Fichtenreisig, Stroh oder Fließstoff wenig. Frostschäden entstehen auch im Februar–März aufgrund der Temperaturgegensätze, hervorgerufen durch Sonnenbestrahlung der Triebe am Tage und Frost in der Nacht. Die Zellen auf der Sonnenseite nehmen Wasser auf, das in der Nacht gefriert, was die Zellen zerstört. Hier kann eine Schattierung mit Fichtenreisig oder anderem Material helfen. Das Einbinden der Rosen in Plastiksäcke gibt nur dann einen gewissen Schutz, wenn die Säcke oben stark perforiert sind. In geschlossenen Säcken erhitzt sich die Luft bei Sonnenbestrahlung und regt die Rose zum Austreiben an. In Frostnächten erfrieren diese Triebe.

Wildrosen mit Ausnahme der genannten und damit auch ihre Kreuzungen untereinander sind in der Regel winterhart. Bewährt haben sich auch Stämmchen mit winterharten Alten Rosen, sie brauchen nicht umgelegt zu werden.

Ein Ausreifen der Zweige vor dem Frost ist wichtig, darum sollte man in unseren Klimaten die Rosen nicht durch Stickstoffgaben nach Ende Juni treiben.

Nach Frostschäden muß alles beschädigte Holz radikal weggeschnitten werden. Dieser Rückschnitt kann bis zum Erdboden erfolgen. Aus Augen oberhalb der Veredlungsstelle treibt die Rose wieder aus.

Pflanzenschutz

Die Vorstellung, bei Rosen sei ein Pflanzenschutz unbedingt erforderlich, hemmt am stärksten die Nutzung der unendlichen Möglichkeiten der Verwendung von Rosen im Garten- und Landschaftsbau. Wild- und Strauchrosen sind in dieser Beziehung sehr pflegeleicht. Wer spritzt schon gern Pflanzenschutzmittel – einerseits bedeutet es einen Arbeitsaufwand, andererseits wird das Spritzen als etwas Umweltfeindliches angesehen und ist es auch, wenn es sich um giftige Spritzmittel handelt. Gegen Schäden durch Insekten ist keine Rose gefeit. Der mögliche Befall mit Pilzkrankheiten kann je nach Erbanlage, Standort, Kleinklima und Pflege verschieden stark sein. Es gibt Wildrosen und Kreuzungen, die gegen Pilzkrankheiten nahezu resistent sind.

Von der Vielzahl der vorkommenden Befallsmöglichkeiten (siehe dazu Woessner 1988: »Rosenkrankheiten«) sollen hier nur Läuse, Mehltau, Sternrußtau und Rosenrost interessieren.

Treten Läuse auf, sollte man, wenn das Abstreifen mit den Fingern nicht genügt, die für Vögel und Bienen unschädlichen pflanzlichen Pyrethrum-Mittel benutzen. Das Spritzen mit diesen Mitteln führt zu einem Erfolg, wenn man es nach drei bis vier Tagen wiederholt. Bienengefährdende Mittel sollte man im Garten ganz vermeiden, sie dürfen nicht in offene Blüten und nur abends nach dem Bienenflug gespritzt werden.

Ein verbreiteter Schädling ist die Rosenblattrollwespe. Sie sticht die Blätter an, die sich dann zusammenrollen, legt aber nur in wenige Blätter ihre Eier. Der Schaden sieht schlimmer aus, als er ist.

Bei den jährlich auftretenden Pilzkrankheiten Mehltau, Sternrußtau und Rost sollte man versuchen, die Ursachen des Befalls zu ergründen. Der Befall kann sortenbedingt sein oder durch einen ungünstigen Standort, durch Pflegefehler und besondere Witterungsverhältnisse verursacht werden. Bei immer wieder auftretendem Befall hilft nur die Pflanzung widerstandsfähiger Sorten, eine Verbesserung des Standortes, eine Vermeidung von Stickstoff-Überdüngung. Die Krankheitskandidaten hat man sehr schnell herausgefunden. Will man auf sie nicht verzichten, so hilft nur eine regelmäßige Spritzung alle zehn Tage.

Unangenehm für Rosenbestände können Wühlmäuse werden, die im Winter die Wurzeln abfressen. In gefährdeten Bereichen kann man die Rosen in Drahtnetze setzen. Sicherer als alle Patronen wirken Wühlmausfallen. Aufgespürte Gänge werden aufgegraben; die Wühlmaus, die keinen Zug verträgt, wirft den Gang sofort wieder zu, woran man erkennt, ob der Gang noch benutzt wird. Man öffnet ihn erneut und setzt die Falle ein, in der sich die Wühlmaus bald fängt.

Verzeichnisse

Rosengesellschaften

Für alle nationalen Rosengesellschaften gilt die nachstehende Erklärung des Vereins Deutscher Rosenfreunde e. V., Geschäftsstelle Waldseestraße 14, 7570 Baden-Baden, Telefon 07221/31302.

Der Verein Deutscher Rosenfreunde (VDR) ist eine Vereinigung von Rosenliebhabern. Auch Rosengärtner, Rosenvermehrer und Rosenzüchter zählen zu den Mitgliedern. Der VDR wurde 1883 gegründet und hat heute über 7000 Mitglieder. Die Rosenfreunde treffen sich regional in Freundeskreisen und einmal im Jahr zum Rosenkongreß in Städten, die sich jeweils in besonderer Weise der Rosen annehmen, wie zum Beispiel bei Bundesgartenschauen. Das Bindeglied für alle Mitglieder ist »Der Rosenbogen«, eine viermal im Jahr erscheinende Zeitschrift, die ausschließlich die Rosen zum Thema hat. Der VDR bemüht sich, der Rose im privaten wie im öffentlichen Bereich vor allem durch Beratungen mehr Geltung zu verschaffen. Aus solchen Bemühungen heraus hat die Stadt Dortmund im Westfalenpark das »Deutsche Rosarium« geschaffen. Es entstanden die Rosendörfer Schmidtshausen (Rheinland-Pfalz), Nöggenschwiel (Südschwarzwald), Seppenrade (Westfalen) und Steinfurth (Hessen) sowie der Rosenkreis Neunkirchen (Saarland), nicht zu vergessen die Rosenstadt Zweibrücken mit ihren Rosengärten.

Rosengärten und -sammlungen wie die im Park Wilhelmshöhe-Kassel, Uetersen in Schleswig-Holstein und der Rosenneuheitengarten auf dem Beutig sowie der Rosengarten in der Gönneranlage – beide in Baden-Baden – sind erwähnenswert. Weitere »Rosenmittelpunkte« sind im Entstehen. So ist und bleibt die Rose »Königin der Blumen«.

Belgien
Société Royale Nationale 'Les Amis de la Rose'
Moullemstraat 14
B-9762 Mullem (Oudenaarde)

Großbritannien
The Royal National Rose Society
Chiswell Green Lane
GB-St. Albans Herts AL 23 NR

Frankreich
Société Française des Roses
Parc de la Tête d'Or
F-69459 Lyon, Cedex 3

Holland
Niederlandse Rozenvereniging
Kievitweg 5
NL-5752, PT Deurne

Italien
Associazione Italiana della Rosa
Villa Reale Corse
Milano 30
I-20052 Monca

Luxemburg
Letseburger Rousefrenn
51 Ave du 10. Sept.
Luxembourg

Nord-Irland
The Rose Society of Northern Ireland –
Gwynharoed
13 Glen Ebor Park
Belfast BT4 2JJ

Polen
Polskie Towarzystwo Mitosnikow Róz
Broniewskiego 8a
01-785 Warszawa 86

Schweiz
Gesellschaft Schweizerischer Rosenfreunde
Schloßbergstraße 23
CH-8820 Wädenswil

Société Romande Amis de Roses
Centre Horticole de Villier
CH-1254 Jusy, Genf

Skandinavien
Nordisk Rosenselskab
Rolighedsvej 26
DK-1958 København.

Spanien
El Ingeniero Agronomo
Jefe de Parques y Jardines
Ajuntamiento de Madrid

Tschechoslowakei
Rosa Klub CSSR
tr SNB5
Praha 10

Bis auf Skandinavien sind alle genannten Vereine im Weltbund der Rosenvereine zusammengeschlossen.

Rosarien und Rosengärten

In Europa gibt es zahlreiche Rosarien, in denen viele Hunderte Rosenarten und -sorten aufgepflanzt sind. Hier kann man für den eigenen Garten Anregungen finden und gewünschte Rosen in ihrem natürlichen Wuchs beobachten.

Die folgenden Rosarien, Rosengärten und Botanischen Gärten zeigen ein breites Sortiment Wildrosen und Alte Rosen.

Bundesrepublik
Deutsches Rosarium VDR
Westfalenpark, Am Kaiserhain 25
4600 Dortmund 1
Neben Beet- und Edelrosen aus aller Welt ein umfassender Bestand an Wildrosen und historischen Gartenrosen.

Rosengarten im Palmengarten
Siesmayerstraße 61
6000 Frankfurt

Mainauverwaltung
Post Konstanz
7750 Insel Mainau
Entlang der Wildrosenstraße ein sehr eindrucksvoll aufgepflanzter Bestand.

Strauchrosenpflanzung im Park Wilhelmshöhe
Wilhelmshöher Weg 37
3500 Kassel
Tel. 0561/61434
Eine im Sinne des Landschaftsgartens, in Erinnerung an das 1766 angelegte Rosarium, aufgepflanzte Geschichte der Strauchrosen.

Rosarium der Stadt Uetersen
2082 Uetersen
Bestand neuerer und älterer Gartenrosen.

Rosengarten des Sichtungsgartens des Instituts für Stauden und Gehölze
Blumen-Straße 10
8050 Freising-Weihenstephan
In Vergesellschaftung mit Stauden und Sträuchern Bestände an Wildrosen und Alten Rosen.

Rosengarten Zweibrücken und Wildrosengarten an der Fasanerie
Amt für Gärten und Friedhöfe
6800 Zweibrücken
In beiden Rosengärten ein umfangreicher Bestand an Gartenrosen und Wildrosen.

Botanischer Garten und Botanisches Museum Berlin-Dahlem
Königin-Luise-Straße 6–8
1000 Berlin 33
Interessanter Bestand an Wildrosen.

Dänemark
Marselisborg, Schloßpark: Rosengarten der Königin Margarete
(Nur zugänglich, wenn die königliche Familie sich nicht in Marselisborg aufhält.)
Bestand Alter Rosen aus dem Betrieb von Valdemar Petersen.

Möllehofgaard, Horsherred bei Gerlev-Frederikssund, Seeland
Ein seit 1985 neu aufgepflanzter Rosengarten mit den nach dem Katalog von Thim-Petersen aufgepflanzten Alten Rosen und den Rosen des Züchters Poulsen. (Die Rosen sind nur mit den Katalognummern versehen.)

Die Vermehrer Alter Rosen V. Petersen's Nachfolger (Torben Thim), Løve, Seeland, und E. und H. Lykke, Hornslet, Jütland, besitzen sehenswerte Schaugärten.

Deutsche Demokratische Republik
Rosarium Sangerhausen
Steinberger Weg 3
DDR-4700 Sangerhausen
Größte Sammlung an Wildrosen und Gartenrosen.

Belgien
Roseraie Provinciaal Trefcentrum
Kammerweg 2
Galmaarden Brabant
Sammlung botanischer Rosen im Aufbau.

Kalmthout bei Antwerpen
Arboretum de Belder mit reichhaltigem Bestand
an Wild- und Strauchrosen.

Vrijbroekpark
Humbeeksesteenweg 264
Mechelen

Frankreich
Parc Saint-Nicolas
43 rue Marinet
F-71100 Châlon-sur-Saône
Eine ausbaufähige, großzügig angelegte Sammlung
von Strauch- und Beetrosen im Überschwemmungs-
gebiet der Saône.

Roseraie de L'Haÿ-les-Roses
Rue Albert-Watel
F-94240 L'Haÿ-les-Roses
In der geometrischen Form eines Fächers angelegte
umfassende Rosensammlung.

Parc de la Tête d'Or
F-69459 Lyon Cedex 3
Schöner Rosenpark. Im anschließenden Jardin Bota-
nique ein interessanter Bestand an botanischen
Rosen und Rosenraritäten.

Roseraie du Parc de la Source
F-45100 Orléans
Neben einem großen Bestand an Beet- und Edelrosen, im Park verstreut, Wildrosen und Raritäten historischer Rosen.

Roseraie du Parc de Bagatelle
Bois de Boulogne, Paris
Sehr schön angelegter Rosengarten, der neben Beet-
und Edelrosen eine umfangreiche Sammlung von
Kletterrosen enthält.

Roseraie Saverne/Elsaß
Der Zaberner Rosengarten besteht seit der Jahrhun-
dertwende. Viele Alte Rosen und Züchtungen des
Mitbegründers Louis Walter.

Le Clos Barbisier
Besançon
Ein romantischer Garten mit Alten Rosen.

Großbritannien
Rosengarten der Royal National Rose Society
Chiswell Green Lane
St. Albans
Hertfordshire AL2 3NR
Umfassende Sammlung von Wildrosen und Alten
Rosen.

The Royal Botanic Gardens
Kew
Richmond
Surrey TW9 3A B
Am 'Holly Walk' eine sehr interessante
Wildrosensammlung.

The National Trust
Mottisfont Abbey Rose Garden
Mottisfont near Romsey
Von Graham Stuart Thomas zusammengestellte
Sammlung historischer Rosen in einem Mauergarten.

The Royal Horticultural Society's Gardens
Wisley Ripley, Surrey GU23 62B
Woking
Sehr schöner Bestand an Wildrosen und
Alten Gartenrosen.

Italien
Private Sammlung
Prof. Dr. Fineschi
Cavriglia
San Giovanni Valdarno, Toskana
Systematisch aufgepflanzte umfassende Sammlung
Alter und moderner Rosen.

Niederlande
Botanischer Garten
Department of Plant Taxonomy and Plant
Geography
D.O. Wijnands
37 Gen. Foulkesweg
PO Box 8010
NL-6700 E D Wageningen

Norwegen
Institut for dendrologi og planteskoledrift
P.O. Box 16
N-1432 Aas-NHL

Österreich
Rosarium Baden
Stadtgartenamt
A-2500 Baden bei Wien
Guter Bestand an älteren Sorten neben
heutigen Rosen.

Botanischer Garten
A-4020 Linz

Schweden
Rosarium Trädgaardföreningen Carl Skottsbergs
gata 22
S-413 19 Göteburg
Eine 1987 eingeweihte umfassende Sammlung Alter
Rosen und Teehybriden des Pfarrers Göte Haglund.

Fredriksdales Rosenträdgaard, Helsingborg
Helsingborgs Museum
S. Storgatan 31
S-25223 Helsingborg
Eine reichliche Sammlung von Wildrosen mit
den zugehörigen Hybriden.

Rosariet vid Statens Trädgårdsskola Norrköping
Systematische Sammlung von Wildrosen und ihren
Abkömmlingen.

Schweiz
Rosengarten Bern

Internationale Alpine Rosenprüfstelle
Braunwald Kanton Glarus

Schaugarten der Firma Huber
Dottikon-Rothenbühl

Schloß Heidegg
Gelfingen Kanton Luzern
Barockgarten mit Alten und seltenen Rosen.

»Bern Chilchli«
Neunkirch
Alte und seltene Strauchrosen.

Genf
Roseraie du Parc de la Grange
Auch Stätte der Internationalen Rosenprüfung.

Lausanne
Vallée de la Jeunesse

Rapperswil
Rosengarten und Blindenrosengarten der Stadt

Strauchrosenhang
Regensberg Kanton Zürich
Gehört zum »Haus Engelfried« der Rosenmalerin
Lotte Günthart.

Vaumarcus
Roseraie Hauser
Ein in die Landschaft eingebauter Weg mit Alten
Rosen und Wildrosen.

Sowjetunion
Botanischer Garten des Botanischen Institutes Komaroff der Akademie der Wissenschaften
Leningrad 22
Professor-Popov-Straße 2

Botanischer Hauptgarten der Akademie der Wissenschaften der UdSSR Moskau
Botanicheskaja-Straße 4
Moskau I-276

Tschechoslowakei
Arborétum Borová Lesnicka
A-960 53 Zvolen Drevárska
Enthält unter anderem eine Sammlung von
Geschwindrosen.

Forschungsinstitut für Zierpflanzenbau
25243 Pruhonice bei Prag

Ungarn
Entwicklungsunternehmen für Obst- und
Zierpflanzenbau
Gyümöles-es Disznövénytermesztési Fejlesztö
Vállalat
1223 Budapest, Ngytétényi út 198–202
Besichtigung nur mit Erlaubnis.

Bezugsquellen für Wildrosen und Alte Rosen

Die Beschaffung bestimmter Alter Rosen ist nicht immer einfach, hat aber, wie die Suche nach Antiquitäten, einen besonderen Reiz. Das Vermehren von Rosen, die sich nicht in großen Mengen absetzen lassen, ist ein risikoreiches und mühsames Geschäft. Die großen Züchter und Vermehrer in der Welt können bei den allgemein hohen Lohnkosten von diesen handarbeitsintensiven Pflanzen nur einen sehr beschränkten Sortenbestand anbieten, von dem sicher ist, daß er sich durch umfangreiche Bestellungen im gleichen Jahr umsetzt. Diese wirtschaftlich bedingte Entwicklung wirkt sich auf die Vielfalt des Angebotes aus, und es drohen immer mehr Züchtungen verlorenzugehen.

Es haben sich jedoch einige begeisterte Rosenfreunde gefunden, die – meist in Familienbetrieben – versuchen, die ganze Breite der Hochleistungen früherer Züchtungsarbeit zu erhalten und diese Rosen wieder zu vermehren. Bei der Vielzahl der Sorten und der geringen Nachfrage werden bestimmte Sorten, auch wenn sie in den Angebotskatalogen der Vermehrer aufgeführt sind, nicht in jedem Jahr lieferbar sein. Man muß hier die Geduld haben, das Gewünschte für das kommende Jahr vorzubestellen.

In Großbritannien und Nordamerika, wo eine größere Nachfrage nach Alten Rosen besteht, erscheinen jährlich Listen mit Nachweisen, bei welchem Vermehrer man die Rosen bestellen kann (Find that Rose, A Guide to who grows what. Rose Growers' Association, 303 Mile End Road, Colchester, Essex CO4 5EA).

Wir beschränken uns auf die Nennung der auf Wildrosen und Alte Rosen spezialisierten Vermehrungsbetriebe in Europa, die uns von Lieferungen her bekannt sind. Zunehmend führen auch viele weitere Rosenbaumschulen historische Rosen und Parkrosen. Man sollte deshalb auch die Kataloge der hier nicht genannten allgemein bekannten Firmen durchsehen.

Bundesrepublik Deutschland
Ingwer J. Jensen
Hermann-Löns-Weg 39
2390 Flensburg
Tel. 0461/59586
Hat das umfangreichste Angebot in der BRD. Neben seinen Katalogen hat er drei gut bebilderte Hefte mit Beschreibungen über sein Angebot herausgegeben.

Goos-Baumschulen
Zuber-Goos
6908 Wiesloch-Baiertal
Tel. 06222/53434

Walter Schultheis
Rosenhof
6350 Bad Nauheim-Steinfurth
Tel. 06032/81013

BKN Strobel
Wedeler Weg 62
Postfach 2049
2080 Pinneberg
Tel. 04101/20550

Karl Zundel
Rosenkulturen
Warburger Straße 2
3502 Vellmar

Belgien
Pépinières Louis Lens
Mechelbaan 117
B-2860 Onze-Lieve-Vrouw-Waver

Dänemark
Ellen og Hugo Lykke
Rosenplanteskole Hønebjergvej 31
Søby
DK-8543 Hornslet

V. Petersens Planteskoles EFTF
Torben Thim
Plantevej 3, Løve
DK-4270 Høng
Tel. 00453/569313
Thim hat über seine »Historiske Roser« einen Katalog mit guten Beschreibungen auf Dänisch mit englischen Erklärungen herausgegeben.

Frankreich
(Die französischen Vermehrer tun sich etwas schwer mit der Lieferung nach Deutschland.)

Bernard Boureau
28 bis, rue du Maréchal Gallieni BP 8
F-77166 Grisy Suisnes

André Eve
BP 206
F-45302 Pithiviers Cedex

Großbritannien

Peter Beales Roses
London Road
Attleborough
GB-Norfolk NR17 1AY
Tel. 0044953/454707

Hillier Nurseries Ltd.
Ampfield House
Ampfield
GB-Romsey/Hants, SO5 9PA

David Austin Roses
Bowling Green Lane
Albrigton
GB-Wolverhampton, WV7 3HB
Moderne Rosen in alter Tradition. Jensen hat die
Vertretung in der Bundesrepublik Deutschland.

Italien

Guido Piacenza
Piante per Amatori
CP 381
I-13051 Biella

Niederlande

Belle Epoque, W. M. Verhue
Rozenkwerkerij
Mollendijk 9
NL-3233 LN Ostvoorne

Schweden

Cedergren & Co
Plantskola
Box 16016
S-25016 Helsingborg

Schweiz

Richard Huber AG
CH-5605 Dottikon AG
Tel. 004157/41364

Die meisten Vermehrer führen umfangreiche Kataloge, für die zum Teil eine Schutzgebühr erhoben
wird. Bei der Bestellung im Ausland entstehen Mehr-
kosten für das Pflanzenschutzzeugnis, den Umsatz-
steuerausgleich beim deutschen Zoll sowie Fracht
und Überweisungskosten des Rechnungsbetrages,
ansonsten erfolgt die Lieferung in der Regel problemlos.

Bezugsquellen für die Stauden und Gehölze als Partner von Rosen

Staudengärtnereien mit Verkauf an Privatkunden:
Kayser & Seibert
Odenwälder Pflanzenkulturen
6101 Roßdorf

Heinz Klose
Rosenstr. 10
3503 Lohfelden

Gärtnerischer Pflanzenbau
Dr. Hans Simon
Georg-Mayr-Straße 70
8772 Marktheidenfeld

Willumeit
Heidelberger Landstraße 179
6100 Darmstadt-Eberstadt

Friesland Staudengarten Uwe Knöpnadel
Husumer Weg 16
2942 Jever 3 (Rahrdum) (Vermittlung von Pflanzen,
Börse)

Weitere Anschriften erfragen beim
Bund deutscher Staudengärtner
Geschäftstelle Gießener Straße 47
6310 Grünberg

Lieferfirmen für besondere Gehölze:
Gärtnerischer Pflanzenbau
Dr. Hans Simon
Georg-Mayr-Straße 70
8772 Marktheidenfeld

Hillier Nurseries (Winchester) Ltd.
Ampfield House
Ampfield, Romsey
Hants. SO5 9PA
England

C. Esveld
Rijneveld 72
NL-2771 XS Boskoop

Pieter Zwijnenburg jr.
Voorkade 52
NL-2771 ZD Boskoop

Literaturverzeichnis

Die Zahl der Rosenbücher ist groß, eine Auswahl schwierig. Unserem Literaturnachweis voraus möchten wir einige Bücher zum weiterführenden Studium über Alte Rosen und Wildrosen nennen.

SERVAIS LEJEUNE gibt in seiner vergriffenen Schrift »Rosenbücher – mein Steckenpferd«, Weiland, Lübeck 1978, einen Überblick über die wichtigsten bis dahin erschienenen Rosenbücher.

KEITH L. STOCK gab im Selbstverlag 1984 eine Bibliographie aller auf Englisch, Französisch, Latein und Deutsch von 1550 bis 1975 erschienenen Rosenbücher heraus.

Leider nur über große Bibliotheken zugänglich sind die großen Bildwerke des 19. Jahrhunderts:

PIERRE JOSEPH REDOUTÉ und CLAUDE ANTOINE THORY brachten von 1817 bis 1821 die drei Bände »Les Roses« heraus. Von diesem Werk ist im Jahre 1978 durch die Botaniker de Belder bei de Schutter in Antwerpen ein ausgezeichneter Reprint mit einem in französischer und englischer Sprache geschriebenen Kommentarband der belgischen Botanikerin GISÈLE DE LA ROCHE erschienen. Dieser Kommentar zu den Redouté'schen Rosen ist für das Studium der Alten Rosen grundlegend, aber wie das Gesamtwerk nicht im Buchhandel erhältlich. Für den Handgebrauch gibt es ein »Bibliophiles Taschenbuch mit den Rosen von Redouté«, 1980 erschienen bei Harenberg, Dortmund.

Von MARY LAWRANCE stammt die erste Rosenbildersammlung, »A Collection of Roses from Nature«, London 1799. Sie zeigt 90 Porträts von Rosen.

CARL GOTTLOB RÖSSIG gab von 1802 bis 1820 in Leipzig »Die Rosen nach der Natur gezeichnet und coloriert mit kurzen botanischen Bestimmungen« heraus mit 60 Rosenbildern von verschiedenen Zeichnern. Vom gleichen Autor stammt: »Ökonomisch-botanische Beschreibung der verschiedenen und vorzüglichen Arten, Ab- und Spielarten der Rosen zu näheren Berichtung derselben für Liebhaber von Lustanlagen und Gärten«, Leipzig 1803.

FRIEDRICH JUSTIN BERTUCH ließ für sein »Anschauungsbuch für Kinder«, Weimar ab 1802, 32 Rosen der Zeit malen.

HENRY CHARLES ANDREWS' »Roses or: A Monograph of the Genus Rosa«, London 1805, mit 129 Rosenbildern konnten wir bis jetzt in Deutschland nicht auftreiben.

ELLEN WILLMOTT'S »The Genus Rosa« mit den 120 Bildern von ALFRED PARSONS, London 1914, gilt als grundlegendes Werk. Im Jahre 1987 erschienen daraus 70 Bilder unter dem Titel »A Garden of Roses«, kommentiert von Graham Stuart Thomas, Pavilion, London.

SALOMON PINHAS zeichnete »Die Rosensammlung von Wilhelmshöhe«, 1815. Die 134 Rosenaquarelle stehen unveröffentlicht im Schloßmuseum Wilhelmshöhe, Kassel.

Im Buchhandel erhältlich sind folgende Bücher über Alte Rosen:

GRAHAM STUART THOMAS. Einer der bekanntesten Kenner Alter Rosen, hat zu diesem Thema drei Bücher geschrieben: »The Old Shrub Roses«, London 1984, »Shrub Roses of Today«, London 1974, »Climbing Roses Old and New«, London 1978.

JACK HARKNESS »Roses«, Dent, London 1978, bildet mit den guten eigenen Beobachtungen des Züchters ein selbständiges Werk.

PETER BEALES. Der englische Vermehrer und Züchter gab 1985 mit »Classic Roses«, erschienen bei Collins-Harvill, London, ein Standardwerk über Alte Rosen heraus.

DAVID AUSTIN, der Züchter der »Englischen Rosen«, folgte 1988 mit einem umfassenden Buch »The Heritage of the Rose«. The Antique Collectors Club, 5, Church Street, Woodbridge, Suffolk.

TREVOR GRIFFITHS, der neuseeländische Vermehrer, veröffentlichte zwei Bücher mit mehr als 800 Farbbildern über Alte Rosen: »Book of Old Roses«, London 1985, und »The Book of Classic Old Roses« London 1987.

CHARLOTTE TESTU, eine französische Gartenjournalistin, lieferte mit »Les Roses Anciennes«, Paris 1984, eine sorgfältige und gut bebilderte Arbeit zu dem Thema.

S. G. SAAKOW, der russische Rosenexperte, gelang mit seinen »Wild- und Gartenrosen«, VEB Deutscher Landwirtschaftsverlag, Berlin 1976, für Osteuropa ein gutes Nachschlagewerk.

VALDEMAR PETERSEN gab mit seinem Buch »Gamle Roser i nye Haver« Aarhus 1968, als einer der ersten Vermehrer Alter Rosen ein grundlegendes Buch heraus. Es ist leider nur in Dänisch und Schwedisch erschienen.

GERD KRÜSSMANN, »Rosen, Rosen, Rosen – unser Wissen über die Rosen« das umfassenste deutsche Rosenbuch, erschien bei Paul Parey Berlin und Hamburg (1974) 1985.

GERDA NISSEN, die Ditmarscher Wiederentdeckerin Alter Rosen, hat mit ihrem Buch »Alte Rosen«, Boyens & Co, Heide, bei vielen Rosenfreunden die Liebe zu Alten Rosen geweckt. Das Buch erschien 1988 in 5., erweiterter Auflage.

Unseren im Buch erwähnten Fachbüchern und Rosenkatalogen voraus seien vier **Rosenregister mit kurzen Beschreibungen** genannt:

Simon-Cochet: Nomenclature de tous les Noms de Roses. Paris 1906, 2. Auflage.

Jäger, A.: Rosenlexikon. Zentralantiquariat der Deutschen Demokratischen Republik, Leipzig 1960.

Modern Roses 9: The International Checklist Of Roses in Cultivation or of Historical or Botanical Importance. Ein in Abständen erscheinendes Weltrosenregister, erschienen ab 1986 bei der American Rose Society, Shreveport, Lousiana, USA. Allgemein ist noch »Modern Roses 8« im Gebrauch.

Rosenverzeichnis Rosarium Sangerhausen: Zusammengestellt von Paul Täckelburg, 3. Auflage. Durch den großen Rosenbestand in Sangerhausen kann dieses Verzeichnis auch als Rosenlexikon dienen.

Im Buch erwähnte Fachbücher

DE L'AIGLE, A.: Begegnung mit Rosen. Stuttgart 1958. Reprint Frick Moos 1978.

Anonym: Roses et Rosiers. Par des Horticulteurs et des Amateurs de Jardinage. F. Donnaud, Paris 1873.

AUSTIN, D.: The Heritage of the Rose. Antique Collectors Club, Woodbridge 1988.

BdB-Handbuch: Teil IV Rosen. Fördergesellschaft »Grün ist Leben« Baumschulen GmbH, Pinneberg 1982. (Enthält heutige Rosen)

BEALES, P.: Classic Roses. Collins-Harvill, London 1985.

BEAN, W. J.: Trees and Shrubs hardy in the British Isles. Vol IV., John Murray, London 1980, 8. Auflage. Seiten 37 bis 205.

BERTUCH, F. J.: Bilderbuch für Kinder. 30 Rosenporträts mit Beschreibungen. Industrie-Comptoir, Weimar 1802–04.

BETTEN, R.: Die Rose, ihre Anzucht und Pflege. Trowitzsch & Sohn, Frankfurt/ Oder 1903.

BÖTTGER, CH. H.: Verzeichnis derjenigen fremden und einheimischen Bäume und Stauden, welche in den angelegten englischen Parks und Gärten des Fürstlichen Lustschlosses Weissenstein dermalen befindlich sind. Cassel 1777.

BUIST, R.: The Rose Manual. New York 1844. Reprint Earl M. Coleman, New York 1978.

BUNYARD, E. A.: Old Garden Roses. Charles Scribner's Sons. New York 1936.

CAMERARIUS, J.: Epitome Matthioli de Plantis (Kräuterbuch). Nürnberg 1586.

CHOTEK, M. H.: Rosensorten und Preisliste. Dolnia Krupa, Slowakei 1929.

CLUSIUS (CHARLES DE LUECLUSE): Rerorum plantarum historia. Antwerpen 1601.

CURTIS, H.: The Beauties of the Rose. 2 Bände, J. Lavars, Groombridge & Sons, Bristol und London 1850 (Band 1) und 1853 (Band 2). Reprint Sweetbriar Press, Palo Alto 1980.

DÖLL, W.: Der Rosen-Garten. (Nach William Pauls Buch »The Rose-Garden«). J.J. Weber, Leipzig 1855. Reprint Frick, Moos 1978.

DU ROI, D.J.P.: Harbkesche wilde Baumzucht. 2 Bände, Herausgeber J.F. Pott, Braunschweig 1800.

ELLWANGER, H.B.: The Rose. New York 1882. Reprint Earl M. Coleman, New York 1979.

ENCKE, F. BUCHHEIM, G., SEYBOLD, S.: Zander Handwörterbuch der Pflanzennamen. Eugen Ulmer, Stuttgart 1984, 13. Auflage.

ENGSTER, C.H.: Rosenfarbstoffe aus der Sicht eines Chemikers. Rosa Helvetica 4, 1988/1989.

GAULT, S.M., SYNGE, P.: The Dictionary of Roses in Colour. Ebury Press, London 1971.

GRAVEREAUX, J.: La Malmaison. Les Roses de l'Impératrice Joséphine. Editions d'Art et de Littérature, Paris 1912.

GRIFFITHS, T.: Book of Old Roses. London 1983.

GRIFFITHS, T.: The Book of Classic Old Roses. London 1987.

GRIMM, H. und W.: Strauchrosenpflanzung Roseninsel Park Wilhelmshöhe. Geschichte, Botanik, Bestandsverzeichnis. Selbstverlag, Kassel 1987.

GRIMM, W., MADER, R.F.: Kasseler Gartenkunst. Vom Mittelalter bis in unsere Zeit. Sachbuchverlag Karin Mader, Bremen 1980.

GRIMME, Dr. A.: Flora von Nordhessen. Kassel 1958.

GUERRAPAIN, C.T.: Almanach des Roses. Troyes 1811. Reprint in Journal des Roses, Melun 1902/1903.

HANISCH, K.H.: Die neue Rosenfibel. Verein Deutscher Rosenfreunde, Baden-Baden 1987.

HANISCH, K.H.: Erlebte Rose. Eugen Ulmer, Stuttgart 1988.

HARKNESS, J.: Roses. Dent, London 1978.

HARRIS, C.C.: The Rose Garden, oldfashioned and scented roses. London 1974.

HEYNHOLD, G.: Nomenclator botanicus hortensis. Dresden und Leipzig 1840.

HOLE, S.R.: A Book about Roses. W. Blackwood and Sons, London 1870, 3. Auflage.

HURST, Dr. C.C.: In: THOMAS, G.S.: Old Shrub Roses. London 1963. Reprint 1983.

JÄGER, A.: Rosenlexikon. Zentralantiquariat der DDR, 1936. Reprint G. Weiland Nachfolger, Lübeck 1970.

JAMAIN, H., FORNEY, E.: Les Roses. J. Rothschild, Paris 1873.

JEKYLL, G., MAWLEY, E.: Roses for English Gardens. London 1902.

KNICKMANN, E.: Richtig Düngen. Eugen Ulmer, Stuttgart 1968.

KRÜSSMANN, G.: Rosen, Rosen, Rosen. Paul Parey, Berlin und Hamburg 1974.

LAWRENCE, M.: Collection of Roses from Nature. London 1796–1799.

LEBL, M.: Lebl's Rosenbuch. Paul Parey, Berlin 1895.

LEJEUNE, S.: Der Rose Pilgerfahrt. Selbstverlag, Hamburg 1983.

LEJEUNE, S.: Rosenalmanach 1979–80. Weiland, Lübeck 1978.

LEJEUNE, S.: Rosenbücher – Mein Steckenpferd. Weiland, Lübeck 1970.

LE ROUGETEL, H.: A Heritage of Roses. Unwin/Hyman, London 1988.

Les plus belles Roses du XXᶜ Siècle. Paris 1912.

LINDLEY, J.: Rosarum Monographia or a Botanical History of Roses. London 1820. Reprint Earl M. Coleman, New York 1979.

LUDWIG, H.: Neueste wilde Baumzucht. Leipzig 1783. Zitiert aus: Journal für die Gärtnerey 1785, Seite 154.

LOISELEUR-DESLONGCHAMPS, J.L.A.: La Rose, son Histoire, sa Culture, sa Poesie. Audot, Paris 1844.

MILLER, P.: Allgemeines Gärtnerlexicon. Deutsche Übersetzung, Nürnberg 1776.

Modern Roses 8: The International Checklist of Roses in Cultivation or of Historical or Botanical Importance. McFarland, Harrisburg, USA 1980.

Modern Roses 9: The International Checklist of Roses in Cultivation or of Historical or Botanical Importance. The American Rose Society, Shreveport, USA 1986.

MÖNCH, C.: Verzeichnis ausländischer Bäume und Stauden des Lustschlosses Weissenstein bey Cassel. Frankfurt und Leipzig 1785.

VON MÜNCHHAUSEN, O.: Der Hausvater, Teil V. Hannover 1780.

MÜTZE, W., SCHNEIDER, C.: Das Rosenbuch. Verlag der Gartenschönheit, Berlin 1927, 2. Auflage.

NICKELS, C.: Cultur, Benennung und Beschreibung der Rosen. Preßburg 1845. Reprint Frick, Moos 1976.

NIETNER, T.: Die Rose, ihre Geschichte, Arten, Kultur und Verwendung nebst einem Verzeichnis von 5000 beschriebenen Gartenrosen. Berlin 1880. Reprint Frick, Moos 1983.

NISSEN, G.: Alte Rosen. Boyens & Co., Heide 1988, 5. Auflage.

NOACK, H.: Wild- und Parkrosen. Neumann-Neudamm, Melsungen 1989. (Mit Abbildungen der Strauchrosen aus dem Park Wilhelmshöhe Kassel).

NOISETTE, L.: Handbuch der Gartenkunst. Deutsche Übersetzung. J.B. Metzler, Stuttgart 1828.

OBERDORFER, E.: Pflanzensoziologische Exkursionsflora. Eugen Ulmer, Stuttgart 1983, 5. Auflage.

OLBRICH, S.: Der Rose Zucht und Pflege. Eugen Ulmer, Stuttgart 1925.

OTTO, A.: Der Rosenzüchter oder die Cultur der Rosen. Erlangen 1858. Reprint Lejeune. Hamburg 1980.

PETERSEN, W.: Gamle Roser i nye Haver. Aarhus 1968.

PHILLIPS, R., RIX, M.: Roses, over 1400 Roses in Full-Colour Photographs. London 1988. Deutsche Übersetzung Droemer-Knaur, München 1988.

PRINCE, W.R.: Prince's Manual of Roses. New York 1846. Reprint Earl M. Coleman, New York 1979.

VON RATHLEF, C.W.H.: Die Rose als Objekt der Züchtung. Gustav Fischer, Jena 1937.

REDOUTÉ, P.J., THORY, C.A.: Les Roses. 3 Bände, Paris 1817–1821. Reprint de Schutter, Antwerpen 1978.

REDOUTÉ, P.J.: Die Rosen. Verlag Harenberg Kommunikation, Dortmund 1980.

Rehder, A.: Manual of Cultivated Trees and Shrubs hardy in North America. New York 1954.

Rivers, T.: The Rose Amateur's Guide. 1846. Reprint Earl M. Coleman, New York, 1979.

de la Roche, G.: Kommentarband zu Redouté »Les Roses«. de Shutter, Antwerten 1978.

Rössig, C.G.: Ökonomisch-botanische Beschreibung der verschiedenen und vorzüglichen Arten der Rosen. Kleefeldsche Buchhandlung, Leipzig 1799/1803.

Rosarium Sangerhausen: Rosenverzeichnis. 1976.

Rowley, G.D.: Botany of Climbing Roses. In: Thomas G.S.: Climbing Roses Old and New. London 1978.

Saakow, S.G.: Wild- und Gartenrosen. Deutsche Übersetzung VEB Deutscher Landwirtschaftsverlag, Berlin 1976.

Scheerer, O.: Rosen in unserem Garten. BLV Verlagsgesellschaft, München 1969.

Schneider II, F.: Rosenjahrbuch. Paul Parey, Berlin 1883. Reprint zusammen mit Schneider's »Rangliste der edelsten Rosen«. Lejeune, Hamburg 1983.

Schultheis, Gebr.: Deutsches Rosenbuch. Steinfurth 1889. Reprint Weiland, Lübeck 1979.

Selbstherr, C.: Die Rosen in 25 Gruppen und 95 Arten. Breslau 1932.

Steen, N.: The Charm of Old Roses. A.A. & A.W. Reed, Sydney 1966.

Steinbach, G.: Der biologische Rosengarten. Heym, München 1982.

Stock, K.L.: Rose Books 1550–1775. Wheldon Wesley Ltd. Codicote, Hitchin/Herts, SG4 8TE, 1984.

Sunningdale Nurseries (Hrsg.): Manual of Shrub roses. Katalog 1964.

Testu, C.: Les Roses Anciennes. Flammarion, Paris 1984.

Thomas, G.S.: Shrub Roses of Today. Phoenix House, London 1962. Reprint 1974.

Thomas, G.S.: Climbing Roses Old and New. Phoenix House, London 1965.

Thomas, G.S.: Roses in the Garden. In: Bean, W.J.: Trees and Shrubs hardy in the British Isles. Murray 1980, 8. Auflage.

Thomas, G.S.: The Old Shrub Roses. Phoenix House, London 1963. Reprint 1983.

Thomas, G.S.: A Garden of Roses. Pavilion, London 1987.

Vilmorin-Adrieux: Le bon Jardinier. Jahrbuch 1813.

Wesselhöft, J.: Der Rosenfreund. Weimar 1866.

Wilde, J.: Kulturgeschichte der Sträucher und Stauden. Speyer 1947.

Wiley (Hrsg.): Roses of Yesterday and Today. Katalog. Watsonville, USA 1988.

Willmott, E.: The Genus Rosa. 2 Bände, John Murray, London 1910 (Band 1), 1914 (Band 2).

Woessner, D.: Rosen für den Garten. Eugen Ulmer, Stuttgart 1988, 2. Auflage.

Woessner, D.: Rosenkrankheiten. Eugen Ulmer, Stuttgart 1987, 3. Auflage.

Young, N.: The Complete Rosarian. L.A. Wyatt, London 1971.

Zander, R., Teschner, C.: Der Rosengarten. Eine geschichtliche Studie durch zwei Jahrtausende. Frankfurt/Oder und Berlin 1939. Reprint Weiland Lübeck 1978.

Periodische Veröffentlichungen der Rosengesellschaften

Gesellschaft Schweizerischer Rosenfreunde
Das Rosenblatt. 1959–1983.
Rosen in der Schweiz. 1985.
Rosa Helvetica. Ab 1986, alle 2 Jahre.
Das kleine Rosenblatt. Seit 1960, monatlich.

Societe Française des Roses
Les Roses. 1896–1910.
Les Amis des Roses. Ab 1911.

Royal National Rose Society of Great Britain
The Rose Annual. 1907–1984, jährlich.
The Rose. Ab 1984, vierteljährlich.
Index to »The Rose Annual«, 1907–75, St Albans 1977.

Verein Deutscher Rosenfreunde
Rosen-Zeitung. 1886–1910.
Rosenjahrbuch. 1934–1940 und 1950–1973.
Der Rosenbogen. Seit 1964, vierteljährlich.

Frühe Kataloge von Rosen-Baumschulen

Christian Bode: Die neue wilde Baumzucht in Schönbusch' Angebot Rosen. 1797.

Cels: Catalogue 1828. Paris.

Gräfin Marie Henriette Chotek: Rosensorten- und Preisliste der Rosenschulen Dolnia Krupa bei Trnava (Slowakei). 1929.

Narcisse H.F. Desportes: Rosetum Gallicum. Paris 1828.

Johann Erben: Verzeichnis. Duisburg 1823.

Gumpper: Verzeichnis der verkäuflichen Rosen. Stuttgart 1828. In: Rosen-Zeitung.

Wilhelm Keller: Rosenverzeichnis. Duisburg 1828. In: Annalen der Blumisterei, Nürnberg 1828.

Gebrüder Ketten: Rosen-Hauptkatalog. Luxemburg 1889–1933.

Königliche Pflanzschule Dresden: Verzeichnis 1826.

Peter Lambert: Kataloge 1922–1939. Trier.

Louis Claude Noisette: Catalogue 1825. Paris.

J. Prévost: Catalogue Descriptiv Méthodique et Raisonné des Espèces. Variétés et Sous Variétés du Genre Rosier, cultivées chez Prévost Fils Pépinieriste à Rouen. Rouen 1829. Ergänzung dazu 1830.

Thomas Rivers: A Descriptive Catalogue of Roses. 1834–1845.

August Schelhase: Handels- und Kunstgärtnerei Cassel; Verzeichnisse 1808, 1825 und 1831.

Ernst Christian Conrad Wrede: Verzeichnis meiner Rosen nach einer genauen systematischen Bestimmung. Braunschweig 1809 und 1814.

Baumschule Weissenstein (ab 1798 Wilhelmshöhe): Liste der Verkaufsgehölze der landgräflichen Baumschule. Cassel 1781. Taschenbuch für Gartenfreunde, Becker, 1783. (Nach dem Original-Rosenkatalog wird noch gesucht).

Baumschule Wilhelmshöhe: Verzeichnis der Bäume und Sträucher die in der Baumschule zu Napoleonshöhe verkauft werden. Cassel 1811 und 1851.

Wimmer, Hofgärtner Schlitz: Verzeichnis Rosen. Aus Intelligenz-Blatt (Fortsetzung des Allgemeinen Teutschen Gartenmagazins), Band 4, Weimar 1819.

Weiterführende Literatur zum Thema Stauden und Gehölze

BdB Handbuch, Teil III Stauden, Gräser, Farne. Fördergesellschaft »Grün ist Leben« Baumschulen mbH, Pinneberg.

Foerster, K.: Einzug der Gräser und Farne in die Gärten. Bearbeitet von B. Röllich. Eugen Ulmer, Stuttgart 1988, 7. Auflage.

Hansen, R., Stahl, F.: Die Stauden. Eugen Ulmer, Stuttgart 1987, 3. Auflage.

Hillier Nurseries: Manual of Trees and Shrubs. Ampfield, Romsey, England 1974.

Jelitto, L., Schacht, W., Fessler, A.: Die Freiland-Schmuckstauden. Eugen Ulmer, Stuttgart 1985, 3. Auflage.

Thomas, G.S.: Perennial Garden Plants. Dent, London 1978.

Bildquellen

Bärtels, A., Waake: Seite 21, 48 unten links, 50 rechts, 59 rechts, 75, 78, 90 (2), 146, 166, 170, 175.

Bildarchiv Foto Marburg im Kunsthistorischen Institut der Philips-Universität Marburg: Seite 32.

Bünemann, Dr. O., Herdecke: Seite 15, 82, 133, 171.

Döhl, U., Detmold: Seite 51 rechts.

Gravereaux, J.: »La Malmaison. Les Roses de l'Impératrice Joséphine«. Editions d'Art et de Littérature. Paris 1912: Rosenminiaturen Seite 10 bis 17.

Grimm, Dr. A., Lippoldsberg: Seite 36 links, 50 links, 70 unten, 86.

Henrich, S., Frankfurt: Seite 79.

Firma Huber, CH-Dottikon: Seite 14 oben links, 48 unten rechts, 62, 112 rechts.

Jacob, A., Marl: Seite 97 oben links und unten, 104, 108, 112 links, 116, 120, 121, 125, 128, 132, 138, 147.

James, Ch., Düsseldorf: Seite 139.

Klose, M., Witten: Seite 109.

Lehmann, I., Kippenheim: Seite 11, 58 unten rechts, 71, 83, 97 oben rechts, 101, 105, 113.

Meng, E., Kassel: Seite 36 rechts.

Mielke, H., Kassel: Seite 41, 51 links, 55, 58 oben rechts, 70 oben links, 82 rechts, 87 rechts.

Müller, B. (†): Seite 59 links, 74 links, 100, 117, 156 (2), 157 (2), 162, 163 (2).

Müttergenesungswerk, Stein bei Nürnberg: Seite 10.

Redouté: »Les Roses« Seite 2 (Vol. II, Tafel 95), 91.

Reinhard, H., Heiligkreuzsteinach: Seite 74 rechts, 82 unten.

Gebrüder Schultheis: Deutsches Rosen-Buch. Gustav Weiland, Lübeck 1889, Reprint 1979: Seite 122.

Rosenjahrbuch 1938, Seite 45: Seite 29.

Rosen-Zeitung 1914, Seite 143: Seite 26.

Rosen-Zeitung 1926, Seite 27: Seite 27.

Seidl, S., München: Seite 48 oben links und rechts, 63, 174.

Siebers, Ch., Kassel: Seite 70 oben rechts.

Staatliche Kunstsammlungen Kassel: Seite 40.

Ungarische Rosenzeitung 1896: Seite 25.

Universitätsbibliothek Göttingen: Seite 14 unten, 54, 58 links, 66.

Uter, Dr. P., Ronnenberg: Seite 17, 129, 143.

Vogt, A., Berlin: Seite 87 links.

Rosenregister

Die Schreibweise der Wissenschaftsnamen orientiert sich weitgehend an W.J. Bean: »Trees and Shrubs hardy in the British Isles«, Volume IV. John Murray (Publisher) Ltd., London 1980, 8. Auflage.
Die gültigen Wissenschaftsnamen sind kursiv, Synonyme in steiler Schrift gesetzt. Kursive Ziffern verweisen auf ausführliche Beschreibungen, Seitenzahlen mit Sternchen * beziehen sich auf Abbildungen.